唐宋刑罚制度研究

辻正博 —— 著

张学锋 —— 译

日本学者古代中国研究丛刊

复旦大学历史学系 编

徐 冲 主编

复旦大學 出版社

目　录

前编　唐代流刑考

中文版序

2010 年 2 月由京都大学学术出版会刊行的拙著《唐宋時代刑罰制度の研究》，这次作为复旦大学出版社"日本学者古代中国研究丛刊"的一种，由畏友张学锋先生（南京大学教授）译成中文出版，作为著者，我感到无上的喜悦。对慨允中译文出版的京都大学学术出版会，及将拙著列入"丛刊"的复旦大学徐冲教授，表示由衷的感谢！

据"译者后记"，作为本书附篇的 3 篇论文，分别由曾经在京都大学交流学习过的陆帅、刘萃峰、段彬三位初译。作为他们在京大学习期间的指导教师，我感到无比欣慰。

正如本书"后记"中提到的那样，构成本书原著的各篇论考，除附篇三外，都是 1991 年至 2008 年期间在不同学术期刊上发表过的论文，结集时虽然冠以"唐宋刑罚制度研究"的书名，但内容却止于与唐律流刑相关的事项。将目光聚焦于流刑并由此展开研究，不管当时的缘由是什么，花费了近 20 年的时间，呈现在读者面前的成果却止于这样一个程度，笔者的内心多少觉得有些惭愧。此外，原著各篇撰写时参考的既有成果中，有些已经经作者的修订收进了单行本（如陈俊强：《从肉刑到流刑——汉唐之间刑罚制度的变革》，元华文创股份有限公司，2023 年），但这次中译本付梓之际却完全未能应对，感到非常遗憾！

本书原著出版后，以下各位同人在短时间内即为拙著撰写了书评（敬称略，职称为书评发表时的状态）：

魏斌（武汉大学历史学系教授），《唐研究》第 16 卷，2010 年 12 月；

中村正人（金泽大学人间社会学域法学类教授），《人环 forum》28，2011 年 3 月；

高远拓儿（中京大学国际教养部准教授），《集刊东洋学》105，

2011 年 6 月；

冈野诚（明治大学法学部教授），《东洋史研究》70 - 2，2011 年 9 月；

陈俊强（台北大学历史学系教授），《唐代史研究》第 15 号，2012 年 8 月。

正像上述书评中魏斌教授指出的那样，成为拙著话题的配流、配军等刑罚，在《水浒传》等中国前近代的小说中也屡屡登场。不用说，我本人在研究过程中，除传统的文献史料外，也参考了很多文学作品的描述，尽可能从各个方面来显示刑罚执行过程中的具体呈现。只是，作为制度史的叙述，小说中的描写在多大程度上值得信赖这一点上，笔者甚觉踟蹰，引用上也犹豫再三。

在张学锋教授着手翻译之前，虽然我已事先将原著中散见的错误稍作整理后奉呈，但翻译过程中张教授依然指出了原著中更多的不当之处并加以订正。因此可以说，拙著的中文版比日文原版更加缜密周到，在此，对张教授的学恩表示衷心的感谢！

上述书评指出了拙著中存在的各种问题，虽然关乎原著的部分实质性内容，但遗憾的是在中译本出版之际，笔者未能做出应有的修订。花费大量时间为拙著撰写书评的各位先生的意见，这次未能在中译本中体现出来，实在是惭愧至极。

此外，原著利用的典籍史料的版本，尤其是《唐会要》（上海古籍出版社，1991 年），底本（江苏书局本）及以此为底本的武英殿聚珍本中存在着不少问题[1]。进入本世纪以来，随着世界各地研究机构、图书馆藏书的快速公开，值中译本出版之际，笔者尽可能地利用旧抄本对部分文字进行了校订（参考"凡例"）。

---

1. 相关的研究成果有古畑彻《〈唐会要〉的诸版本》（『唐会要』の諸テキストについて，《东方学》第 78 辑，1989 年 7 月。中译稿见《山西大学学报（哲学社会科学版）》2017 年第 1 期）、古畑彻《关于〈唐会要〉流传的考察》（『唐会要』の流伝に関する一考察，《东洋史研究》第 57 卷第 1 号，1998 年 6 月。中译稿见《魏晋南北朝隋唐史资料》第 36 辑，2017 年 11 月）、刘安志《〈唐会要〉"补亡四卷"考》（载《魏晋南北朝隋唐史资料》第 33 辑，2016 年 7 月）、刘安志《〈唐会要〉清人补撰综考》（载《中华文史论丛》2019 年第 1 期）、拙稿《关于武英殿聚珍本〈唐会要〉的版本》（武英殿聚珍版本『唐会要』のテキストをめぐって，《唐代史研究》第 22 号，2019 年 8 月）等。

再者，中文版在原著诸篇之外作为附篇三还收载了《唐律流刑的本质》一文。该文原题"唐律における流刑の本質——恩赦との関係を中心に——"，刊载于《东洋史研究》77‑2，该文对原著第三章"流刑的理念与现实"中的观点做了部分修订[1]，展示了我自己当下对唐律流刑的理解，幸得徐冲教授的慨允收入本书的中文版中。作为附篇收载时，为与原著内容对应，对文中的语句、注释进行了增补和调整。

随着本书的刊行，或许会受到更多读者的关注。作为作者，当然喜不自胜，同时也不胜惶恐。无论如何，希望笔者的研究能成为今后唐宋刑罚制度研究进一步深入的铺路石。

辻正博

书于京都吉田山麓书屋

2025 年 4 月

---

1. 针对该文的观点，川村康（关西学院大学法学部教授）撰写了书评，载《法制史研究》69（2020 年 3 月），请一并加以参考。

凡 例

1. 文中所引文献均用简称，完整的文献信息请参照书末"主要参考文献"。

2. 汉文史料中的数字，为统一起见，大写字均改为通行字。

3. 所引汉文史料中原注或后人所施之注，用〈 〉表示，以示与正文的区别。

4. 史料引用之际，对字句的适当补充或订正，用〔 〕表示。

5. 引用简牍资料时出现的符号，说明如下：

      □   缺一字

      ……   缺字不明

      ☑   简牍残断，上下缺文

      （ ）   假借字的替代读法

6. 简牍释文中，原简中出现的文字重复符号，改为文字重复书写。省略表示换行的"乚"符号，保留表示分段的"●"符号。

7. 本书所引唐律原文据《律音义》，疏据《宋刑统》（《宋刑统》缺失部分据《故唐律疏议》）。必要时参照《译注日本律令》二、三《律本文篇》，条文编号亦从之，标识如"《名例律》1 条"或"唐《名例律》1 条"。

8. 《明钞本天圣令》条文，遵从《天一阁藏明钞本天圣令校正》的校勘，原则上依据"清本"（下册所收），文句需补正之处，注明补正之由。又，本书所引《明钞本天圣令》条文中，将"右并因旧文以新制参定"文句之上的条文称"宋令"，之下至"右令不行"之前的条文称"不行唐令"，标记为"宋 1 条"或"不行唐 1 条"。

9. 本书称《唐令拾遗》《唐令拾遗补》所录唐令条文为"复旧某

令"，称依据《天一阁藏明钞本天圣令校证》复原的唐令为"复原《×令》"，标记为"复旧《×令》1条"或"复原《×令》1条"。"复旧唐令"与"复原唐令"内容一致时，原则上仅引用前者。〔唐〕、〔贞〕、〔开二五〕等标识依据《唐令拾遗》《唐令拾遗补》。为便于行文，所引部分条文文句中会适当标注字母，以示内容段落。

10.《养老令》的正文、条文编号、条文名称，依据日本思想大系本标记，如"《养老狱令》1'犯罪'条"。

11. 本书书稿除附篇三外于 2008 年 10 月基本完成，此后所见文献尽可能做了参照，在本书中亦有所反映，但仍有未及之处，特此说明。

序论　问题所在与本书的构成

本书力图对唐宋刑罚制度尤其是其中的放逐刑[1]与劳役刑[2]展开考察，以期究明其内涵与特征。

唐宋刑罚制度直接渊源于北朝。北朝的相关制度，成为唐初制定《唐律》刑罚体系的主干。以笞、杖、徒、流、死，即所谓的"五刑"为主的刑罚体系，一直影响到明律和清律。本书以唐律的刑罚体系为考察对象，理由之一就是它在前近代中国法制史上具有的极其重要的地位。

一般说来，"律"和"礼"这两者具有表里一体的关系，一旦出现逸出"礼"的行为，就必须用"律"来对其进行制裁。然而，也有一个众所周知的事实，"礼"与"律"原本是独自形成并发展起来的，那么，两者何时又因何方式邂逅并紧密关联的呢？[3]就这个问题，本书拟以流刑为切入点展开考察。

---

1. 将罪犯强制送往偏远地区进行监管的刑罚，本书称其为"放逐刑"（原著作"追放刑"，涵盖的内容较广，汉语可译为"驱逐刑"或"流放刑"，唐宋刑名中又有"流刑""配流""配流"等具体刑种。本译在表示驱逐、流放等词义时统称"放逐"，涉及具体刑罚时则用各自的刑名——译者）。这种刑罚的意图，强调的是将罪犯逐离天子脚下神圣的帝都或安居的乡里，而不是将其驱逐到王朝版图之外，这一点首先在此说明。
2. 劳役刑，意为在监督下强制劳动。唐宋刑名中涉及强制劳动的有徒刑、居作、配役等，本译在表示强制劳动时，依原著作"劳役刑"，涉及具体刑罚时则各用其刑名。——译者
3. 例如，瞿同祖《中国法律之儒家化》（1948 年初版，后收入《中国法律与中国社会》，中华书局，1981 年）认为，法律的儒家化发端于汉代，魏晋以降，儒臣参与律法修订，礼逐渐被混杂到律法条文之中。此外，冨谷至《走向晋泰始律令——第二部魏晋的律与令》（晋泰始律令への道—第二部魏晋の律と令—，《东方学报》京都第 73 册，2001 年）认为，受西汉儒学的官学化及东汉礼教主义盛行的影响，礼的相关规定成为制定法律条文的源头，在这个背景下制定的泰始律令，具备了"作为典籍的法典"性质。那么，一直影响到明清法制的"五刑"之中，礼的影响又是如何表现的呢？这也是本书最关心的问题之一。

唐律五刑中的流刑，是仅次于死刑的重刑。但是，在相互继承的秦汉至魏晋南朝刑罚体系中并不存在流刑。次于死刑的刑罚，秦及汉初是"肉刑"（损害罪犯的身体），至西汉文帝原则上废除肉刑后，次于死刑的重刑是徒刑。此后，以死刑与徒刑为主干的刑罚制度，成为王朝律法的基本制度并得以传承。如此看来，唐律规定的五刑，与秦汉以来的刑罚制度之间有着较大的差别。

比较秦汉刑罚制度与唐律五刑，不难发现，唐律的一大特征就是出现了流刑。本书将唐律中的流刑作为考察的中心，就是因为流刑是唐律刑罚体系中最具特征性的一种刑罚。流刑成为主刑的一种，虽然始见于北魏，然而，秦汉至魏晋南朝时期，也存在着类似流刑的处罚。这种类似流刑的处罚，一直以来也被认为是流刑的初始形态，往往在唐律流刑的框架下对其展开议论。但是，这种简单的比照，反而使流刑到底是什么这个问题的基本概念更加模糊，甚至还会误导我们的认知。因此，将问题上溯到秦汉时期，对唐律流刑的渊源展开考察，是本书第一章的宗旨，目的在于对流刑的本质做出明确的定义，确定流刑入刑的历史意义。

唐律流刑制度的综合研究，一直以来都是基于《唐律》条文的规定及其官方解释的《律疏》，并结合《唐令拾遗》《唐令拾遗补》等复原唐令展开的，2006年11月，宁波天一阁博物馆藏《明钞本天圣令》正式公开，唐代律令研究迎来了新的局面。《明钞本天圣令》可以分为"宋令"和"不行唐令"两个部分（参照"凡例"）。从内容上看，"不行唐令"依据的应该是开元二十五年令[1]。也就是说，原本仅有佚文残存的唐令条文，因《明钞本天圣令》的公布，其原文展现在了我们的眼前。尤其是与刑罚制度研究相关的《狱官令》，全62条，其中"宋令"59条，"不行唐令"12条，保存了较多的条文（参见本书附篇二）。"不行

---

1. 坂上康俊：《成为天圣令蓝本的唐令年代考定》（天聖令の蓝本となった唐令の年代比定），载大津透编：《日唐律令比较研究的新阶段》（日唐律令比较研究の新段阶），山川出版社，2008年。戴建国：《天圣令所附唐令为开元二十五年令考》，《唐研究》第14卷，北京大学出版社，2008年。网野诚：《天圣令所依唐令的年次》（天聖令依拠唐令の年次について），《法史学研究会会报》13，2009年。

唐令"各条文，尽管多数与《唐令拾遗》《唐令拾遗补》复原的唐令文字一致，但也有新发现的内容。本书第二章之所以对唐律中流刑制度进行概观，也正得益于在新的研究阶段遇到了新的资料，因此想通过对流刑的制度规定重新加以考察，以期再度对唐宋刑罚制度的时代特征做出判断。同时，这也是确立唐律流刑历史地位的一个基础工作。

　　唐代律令的核心内容，在唐建国后不久即已确立，并在此后的近300年间成为国家治理的基本大法。换言之，唐代律令成立的前提，是唐朝建国之前即6世纪后半叶到7世纪初期的现实社会。因此，就本书的研究对象流刑制度而言，唐律制定的理念与刑罚的实施之间存在的不可忽视的乖离，从一开始就已经存在。关于这个问题，本书第三章即以流人的放还规定为中心展开考察。在唐律的规定中，流刑是将罪人强制送往远方（放逐）与在流放地接受强制劳动（居作）这两种刑罚的结合，流刑的执行，在流人到达流放地之时就算完成。从而，流人因恩赦被放还，在唐律的理念中是不存在的。然而事实上，流人因恩赦放还的事例却屡屡发生，此后更是过了一定的时间，不管是否有恩赦，流人均可放免。原本为体现儒家经典理念而制定的流刑，到了具体执行的阶段，又必须面对现实社会，作为理念与现实这两者之间的调和，不得不变成带有一定刑期的流放。

　　本书的前编对唐律流刑的历史渊源展开考察，力图在此基础上究明其特质。简言之，流刑是为具体体现儒家经典理念而制定的刑罚，因此，必须面对刑罚理念与具体执行之间所产生的矛盾。流刑，可以说是一种"礼教性刑罚"，正因为如此，在实际执行过程中会遇到各种各样的困难。其实，流刑是否真的是仅次于死刑的重刑，在现实中这一点都很难说。上古中国人"安土重迁"的理念，一直以来是流刑被视为重刑的依据，但这并没有摆脱共同幻想的窠臼。唐朝在制定流刑时，附加了杖刑的要素，或者将流放地限定在瘴疠之地这种"律外之流"本身，不得不说就是为应对现实而采用的对策。还有，最能体现流刑实效的是地方官府理应承担对流人的监视，不许其随意离开流放地。然而，一旦地方官府的监视无法严格执行，那么，流刑也就不成为一种刑罚了。唐末五代时期，执行过程需要花费较多时间的流刑，沦为一种操作困难的刑罚,因此,流刑也很难再说是国家的主要刑罚了。于是,轻罪者改处杖刑,重罪者改处死刑,试图通过这样的变通来维护朝廷的颜面。

唐后期开始,朝廷主要靠榷盐等专卖制度来确保国家的财政收入,但因此招致了私盐的横行。朝廷为了取缔这帮敢于跟自己争利的走私集团,必然会采取严刑苛法。在唐末五代的刑罚体系中,对违反专卖法和犯下盗罪的往往采用峻酷之刑。这从另一个方面来看,到了这个阶段,王朝已不得不汲汲于社会治安的维持了。

正因为如此,对于重建统一王朝的北宋来说,缓和前朝的峻法成为当务之急。事实上,随着反朝廷势力的渐次消亡,社会治安也得到了改善,动辄就处死这种峻法的存在,反而有损皇帝的威信。于是,在死刑与杖刑之间设置便于执行的过渡刑罚,成为朝廷的当务之急。本书的下编,以旨在"减死一等"而设置的流配、配军刑为中心,对宋代放逐刑、劳役刑的发展与变化展开考察。

唐末五代时期,五刑中的一部分刑罚,在不违背条文规定原意的情况下,实际操作时已被其他刑罚所替代。宋朝建国后不久就颁定刑法,徒刑以下被臀杖、脊杖所替代,流刑被"脊杖+配役"的"折杖法"所替代,且都被列入了《宋刑统》之中。据此,徒刑再也不是强制劳动刑,流刑也失去了放逐的要素。然而,《刑统》规定的用折杖法替代的流刑之中,也有一年或三年的"配役",亦即有期劳役。对这一部分内容,就其执行的现实问题,一直以来主流观点均持怀疑态度。导致这种怀疑态度的原因,是宋代还广泛存在着一种被称为"配隶"的刑罚。可以想象,如果流刑改用折杖法来执行,那么就会扩大死刑与其下刑等之间的轻重差距,为了弥补这种差距,又不得不制定出新的刑种来。所谓"配隶",则被认为正是这一新刑种的名称。本书第四章以宋代法制史的基本史料《宋史·刑法志》的记载为依据,重点对北宋时期的"配隶"展开考察。首先对宋代被总称为"配隶"的刑罚内容进行分析,究明其实态,并力图在此基础上对宋代放逐和劳役刑的全貌进行把握。

在接下来的第五章中,明确了宋代用折杖法来执行流刑的规定在现实中是存在的，由此对既有观点存在的问题展开评析。在此之上进一步分析流囚服役的实态，指出流囚的服役形式和内容与《刑统》规定的"居作"完全不同。尽管还想继承并执行唐律的规定，但时代真的已相隔得太远了。从唐到宋，社会发生了巨大的变动，官署中杂役劳动的形式和内容也发生了巨变，劳役由被称作"厢军"的杂役部队来承担，刑徒也被编入厢军从事各类杂役。

那么，死刑、流刑及以下刑等之间惩罚的轻重差距又是如何来弥补的呢？第六章即对这一问题展开考察。首先是流配刑的存在，这种刑罚通常被认为是对唐代以来"减死一等"刑的继承。律文规定的流刑，被折杖法的规定所替代，流刑因此丧失了放逐的要素，然而，因皇帝的特旨被执行的流配刑，在宋代继续存在。不过从刑罚执行的实态来看，流配刑应该分成两大类来考虑，亦即唐代以来的"不刺面流配"与宋代出现的"刺面流配"。两者的法律适用，因是否有恩赦而大不相同。作为后者的"刺面配流"，与始见于五代的"刺面配军"密切关联，最终合二为一形成"刺配刑"，进入刑等的序列。另一方面，"不刺面配流"依然存在，有时又与"编管"结合，这在史料中都有反映。

"编管"也是进入宋代以后才出现的新刑种。这项制度，此前少有专门研究，作为刑罚的一种，其实质内容依然模糊不清。本书第七章首先从语意上对编管制度加以考察，其次就刑罚上的适用对象、是否含有放逐的要素、是否附带劳役以及刑期等问题逐一加以探讨，最后涉及其与不刺面流配的关系。

折杖、刺配、编管都是宋代刑罚制度研究中的重要课题，本书后编对上述三者逐一加以分析，以其历史的发展与演变为中心展开了探讨。以"减死一等"为关键词，力图究明以刑罚制度为核心内容的宋朝司法政策之一端。

此外，作为附篇，本书还收录了另外两篇论文[1]。

第一篇《唐代贬官考》，正如标题所示，是关于唐代官员左迁的研

---

1. 本书中文版中增加了附篇三"唐律流刑的本质——以流刑与恩赦的关系为中心"，请参见本书"中文版序"。

究。唐代的官员，在律令的保障下享有各种各样的特权。其中之一就
与官员的处罚有关。官员即使犯了罪，但因"议""请""减""赎"
等文字所表现出来的法律上的特权，原则上是不受实刑的。然而，既
然身为朝廷官员，那么，对皇帝裁定的人事变动就必须无条件服从。
与官员处罚相关的唐代史料中，散见有配流与贬官并书的事例，但这
应该是将贬往偏远地区视为流配的一种变奏。论文分析的重点虽然是
唐代官员的左迁岗位，但与本书前篇第二章的内容相关，故作为附篇
收录于本书。

第二篇《〈天圣·狱官令〉与宋初的司法制度》，在分析《明钞本
天圣令》中《狱官令》条文的基础上，对其与宋初司法制度的关系展
开了论述。《天圣令》中的各条文，形成的时间各不相同。再者，《天
圣令》与同时期编纂的编敕、附令敕均已散逸，其全貌很难知晓，因
此作为宋代史料运用时很难把握。论文尝试对宋令中一些条文的形成
过程展开探讨，也部分涉及了《天圣令》作为法典的特质。因内容多
与本书后篇所收各文相互关联，故收于书末。

前编　唐代流刑考

第一章

流刑的渊源与理念

前言

自古以来中国就施行了将罪犯强制移送的刑罚措施。不过，强制移送的内容是多样的，既有以强制移送为目的的刑罚，也有基于刑罚执行的需要强制移送的。然而，由于"流刑"在唐律中被列为五种主刑之一，因此，强制移送的刑罚常常被用作流刑的对比来展开讨论。

唐律中的流刑，其本质，《名例律》4 条疏基于《尚书·舜典》孔传所称"大罪四裔，次九州之外，次千里之外"，将之理解为把罪犯放逐到偏远的地方去。经书所言古代圣王君子曾经施行过的"流刑"，为什么在数百千年后的中古时期会成为国家刑法体系中的一种，其缘由何在？

本章首先对唐律成立之前与流刑类似的刑罚，具体说即秦和西汉初期的迁刑、汉代至魏晋南朝的所谓"徙迁刑"以及北朝的流刑中强制移送的内容及意义展开讨论[1]，在此基础上，弄清唐律流刑的渊源，阐述流刑作为刑罚的本质[2]。

---

1. 虽然《春秋左氏传》中"放""逐"等词语所体现的刑罚无疑也是"带有强制移送的刑罚"，但正像滋贺秀三指出的那样，这种"放逐"，是"为害为恶者遭到众人的一致非难，众人经盟誓决定与其断绝交往，并将其驱逐出共同体"的行为，这与后世作为"统治天下的专制君主，将疆域内的犯罪民众强制移送到国内其他指定地域"的流刑不同，因此，本章对古典的"放逐"也不作讨论。见滋贺秀三：《关于中国上古刑罚的一个考察》（中国上代の刑罚についての一考察），1976 年初刊，后载其著《中国法制史论集 法典与刑罚》（中国法制史論集 法典と刑罰），创文社，2003 年，第 531 页。还有，睡虎地秦简、《二年律令》等出土简牍中亦散见有"成几岁""成边几岁"等刑罚，这类刑罚同样伴随着向服役地的强制移送，但据籾山明的研究，这类刑罚属"有期徒刑"，是黥城旦春系统之外的另一种轻度劳役刑，与下文涉及的"迁刑"一样，当时的强制移送并不是一种很重的刑罚。见籾山明：《中国古代诉讼制度研究》（中国古代訴訟制度の研究），京都大学学术出版会，2006 年，第 260—264 页。
2. 近年，陈俊强发表了《试论唐代流刑的成立及其意义》（载高明士主编：《唐代身分法制研究——以唐律名例律为中心》，五南图书出版公司，2003 年），对流刑的渊源展开了探讨。该文关于秦代迁刑、汉代徙迁刑的部分，止于对既有研究成果的介绍，其对北朝流刑的认识，也没有超出拙稿《唐代流刑考》［载梅原郁编：《中国近世的法制与社会》（中国近世の法制と社会），京都大学人文科学研究所，1993 年］的所论范围。陈文认为魏晋南朝的流徙刑，虽然作为一种刑罚逐渐被认可，但"始终没有成为刑罚体系中的正刑"，提出了与本章的论述不同的见解。

第一节　秦及汉初的迁刑

关于"迁"，沈家本早就有过考证，认为作为一种"把罪犯迁往某地"的刑罚，就具体事例而言，秦就已经存在[1]。然而，沈家本将"迁"与"徙"作为同一项目加以论述，可见他并未将"迁"作为与"徙"不同的刑罚来加以考虑。确实，就字义而言，迁和徙都是移动或使其移动的意思，传世文献中也经常能见到作为重刑的迁蜀或徙蜀等记载。沈家本在按语中说："汉无流罪，此言徙者，乃由死罪减等，不忍诛而赦之也。"基于这一认识，其将"迁"或"徙"视为"死刑的替代刑"，并将之比拟为后世的流刑，这似乎也没有什么不可以。

久村因在古代汉人入蜀的相关研究中，将蜀地汉人的来历分为亡命者、避难者与因徙民政策入蜀者这两大类，又将后者即因徙民政策入蜀的汉人分为庶民、罪犯和俘虏这三种不同的身份，认为将罪犯尤其是犯了罪的高级官员强制移送蜀地的做法，在秦王政（全国统一后的秦始皇）即位初期已经实施[2]。久村因将这种刑罚称为"徙迁刑"，并将之与西汉诸侯王的迁蜀刑关联起来加以理解。在久村因看来，西汉的迁蜀刑就是"死刑特赦后的替代刑"[3]。

1975 年发现的云梦睡虎地秦简中，包含了与秦代迁刑相关的新史料。刘海年曾对秦律所见各种刑罚做了概观[4]。据他的论考，关于秦代的迁刑，可以有如下一些认识：

（1）始于商鞅时期，昭王、始皇时被广泛采用。

（2）对罪犯实行"放逐""贬谪"，这一点与后世的流刑接近。

（3）然而，秦简的法律条文中出现的迁刑，其适用对象并不一定

1. 沈家本：《历代刑法考》刑法分考九，中华书局，1985 年。
2. 久村因：《关于古代四川土著汉人的来历》（古代四川に土着せる漢民族の来歴について），《历史学研究》（歴史学研究）204，1957 年。
3. 久村因：《关于西汉的迁蜀刑——古代自由刑的一个侧面的考察》（前漢の遷蜀刑について——古代自由刑の一側面の考察），《东洋学报》（東洋学報）73－2，1954 年。
4. 刘海年：《秦律刑罚考析》，《中国法学文集》第 1 辑，法律出版社，1984 年，第 340—341 页。

是重罪犯人。基于《法律答问》的规定，秦代的迁刑，在刑罚等级上，要轻于作为徒刑的城旦。在这一点上，与后世仅次于死刑的重刑——流刑有着很大的差异。

刘海年也是将文献所见的"迁"与秦简所见的"迁"视为同一种刑罚来展开分析的。然而，与沈家本将"迁""徙"、久村因将"迁徙刑"视为死刑的替代刑相比，秦简中所见的"迁"，如果真像刘海年所说的那样比徒刑中的城旦还要轻，那么，就有必要首先将两者区分开来加以考察[1]。如此一来，简单地将迁刑置换或转述成"流刑"[2]，这同样令人踌躇。如果仅仅是从将罪犯强制移送到指定地点这一点来说，迁刑与后世的流刑确实是相似的，但正像下文将要论述的那样，它们之间，强制移送所体现出来的意涵及其在刑罚制度上的地位是大不相同的。

关于秦代的迁刑，近年，工藤元男发表了很有深度的论文，对秦在开发巴蜀的进程中迁刑所发挥的作用展开了探讨[3]。论文在久村因基于文献史料研究的基础上，对睡虎地秦简所见与迁刑相关的史料展开逐一分析，以下拟在对工藤元男论文所得出的结论展开适当评述的基础上，阐明迁刑的性质。

刘海年得出迁刑轻于城旦刑这一论点的史料依据，是云梦睡虎地秦简中的这条史料：

> 害盗别徼而盗，驾（加）罪之。●可（何）谓驾（加）罪。●五人盗，臧（赃）一钱以上，斩左止，有（又）黥以为城旦，不盈五人，盗过六百六十钱，
>
> 黥劓（劓）以为城旦，不盈六百六十到二百廿钱，黥为城旦，不盈二百廿以下到一钱，覂（迁）之。求盗比此。
>
> （《法律答问》1—2）

---

1. 刘俊文：《唐律疏议笺解》，中华书局，1996年，第36页。
2. 例如，A. F. P. Hulsewé, *Remnants of Ch'in Law*, Sinica Leidensia vol. 17, Leiden, 1985 将"迁刑"译为 banishment；松崎つね子《睡虎地秦简》（明德出版社，2000年）将"迁刑"译为"流刑"。栗劲《秦律通论》（山东人民出版社，1985年）也将"迁"列入"流刑"一栏中加以讨论。
3. 工藤元男：《秦代迁刑札记》（秦の遷刑覚書），《日本秦汉史学会会报》（日本秦漢史学会会報）6，2000年。

这条史料是针对害盗（负责捕盗的官吏）在执行任务之外犯下盗窃罪的情况下必须加罪的法律问答。据问答内容，害盗在监守自盗的情况下，处罚要重于一般盗贼，而且条规还对与犯罪团伙的人数及赃额的多寡相应的量刑标准做了详细说明。在这种情况下，当处迁刑的是犯罪团伙在五人以下，赃额在一钱到二百二十钱之间的盗窃行为。秦律规定，如果是一般的盗窃行为，赃额在一百一十钱到二百二十钱，处"耐隶臣妾"，赃额不到这个数目的，处于"赀罪"，即罚没家庭财产[1]。据此，刘海年认为迁刑是轻于黥城旦的刑罚。

睡虎地秦简中还见有将耐刑与迁刑并举的史料：

> 从军当以劳论及赐，未拜而死，有罪法耐嚻（迁）其后，及法耐嚻（迁）者，皆不得受其爵及赐。其已拜，赐未受而死及法耐嚻（迁）者，鼠（予）赐。（《秦律十八种·军爵律》153—154）

这项规定说的是，在因军功授爵或赏赐之际，受爵赐人已经死亡，其继承人如正在服耐刑、迁刑，或者受爵赐人本人正在服耐刑、迁刑，则剥夺其接受爵赐的权利。在这一段史料中，耐刑与迁刑是并举的。此外，张家山汉简《二年律令》中被视为《告律》的条文中这样写道：

> 告不审及有罪先自告，各减其罪一等，死罪黥为城旦舂，黥为城旦舂罪完为城旦舂，完为城旦舂罪□□□鬼薪白粲及府（腐）罪耐为隶臣妾，耐为隶臣妾罪耐为司寇，司寇、嚻（迁）及黥顏（颜）頯（频）罪赎耐，赎耐罪罚金四两。……（127—129简）[2]

这是针对"告不审"（所告与事实不符）及"先自告"（自首）时罪减

---

1. 水间大辅：《秦汉刑法研究》（秦漢刑法研究），知泉书馆，2007年，第178—186页。

2. 此处据新释文，参彭浩、陈伟、工藤元男：《二年律令与奏谳书》，上海古籍出版社，2007年，第144页。——译者一等的规定。[1]相应的减罪如下：

> 死罪→黥城旦舂
>
> 黥城旦舂→完城旦舂
>
> 鬼薪白粲、腐罪（宫刑）→耐隶臣妾
>
> 耐隶臣妾→耐司寇
>
> 司寇、迁刑、黥颜頯→赎耐
>
> 赎耐→罚金四两

在这个减刑序列中，耐刑（耐司寇）、迁刑、黥颜頯三者似乎是作为同一级别的刑罚并举的。

然而，同样是在《二年律令》中，在被视为是《具律》的条文中，关于耐刑和迁刑的轻重关系，又有如下规定：

> 赎死，金二斤八两。赎城旦舂、鬼薪白粲，金一斤八两。赎斩、府（腐），金一斤四两。赎劓、黥，金一斤。赎耐，金十二两。赎毳（迁），金八两。……（119简）

据上述赎罪所需的金额来看，汉初赎刑的轻重顺序如下：

赎死>赎城旦舂、鬼薪白粲>赎斩趾、腐>赎劓、黥>赎耐>赎迁

赎刑序列与实刑序列之间的差异应该如何来解释，两者之间是否应该从完全不同的角度来进行解释，这些问题目前都还没有明确的结论。

从目前的研究状况来看，在一定程度上可以认为迁刑是轻于黥城旦（刘海年说），是与耐刑（耐司寇）同等轻重的刑罚。然而，有一点是可以明确的，这就是与文献史料所见作为"死刑替代刑"的徙迁刑相比，秦及汉初的迁刑是一种非常轻的刑罚[2]。工藤元男曾经指出："《史记》等文献史料与睡虎地秦简之间，关于迁刑的记载大不相同。"[3]

---

1. 冨谷至编：《江陵张家山二四七号墓出土汉律令研究 译注篇》（江陵張家山二四七号墓出土漢律令の研究　訳注篇），朋友书店，2006年，第64、72、84—85页。

2. 以上论述接受了水间大辅《秦汉刑法研究》（第73—76页）的指正，笔者对旧稿中的相关内容做了大幅度修改。

3. 工藤元男：《秦代迁刑札记》（秦の遷刑覚書），《日本秦汉史学会会报》（日本秦漢史学会会報）6，2000年。

这一表述虽然非常谨慎，但却正中其的。关于这两种史料之间的差异，工藤元男指出："睡虎地秦简体现的，最终是以法律规定为中心的内容，而残存于文献史料的，是迁刑实施的具体结果及法律法规运用层面上的记录，因此，史料所具的性质有所不同。"这里，笔者想从另一个角度来说明上述两类史料之间的差异。

久村因所说的"徙迁刑"，在"迁徙具有主刑减刑后的替代刑的性质"这一点上，与迁刑之间存在着很大的差异。睡虎地秦简及《二年律令》所见与迁刑相关的条文中，看不出迁刑是"将罪犯强制驱逐到偏远地区"这种明确的表达，因此，我们不能轻易地将迁刑与后世流刑那样的"驱逐刑"相提并论。

那么，文献史料中出现的秦代"徙迁刑"，与同样带有"迁"字的"迁刑"之间，难道就真的没有任何关联吗？从睡虎地秦简中不难发现，秦代在刑罚之外，还存在着作为行政措施的人口迁徙政策。记有明确迁徙地点的记录有以下两个事例。第一个事例中，被迁徙的对象为疠病病患。

> 甲有完城旦罪，未断，今甲疠，问甲可（何）以论。当迁（迁）疠所处之，或曰当迁（迁）迁（迁）所定杀。（《法律答问》122）
>
> 城旦、鬼薪疠，可（何）论。当迁（迁）疠迁（迁）所。（《法律答问》123）

这个问答中要求将疠病患者"迁疠所（疠迁所）"，工藤元男也引用了这一条史料，认为"这是一种将特定的病患进行隔离或驱逐的行政措施，同时，处罚官吏或一般民众的迁刑，其理念（对罪犯的驱逐）亦与之相通"[1]。将病患移送疠所[2]，目的是为了防止传染，这种措施，与其说是"驱逐"，不如说"隔离"的要素更加强烈。接下来看第二个事例。

---

1. 工藤元男：《秦代迁刑札记》（秦の遷刑覚書），《日本秦汉史学会会报》（日本秦漢史学会会报）6，2000 年。
2. 《睡虎地秦墓竹简》将疠所解释为"隔离麻风病病患的场所"（第 122 页）。

　　卷（迁）子　爰书：某里士五（伍）甲告曰："谒鋈亲子
同里士五（伍）丙足，卷（迁）蜀边县，令终身毋得去卷
（迁）所。敢告。"告法（废）丘主："士五（伍）咸阳才
（在）某里曰丙，坐父甲谒鋈其足，卷（迁）蜀边县，令终身
毋得去卷（迁）所论之，卷（迁）丙如甲告，以律包。今鋈
丙足，令吏徒将传及恒书一封诣令史，可受代吏徒，以县次
传诣成都，成都上恒书太守处，以律食。法（废）丘已传，
为报。敢告主。"（《封诊式》46—49）

　　这是一件士伍甲请求将自己的亲生儿子丙"鋈足后迁往蜀地边县
并令其终身不得离开迁所"的爰书，也是睡虎地秦简与"迁"相关的
史料中唯一出现具体"迁所"的事例。废丘县（内史属县）受理了这位
父亲的请求，并对被"迁"对象移送入蜀的手续做了详细安排。

　　父亲向官府诉讼儿子的事例，还可以见到其他事例。

　　告子　爰书：某里士五（伍）甲告曰："甲亲子同里士五
（伍）丙不孝，谒杀。敢告。"即令令史己往执。令史己爰书：
与牢隶臣某执丙，得某室。丞某讯丙，辞曰："甲亲子，诚不
孝甲所，毋它坐罪。"（《封诊式》50—51）

　　父亲甲状告亲子丙"不孝"，请求官府将之定为死罪[1]。即使在秦代，
父亲自行杀死儿子的行为也是不被认可的[2]，必须经过上述的各种程序，
最终由公权力来裁决。因此，上一事例中的"迁蜀边县"，应该是官府
最终给出的裁判结果。

　　在上述"迁子"案中，父亲状告儿子的理由虽然不明，但是，希

---

1. 秦代对不孝罪的处罚目前尚不清楚，但汉代是"弃市"。张家山汉简《奏谳书》案例第二十
　　一："●今廷史申縣（徭）使而后来，非廷尉当，议曰：当非是。律曰：不孝弃市……"
　　（189简）。还可参照程树德《九朝律考》（商务印书馆，1927年）卷一《汉律考·律令杂
　　考·不孝》。
2. 冨谷至：《秦汉刑罚制度研究》（秦漢刑罰制度の研究），同朋舍，1998年，第239页。

望将其迁往蜀郡边县，使其处在严密的管理之下且终身不得离开迁所。这样的处置，与其说是"驱逐"，不如说"隔离"的印象更加深刻。

《汉书》卷一上《高祖纪》"项羽背约而王君王于南郑，是迁也"条如淳注曰："秦法，有罪迁徙之于蜀汉。"这条史料，在论及秦代"迁蜀刑"时是无论如何都避不开的。关于这条"秦法"，久村因指出，"迁蜀的对象"，不排除"有以某些特殊阶层为对象的痕迹"，并据《史记·秦始皇本纪》始皇十二年条"自今以来，操国事不道如嫪毐、〔吕〕不韦者，籍其门，视此"一句，推测如淳所言"秦法"可能始于此[1]。换言之，秦代罪人迁蜀刑的运用被限制在相当小的范围之内，只有那些政治上对国家极端危险的人物才会成为迁蜀的对象。由于地理上的相对孤立，从隔离罪犯，避免他们与他人接触这一点上，蜀地也许是最好的选择。

久村因曾经研究过的西汉诸王的迁蜀刑，似乎也可以在这一延长线上加以考虑。诸王被处以迁蜀，几乎全部都经过了以下这样的裁决过程：

1. 有司依据律令对案件进行审理，下达死刑判决。

2. 有司向皇帝提交判决意见并请求裁可。皇帝以"不忍王致法"为由，命将裁决意见提交列侯、二千石等官员会议。

3. 会议的结果，依然是必须维持判决。皇帝再次以"不忍王致法"为由，请求有司再审。

4. 有司或皇帝提案赦免王的死罪，削去王位。

5. 有司提案将废王徙蜀，皇帝裁可。

这里首先要确认的一点是，在赦免死罪的同时，必定会"废勿王"即削去其王位，迁蜀的议论或提案是废位以后的程序。决定迁蜀后，皇帝还赏赐废王汤沐邑，以确保其生活无忧，这与后世流刑囚在配所体味各种苦难大相径庭。

总之，西汉诸王的迁蜀刑，具有对废位之王实施隔离或幽闭的

---

1. 久村因：《关于古代四川土著汉人的来历》（古代四川に土着せる漢民族の来歴について），《历史学研究》（歴史学研究）204，1957 年。

一面[1]。诸王的迁蜀刑作为"死刑的替代刑"这一面当然也不能完全无视，但过于强调其与后世流刑的类似并从而展开对比，那么就难免会误解现象的本质。将废位之王强制移送偏远之地实行幽闭，这样的措置唐代也有，称"安置"[2]。

第二节　汉及魏晋南朝的"徙迁刑"

一　汉代的"徙迁刑"

关于汉代的"徙迁刑"，大庭脩已经做出了先驱性的研究[3]。此外，邢义田基于"安土重迁"的理念，对徙民政策与迁徙刑（与"徙迁刑"同义）也展开了对比研究[4]。

据大庭脩的研究，徙迁刑，即把罪犯强制移送到边郡的刑罚，其在汉代刑罚体系中的地位，一直以来认识上是模糊不清的，原因就在于其"与流刑不同，长期以来被看成作为死刑赦免后的替代刑，加之汉代尚无被称作流刑的刑罚"之故。接下来，大庭脩通检了两汉刑罚中徙边的事例，逐一加以探讨，从中归纳出了以下一点结论：

1. 汉代徙迁刑，起始于元帝至成帝河平年间，推测与当时减少死刑种类的政策有关。

2. 徙迁刑的源头虽然可追溯到"死刑的替代"，但其后制定了"科"，对徙迁刑的适用范围做了重新规定，亦即在临时恩赦下的"死刑替代"之外，"存在着基本上等同正刑的徙迁刑"。

3. 徙迁刑，根据迁徙的目的地，可分为迁往南方边郡（合浦、九真、日南）的"徙远郡刑"与迁往北方边郡（敦煌、朔方）的"徙边

---

1. 废位后的皇后则移送云阳宫、昭台宫等处（相关事例可见《汉书》卷九七下《外戚传》孝元冯昭仪、孝成许皇后等），这样的措置，隔离、幽闭的色彩非常浓厚，很难将之视为"驱逐"。
2. 可参考《历代刑法考》刑法分考十·安置或本书第三章第二节。
3. 大庭脩：《汉代的徙迁刑》（汉の徙遷刑），1957年初刊，后载其《秦汉法制史研究》（秦汉法制史の研究），创文社，1982年。
4. 邢义田：《从安土重迁论秦汉时代的徙民与迁徙刑》，1986年初刊，后载其《秦汉史论稿》，东大图书公司，1987年。

刑"两类。前者多适用于大逆不道犯的从犯，后者多适用于不道犯及
大不敬犯。

4. 徙迁刑是基于"废放之人屏于远方，不及以政"法理的刑罚，
将罪犯驱逐出京师是其目的。

其中第1点，据邢义田的研究，武帝末年已存在徙迁的事例[1]，因
此，"徙迁刑"的开始时间可提前到武帝末年。

关于第2点，邢义田也提出了疑问，因为在恩赦等减刑中，"徙迁
刑"没有进入主刑系列[2]。笔者亦曾指出，汉代的徙迁刑，虽然是"减
死一等"刑即"死刑的替代刑"，但并不是一种独立的刑罚[3]。

汉代的徒刑，如髡钳城旦舂，原则上应该是剃去头发（髡）戴上
脚镣（钳）输往边郡，"昼日伺寇虏，夜暮筑长城"，但实际上是根据
当时的需要派往各处服役[4]。西汉末年，谏大夫鲍宣"罪减死一等，髡
钳"，宣"既被刑，乃徙之上党（今山西省长子县）"[5]。"减死一等"刑为
五岁刑，《三国志》卷一三《钟繇传》裴松之注引袁宏《后汉纪》云：
"今大辟之罪，与古同制。免死已下，不过五岁，既释钳锁，复得齿于
人伦。"[6]刑徒离开指定的监狱被移送到他地服役的事实，通过对东汉

---

1. 前引邢义田论文，第434页。《汉书》卷六六《刘屈氂传》："太子既诛（江）充发兵，宣言
　帝在甘泉病困，疑有变，奸臣欲作乱。……诸太子宾客，尝出入宫门，皆坐诛，其随太子发
　兵，以反法族，吏士劫略者，皆徙敦煌郡。"戾太子之乱起于征和二年（前91年）。
2. 前引邢义田：《从安土重迁论秦汉时代的徙民与迁徙刑》，第434页。
3. 前引拙稿《唐代流刑考》，第75—76页。
4. 浜口重国：《汉代的强制劳动刑即其他》（漢代における強制労働刑その他），1936年初刊，
　后载其《秦汉隋唐史研究》（秦漢隋唐史の研究）上卷，东京大学出版会，1966年，第620、
　631—639页。
5. 《汉书》卷七二《鲍宣传》："宣坐距闭使者，亡人臣礼，大不敬，不道，下廷尉狱。……上
　遂抵宣罪减死一等，髡钳。宣既被刑，乃徙之上党。"
6. 东汉灵帝时，蔡邕犯罪，诏免死刑，与家属一起迁往朔方。免死的附加条件是，即使遇上恩
　赦亦不得归还。蔡邕在迁所上给皇帝的那道著名奏章中也表明本来刑满以后是可以还归的。
　《后汉书》列传五〇下《蔡邕传》："于是下邕、质于洛阳狱，劾以仇怨奉公，议害大臣，大
　不敬，弃市。事奏，中常侍吕强愍邕无罪，请之。帝亦更思其章，有诏减一等，与家属髡
　钳徙朔方，不得以赦令除。"《续汉书·律历志下》刘昭注："邕戍边上章曰：'朔方髡钳徒
　臣邕稽首再拜上书皇帝陛下：……既到徙所，乘塞守险，职在候望，忧怖焦灼，无心复能操
　笔成章，致章阙庭。……臣初欲须刑竟，乃因县道，具以状闻。'"

"刑徒砖"的分析亦可了然[1]。鲍宣的事例不难看出，他是在髡钳后被送往上党服役的。

大庭脩认为，徙迁刑"基本上可以作为正刑对待"的观点，是其基于"徙迁至少包含在科条之中"的推测。大庭脩得出这一结论的史料依据如下：

> 司徒王朗议，以为："……夫五刑之属，著在科律，自有减死一等之法，不死即为减。施行已久，不待远假斧凿于彼肉刑然后有罪次也。前世仁者，不忍肉刑之惨酷，是以废而不用。"（《三国志》卷一三《钟繇传》）
>
> 诏曰："……其大赦天下。……坐法当徙勿徙，亡徒当传勿传。"[《后汉书》卷六《顺帝纪》，永建元年（126）正月甲寅]

大庭脩推测，在适用"坐法当徙"时，作为"减死一等之法"应该在"科律"中有所规定。

正像滋贺秀三指出的那样，虽然"临时性的措置作为先例可能会发展成为新的法理并最终成文化"有着充分的可能性，但就汉代而言，这很难用"'科'这个固有名词来称呼"[2]。从而，大庭脩"在没有赦令的情况下也能依据科的相关规定执行徙边"这个见解即使无法完全遵从，但在"科律"这一名称下广泛存在着一系列的"法律条文"，其中也包含着一系列与"减死一等"相关的法律法规，这一点应该是不难理解的。

近年，敦煌悬泉置遗址出土的简牍中，也有与此相关的内容：

> 当徙边未行，行未到若亡勿徙。赦前有罪，后发觉勿治。
> 奏当当上勿上。其当出入其□□□在所县为传，疑者谳廷尉，

---

1. 前引冨谷至：《秦汉刑罚制度研究》，第 95—133 页。
2. 滋贺秀三：《汉唐间法典考证二三例》（漢唐間の法典について二三の考証），1958 年初刊，后载其《中国法制史论集》（中国法制史論集），第 411—418、435 页。

它如律令。丞相御史分行诏书，为驾各……（Ⅱ 0214②：565）[1]

这枚残简上保存下来的内容或许是赦令的一部分。因罪被判徙边的罪人（含被强制移送前），在到达徙所前，如果遇上恩赦，可以停止执行。比照永建元年（126）发布的赦令，可以大胆推测，有关"徙边"的刑罚，一定存在着某些法律上的指导方针。也就是说，当"减死一等"刑减为五岁刑时，依据罪人的犯罪事实及具体情况等，似乎会做出哪些应该"徙边"、哪些应该"输左校"[2]等不同的处理方案。考虑到当时徙边的罪人数量相当庞大，以上的推测有充分的依据[3]。

这里想提出来探讨的是，作为刑罚的"徙边"，在法理思想上又具有何种意义。大庭脩分析这一问题时，在举出"强制移送到边远之地以示对罪犯的惩罚"的同时，也具有"将之驱离京师"的目的。久村因在讨论这一问题时，用《汉书·霍光传》中"废放之人屏于远方，不及以政"一句，作为"诸侯王迁蜀刑的法理"[4]，大庭脩更是进了一步，认为"这是贯穿于整个徙迁刑的法律思想"。

以下这两段史料，很好地体现出了"徙迁刑"兼有的"强制移送边境"和"驱逐出京师"这两方面的目的：

> 制曰："廷尉增寿当是，〔陈〕汤前有讨郅支单于功，其免汤为庶人，徙边。"又曰："故将作大匠〔解〕万年佞邪不忠，妄为巧诈，多赋敛，烦繇役，兴卒暴之作，卒徒蒙辜，死者连属，毒流众庶，海内怨望。虽蒙赦令，不宜居京师。"于是汤与万年俱徙敦煌。久之，敦煌太守奏："汤前亲诛郅支单于，威行外国，不宜近边塞。"诏徙安定。（《汉书》卷七〇《陈汤传》）
> 诏曰："前将作大匠〔解〕万年知昌陵卑下，不可为万岁

1.《敦煌悬泉汉简释粹》，第15—16页。
2.《后汉书》列传五四《史弼传》："弼遂受诬，事当弃市。劭与郡人卖郡邸，行赂于侯览，得减死罪一等，论输左校。"
3. 前引大庭脩：《汉代的徙迁刑》，第182页。
4. 前引久村因：《关于西汉的迁蜀刑——古代自由刑的一个侧面的考察》，第114页。

> 居，奏请营作，建置郭邑，妄为巧诈，积土增高，多赋敛縣
> 役，兴卒暴之作，卒徒蒙辜，死者连属，百姓罢极，天下匮
> 竭。……万年佞邪不忠，毒流众庶，海内怨望，至今不息。虽
> 蒙赦令，不宜居京师。其徙万年敦煌郡。"[《汉书》卷一○《成帝
> 纪》永始二年（前15）十二月]

陈汤与解万年均因延陵的营建事宜被问罪，判决徙往边郡敦煌[1]。这里
值得注意的是，解万年徙边的用词是"不宜居京师"，是驱离京师的意
思[2]。从上述史料中能清楚地看出，徙边，如其字义，是"强制移送边
境"的意思，同时也是将罪人驱逐出天子所在京师的一种措置。陈汤
先是被徙往敦煌郡，但考虑到将其送往边郡可能存在的危险，于是将
其再次徙往同属凉州但最接近京师的安定郡。从陈汤的事例中，我们
似乎看到了与"废放之人屏于远方，不及以政"这一理念之间的某些
差异。从中不难看出，被徙往边境的罪人，并不是将之驱逐到王朝鞭
长莫及的边地就此了事，而是处于身在边境却时时受到国家监视的境
地。这样的现实，下列史料也提供了清晰的线索：

> 单超积怀忿恨，遂以事陷〔第五〕种，竟坐徙朔方。超
> 外孙董援为朔方太守，稸怒以待之。……〔孙斌〕乃谓其友
> 人同县闾子直及高密甄子然曰："盖盗憎其主，从来旧矣。第
> 五使君当投裔土，而单超外属为彼郡守。……"（《后汉书》列传
> 三一《第五种传》）

"当投裔土"的第五种，在被强制移送朔方的途中，在太原被故吏孙斌
救出。如果就此被送往朔方，不仅是"不及以政"的问题，而且肯定

会长期处于陷害他的当权者的严密监控之下。

"徙迁刑"如果属于具有上述两种目的的刑罚,那么,其在汉代整体的刑罚体系中又应如何定位呢?这里令人想起的是围绕"恢复肉刑"的议论。

汉文帝刑罚制度改革的重要内容是废除肉刑,但改革以后有关刑罚制度的议论中,最大的问题是如何弥补死刑与徒刑之间的空缺。议论的结果,既未能在死刑与徒刑之间新设主刑种,也未能全面恢复肉刑作为主刑种的地位[1]。

在肉刑恢复无法实现的背景中,儒家礼教思想的渗透是不可忽视的。在经书的世界里,次于死刑的刑罚,首先想到的就是"流刑":

> 流宥五刑。(《尚书·舜典》)
>
> 五刑有服,五服三就,五流有宅,五宅三居。(同前)
>
> 舜臣尧,宾于四门,流四凶族,浑敦、穷奇、梼杌、饕餮,投诸四裔,以御螭魅。(《春秋左氏传·文公十八年》)

经书中记录的上古圣王贤主宽宥恶人时采用的方法,是把他们驱逐到偏远的地方去。儒学逐步"国教化"并最终成为治国的基本理念,是在西汉武帝到元、成之间,这与"徙迁刑"的起始时间基本重合。"徙迁刑"的出现及适用,与儒家思想逐渐被整合到国家体制中去的轨迹基本一致,作为"减死一等"刑的地位渐渐确立[2]。

虽然将罪人"投之四裔"是上古"流刑"的出发点,但绝不能说汉代的"徙迁刑"就是忠实反映这种思想的刑罚。但一方面,"将重罪之人驱离京师"这一理念,从决定执行"徙迁刑"的诏敕等史料中可以看得出来。如果将罪人"屏于远方"作为"徙迁刑"的目的,那么,

---

1. 关于恢复肉刑的议论,参照重泽俊郎:《汉魏的肉刑论》(漢魏に於ける肉刑論),《东洋的文化与社会》(東洋の文化と社会)二,1952年;西田太一郎:《肉刑论所见刑罚思想》(肉刑論から見た刑罰思想),《中国刑法史研究》(中国刑法史研究),岩波书店,1973年。

2. 瞿同祖指出,法律制定过程中儒家思想的影响,早在文帝时贾谊的言论中就已显现。见其《中国法律之儒家化》,1948年初刊,后载其《中国法律与中国社会》,中华书局,1981年,第330—334页。

《尚书·舜典》所言"五流有宅，五宅三居"的流放刑，当然是汉代考案"徙迁刑"的基础。但是，在实际执行"徙迁刑"时，对于究竟要将罪人强制移送到离京师多远的地方却是很模糊的。大庭脩将"徙迁刑"分为"徙远郡刑"和"徙边刑"两类，认为强制移送南方的"徙远郡刑"更重，理由是"南方距离京师更远"，"罪行更重的人徙往更远的地方，从常识上来说这是当然的"。这应该是参照了唐代流刑的有关规定得出来的结论。然而，我们找不到当时在决定徙迁地时顾及与京师之间距离的任何痕迹，更何况，汉代人对南北边境的距离差距是否有清醒的认识，这也无法知晓。因此，大庭脩的这些见解难免有些穿凿之嫌。

汉代的"徙迁刑"中，既然没有依罪行的轻重来决定徙迁远近的明证，那么，将之与后世的流刑直接关联起来加以探讨，不得不说有些牵强了。将强制移送的距离与流刑的轻重直接挂钩，要等到北周律以后。

二 魏晋南朝时期的演变

魏晋南朝的刑罚体系，基本上是对汉朝的继承[1]，上文探讨的"徙迁刑"也同样继承了汉朝体制[2]。接下来拟对魏晋南朝的相关事例略作概观，对这一时期与徙迁刑罚相关的问题进行梳理。首先，从曹魏的事例开始。

> 初，中领军高阳许允与〔李〕丰、〔夏侯〕玄亲善。……后丰等事觉，徙允为镇北将军，假节，督河北诸军事。未发，以放散官物，收付廷尉，徙乐浪，道死。（《三国志》卷九《夏侯玄传》）

---

1. 滋贺秀三：《刑罚的历史》（刑罚の歴史），1972 年初刊，后载其《中国法制史论集》，第319 页。
2. 陈俊强《三国两晋南朝的流徙刑——流刑前史》（台湾《政治大学历史学报》20，2002 年）是在对百余事例严加分析的基础上撰述的力作。陈文指出，无论是罪犯本人还是家属，被问流徙刑的人员一律发配到偏远之地，且无刑期，若无赦免则不得归还乡里。但是，符合陈文观点的事例，似乎全部集中在谋反人家属等特殊事例上，可参照本书第 19 页所引沈怀远事例。

李丰、夏侯玄的谋反败露在嘉平六年（254），许允此后不久被徙迁乐浪。据裴松之注引《魏略》，许允是因"擅以厨钱谷乞诸俳及其官属"之罪被收付廷尉的，经审理，给出了减死徙边的判决，且不许妻子同往乐浪，当年冬季死于道中[1]。接下来是西晋的事例：

> 〔赵王〕伦之诛也，齐王冏以〔陆〕机职在中书，九锡文及禅诏疑机与焉，遂收机等九人付廷尉。赖成都王颖、吴王晏并救理之，得减死徙边，遇赦而止。（《晋书》卷五四《陆机传》）

这也是作为减死一等刑的"徙迁刑"事例。赵王伦被诛是永宁元年（301）四月，六月大赦[2]，推算陆机是在徙往边地不久后就被放免的。最后，再举两个南朝的事例：

> 〔沈怀文〕弟怀远，为始兴王濬征北长流参军，深见亲待。坐纳〔东阳公主养女〕王鹦鹉为妾，世祖徙之广州，使广州刺史宗悫于南杀之。会南郡王义宣反，怀远颇闲文笔，悫起义，使造檄书，并衔命至始兴，与始兴相沈法系论起义事。事平，悫具为陈请，由此见原。终世祖世不得还。怀文虽亲要，屡请终不许。前废帝世，流徙者并听归本，官至武康令。（《宋书》卷八二《沈怀文传》）

沈怀远因刘宋文帝元嘉末年（453）皇太子刘劭（元凶）之乱受到牵连，被流徙广州。大约在孝建初年（454）因广州刺史宗悫的请愿朝廷赦免其罪，但终孝武帝世仍然不准返还乡里，直到前废帝在位（464—465）时才允许返还。从沈怀远的事例中可以看出，徙边的罪人，即使不再追究其罪行，但没有皇帝的许可，依然不得返还乡里。下面是梁

---

1. 《三国志》卷九《夏侯玄传》裴松之注引《魏略》："会有司奏允前擅以厨钱谷乞诸俳及其官属，故遂收送廷尉，考问竟，故〔衍字〕减死徙边。允以嘉平六年秋，徙，妻子不得自随，行道未到，以其年冬死。"
2. 《晋书》卷四《惠帝纪》永宁元年四月癸亥："于是大赦，改元，孤寡赐谷五斛，大酺五日。诛赵王伦、义阳王威、九门侯质等及伦之党与。……六月戊辰，大赦，增吏位二等。"

武帝时期的事例：

> 〔天监〕三年（504）八月，建康女子任提女，坐诱口当
> 死。其子景慈对鞫辞云："母实行此。"是时，法官虞僧虬启
> 称："案子之事亲，有隐无犯，直躬证父，仲尼为非。景慈素
> 无防闲之道，死有明目之据，陷亲极刑，伤和损俗。凡乞鞫
> 不审，降罪一等，岂得避五岁之刑，忽死母之命。景慈宜加罪
> 辟。"诏流于交州。至是复有流徒之罪。（《隋书》卷二五《刑法志》）

在这件事例中，儿子作证母亲犯罪事实，遭到法官责难。或许是在
"乞鞫"（再审）阶段并未采纳儿子的证言，因任提女虽"不审"（有
犯罪嫌疑却无明证），被减死一等判处五岁刑[1]。而违背了儒家伦理的
儿子，则被处以极刑。从最终处五岁刑的母亲被"流"交州这件事情
中，可以确认南朝的"徙迁刑"实际上就是五岁刑。

　　此外，从下引的一段史料中，可以看到刘宋明帝时犯下劫罪的罪
犯因恩赦而减刑的具体措置[2]：

> 〔泰始四年（468）〕秋九月戊辰，诏定黥刖之制。有司
> 奏："自今凡劫窃执官仗，拒战逻司，攻剽亭寺及伤害吏人，
> 并监司将吏自为劫，皆不限人数，悉依旧制斩刑。若遇赦，
> 黥及两颊劫字，断去两脚筋，徙付交、梁、宁州。五人以下
> 止相逼夺者，亦依黥作劫字，断去两脚筋，徙付远州。若遇
> 赦，原断徙犹黥面，依旧补冶士。家口应及坐，悉依旧结
> 谪。"及上崩，其例乃寝。（《南史》卷三《宋本纪·明帝》）

---

1. 关于"乞鞫""不审"的词义，参见前引籾山明：《中国古代诉讼制度研究》，第58—60、
   99—108页。
2. 乔伟主编：《中国法制通史》第三卷《魏晋南北朝》，法律出版社，1999年，第357—358、
   433—434页。石冈浩：《两晋南朝劫罪所见肉刑与冶士》（両晋·南朝の劫罪にみる肉刑と冶
   士），载池田温编《日中律令制诸相》（日中律令制の諸相），东方书店，2002年，第76—
   79页。

减刑对象虽然只限于"劫罪"(威力胁迫或抢夺),但其减刑的等级序列,即"斩刑">"黥面(两颊黥劫字)+断两脚筋+徙付远州(交、梁、宁)">"黥面+冶士",却非常值得关注。罪人两颊刺"劫"字,挑断双脚脚筋,目的在于防止逃跑[1],但也暗示了这些徙迁者不再戴枷锁镣铐。史料中虽然没有找到徙迁者在徙迁地从事劳役的明确记载,但不难推测,他们在徙迁地一定会被课以某种劳役。

通过对上述南朝徙迁刑特征的分析,可以联想到,与唐律规定的流刑相比,南朝徙迁刑更像本书第六章将要讨论的宋代配军刑。它并不是正式的刑罚,而且亦仅见于南朝的某一个时期,然而,在死刑与徒刑之间加入这样一种具有刑罚意义的措置,在刑罚史上应该引起我们的关注。

第三节 流刑的确立

一 北魏、北齐的流刑

作为主刑之一的"流刑",其名称是北魏时期出现的。

在北魏以前的"五胡"政权时期,例如前秦,有人偷了母亲的钱,有司奏请将其"投之四裔"[2]。这与其说是流刑,不如说是原本意义上的"驱逐",即将之驱离共同体。流刑作为主刑并被整合进国家刑律的,是北魏孝文帝时代[3]。

> 〔太和十六年(492)〕五月癸未,诏群臣于皇信堂更定律条,流徒限制,帝亲临决之。(《魏书》卷七下《高祖纪》)

1.《晋令》中有给逃亡追回的奴婢刺字的规定。《太平御览》卷六四八《刑法部·黥》引《晋令》佚文曰:"奴婢亡,加铜青若墨黥,黥两眼后。再亡,黥两颊上。三亡,横点〔当作'黥'〕目下。皆长一寸五分,广五分。"北朝也有同样的措置,见王仲荦:《北周六典》,中华书局,1979年,第446—447页。

2.《太平御览》卷六四五《刑法部·辒》引《前秦录》:"有司奏:'人有盗其母钱而逃者,请投之四裔。'太后闻而怒曰:'三千之罪,莫大于不孝。当弃之市朝,奈何投之方外乎。方外岂有无父母之乡乎!'于是辒而杀之。"

3. 参见《历代刑法考》刑法分考十·流。

在太和十一年（487）开始的律令改定工作中，除强化对不孝罪的惩罚力度，取消"门房之诛"等事项外，死刑和徒刑之间巨大的刑罚落差问题也成为改定的课题[1]。新律令的制定完成于太和十六年四月，而关于"流徒"刑的条规，则是在一个月后因孝文帝的积极参与才最终确定的。从此以后，正如《魏书》卷一〇一《刑罚志》永平三年（506）高阳王雍议引《贼律》所言，"谋杀人而发觉者流，从者五岁刑；已伤及杀而还苏者死，从者流；已杀者斩，从而加功者死，不加者流"，流刑成为填补死刑与五岁刑之间的正刑。

尚未见到集中叙述与北魏流刑相关的制度史记载，据程树德《九朝律考》中的《后魏律考·魏刑名·流》，北魏流刑的特征可以归纳为以下三点：

1. 通常会课以鞭笞。

2. 有与父母赡养相关的规定[2]。

3. 没有设定依据强制移送的距离（"道里之差"）来区分流刑的等级。

在此之前，北魏也有罪人"徙边"的刑罚，文成帝和平末年（465年前后）源贺提出的一项措置即是一例：

> 臣愚以为，自非大逆、赤手杀人之罪，其坐赃及盗与过误之愆应入死者，皆可原命，谪守边境。是则已断之体，更受全生之恩；徭役之家，渐蒙休息之惠。刑措之化，庶几在兹。《虞书》曰"流宥五刑"，此其义也。（《魏书》卷四一《源贺传》）[3]

---

1. 《魏书》卷一〇一《刑罚志》：太和十一年"秋八月诏曰：'律文刑限三年，便入极默。坐无太半之校，罪有死生之殊。可详案律条，诸有此类，更一刊定。'冬十月，复诏公卿令参议之"。

2. 《魏书·刑罚志》李瑒驳议引《法例律》："诸犯死罪，若祖父母、父母年七十已上，无成人子孙，旁无期亲者，具状上请。流者鞭笞，留养其亲，终则从流。不在原赦之例。"

3. 接着这道上疏，《魏书·源贺传》称："高宗纳之。已后入死者，皆恕死徙边。"《魏书·刑罚志》亦曰："和平末，冀州刺史源贺上言：'自非大逆手杀人者，请原其命，谪守边戍。'诏从之。"

文成帝采纳了源贺的提案，自此"已后入死者，皆恕死徙边"。从以上记载中可以发现，在流刑被列为正刑之前，北魏存在着"减死一等"刑，将罪人送往边境戍边（即"谪守边境"），而且，"徙边"措置的采用，最早的目的在于边防人员的确保。

死罪赦免后送往边境戍边的方案，在这以前太武帝统一华北的太平真君五年（444）游雅就曾经提过[1]。当时肩负监国重任、总揽政务的皇太子（恭宗、拓跋晃）深受中原文化的熏陶，对援引西汉徙民实边政策的游雅的上疏一定表现出了很大的热情。游雅"大逆犯处死外，将其家属送往边境终身劳役"的提案，当时虽未能实施，但20年后却以"谪守边境"的形式实现了。

这里值得注意的是，源贺在提案时援引的依据是《尚书·舜典》所见的"流宥五刑"。不用说，在源贺眼中，作为"减死一等"刑的"谪守边境"，正与经书所言"流宥五刑"之意一致。但是，将"徙边"比拟成上古的"流刑"，这对我们思考北魏刑制中流刑的确立问题，具有非常大的启发意义。

将罪人送往边镇充当戍卒的做法，孝文帝时期依然在持续。

〔延兴二年（472）九月〕又诏流迸之民，皆令还本，违者配徙边镇。（《魏书》卷七上《高祖纪》）

此外，《魏书·刑罚志》还载孝文帝太和八年（484）前后，"帝哀矜庶狱，至于奏谳，率从降恕，全命徙边，岁以千计。京师决死狱，岁竟不过五六，州镇亦简"。因皇帝的裁决免死徙边的罪人每年多达数千人。从下一条史料中可以看出，徙边的罪人在边镇充当戍卒以当其役：

1.《魏书·刑罚志》："时舆驾数亲征讨及行幸四方。真君五年，命恭宗总百揆监国。少傅游雅上疏曰：'……汉武时，始启河右四郡，议诸疑罪而谪徙之，十数年后，边郡充实，并修农戍。孝宣因之，以服北方，此近世之事也。帝王之于罪人，非怒而诛之，欲其徙善而惩恶。谪徙之苦，其惩亦深，自非大逆正刑，皆可从徙，虽举家投远，忻喜赴路，力役终身，不敢言苦。且远流分离，心或思善。如此，奸邪可息，边垂足备。'恭宗善其言，然未之行。"

　　〔太和十二年（488）正月〕乙未，诏曰："镇戍流徙之
人，年满七十，孤单穷独，虽有妻妾而无子孙，诸如此等，
听解名还本。诸犯死刑者，父母、祖父母年老，更无成人子
孙，旁无期亲者，具状以闻。"（《魏书》卷七下《高祖纪》）

"镇戍流徙之人"，应该就是前引源贺上疏所言"原命谪守边境"者。
被判"减死一等"刑终身戍守边境的罪人中，如果满足上引诏书中开
列的条件，则允许其归还乡里。

　　总之，流刑确立以前北魏施行的"徙边"可以看出以下一些特征：

1. 作为"减死一等"刑，将罪人送往边境，承担戍边之役。

2. 徙边罪人的家属强制随行。

3. 刑期为终身，只有在满足一定条件的情况下才允许归还本乡。

　　北魏在完善国家体制的过程中，继承了汉及魏晋的制度，从秦汉
的律令条文基本上贯穿魏晋至北魏这一点上也看得很清楚[1]。但是，就
"徙边"而言，不得不说，其与汉及魏晋的"徙迁刑"在性质上有着相
当的不同。

　　两者相通之处有二，一是两者均为"减死一等"刑，二是执行时
两者均将罪人驱离京师强制送往偏远之地。这两点可以说都受到了儒
家经典的影响。但是，"徙迁刑"是有期徒刑，与之相比，北魏的流刑
原则上是无期刑，必须终身在流放地戍边。在刑期的规定上，两者之
间有非常大的差异。在讨论这一问题时，不能忽视刑期的有无，流刑
确立以前北魏施行的"徙边"，并不是对汉魏南朝"徙迁刑"的直接继
承，这一点应该很清楚[2]。上文所引源贺的上书中，其引证上古"流
刑"的理念就很具启发意义，徙边，与此后成为主刑的流刑同样，是
一种将罪人强制移送边境并在边境终身服役的刑罚。

---

1. 冨谷至：《解说》，载内田智雄编：《译注　中国历代刑法志（补）》［譯注中國歷代刑法志
（補）］，创文社，2005年，第265页。

2. 北魏的"徙边"政策，应该与其统一华北时的军事体制密切相关，在此无法详论，可以参考
谷川道雄：《北魏末年的内乱与城民》（北魏末の内乱と城民），1958年初刊，后载其《增补
隋唐帝国形成史论》（增補　隋唐帝国形成史論），筑摩书房，1998年，第199—212页；高
敏：《魏晋南北朝兵制研究》，大象出版社，1998年，第305—322页。

北魏的流刑，尚未设定用流放距离来区分刑罚等级的内容，《魏书》中见到的"远流"一词，就笔者管见，应与"流刑"同义[1]。还有，"流刑"，有时又称"流徙"：

> 诸犯年刑已上[2]枷锁，流徙已上，增以杻械。〔《魏书》卷一〇一《刑罚志》永平元年（508）尚书令高肇等奏文引《狱官令》〕

在上引史料中，"流徙"的惩罚力度位于"年刑"之上，指的就是流刑。在上奏文的后半，还有"杻械以掌流刑已上"一句，亦可见"流徙"就是流刑。从接下来引用的一段史料中，亦能清楚地看出"流徙"与流刑完全是同义词：

> 谨按条制，逃吏不在赦限。窃惟圣朝之恩，事异前宥，诸流徙在路，尚蒙旋反，况有未发而仍遣边戍？〔《魏书》卷四一《源怀传》载景明二年（502）前后上奏文〕

可见，北魏的流刑，是将罪犯强制移送边境戍边的一种刑罚。被处以流刑的"流人"，只要没有恩赦允许归还，就必须终身在边境服役。

北魏的流刑，即"减死一等"刑的"徙边"，作为正刑，被列入了国家的刑罚体系，并基于儒家经典所言，命名为"流刑"。流刑的确立，正始于北魏汉化政策走向稳定的孝文帝时代后期。流刑被列为正刑，使得北魏的刑罚体系蒙上了浓郁的儒家色彩，这与孝文帝以后北魏政权转变为中原王朝的轨迹是一致的。

在河清三年（564）定制的北齐律中，关于流刑，有如下说明：

---

1. 前引乔伟主编：《中国法制通史》第三卷《魏晋南北朝》，第512页。
2. "诸犯年刑已上"一句，中华书局标点本作"诸犯□年刑已"，在"年"字前加上了表示缺字的方框，本书不予采纳。作为标点本底本的百衲本（宋蜀大字本）中，"犯"字与"年"字之间的空隙确实比其他字距要稍微大一些，但这仅仅是字距，难以考虑是缺字所致。《册府元龟》卷六一一《刑法部·定律令》永平元年七月乙未条也抄录了上奏文，同样作"诸犯年刑已上"。见《宋本册府元龟》第二册，第1893页。"年刑"一词，确实难见其他用例，但认定"年"字前缺字，同样缺乏证据。

> 二曰流刑，谓论犯可死，原情可降，鞭笞各一百，髡之，
> 投于边裔，以为兵卒。未有道里之差。其不合远配者，男子
> 长徒，女子配春，并六年。(《隋书》卷二五《刑法志》)

从上引史料中可以看出北齐流刑的基本内容。第一，流刑是"减死一等"之刑；第二，流刑要附加鞭笞；第三，送往边境戍边，但未设"道里之差"。以上几个特征，均是对北魏流刑的继承[1]。这样的特征，并没有全部为唐律流刑所继承，关于这一点，下文将要涉及。一直以来，大家都认为隋唐律几乎全盘继承了北齐律[2]，但近年来，北周律对隋唐律的影响问题也受到了重视和积极评价[3]，就流刑而言，北周律的影响相当大。

二 北周、隋的流刑

北周武帝保定三年（563）制定的《大律》中，将杖、鞭、徒、流、死即"五刑"定为刑律的主刑，并将各刑分为五个等级。以"六官之制"为首的北周国家体制，通常认为是模仿《周礼》建立的，但刑罚体系的基调却是《尚书》五刑。就流刑而言，确立了以流放地的远近来区分的五个等级。流刑中的"道里之差"不见于北魏、北齐，就这一点而言，隋唐律的流刑是对《大律》的继承[4]：

> 四曰流刑五。流卫服，去皇畿二千五百里者，鞭一百，
> 笞六十。流要服，去皇畿三千里者，鞭一百，笞七十。流荒
> 服，去皇畿三千五百里者，鞭一百，笞八十。流镇服，去皇

---

1. 北魏的流刑是否伴有"髡"，这一点目前尚不明确，但徒刑判决时往往会加上髡和鞭笞。参考《九朝律考》后魏律考·魏刑名·徒刑。
2. 陈寅恪：《隋唐制度渊源略论稿》，1946年初刊，中华书局，1963年，第100—105页。
3. 先驱性的研究有内田吟风：《关于北周的律令格式》（北周の律令格式について），1949年初刊，后载其《北亚研究 鲜卑柔然突厥篇》（北アジア研究 鲜卑柔然突厥篇），同朋舍，1975年。近年有：倪正茂：《隋律研究》，法律出版社，1987年，第101—109页；邓奕琦：《北朝法制研究》，中华书局，2005年，第161—167页。
4. 前引刘俊文：《唐律疏议笺解》，第39页。叶炜《北周〈大律〉新探》（载《文史》2001年第1期）从篇目、条文内容、刑罚制度等方面论证了北周《大律》对隋唐律的巨大影响。

畿四千里者，鞭一百，笞九十。流蕃服，去皇畿四千五百里
者，鞭一百，笞一百。(《隋书》卷二五《刑法志》)

流刑的等级与距离皇畿的道里，基本上采用了《周礼·夏官司马·职
方氏》的"九服"之说[1]。因赦降等减刑之际，亦有明确的规定：

当减者，死罪流蕃服，蕃服已下俱至徒五年。五年以下，
各以一等为差。(《隋书》卷二五《刑法志》)

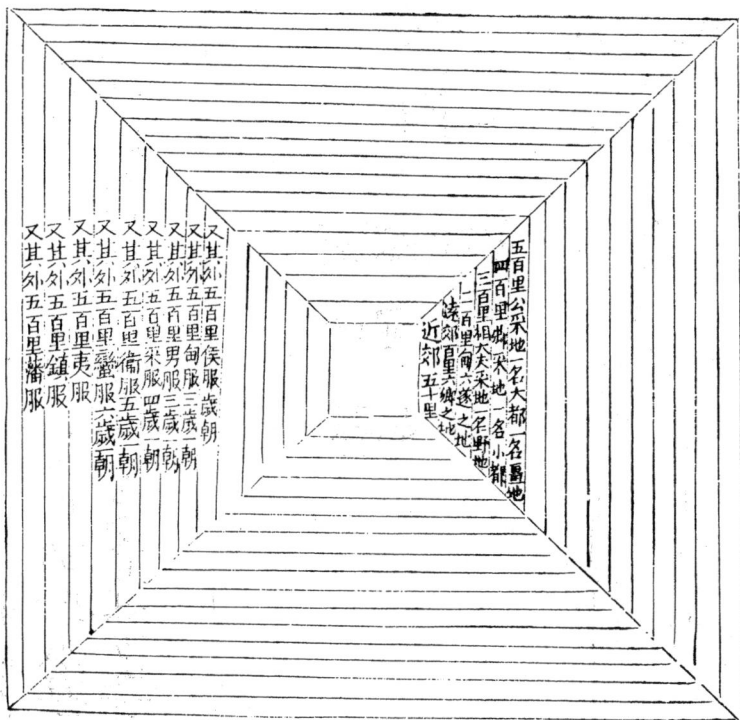

《周礼》九服图（宋·聂崇义《新定三礼图》）

1.《周礼·夏官司马·职方氏》："乃辨九服之邦国。方千里曰王畿，其外方五百里曰侯服，又
其外方五百里曰甸服，又其外方五百里曰男服，又其外方五百里曰采服，又其外方五百里曰
卫服，又其外方五百里曰蛮服，又其外方五百里曰夷服，又其外方五百里曰镇服，又其外方
五百里曰藩服。"

这一原则，在唐《名例律》的规定[1]中几乎原封不动地保存了下来。

北周流刑的特征，还有一点值得关注，这就是刑徒在流放地无须承担劳役。北周流刑，是通过距离皇畿的道里来强制移送罪人为主要内容的刑罚，至少在规定上没有明确罪人在配所必须承担劳役[2]。北魏、北齐流刑的主要内容集中在强制罪人谪守边境，与之相比，北周流刑的重点，则是将罪人驱离京师，流放到偏远的地方去，因此，通过设定流放地与京师距离的远近即"道里之差"，就是理所当然的了。

这里还要提一下的是，《唐律》对流刑因在配所的有期劳役做了相关的规定，即使居作期满后也不得归还，必须编入配所所在地的户籍，从结果上来说，只能在配所所在地继续生活下去。如果遇上恩赦，居作可以减免，但流人及其同行家属依然不得离开配所所在地[3]。还有，

---

1. 唐《名例律》56 条："诸称加者，就重次。称减者，就轻次。唯二死三流，各同为一减。"《疏》曰："议曰，假有犯罪合斩，从者减一等，即至流三千里。或有犯流三千里，合例减一等，即处徒三年。"

2. 《隋书》卷二五《刑法志》所载北周《大律》赎刑（赎罪）的相关规定："其赎杖刑五，金一两至五两。赎鞭刑五，金六两至十两。赎徒刑五，一年金十二两，二年十五两，三年一斤二两，四年一斤五两，五年一斤八两。赎流刑，一斤十二两，俱役六年，不以远近为差等。赎死罪，金二斤。"陈俊强据这段史料，主张北周流刑伴有六年的劳役（前引陈俊强：《北朝流刑的研究》，第 59—60 页）。固然，赎徒五年与赎流刑、赎死刑的赎金以四两为等差，只在赎流刑之下附加了"役六年"，这显得很不自然。关于这一点，《隋书·刑法志》所载《开皇律》的颁行诏书中言及须轻减前朝苛刑之义，称"徒役六年，改为五载，刑徒五岁，变从三祀"。如果将"流役"理解成对流刑徒的课役，那么，北周流刑中也将会有课役。然而，《开皇律》规定流刑的居作年限最高为三年，与诏书所称"改为五载"不合。另外，《六典》卷六《尚书刑部·刑部郎中员外郎》中记载北周《大律》流刑称："四曰流刑五。流二千五百里者，鞭一百、笞六十，以五百里为差，鞭笞皆加十，至流曰〔当作'四'〕千五百里者，鞭笞各一百，以六年为限。"视"六年"为流刑的年限。但是，《六典》这一部分的记述基本上录自《隋书·刑法志》，"以六年为限"似乎是混淆了前述的赎刑规定。《译注 续中国历代刑法志〔补〕》中将"流役六年"理解为"北周流刑中不执行远配、北周流刑中适用赎流之际改判为六年徒役"。关于"改为五年"，基于《开皇律》中不见刑期五年的徒刑，认为"这或许是记述上作了省略"（第 91 页）。这里暂时参照《译注 续中国历代刑法志》的观点，将之理解为"北周《大律》流刑执行居作时相当于六年徒刑（留住法），在《开皇律》中改成了五年〔'五'为'三'之误〕徒役"。就管见所知，《隋书》的所有版本中，这一处的文句没有异文。

3. 唐《名例律》24 条："诸犯流应配者，三流俱役一年〈本条称加役流者，流三千里，役三年。役满及会赦免役者，即于配处从户口例〉。妻妾从之。父祖子孙欲随者，听之。移乡人家口，亦准此。若流移人身丧，家口虽经附籍，三年内愿还者，放还。"（《译注日本律令》五，第 145—146 页）只有在到达配所后三年内流刑囚本人身故的情况下，同行家属才允许回归乡里。

尚未到达配所及逾期未到配所的流人，即使在今后遇上恩赦，同样也
不能免除流刑[1]。这些特征充分显示了《唐律》流刑的驱逐刑性质。

　　隋《开皇律》所设定的流刑，基本上继承了北周律，但制度上也
有部分改变。

　　　二日流刑三，有一千里、千五百里、二千里。应配者，
　　一千里居作二年，一千五百里居作二年半，二千里居作三年。
　　应住居作者，三流俱役三年。近流加杖一百，一等加三十。
　　（《隋书》卷二五《刑法志》）

通过配流的距离设定流刑的等级，这一点与北周流刑一致，但级数从
五降为了三。还有，在配流的距离上，最轻级与北周的流卫服二千五
百里相比，隋代流一千里，有了大幅度的缩减。新制度制定的依据，
很明显是《尚书·舜典》所言"五流有宅，五宅三居"及孔传"五刑
之流，各有所居，五居之差，有三等之居。大罪四裔，次九州之外，
次千里之外"。从结果上看，隋律中流刑道里的设定，考虑到了现实中
的帝国版图。

　　流刑中加入了劳役刑（2—3 年的居作）的内容，这一点也非常值
得关注。在将强制移送的距离视为刑罚轻重的同时，隋代的流刑还通
过居作的年限作为刑罚的轻重之差。最高三年的居作，与徒刑的最高
年限一致。与北周的流刑相比，隋朝在缩短流配距离的同时附加了长
期的居作，显示了隋朝流刑的重点，从前朝的"谪守边境"发生了若
干的转移。换言之，隋朝的流刑，在按流配距离来区分刑罚等级这一
点上，继承的是北周传统，而在重视边境劳役这一点上，却继承了北
魏、北齐流刑的要素。

　　隋朝的流刑制度中，一旦到达配所的流刑囚，即使在遇上恩赦的
情况下通常也不准归还乡里。

---

1. 唐《名例律》25 条："诸流配人在道会赦、计行程过限者，不得以赦原〈谓从上道日总计，
　　行程有违者〉。"

〔大业五年六月〕戊午，大赦天下。开皇已来流配，悉放
还乡。晋阳逆党，不在此例。(《隋书》卷三《炀帝纪》)

这道恩赦为炀帝巡行河西诸郡时所下，其目的或许是为了让边境地区
亦能感受浩荡皇恩。将开皇初年以来的流人悉数放还乡里，说明在此
之前流人根本就没有回归乡里的可能[1]。通常的恩赦还乡，仅见于尚未
到达配所的流人[2]，可见与此前提及的唐律规定一致。

开皇十三年（593），徒刑与流刑改为"配防"[3]。这项改动，推测
是将徒刑、流刑的居作合并到边境兵役中去的一项举措，但制度上却
非常不明了，只能从隋初开始的配防事例中推测，边境戍卒的役务，
与当初相比，占据了流刑居作的主要位置。还有，由于徒刑的居作被
限定在了边境的劳役上，"配流一年"的说法也成为这一时期的特征[4]。
从正史史料所见事例出发，可以看出官吏的配防经常伴随着除名，配
所则以岭南地区为多（参照表1-1）。

表1-1 隋代的配防

姓名	官职	时间	配防地	附加处罚	罪　由	放还	后　　续	资料
孙万寿	滕穆王文学	开皇初	江南		坐衣冠不整	○	后归乡里，十余年不得调。仁寿除，征拜豫章王长史	隋书76

---

1. 当然，经皇帝许可回归乡里的个别事例也是有的。《新唐书》卷一九七《薛大鼎传》："父
粹，为隋介州长史，与汉王谅同反，诛。大鼎贯为官奴，流辰州，用战功得还。"汉王谅之
乱发生在文帝驾崩后的仁寿四年（604），连坐被流者达数十万家。《隋书》卷二三《五行
志·听不聪·鼓妖》："帝崩，汉王谅举兵反，徙其党数十万家。"大业五年大赦所言"晋阳
逆党"指的就是与这次反乱有关的人员。
2. 举一例说明。《文馆词林》卷六六五《诏敕宥·隋炀帝营东都成大赦诏一首》："可大赦天
下。自大业二年四月廿五日昧爽以前大辟罪以下、已发觉未发觉及系囚见徒，悉皆原免。其
流徙边方，未达前所，亦宜放还。"
3. 《隋书》卷二五《刑法志》：〔开皇〕"十三年，改徒及流并为配防"。
4. 《隋书》卷二《高祖纪》开皇十三年二月己丑："制坐事去官者，配流一年。"《北史》卷一
一《隋本纪》"配流"作"配防"。

（续表）

姓名	官职	时间	配防地	附加处罚	罪　由	放还	后　续	资料
李悊	仪同	开皇初	岭南	除名	坐事	×	道病卒	隋书50
史万岁	上大将军	开皇六年（586）	敦煌	除名	尔朱勣以谋反伏诛，万岁颇相关涉	○	上仪同、车骑将军	隋书53
王頍	国子博士	开皇中	岭南		坐事解职	○	数载，授汉王谅府谘议参军	隋书76
薛道衡	吏部侍郎	开皇中	岭南	除名	坐抽擢人物，有言其党苏威、任人有意故者	○	直内史省	隋书57
贝州长史		开皇中	岭南		尺布升粟之赃	×	至岭南，遇瘴厉死者十八九	隋书74
房恭懿	海州刺史	开皇中	岭南		尉迟迥之党	○	行至洪州，遇患卒	隋书73
来旷	大理掌固	开皇中	广州		告少卿赵绰滥免囚徒，帝使信臣推验，初无阿曲	不明	免死	隋书25
柳彧	持节巡省太原道十九州	仁寿二年（602）	怀远镇	除名	以内臣交通诸侯	○	行达高阳，有诏征还	隋书62
薛胄	检校相州事	仁寿四年（604）	岭南	除名	朝廷以胄怀贰心，锁诣大理	×	道病卒	隋书56
吐万绪	将军	大业九年（613）	建安	除名	怯懦违诏	○	还至永嘉，发疾而卒	隋书65
柳謇之	检校燕郡事	大业中	岭南		坐供顿不给	×	卒于洭口	隋书47

小结　流刑的理念

在唐朝最初制定的《武德律》中，流刑分为流二千里、流二千五百里、流三千里这三个等级，居作均为一年[1]。与隋开皇律相比，强制移送的距离各增加了一千里，缩短了居作的年限，取消了加杖刑，发生了不小的变化。从而可以说唐代的流刑，与隋代流刑相比，驱逐、流放的性质得到了加强[2]。唐《名例律》4条的疏中，引用《尚书·舜典》即孔传，叙述了流刑的起源：

> 盖始于唐虞。今之三流，即其义也。

将流刑分为三个等级始自隋开皇律，但其依据是《尚书》，从上引这句话中看得很清楚。

正如本章上一节讨论的那样，北魏律将流刑置于仅次于死刑的重刑，无疑是尊奉了儒家经典中的古典思想。刑罚体系中主刑法理完全继承北魏的唐律，当然也不例外。唐太宗贞观初年，虽然有一时出现免死断右趾的做法，但很快就出现了"不便于时"的议论，认为如果将肉刑也作为正刑，那么加上笞、杖、徒、流、死五刑，国家正刑就

---

1. 《旧唐书》卷一《高祖纪》武德七年："夏四月庚子，大赦天下，颁行新律令。"《六典》卷六《尚书刑部·刑部郎中员外郎》："皇朝武德中，命裴寂、殷开山等定律令。其篇目，一准隋开皇之旧，刑名之制，又亦略同。唯三流皆加一千里，居作三年、二年半、二年皆为一年，以此为异。又除苛细五十三条。"

2. 前引陈俊强论文《北朝流刑的研究》归纳出了唐代流刑的四个要素：① 道里之差（分流二千里、流二千五百里、流三千里三个等级）；② 在配所服一年劳役（加役流为三年）；③ 妻妾同行义务；④ 流人终身放逐配所不得归乡。前二者是"对周、隋旧制的继承"，后二者"源自北魏、北齐的制度"，提示了"唐代流刑的骨骼源自周、隋，部分吸收了魏、齐的要素"这个观点（第73页）。但是，综合《旧唐书》《唐会要》等文献记载，在武德七年律的阶段，将隋代的三等流刑即一千里（居作二年）、一千五百里（居作二年半）、二千里（居作三年）改为二千里、二千五百里、三千里三等，居作均为一年之外，"其内容基本上与开皇律一样"（滋贺秀三：《法典编纂的历史》（法典編纂の歴史），载其《中国法制史论集》，第72—73页），这样的理解应该是没有问题的。北周律、开皇律的流刑均未设定年限，这个问题正如本章第三节所论。因此，陈文的观点无法赞同。

成为"六刑"了,因此要求废除"刖刑"(断趾之法),建议增加"流三千里,居作三年"即"加役流"一级[1]。太宗接受并采用了这个建议,这应该是拘泥《尚书·舜典》"五刑有服,五服三就"的结果,正刑必须得是笞、杖、徒、流、死五刑,流刑必须分成三等,"加役流"最终只能处于编外。

然而,在儒家经典强烈影响下创设的流刑,作为刑罚,在实际的制度操作过程中是否发挥了应有的功能,这是另外一个问题,本书第三章将加以详述。

本章对早于唐律流刑的秦及汉初的迁刑、汉魏晋南朝的"徙迁刑"、北朝至唐律的流刑中,以"强制移送"在不同刑罚中所具有的意义为中心展开了探讨。结论可归纳为以下几个方面:

1. 秦、汉初的迁刑,其对罪人的惩罚力度,并不像后世流刑那么大,不属于重刑。迁刑中的强制移送,主要目的是对罪人进行隔离或幽闭。

2. "徙迁刑"中的强制移送,是将刑徒移送到服役地点的一种措施,属于劳役刑(徒刑)的形态之一,这也是"徙迁刑"不被列为主刑的原因所在。不过,在所谓"儒学思想国教化"的过程中,受经书思想的影响,"徙边",即把罪人驱离京师送往边境服刑的刑罚措置,逐渐蒙上了法理的色彩。

3. 北魏的"徙边",虽然与"徙迁刑"同样属于"减死一等"刑,但其原则上为终身刑这一点,与"徙迁刑"之间出现了决定性的差异,

---

1.《旧唐书》卷五〇《刑法志》:"于是议绞刑之属五十条,免死罪,断其右趾。应死者多蒙全活。……其后蜀王法曹参军裴弘献又驳律令不便于时者四十余事,太宗令参掌删改之。弘献于是与〔房〕玄龄等建议,以为古者五刑,刖居其一。及肉刑废,制为死、流、徒、杖、笞凡五等,以备五刑。今复设刖足,是为六刑。减死在于宽弘,加刑又加烦峻。乃与八座定议奏闻,于是又除断趾法,改为加役流三千里,居作二年。"《通典》卷一六五《刑法·刑制》、卷一七〇《刑法·宽恕》及《旧唐书》卷五〇《刑法志》、《新唐书》卷五六《刑法志》亦作"居作二年"。《唐会要》卷三九《议刑轻重》作"改为加役流三千里,居(据明抄本补)作三年"。唐《名例律》11条疏:"加役流者,旧是死刑,武德年中改为断趾。国家惟刑是恤,恩弘博爱,以刑者不可复属,死者务欲生之,情轸向隅,恩覃祝纲,以贞观六年奉制改为加役流。"

成为流刑的先声。换言之，北魏的流刑实质上就是"徙边"。作为主刑的"流刑"始于北魏。在正刑中，将流刑列为仅次于死刑的重刑，有来自经书的理念支持。

4. 北周律中的流刑，就按照配流距离的远近来区分刑罚轻重这一点而言，可以视为唐律流刑的直接来源。流刑内部等差的设定，依据的同样是儒家经典。

5. 隋开皇律的流刑，从其含有"居作"这一点上来说，汲取了北魏、北齐的制度之流，从其设定"道里之差"这一点而言，又继承了北周的制度。

6. 唐律的流刑，基本上继承了隋开皇律的规定，但加大了强制移送的距离，大大缩短了配所居作的期限，从而增强了唐律流刑作为"强制移动刑"的性质。

7. 北朝以来成为主刑的流刑，因其浓厚地反映了经书的理念，因此，在实际运用阶段，不得不与现实妥协。北魏至北周采用"徙边"的形式，隋代采用"配防"的形式，都是在迫不得已的情况下采用的具有实效的"减死一等"刑。

最后想再次强调的一点是，经书所言上古的"流刑"可姑且措之不言，即使将迁刑、"徙迁刑"视为唐律流刑的源头，也难免产生误解；起源于北魏王朝的刑种流刑，为了使其能在中原王朝的刑罚体系中取得应有的地位，则不得不借助儒家经典的力量。

第二章

唐律中的流刑制度

前言

本章想从制度史的角度对唐律中的流刑进行概观。很多内容都是学界周知的,之所以还想在这里重复这些内容,是因为近年公开的《明钞本天圣令》中包含了与流刑相关的《狱官令》。

该钞本原藏宁波天一阁,一直以来被视为《官品令》,后经戴建国的考证,其实是北宋仁宗时期编纂的《天圣令》残卷[1]。自发现以来,学界对钞本的整理和公开刊发鹤首以盼。2006 年 11 月,在宁波召开的纪念范钦诞生五百周年暨天一阁建阁四百四十周年“中外藏书文化国际学术研讨会”上,由天一阁博物馆、中国社会科学院历史研究所“天圣令整理课题组”整理研究的成果《天一阁藏明钞本天圣令校证 附唐令复原研究》终于公开刊行面世（版权页注明出版时间为 2006 年 10 月）[2]。

《明钞本天圣令》中包含了《田令卷第二十一》到《杂令卷第三十》,总计 10 卷,与本章的讨论直接相关的是《狱官令卷第二十七》。《狱官令》共列条文 71 条,分为两部分:在“右并因旧文,以新制参定”的说明前列举的条文（宋令）计 59 条;其后在“右令不行”的说明前附列的条文（不行唐令）计 12 条。在《天圣令校证》中承担唐《狱官令》复原研究的雷闻,不仅对“不行唐令”,而且还通过将宋令文句与日本的《养老令》及《唐令拾遗》《唐令拾遗补》进行对比,复原出了唐《狱官令》共计 68 条[3]。其中,相当于四分之一的内容,即 17 条,不见于

---

1. 戴建国:《天一阁藏明抄本〈官品令〉考》,1999 年初刊,后载其《宋代法制初探》,黑龙江人民出版社,2000 年。
2. 笔者也参加了宁波召开的研讨会,承天一阁博物馆厚意,有幸拜观了《明钞本天圣令》原件。据当时的记忆,封面下还应有一页白纸（白纸的背面倒书“第三”二字,或许是对故纸的再利用）,但《天一阁藏明钞本天圣令校证》上册所收《天圣令》钞本照片中未见此页。大津透《北宋天圣令的公刊及其意义——日唐律令比较研究的新阶段》（北宋天聖令の公刊とその意義——日唐律令比較研究の新段階——）也注意到了这一现象,见《东方学》114,2007 年,第 15 页,注（6）。此外,《明钞本天圣令》的正式公开如正文所言为 2006 年 11 月,而《天一阁藏明钞本天圣令校证》版权页上标的是 2006 年 10 月。
3. 雷闻:《唐开元狱官令复原研究》,《天一阁藏明钞本天圣令校证》下册所收。

《唐令拾遗》和《唐令拾遗补》。此外，对过去的复原结果做出大幅修正的也有数条。因此，在唐令复原研究具有划时代意义的新资料业已公开的今天，本章拟基于研读新复原《狱官令》条文的心得，对唐律流刑的特征做一个全面的概观[1]。

第一节　律令规定中流刑的处罚内容

如上章所述，唐律中的流刑，与依据罪行的轻重设定不同的流配距离、流刑人员在配所不再课以劳役的北周流刑之间，有着直接的渊源关系。隋代制定《开皇律》时，依据现实的疆域范围，对流配的距离做了调整，并规定流人在配所必须课以劳役。继承了前代制度的唐律流刑，具有以下一些基本特征。

流刑等级

> 流刑三。二千里〈赎铜八十斤〉、二千五百里〈赎铜九十斤〉、三千里〈赎铜一百斤〉。（《名例律》4 条）

武德年间制定律令时，将隋开皇律规定的流配距离各增加一千里，此后成为定制。贞观律以降，在原有流配之外加役流（流三千里，居作三年），这一点在前章的结语中已有所交代。

劳役（居作）

一年。加役流为居作三年（《名例律》24 条[2]）。流人戴钳（铁制首枷）或盘枷（木质首枷）[3]，在流配地从事"当处官役"、修筑城隍仓库、"公

---

1. 利用《天圣令》展开唐代流刑研究的有陈俊强《从〈天圣·狱官令〉看唐宋流刑》（《唐研究》第 14 卷，北京大学出版社，2008 年）。论文参照的史料与本章有不少重复，但在解释与评述上存在着诸多不同，下文在必要时也会做适当评价。

2. 唐《名例律》24 条："诸犯流应配者，三流俱役一年〈本条称加役流者，流三千里，役三年。役满及会赦免役者，即于配处从户口例〉。妻妾从之。父祖子孙欲随者，听之。移乡人家口，亦准此。若流移人身丧，家口虽经附籍，三年内愿还者，放还。即造畜蛊毒家口，不在听还之例〈下条准此〉"。

3. 复旧《狱官令》18 条（《唐令拾遗》，第 774 页。据《唐令拾遗补》第 821 页补订）："〔开三〕〔开七〕〔开二十五〕诸流徙罪居作者，皆著钳。若无钳者，著盘枷。病及有保者听脱。不得著巾带。每旬给假一日。腊、寒食各二日。不得出所役之院。患假者陪日。役满，递送本属。"

廨杂使"[1]。

家属同行

流人的妻妾必须同往配所，父祖、子孙有意同往者，听之（《名例律》24 条）。

居作役满后的处置

于流配地附籍，成为当地民户（《名例律》24 条）[2]。

仕官的限制

原则上自到达配所日起满六年后方许仕官（《天圣·狱官令》不行唐 6 条）。但因反逆缘坐配流及反逆罪特赦免死流人，不得仕官[3]。另外，本不应处流刑，但因皇帝旨意流配者，三年后许其仕官。

官人的优免措施

有官品的流内官员处流刑并被执行时，仅限于五流（加役流、反逆缘坐流、子孙犯过失流、不孝流、会赦犹流）。执行时除名，官爵全部剥夺，免居作[4]。

第二节　流刑案件的裁判程序

一　一般程序

流刑案件，到底要经过哪些审理程序才能做出最终判决？接下来，我们首先在前人研究的基础上作一个概观[5]。

---

1. 复旧《狱官令》17 条（据《唐令拾遗》第 773 页。不采用据《唐令拾遗补》第 821 页的补订）："〔开七〕〔开二十五〕诸犯徒应配居作者，在京送将作监，妇人送少府监缝作。在外州者，供当处官役，当处无官作者，听留当州，修理城隍仓库及公廨杂使。犯流应住居作者，亦准此。妇人亦留当州，缝作及配春。"
2. 关于流人在配所的附籍，参照本书附篇三。
3. 这是贞观十五年（641）四月敕所言措置。《唐会要》卷四一《左降官及流人》："〔贞观〕十五年四月，敕犯反逆免死配流人，六岁之后，仍不听仕。"
4. 《名例律》11 条："诸应议、请、减及九品以上之官，若官品得减者之祖父母、父母、妻、子孙，犯流罪以下，听赎。若应以官当者，自从官当法。其加役流、反逆缘坐流、子孙犯过失流、不孝流，及会赦犹流者，各不得减赎，除名、配流如法〔除名者，免居作。即本罪不应流配而特配者，虽无官品，亦免居作〕。"前引陈俊强《从〈天圣·狱官令〉看唐宋流刑》（第 315 页）因此认为流刑的居作仅限"一般百姓"。这个说法是不正确的。
5. 奥村郁三：《唐代裁判手续法》（唐代裁判手续法），《法制史研究》（法制史研究）10，1960 年。

《明钞本天圣令》所录《狱官令》宋2条：

> 诸犯罪，杖〔当补"罪"字〕以下，县决之，徒以上，送州推断。若官人犯罪，具案录奏，下大理寺检断，审刑院详正其罪，议定奏闻，听敕处分。如有不当者，亦随事驳正。其应州断者，从别敕。

本条反映的是宋初的制度，与唐令之间应该有些差异。对大理寺判决的复审，由刑部改为审刑院，这一改变发生在北宋太宗时期（淳化四年，993），所以，这一条反映的是制度更改以后的内容（参照本书附篇二，见本书第405—406页）。

这里依据下引复旧《狱官令》2条（《唐令拾遗》，第757页。据《唐令拾遗补》第817页补订）推进我们的考察：

> ［开七］［开二十五］诸犯罪者，杖罪以下县决之。徒以上县断定送州。覆审讫，徒罪及流应决杖[1]，若应赎者，即决配征赎。其大理寺及京兆、河南府，断徒及官人罪，并后有雪减，并申省。省司覆审无失，速即下知。如有不当者，亦随事驳正。若大理寺及诸州，断流以上若除免官当者，皆连写案状，申省。大理寺及京兆、河南府，即封案送。若驾行幸，即准诸州例。案覆理尽申奏。若按覆事有不尽，在外者遣使就覆。在京者追就刑部覆，以定之。

依据上述条文规定，流刑案件的裁判程序大致可以复原成如下模式。

1. 案发地方的情况下

① 县司做出判决，送州。（"徒以上，县断定送州"）

---

1. 复原《狱官令》2条"流应决杖"作"流应决杖笞"。整理者虽称据唐《断狱律》17条疏引《狱官令》对字句做了修改，但这一意见难以遵从。所谓"流应决杖"，适用于加杖法（唐《名例律》27条。执行超过一百的重杖刑以替代徒刑）或留住法（唐《名例律》28条。杖刑与三年徒刑并课以替代流刑），因此，"笞"应该视为衍字。

② 州司复审，将案件卷宗抄送尚书省。（〔诸州〕"断流以上……者，皆连写案状，申省"）

罪犯留在州里，将该案件卷宗抄送尚书省，由刑部进行书面审理。下引《天圣·狱官令》不行唐 5 条称：

> 诸流移人，州断讫，应申请配者，皆令专使送省司。

此外，东、西二京所在的京兆府、河南府，封案直接送尚书省。

③ 尚书省（刑部）接案后对案件进行复审。

④a 复审，若犯罪事实清楚，可申奏。（"案覆理尽申奏"）

④b 复审，若犯罪事实不清，则遣使往州再审。（"若按覆事有不尽，在外者遣使就覆"）然后，将审理结果再次呈报刑部，刑部申奏。

刑部复核州的判决无误，经申奏，最终确定流刑判决（④a）。刑部复核州的判决审理失当，遣使往州再次复审（④b），将审理结果再次报送刑部，刑部据此申奏[1]。

2. 案发在京诸司的情况下

复旧《狱官令》1 条（《唐令拾遗》，第 757 页。据《唐令拾遗补》第 817 页补订）：

> ［开七］诸有犯罪者，皆从所发州县，推而断之。在京诸司，则徒以上送大理，杖以下当司断之。若金吾纠获，亦送大理。

在京诸司徒以上罪人及金吾逮捕的罪人，送大理寺审案。流刑以上的

---

1. 《天圣·狱官令》不行唐 1 条（复原《狱官令》4 条同）关于覆囚使的规定如下："诸州断罪应申覆者，刑部每年正月共吏部相知，量取历任清勤、明识法理者充使，将过中书门下，定讫奏闻，令分道巡覆。若应勾会官物者，量加判官及典。刑部录囚姓名，略注犯状，牒使知〈岭南使人以九月上旬，驰驿发遣〉。见囚事尽未断者，催断即覆，覆讫，使牒与州案同封，申牒刑部。〈若州司枉断，使人推覆无罪，州司款伏，灼然可免者，任使判放。仍录状申。其降入流徒者，自从流徒。若使人与州执见有别者，各以状申。其状已尽，可断决而使人不断，妄生节目盘退者，州司以状录申，附使人考〉其徒罪，州断得伏辨及赃状露验者，即役，不须待使，以外待使。其使人仍总按覆，覆讫，同州见者，仍牒州配役。其州司枉断，使判无罪。州司款伏，及州、使各执异见者，准上文。"可知覆囚使是派往各道对管下诸州的司法工作进行监督的使者。如上引史料所示，覆囚使对州司的判决进行复审，并将结果呈报刑部。对州司做出的流刑以上判决随时可以复审的使者，也与覆囚使一样，审理结果必须向刑部申报，刑部接到使者申报后再向皇帝申奏。

案件，将该案卷宗封送尚书省，由刑部进行书面审理。接下来的程序与州相同。

如此，流刑案件经刑部申奏，最终由朝廷判决。其申奏程序，首先由于刑部拟定"奏抄"，尚书省长官（尚书省长官尚书令一职唐代几乎空缺，实由次官左右仆射行长官事）[1]与刑部尚书、刑部侍郎联署上奏。正如《令集解》卷三六《公式令八十四·任受官位》注引《穴记》所云："但案本令奏抄式，刑部覆断讫送都省。都省令以下侍郎以上及刑部尚书以下侍郎以上，俱署申奏。"[2]

据复旧《公式令》2乙条（《唐令拾遗补》，第708—709页），"奏抄"的书式如下[3]：

> ［开七］［开二十五］奏抄式
> 尚书某司谨奏某某事
> 左丞相具官封臣名
> 右丞相具官封臣名
> 某部尚书具官封臣名
> 某部侍郎具官封臣名
> 某部侍郎具官封臣名等言云云。谨以申闻。谨奏。
> 年月日 某部郎中具官封臣姓名上
> 　　　　给事中具官封臣姓名读
> 　　　　黄门侍郎具官封臣姓名省

---

1. 因武德年间秦王李世民曾任尚书令，太宗即位后，唐朝几乎所有的时间都不再设尚书令。《通典》卷二二《职官·尚书·尚书令》："武德初，太宗为秦王时尝居之，其后人臣莫敢当。"参照内藤乾吉《唐代三省》（唐の三省），1930年初刊，后载其《中国法制史考证》（中国法制史考证），有斐阁，1963年。

2. "本令"系指唐令。文中将尚书省长官称为"都省令"，因此可以推测这一句是永徽令的佚文，参照《唐令拾遗补》，第708页。另外，复旧《公式令》2条中，"刑部"作"部"（《唐令拾遗》，第546页。《唐令拾遗补》，第707—708页）。参照长谷山彰：《律令裁判中的太政官复审制》（律令裁判における太政官の覆審制），1995年初刊，后载其《日本古代的法与裁判》（日本古代の法と裁判），创文社，2004年，第39—40页。

3. 《唐令拾遗补》第709页注记认为，贞观令、永徽令奏抄式中，左丞相（即仆射）前尚有"尚书令具官封臣名"的可能性很大。

侍中具官封臣姓名审

　　闻御画

　　就上述流刑的申奏而言，尚书左右丞相（即仆射）与刑部尚书、刑部侍郎联署后，由刑部郎中奏上，然后经门下省审核（"给事中读，黄门侍郎省"）。这就是所谓的"封驳"制度。经门下省审核通过，奏抄才能呈送到皇帝面前。皇帝亲自写上一个"闻"字[1]并画押。律中所见"画闻"，指的就是皇帝签押同意这一程序[2]。至此，流刑判决最终确定。

　　经皇帝"画闻"后的流刑判决，由尚书都省（由右司郎中、都事受理）送刑部（刑部郎中），刑部收到判决后按规范作成"符"，刑部郎中署名后，送尚书都省勾检（审核）。符的书式，据复旧《公式令》10 条（《唐令拾遗》，第 558—559 页。据《唐令拾遗补》第 714 页补订）可知如下：

　　［开七］符式
　　尚书省　为某事
　　某寺主者云云。案主姓名。符到奉行。
　　　　　　　　　　　　　　主事姓名
　　吏部郎中具官封名（都省左右司郎中一人准）令史姓名
　　　　　　　　　　　　　　　　　书令史姓名
　　　　　　　　　　　　年月日下
　　右尚书省下符式。凡应为解向上者，上官向下者皆为符。首判之官署位，准郎中。其出符者，皆须案成，并案送都省勾检〈若事当计会者，仍别录会目，与符俱送都省〉。其余公文，及内外诸司应出文书者，皆准此。

---

1. 流刑以上案件各官司的处理程序，与祭祀、国库收支、六品以下流内官的任命、流内官犯罪后的免官等程序相同。池田温：《律令官制的形成》（律令官制の形成），《岩波讲座　世界历史》5，岩波书店，1970 年，第 313 页。
2. 唐《职制律》22 条问答："问曰：条云被制书施行而违者徒二年，未知敕及奏抄得罪同否？答曰：上条稽缓制书，注云，誊制敕符移之类皆是。即明制敕之义，轻重不殊。其奏抄御亲画闻，制则承旨宣用，御画不轻承旨，理与制书义同。"亦可参照《译注日本律令》六，第 145 页。

文中下画线处，可据具体事例改写官署、职务。在流刑判决后刑部作成的符中，"某寺"处会写上符下达的州名（或京兆、河南府，或者是大理寺），"吏部郎中"处会写上刑部郎中。

二　依据"发日敕"的流刑判决

因诏敕而裁定的流刑判决，是基于皇帝裁断时出现的特殊事例，应与通常的审理程序区别看待。从下文揭示的《唐令拾遗补》所录《发日敕式》的末尾文字可知，在判决流刑以上罪时，还需要用"发日敕"[1]。

因皇帝之意[2]判处罪人流刑的"发日敕"下达后，首先，中书省拟定诏敕文案（原则上由中书舍人起草）。文案上奏皇帝，皇帝亲自在颁发日期前"御画"。然后转往门下省，由侍中以下官员进行审核。

经过这个程序制作而成的"发日敕"，其书写格式，复旧公式令补2 条做了如下复原（《唐令拾遗补》，第 726—727 页）：

> ［唐］发日敕式
> 敕，云云。
>
> 　　　　年月御画日
>
> 　　　　　　中书令具官封臣姓名　　　宣
> 　　　　　　中书侍郎具官封臣姓名　　奉
> 　　　　　　中书舍人具官封臣姓名　　行
>
> 奉
> 敕如右。牒到奉行。
>
> 　　　　年　　月　　日
>
> 侍中具官封名

---

1. 关于发日敕的详细研究，可参考中村裕一：《唐代诏敕研究》（唐代詔勅研究），汲古书院，1991 年，第 385—405 页。

2. 关于发日敕的起草，中村裕一作了如下说明："原则上，发日敕是因皇帝之意起草的，所谓'原则'，虽然也有个别的是皇帝自己起草的，但实际上大多数是皇帝听取了臣下的意见，觉得其中有值得采用的部分，或者是宰相会议议定的事项具申后，用皇帝的名义下发诏敕颁行。可以纳入发日敕书范围内的诏敕均为发日敕书。"参见前引中村裕一：《唐代诏敕研究》，第 397 页。

门下侍郎具官封名

给事中具官封名

　　右，增减官员，废置州县，征发兵马，除免官爵，授六品已下官，处流已上罪，用库物五百端、钱二百千、食粮五百石、奴婢二十人、马五十匹、牛五十头、羊五百口已上，则用之。

经上述程序发出的判流"发日敕"，经尚书都省转交作为职能部门的刑部。此后的程序与一般判流程序相同，亦即刑部作符，刑部郎中署名后交由尚书都省勾检，然后下达给执行流刑的州郡或大理寺。

　　唐代史料中屡见因"发日敕"而被判流的事例，其中还有不少写明了流配地点[1]。带有"配流岭南远处""长流岭南"[2]等流配方向的诏敕下达后，推测与通常的流刑判决程序同样，刑部要决定具体的流配地点。基于皇帝意愿的裁断，量刑时往往会超越法规的定刑，关于这个问题，下一节再作讨论。

第三节　流刑的执行

　　本节拟对流刑的执行过程做一个概观。关于流刑的执行程序，一直以来均以复旧《狱官令》14 条（《唐令拾遗》，第 770 页）为依据展开叙述，令曰：

　　　[开七]〔开二十五〕诸流人季别一遣，若符在季末三十

---

1. 举一例说明。《唐大诏令集》卷五七《大臣·宰相·贬降上·第五琦长流夷州制》："君之使臣，斯尽心以辅政。臣之事主，当尽忠以明职。苟或冒官罔上，黩利崇奸，靡惩折鼎之凶，载履覆车之败，自贻厚责，难捨刑章。正议大夫、行忠州长史员外置同正员外〔衍字〕、上柱国、扶风县男第五琦……由是抑从宽典，特屈严诛，宜宽殊死之命，俾就投荒之谪。可除名，长流夷州，驰驿发遣，仍差纲领送至彼，勿许东西。……"

2. 《册府元龟》卷六一六《刑法部·议谳》："唐临，高宗永徽初为御史大夫。华州刺史萧龄之坐前任广州都督受赃……乃下诏曰：'华州刺史萧龄之……宜免腰领之诛，投身瘴疠之地。可除名，配流岭南远处。庶存鉴诫〔当作"诫"〕，颁示天下。'"《唐会要》卷四一《酷吏》："至〔开元〕十三年三月十一日，敕：'周酷吏来子珣等，身在者宜长流岭南，身没，子孙亦不许仕。陈嘉言、鱼承煜、皇甫文备、傅游艺，宜配岭南，身没，子孙亦不许仕。'"

日内至者，听与后季人同遣。〇〔开七〕若妻子在远，预为
追唤，待至同发。配西州、伊州者，送凉府。江北人配岭南
者，送桂、广府。非剑南人配姚、巂州者，送付益府。取领
即还。其凉府等，各差专使领送。

据此，流人的遣送只留下一个模糊的轮廓，即罪人被判流刑后，拘留
于所在州狱，等待中央的指示。然而，《明钞本天圣令》之《狱官令》
中却保存了部分新的史料。不行唐5条（复原《狱官令》15条同）曰：

> a 诸流移人，州断讫，应申请配者，皆令专使送省司。令
> 量配讫，还附专使报州。b 符至，季别一遣〈若符在季末至
> 者，听与后季人同遣〉。具录所随家口及被符告若发遣日月，
> 便移配处，递差防援〈其援人皆取壮者充，余应防援者，皆
> 准此〉。专使部领，送达配所。c 若配西州、伊州者，并送
> 凉州都督府。江北人配岭以南者，送付桂、广二都督府。其非
> 剑南诸州人而配南宁以南及巂州界者，皆送付益州大都督府。
> 取领即还。其凉州都督府等，各差专使，准式送配所。d 付领
> 讫，速报元送处，并申省知〈其使人，差部内散官充，仍申
> 省以为使劳。若无散官，兼取勋官强干者充。又无勋官，则
> 参军事充。其使并给传乘〉。e 若妻子在远，又无路便，豫为
> 追唤，使得同发。其妻子未至间，囚身合役者，且于随近公
> 役，仍录已役日月下配所，即于限内听折。

以下拟通过对上述条文的逐次解释，来考察从流刑判决到执行结束的
司法程序。

一 配流地的确定与向州郡下达的通知

a 流刑犯人，州司判决后，有需要申请流配地的，均须遣专使报送
省司（尚书省刑部）。省司确定配所后，文书由专使携回通知州郡。

"流移人"，指的是"流人科断已定及移乡人"（复旧《狱官令》12条。

条文参见本书第56页）。也就是说，已判决的流人以及因恩赦移乡者（关于"移乡"，请参照本章第五节）。

州司判决的流刑中，如需申请流配地，州司须派专使携本案卷宗送省司（尚书省刑部）[1]。专使在京城等候省司的决定。上一节已经说明，从省司收到专使送来的卷宗到最终的判决，又有一系列的程序。刑部首先须对案件进行复审，复审后上奏皇帝（奏抄），皇帝裁断（画闻），送门下省审核（封驳），然后最终定案。

中央定案后，刑部作符，下达州司。这里有一些问题需要探讨。如前所述，定案后的流刑判决中，只有"流几千里"或"加役流"等刑律中规定的刑名，具体流配到哪里，这需要由刑部来做决定。如《故唐律疏议》卷一《名例律篇目疏》[2]所言，"今之典宪，前圣规模，章程靡失，鸿纤备举，而刑宪之司执行殊异，大理当其死坐，刑部处以流刑，一州断以徒年，一县将为杖罚"。在人们的观念中，流刑的执行是由刑部具体负责的，因此，在执行流刑时，刑部必须要确定具体的配所即流配地点。前引《狱官令》条文中出现的"量配"，可以视为刑部决定具体配所这一程序。问题是，配所的决定到底处在哪一个节点上。

从《狱官令》条文判断，州司派出的专使，在京城要等到刑部决定具体配所后才能返回。刑部发回州司的执行通知就是"符"。因此，经过一系列的程序刑部最终制作而成的符，应该有两份，一份是向州司下达的流刑判决书（流几千里或加役流），一份是指定具体流配地点的。这样做的确显得啰嗦，办事效率不高[3]。然而，刑部在制作符书之际，

---

1. 如果是移乡，当然要等敕书到达州司后进入下一个程序，州司应该也会派遣特殊报送省司。

2. 《名例律篇目疏》在《永徽律疏》形成时即已存在，关于这一问题，可参照内藤乾吉：《滂喜斋本唐律疏议的刊行年代》（滂喜斋本唐律疏議の刊行年代），1958年初刊，后载其《中国法制史考证》，有斐阁，1963年，第157—161页。

3. 《养老狱令》规定，流配地点由太政官来决定，与唐令不同。《养老狱令》13"流移人"条："凡流移人，太政官量配。符至，季别一遣〈若符在季末至者，听与后季人同遣〉。具录应随家口及发遣月日，便下配处，递差防援。专使部领，送达配所。付领讫，速报送处，并申太政官知。若妻子在远，又非路便，预为追唤，使得同发。其妻子未至间，因身合役者，且于随近公役，仍录已役日月，下配所听折。"不过，在《延喜式》中，规定"省〔刑部〕决定配所后向官〔太政官〕申告"。《延喜式》卷二九《刑部省·远近条》："凡流移人者，省定配所申官，具录犯状，下符所在并配所〈良人请内印，贱隶请外印〉。其路程者，从京为计。……"

在已获皇帝裁决的奏抄文中附加自己的文句（判断）也很难想象。如前所述，流配地点是由刑部来确定的。也就是说，制作两种符书，意见虽不尽合理，但在文书处理的程序上似乎又是难以回避的。

论证上述推测的史料，可见如下诏敕：

> 准唐宝应元年十二月十三日敕节文，"覆讫合流者，省司便配所流州"。（《宋刑统》卷三《名例律·犯流徙罪》）

这道诏敕，命刑部对案件复审后依然维持流刑判决的，在呈送奏抄前就必须确定流配地点。做出如此变更，意在要求刑部将量刑与确定配所这两方面的建议在一次奏抄程序中上奏皇帝裁决。如此，刑部也可以在一件符书中完成判决事务，避免了前述制作两件符书的麻烦。由于这道诏敕的存在，可以想见唐朝力图改善令所规定的重复程序。经过改善的司法程序成为唐后期的定制。这道敕书的节文有可能收录在《开成格》中[1]。

二　流人的遣送

不管怎么说，州司派往京师的专使，在拿到刑部书有判决与配所的符书后即刻回州，接到刑部符书的州司，按照前文所引《狱官令》b—e 的规定，将流人押送至配所。

> b　符至，季别一遣〈若符在季末至者，听与后季人同遣〉。具录所随家口及被符告若发遣日月，便移配处，递差防

---

1. 关于《宋刑统》中收录的唐代诏敕，滋贺秀三提出了以下的见解："仁井田、牧野（上，127 页）认为，《宋刑统》所录唐代诏敕 50 余条，是经张戣《大中刑律统类》传下来的，这个认识大抵无误。张戣在编纂该书时，很难想象是从集结的诏敕原文中随意摘录的。在张戣之前，已存在经整理的《格后敕》和《开成格》，因此，署有《开成格》以前日期的 40 余条诏敕，更有可能是直接引自手边的《开成格》，这样想反而更加自然。"《法典编纂的历史》（法典編纂の歴史），载其《中国法制史论集 法典与刑罚》（中国法制史論集 法典と刑罰），创文社，2003 年，第 108 页。《开成格》（开成详定格）制定于开成三年（838），次年颁行。《宋刑统》所引宝应元年诏敕节文，亦应来自《开成格》。

援〈其援人皆取壮者充，余应防援者，皆准此〉。专使部领，
送达配所。

州司对流人的遣送每个季度一次，在这个季度的最后一个月将流
人送出。如符书季末才达州，可与下季流人一并遣送。在这期间，州
司必须制作发给流配目的地官府的文书，写明流人的随行家属、刑部
符书的内容、出发日期。遣送途中，专使原则上必须从头到尾一路随
行，防援[1]则由沿途各州派人交替护卫（复原《狱官令》16 条，条文参见第 55
页）。但是，如果决定流配到以下一些地点，那么只要把流人送到所属
的都督府即可，往下则由各都督府派专使遣送[2]。

　　c 若配西州、伊州者，并送凉州都督府。江北人配岭以南
者，送付桂、广二都督府。其非剑南诸州人而配南宁[3]以南及
巂州界者，皆送付益州大都督府。取领即还。其凉州都督府
等，各差专使，准式送配所。

专使在将流人遣送至配所后，必须即刻返回州郡汇报相关情况，
州郡亦须向尚书省（刑部）上呈报告书。

　　d 付领讫，速报元送处，并申省知〈其使人，差部内散
官充，仍申省以为使劳。若无散官，兼取勋官强干者充。又

---

1. 《令集解逸文》之《军防令六十四》"蕃使出入"条（国史大系本《令集解》第四《令集
　解》逸文第 4 页）："《古记》云，防援谓守役人也。"参见大津透：《唐律令国家の予算——
　仪凤三年度支奏抄、四年金部旨符试释》（唐律令国家の豫算について—儀鳳三年度支奏
　抄・四年金部旨符試訳—），载其《日唐律令制の财政构造》（日唐律令制の財政構造），岩
　波书店，2006 年，第 61 页。
2. 陈俊强认为，专使护送流人，并不是从本州护送到配所，而是送至流放地区的都督府（《从
　〈天圣・狱官令〉看唐宋流刑》，第 313 页）。这一认识难以认可。不行唐 5 条 c 的文句，只
　是对前文 b 的附加说明，专使将流人全程护送到流配地点应该是原则。
3. 南宁州的沿革。《新唐书》卷四三下《地理志》剑南道・诸蛮："南宁州。汉夜郎地。武德
　元年开南中，因故同乐县置，治味。四年，置总管府。五年，侨治益州。八年，复治味，更
　名郎州。贞观元年，罢都督。开元五年，复故名。天宝末没于蛮，因废。唐末复置州于清溪
　镇。去黔州二十九日行。"

无勋官，则参军事充。其使并给传乘〉。

其中，注文"其使人，差部内散官充，仍申省以为使劳。……其使并给传乘"一句，是对州郡所遣专使的规定，也适用于都督派遣的专使。

此外，考虑到一些特殊情况，还制定了如下的规定：

> e 若妻子在远，又无路便，豫为追唤，使得同发。其妻子未至间，囚身合役者，且于随近公役，仍录已役日月下配所，即于限内听折。

在完成以上程序后，流人与妻儿一起被送往流配地。

从州郡出发的流人，沿途由官府提供食宿[1]。在遣送过程中，对每天的行走里程及所需天数（程限）都有明确规定[2]。若途中违反所定程限，配所官司须派专使展开调查，并向尚书省呈送调查报告[3]。

以上基于《唐令拾遗》《唐令拾遗补》等既有史料，参照《明钞本天圣令》所录相关条文，试着对唐律所定的流刑制度做了概观，结论大致如下：

① 地方州郡判决的流刑犯，拘留在州郡，等待中央的终审。

② 州郡与中央之间的卷宗传达，由州郡遣专使办理。州郡专使将流刑卷宗上呈尚书省，在都中等待刑部下达的终审结果"符"，然后将符书携回州郡。若依狱官令条文推断，在通常的判决程序中，如确定"流几千里"或"加役流"，具体的流配地点似由刑部来决定。如通过

---

1. 复原《狱官令》17 条："诸流移人在路，皆递给程粮。每请粮停留不得过二日。其传马给不，临时处分。"

2. 复旧《公式令》44 条（《唐令拾遗》，第 602—603 页）："［开七］［开二五］诸行程，马日七十里，步及驴五十里，车卅里。其水程，重船溯流，河日卅里，江卅里，余水卅五里。空船河卅里，江五十里，余水六十里。重船空船顺流，河日一百五十里，江一百里，余水七十里。其三硖砥柱之类，不拘此限。若遇风水浅不得行者，即于随近官司申牒验记，听折半功。"

3. 复原《狱官令》18 条："诸流移人至配所，付领讫，仍勘本所发遣日月及到日，准计行程。若领送使人在路稽留，不依程限，领处官司随事推断，仍以状申省。"

"发日敕"来判决，诏敕中明示具体流配地点的情况也不在少，但在没有明示具体流配地点的情况下，应该仍由刑部来决定。

③ 经中央终审的判决，由刑部作成"符"下达州郡。从文书处理的程序上来看，刑部发出的符书应该有两类，一种是由专使携回州郡的判决书，一种是发往流配地的通知书。从上引宝应元年十二月敕书中可以推断，为简便程序，唐后半期应该对下达两种符书的方式有所改善，制定了新规。而宝应元年十二月的敕文应收录在《开成格》之中。

④ 刑部符书下达到州郡后，州司确定专使，一路将流人遣送到流配地点。遣送途中，沿途州郡还会选各自派防援加以护送。在配所为西州、伊州等特殊场合下，州郡专使只需将流人遣送到该州所在的都督府，从都督府到具体流配地，则由都督府派专使遣送。不管是哪种情况，流人在到达配所后，专使须立即向发遣州郡及尚书省（刑部）上呈文书，报告遣送经过。

⑤ 流人的妻妾须与流人一并送至配所。其父祖子孙若有意同行，亦准其同行。必要时可先将同行家属集中到州郡等候，以便配合流人的遣送时间。

第四节　与隋制的比较

如前章所述，唐律流刑的相关规定基本上承袭了隋《开皇律》的体系，但就隋代流刑的具体执行过程而言，却很少有资料能一窥其详。在这个意义上，下一条史料显得尤其珍贵。

《隋书》卷七三《循吏传》记载了王伽的事迹。王伽曾作为州郡的专使，从齐州（治今山东省济南市）遣送流刑囚 70 余人往京师（长安）。这条史料，我在此前的论文中业已加以关注[1]，这里对这段史料

---

1. 拙稿《唐代流刑考》（唐代流刑考），载梅原郁编：《中国近世的法制与社会》（中国近世の法制と社会），京都大学人文科学研究所，1993 年。第 83 页；《何为"流刑"——唐律流刑再考》（流刑とは何か——唐律の流刑再考——），《滋贺医科大学基础学研究》10，1999年，第 17—21 页。对前者的评论，有滋贺秀三所作书评（《东洋史研究》52-4，1994 年，第 152—153 页），对后者的评论，有奥村郁三所作书评（《法制史研究》50，2001 年，第 323—326 页）。本节吸纳了两位的批评，对旧稿做了大幅度的修改。

加以更深入的解读，以此来比较隋制与唐制的异同。

这段史料虽然较长，为便于分析，还是将之全文抄录于下：

> 王伽，河间章武人也。开皇末，为齐州行参军，初无足
> 称。后被州使送流囚李参等七十余人诣京师。时制，流人并
> 枷锁传送。伽行次荥阳，哀其辛苦，悉呼而谓之曰："卿辈既
> 犯国刑，亏损名教，身婴缧绁，此其职也。今复重劳援卒，
> 岂独不愧于心哉！"参等辞谢。伽曰："汝等虽犯宪法，枷锁
> 亦大辛苦。吾欲与汝等脱去，行至京师总集，能不违期不？"
> 皆拜谢曰："必不敢违。"伽于是悉脱其枷，停援卒，与期曰：
> "某日当至京师，如致前却，吾当为汝受死。"舍之而去。流
> 人咸悦，依期而至，一无离叛。上闻而惊异之，召见与语，
> 称善久之。于是悉召流人，并令携负妻子俱入，赐宴于殿庭
> 而赦之。乃下诏曰："凡在有生，含灵禀性，咸知好恶，并识
> 是非。若临以至诚，明加劝导，则俗必从化，人皆迁善。往
> 以海内乱离，德教废绝，官人无慈爱之心，兆庶怀奸诈之意，
> 所以狱讼不息，浇薄难治。朕受命上天，安养万姓，思遵圣
> 法，以德化人，朝夕孜孜，意在于此。而伽深识朕意，诚心
> 宣导，参等感悟，自赴宪司。明是率土之人非为难教，良是
> 官人不加晓示，致令陷罪，无由自新。若使官尽王伽之俦，
> 人皆李参之辈，刑厝不用，其何远哉！"于是擢伽为雍令，政
> 有能名。

齐州行参军王伽被州司任命为"使"，从齐州押送七十余个"流
囚"往京师，途中因同情流囚枷锁加身的痛苦，于是与流囚约定，解
开他们的枷锁，在规定时间到京师集合。流囚们被他的温情所感化，
在约定的时间内全部到达京师，无一人背约。正是因为这一美谈，史
官为王伽立传，载入了《隋书》的《循吏传》。

上引文献所见"时制，流人并枷锁传送"一句，是与隋开皇末年
流囚押送相关的规定，非常重要。问题是，王伽是为何要把李参等七

十余个"流囚"送往京师呢？可能性大概有以下三种：

（a）将这些流囚从齐州送往京师服刑。（据《元和郡县图志》卷一〇河南道齐州，京师与齐州之间的里程约二千里）

（b）原本在齐州服流刑的罪犯，因为某种理由需要送往京师。

（c）案件须在京师审理，齐州必须将罪犯从本州押送京师。

然而，如果是其中的（a），京师就成了流配地，这与《尚书·舜典》以来所见"流"即"将罪人逐往远方"这一根本理念完全不符。参照前一章的论述可知，这种可能性是不存在的。自北魏以来，流刑的本质是将犯人强制遣送到边境并在流配地服役，不会轻易地将流囚作为临时劳动力押送至京师。因此，（b）的可能性也不存在。而且，《隋书》中也没有记载需要将流囚作为劳动力押送至京师服役的重大工程。那么，余下的（c）又怎么样呢？以下想通过一些零星的线索来展开考察。

① 开皇末年流刑的刑罚内容

正如上一章第三节所叙述的那样，徒刑、流刑的居作，开皇十三年（593）改成了"配防"。正史所见事例中，"配防"的地点无一例外均为岭南或北部边境（参见第30页表1–1），从中可以看出，开皇末年，刑徒囚、流刑囚均押往边境服役，充当戍卒。因此，齐州虽然距离长安两千里，但不可能成为流刑犯的配所。

② 关于流囚的刑具

李珍等流囚在押送途中必须戴上枷锁。唐制中，据复旧《狱官令》18条（《唐令拾遗》，第774页，据《唐令拾遗补》第821页补订）规定，"［开三］［开七］诸流徒罪居作者，皆著钳，若无钳者，著盘枷。……"据此，服刑中的囚犯原则上须戴上钳（束于颈部的金属圈），如一时无钳，则代之以盘枷（束于颈部的木质锁具，或为圆形）。未最终判决的犯人，复旧《狱官令》28条（《唐令拾遗》，第781页）规定："［开七］［开二十五］诸禁囚，死罪枷杻，妇人及流刑以下去杻，其杖罪散禁。年八十及十岁并废疾、怀孕、侏儒之类，虽犯死罪，亦散禁。"可知死罪囚须戴枷与杻（足镣），流罪、徒罪囚与女性犯人则须戴枷。关于锁，服役囚、未决囚中均未见记载。

然而，唐《斗讼律》51 条疏称："议曰：人有犯罪，身在囚禁，唯为狱官酷己者得告，自余他罪并不得告发。即流囚在道，徒囚在役，身婴枷锁，或有援人，亦同被囚禁之色，不得告举他事。"据此，发往流配地的流人及服役中的徒刑囚，均须戴上枷锁，由"援人"遣送、监视；并且"被囚禁之色"即尚未最终判决的囚犯，亦须戴上枷锁。

上引复旧《狱官令》诸条均为开元年间的令文，对此，《宋刑统》所录律疏称其来自永徽年间所撰《律疏》[1]。当然，流传至今的条文为开元间刊定[2]，或许不一定是永徽律疏的原貌，然而，文辞上却与《开元令》的内容不很一致，因此不能排除这些条令早于《开元令》的可能性。

还有，北魏《狱官令》规定："诸犯年刑已上[3]枷锁，流徒已上，增以杻械。"（《魏书》卷一〇一《刑罚志》）徒刑以上的未决囚戴枷锁，流刑以上的囚徒外加杻械。未决囚戴枷锁的具体事例散见于北朝正史，此举一例加以观察。东魏天平四年（537）十二月，范阳卢景裕在其兄仲礼的逼迫下参与了叛乱，次年被镇压（《北史》卷五《魏本纪·文皇帝》），景裕被捕入狱。《北史》卷三〇《卢同传附卢景裕传》称："景裕之败也，系晋阳狱，至心诵经，枷锁自脱。"从中可以判断，作为死罪的卢景裕在狱中是身带枷锁的。前引北魏《狱官令》所言"流徒已上，增以杻械"的规定，东魏时已经出现变化（也可能仅是具文）。

此外，《隋书》卷二五《刑法志》载："河清三年（564），尚书令赵郡王叡等奏上齐律十二篇。……赦日则武库令设金鸡及鼓于阊阖门外之右，勒集囚徒于阙前，挝鼓千声，释枷锁焉。"可见北齐在宣布恩

---

1. 杨廷福：《〈唐律疏议〉制作年代考》，1978 年初刊，后收录于《唐律初探》，天津人民出版社，1982 年。冈野诚译《唐律疏議の製作年代について》，《法律论丛（明治大学）》52 - 4，1980 年。

2. 参照上注冈野诚译文附记，第 179 页。

3. "诸犯年刑已上"一句，中华书局标点本作"诸犯□年刑已"，在"年"字前加上了表示缺字的方框，本文不予采纳。作为标点本底本的百衲本（宋蜀大字本）中，"犯"字与"年"字之间的空隙确实比其他字距要稍微大一些，但这仅仅是字距，难以考虑是缺字所致。《册府元龟》卷六一一《刑法部·定律令》永平元年七月乙未条也抄录了上奏文，同样作"诸犯年刑已上"，见《宋本册府元龟》第二册，第 1893 页。"年刑"一词，确实难见其他用例，但认定"年"字上缺字，同样缺乏证据。

赦之际，囚徒们被集中到闾阖门（宫城正门）前，击鼓后解除"枷锁"释放。

唐令及天圣令中都有同样的条文，可见这一仪式此后并无变化。相关条文如下：

> ［贞］诸有赦之日，武库令设金鸡及鼓于宫城门外之右，勒集囚徒于阙前，挝鼓千声讫，宣诏而释之。其赦书颁诸州，用绢写行下。（复旧《狱官令》43甲条。《唐令拾遗》，第798页）
>
> ［开七］［开二十五］诸赦日，武库令设金鸡及鼓于宫城门外之右，勒集囚徒阙于前，挝鼓千声讫，宣制放。其赦书颁诸州，用绢写行下。（复旧《狱官令》43乙条。《唐令拾遗》，第798页）
>
> 诸赦日，主者设金鸡及鼓于宫城门外，勒集囚徒于阙前，挝鼓千声讫，宣制放。其赦书依程颁下。（《天圣·狱官令》宋47条）

据《大唐开元礼》，此时被集中到宫城正门外的是"京师见囚"，换言之，是未决囚[1]。若北齐制度亦同此例，那么，北齐的未决囚也应该是身戴枷锁加以拘束的。据《隋书·刑法志》，北齐律中，徒刑（刑罪、耐罪）囚"锁输左校而不髡"，流刑囚"髡之投于边裔"，拘束与未决囚相异。

基于上述讨论可以推测，东魏以降，经北齐、隋到唐初，未决囚是通过枷锁来加以拘束的。虽然服役中的流刑囚，《开元令》的规定是戴钳的（无钳时可代以盘枷），但此前的制度中也有用枷锁的可能。

③ 关于"传送"

据《王伽传》所见"时制"，流人必须戴上枷锁"传送"。所谓"传送"，是指通过接力的方式把人或物送到目的地。复原《狱官令》

---

1. 《大唐开元礼》卷一二九《嘉礼·宣赦书》："奉礼设文武群官版位于顺天门外，东西当朝堂之南，文东武西，重行北面，相对为首。设中书令位于群官西北，东向。刑部侍郎帅其属，先取〔当作'陈'〕金鸡于东〔当作'西'〕朝堂之东，南向。置鼓板〔当作'杖'〕于金鸡之南，遂击鼓，每一鼓投一板〔当作'杖'〕，刑部侍郎录京师见囚，集于群官之南，北面西上，囚集讫，鼓止。……中书令称有诏书，群官皆再拜，宣讫，群官又再拜舞蹈，又再拜。刑部释囚。刑部尚书前受诏书，退复位。"〔〕内文字据《通典》卷一三○补正。

16 条称:"诸递送囚者,皆令道次州县量罪轻重强弱,遣人防援,明相付领。"由此可知,唐制也是规定各州县是通过接力即"递送"的形式押送囚人的。初唐人颜师古注《汉书》时也说:"逮捕,谓事相连及者皆捕之也。一曰在道守禁,相属不绝,若今之传送囚耳。"(《汉书》卷一下《高帝纪下》"贯高等谋逆发觉,逮捕高等"注)[1]

颜师古在注中,把递送未决囚的方式比喻为案发后一个一个按供词追捕从犯那样。

④ 关于援卒

《王伽传》中王伽对流囚李参等说:"卿辈既犯国刑,亏损名教,身婴缧绁,此其职也。今复重劳援卒。""援卒"一词,应与前引《斗讼律》51 条疏中出现的"援人",及复原《狱官令》16 条、《天圣·狱官令》不行唐 5 条、复原《狱官令》22 条所见"诸徒流囚在役者,囚一人,两人防援……"中的"防援"同指。唐制中,不管是遣送途中的流人、服役中的徒流囚还是未决囚,都须用枷锁拘束,用以护卫或监视。《开元令》中还规定,绑缚刑场处决的死刑犯同样需要派防援随行:

[开七][开二五] 诸决大辟罪,皆防援至刑所,囚一人防援二十人,每一囚加五人。……(复旧《狱官令》7 条。《唐令拾遗》,第 762—763 页)

总之,不管是已决囚还是未决囚,犯人均受到防援的监视。不过,服役中的流囚在临时送往其他场所的情况,唐令中没有做出明确规定。考虑到前述流刑的特征,其实这不难想象。

⑤ 关于"令携负妻子俱入"

从这句话中可以看出,李参等流囚的妻儿们也都被带到了京师,这又意味着什么呢? 如前所述,唐制中,流人的妻妾必须随流人一并

1.《汉书》卷二三《刑法志》:"即位十三年,齐太仓令淳于公有罪当刑,诏狱逮系长安。"颜师古注亦曰:"逮,及也。辞之所及,则追捕之,故谓之逮。一曰逮者,在道将送,防御不绝,若今之传送囚也。"

送往配所，如流人妻妾住地较远，必须事先将其带至遣送地，流人与之集齐后一并遣送（参见第45页《天圣·狱官令》不行唐5条e）。《王伽传》中，李参等流囚的妻儿，因隋文帝的召唤出现在了殿庭之中，在此之前未见任何信息。唐制规定：

> ［开七］［开二五］诸流人科断已定及移乡人，皆不得弃放妻妾及私偝还乡。（复原《狱官令》13条）

可见妻妾与流囚同行，必须在流刑判决以后。假设《王伽传》所述与之相同，那么，李参等人的妻儿，应该是在李参等人到达京师后必然被判决流刑的前提下，事先从州县召唤至京师的。

⑥关于"参等感悟，自赴宪司"

文帝诏书中的这一句话又是什么意思呢？王伽解开李参等流囚的枷锁，流囚们感恩于王伽的慈悲，按期到达京师后，"自赴宪司"。若按辞书或其他书籍中的解释，"宪司"通常是御史的别称，然而，御史所在的御史台，执掌的是对官员非违的检察，流囚们前往御史台报道，这实在难以想象。"与期日，某日当至京师，如致前却，吾当为汝受死。流人咸悦，依期而至，一无离叛。"从这句话的上下文义来看，很清楚，王伽与李参等流囚约定的集合地点就是这个"宪司"。这里，我们暂且将"宪司"理解为广义上的司法机关，具体说就是指刑部。与《王伽传》中的"犯宪法"云云对照起来看，这个解释是符合情理的[1]。

以上，对《隋书·王伽传》的记载做了详细探讨，作为结论，能否定可能性（c）的史料一条都不存在，而支撑李参等人在齐州被州司判为流刑，作为未决囚送被往京师接受终审的史料却不少。换言之，在隋朝，流罪的最终判决，必须经过中央司法部门的终审，在此之际，并不单是将卷宗送往京师复核，罪人本身也必须送往京师。如果这个推论不误，那么，先前讨论的《天圣·狱官令》不行唐5条所言"诸

---

1. 本书第46页所引唐《名例律篇目疏》中，亦将与司法相关的机构总称为"刑宪之司"。

流移人，州断讫，应申请配者，皆令专使送省司"这个程序似乎有些繁琐，但可以推测，到了唐朝，隋朝"时制，流人并枷锁传送"中必须将流囚送至京师这个程序似乎趋于简化了。

第五节　流配距离与起点的算法

接下来，想从"流几千里"这句话开始，讨论流放的距离从哪里算起的问题。桑原骘藏在题为"中国的古代法律"的讲演中，关于流刑的距离和计算的起点，有这么一段认识："均从罪犯所住乡里按中国的里数算起，轻者流二千里，重者轻则流二千五百里，最重者流三千里。"[1] 滋贺秀三也认为，流刑的配所，从罪犯本人的乡里算起，按罪行的轻重，被遣送到二千里、二千五百里、三千里不等的指定州郡，州司再将其流配到本州的某县某乡[2]。滋贺秀三的观点其后不仅在中国法制史研究领域被广泛接受，而且还对日本史的研究产生了很大的影响[3]。然而，与上述两人的观点不同，很早以前就存在着另外一种观点，即流刑的距离是从京师算起的[4]。但不可思议的是，以上两人观点的提出，都没有给出明确的论据。笔者本人此前亦曾撰文，对后者的见解发出

1. 桑原骘藏：《中国的古代法律》（支那の古代法律），1929 年初出，《桑原骘藏全集》第 3 卷所收，岩波书店，1968 年。
2. 《译注日本律令》（訳注日本律令）五，第 145 页。该观点早已见于滋贺秀三《刑罚的历史》（刑罰の歴史），载庄子邦雄编：《刑罚的理论与现实》（刑罰の理論と現実），岩波书店，1972 年，第 99 页。
3. 例如，新日本古典文学大系《续日本纪》（続日本紀）校注本第二册（岩波书店，1990 年）补注九之六八（第 508—509 页）："唐朝的流刑的距离，从犯人的居住地算起，按罪行的轻重分为流三千里、流二千五百里、流二千里数等。与之相比，日本律的流刑距离则是从京师开始算起的。"引用了滋贺秀三的观点，对日唐之间的差异做了说明。此外，《改订新版 世界大百科事典》（改訂新版　世界大百科事典）"流罪"条（小林宏执笔）称："流刑在法律中为五刑之一，分近流、中流、远流三等。该刑为复合刑，将犯人从所居地强制遣送至规定里数之外的配所，并在配所服徒刑一年。唐律中，据流配地点的远近分为流二千里、流二千五百里、流三千里等三个等级，日本律中近流、中流、远流的标准则不明。但在公元 724 年（神龟元年）的式中，制定了从京师分别到上述近、中、远的藩国名。"与《续日本纪》的解说不同，但似乎都受到了滋贺秀三观点的影响。
4. 例如，利光三津夫：《流罪考》（流罪考），载《律令制研究》（律令制の研究），庆应通信，1981 年，第 105 页。

了共鸣[1]。通过对拙见的批评，滋贺秀三也陈述了其观点的论据[2]。这一节想就流配距离从京师算起这一观点的可信性再次展开论述。

一　上古的驱逐刑与唐律中的流刑

滋贺秀三曾在《关于中国上古刑罚的一个考察——以"誓"与"盟"为线索》一文中[3]，就中国上古时期的驱逐刑做了如下陈述：

> 从《尚书》等古典中所见"放""流""窜""殛""逐"等文字来看，可以推断上古时期就存在着驱逐刑，这一点，前人早已认识到。但如果考虑到上述所谓带有绝交性诅盟的性质，出现"放""流"等文字的故事，事实上是众人与罪人通过绝交诅盟，将其驱逐到国外，这个推定可以成立。例如，当看到《尚书·舜典》中"流共工于幽州（以下略——引者）"等文字，就不能联想到后世的流刑。后世的流刑，是统治天下的专制君主，将版图内犯下罪行的人员，强制送往同一版图内指定的其他场所，而上古的"放""流"，则是众人对为害者一致非难，经盟誓与之绝交，并将其驱逐出共同体。正如周厉王那样，连君王本身都陷入了流谪之中。这里，合理的理解是，面对厉王给众人带来的灾难，众意一致要求对之行驱逐之罚。（第531页）

《国语》所见周内史过的一段话中，首先叙述了古者先王得天下后敬神教民，定制度文物，但依然有对不顺从之民临之以刑的必要，然后又说："犹有散迁懈慢而著在刑辟，流在

---

1. 前引拙稿《唐代流刑考》，第83—85页。
2. 滋贺秀三：《梅原郁编〈中国近世的法制与社会〉书评》（梅原郁编『中国近世の法制と社会』書評），《东洋史研究》52-4，1994年，第697页。其后，拙稿《何为"流刑"——唐律流刑再考》对前稿中论证不足之处做了增补，奥村郁三对该文赐下了书评（《法制史研究》50，2001年，第323—326页）。本节是基于奥村郁三的批评对旧稿第二章所做的改写。
3. 滋贺秀三：《关于中国上古刑罚的一个考察——以"誓"与"盟"为线索》（中国上代の刑罰についての一考察——誓と盟を手がかりとして——），1976年初出，载前引《中国法制史论集》。

裔土，于是乎有夷蛮之国，有斧钺刀墨之民。"（《周语上》——引用时省略着重点）作为刑罚的大宗，举出了肉刑与驱逐刑，可视之为当时现实的反映。可以这么理解，时代越早，驱逐刑的意义就越大，随着时代的推移，肉刑成为刑罚的主要内容。（第533页）

　　古典意义上的驱逐刑，到了春秋时期已属遗制，不可能成为新发展的母胎。（第543页）

　　滋贺秀三的上述文字，涉及了上古时期驱逐刑的意义，驱逐刑在上古刑罚整体中的地位，以及与后世流刑之间的差异等多方面的问题，均具有重要的学术价值。按滋贺秀三所言，上古时期的驱逐刑与死刑、肉刑一样，是将恶人排除出社会的一种制裁手段。将为害者"驱逐出共同体"，这才是上古时期驱逐刑的本质。正因为如此，当原本由一个个国邑为政治经济单位构成的封闭式共同体日渐崩溃以后——滋贺秀三将其设定为春秋时期，驱逐刑也就失去了原本的意义。一个人如果因事将被某个共同体（国、邑）驱逐，那么他可以轻易地"出奔"到别的共同体，作为惩罚的驱逐，越来越变得没有意义。

　　滋贺秀三的观点，还将驱逐刑整合到了上古刑罚体系之中，笔者除一点以外没有其他异论。出现得非常早的驱逐刑到春秋战国以降很快退出历史舞台的理由，滋贺秀三的说明也是可以的。然而，其在《尚书·舜典》"流共工于幽州"云云之后强调"不能联想到后世的流刑"，这一点让人感觉有点违和。滋贺秀三认为，后世的流刑，是专制君主将版图内犯下罪行的人员，强制送往同一版图内指定的其他场所的一种刑罚，与上古基于众意将罪人驱逐出共同体的理念不同。其所言"流刑就是一种伴随强制遣送的徒刑"[1]，非常明晰地表达了他的观点。

　　刑罚的初始意义，主要是将恶人排除出社会，可以说原

---

1. 前引滋贺秀三：《刑罚的历史》，第321页。

> 本是用来维持社会正常运作的，也意味着是带有消极功能的
> 非常规手段。然而随着时代的推移，刑罚成为维持国策的强
> 制手段，从而开始呈现出积极的功能。……可以看到，当时
> （孔子时代——引者注）已经出现了附于行政命令之后的处罚规
> 定，刑罚逐渐趋于日常化。战国时期的法家们大胆肯定了这
> 样的现实，并将其推向了极致。如此，随着刑罚的功能从非
> 常规手段向逐渐日常化变迁，以至新的刑罚种类成为必要。
> （第543页）

在驱逐刑与肉刑这两种上古时期的主要刑罚中，驱逐刑到了这个
阶段已渐渐成为过去，无法成为新刑罚的母胎，那么，肉刑就必然成
为能对应刑罚日常化的有期徒刑的母胎，发展的结果就是后世的劳役
刑。这或许正是滋贺秀三观点的核心，即"随着时代的推移"，刑罚逐
渐成为常态，换言之，专制君主成为刑罚执行的主体。

那么，后世的流刑又源自何处呢？流刑源自北朝这一点是明确的，
关于这一点，滋贺秀三称："北魏出现了徒、流的刑名……北齐、北周
时期，出现了与隋唐五刑相通的刑罚内容。"[1]论述仅至于此。但是，唐
《名例律》4条，即流刑条款的疏曰：

> 议曰：《书》云"流宥五刑"，谓不忍刑杀，宥之于远也。
> 又曰"五流有宅，五宅三居，大罪投之四裔，或流之于海外，
> 次九州之外，次中国之外"。盖始于唐虞。今之三流，即其
> 义也。

其中引用了《尚书·舜典》及孔传的文句。不仅如此，北朝、隋唐时
期的人在论及流刑时，立论之初必然会引出儒家经典中的这些字句，
言及"流刑"，也必然会引用放逐共工、三苗的故事（如《北堂书钞》卷四
五《流刑》等）。与南朝的刑罚体系保留了浓厚的汉代色彩相比，北朝的

---

1. 前引滋贺秀三：《刑罚的历史》，第319页。

刑罚体系则呈现出了独特性，其典型即北周的刑罚。以《周礼》为模本制定的北周国家体制，隋朝事实上对其做了很大的改变，但其根本并未有所变动。就流刑而言，可以说隋朝融合了北周与北齐两者的制度。继承了北周律中初次规定下来的据流配距离确定流刑等级，同时继承了北齐律流刑在强制移送之外尚需附加徒刑，这就是隋朝的流刑（附加杖责为双方共有）。尽管细部上可能存在着一些差异，但唐律的流刑规定继承了隋朝，这一点无须赘言（参照第一章第四节及本章第四节）。而北周的流刑，正是以皇畿即京师来计算流配距离放逐罪犯的刑罚。

正像滋贺秀三所说的那样，北朝、隋唐的流刑，并非直接来源于上古时期的驱逐刑。但是，时人在言及流刑时，脑海中必定浮现出《尚书》等儒家经典中的文句，这也是事实。这让我不得不去思考一个问题，这两者之间是否存在着一些间接的关联，或者说是否存在着必须认可的思想理念上的影响。从上面引用的疏文文句中也可清楚地看出，流刑是一种将罪人"从中心放逐到周边的驱逐刑"。

二 流刑与移乡——似是而非的两者

滋贺秀三主张流刑里数从罪犯居住地算起，其论据有以下几点：

① 流刑与移乡的相似性

（a）移乡的意思很明确，就是将罪人从被害人亲属身边驱离，换言之就是把罪人驱离乡里。

（b）移乡与流刑常常被统称为"流移"。

（c）从而，将流配里数的计算视为（与移乡情况）相同，并无不妥之处。

② 日本律令中规定的流刑，从京师作为起点分为近流、中流、远流，这可将之视为在接受唐律的过程中出现的一种变革。

非常明确，滋贺秀三观点的依据，是将移乡与流刑视为同一原理之下的刑罚制度。但是，这样的理解果真妥当吗？

正像滋贺秀三明言的那样，所谓"移乡"，指的是杀人犯在因恩赦等免死的情况下，为了避免受害人的复仇，将杀人犯转移到距离家乡一千里之外的一种处罚[1]。确实，在某些特殊人群被强制遣送到遥远的外地这一点上，移乡与流刑有着共通之处，况且律令条文中将两者统称为"流移"的场合也比较多，这是滋贺秀三得出上述观点的依据。也正因如此，在他看来，强制遣送的起点两者也应该是一样的。

另一方面，据利光三津夫、堀毅《复仇、移乡考》：

> 法典上的"移乡"，虽首见于唐律，但有证据证明，在西汉时期已经理论化，东汉以后经南朝时期，逐渐走向制度化。[2]

不用说，移乡应源自《周礼·地官司徒·调人》，该篇称："凡和难，父之雠，辟诸海外；兄弟之雠，辟诸千里之外；从父兄弟之雠，不同国。"这种理念是如何一步步被制度化的，前引利光三津夫和堀毅的论文已经讲得很清楚。这里想重点关注的是，与唐律流刑源自北朝的刑罚相对，移乡从汉代到南朝这段时期内又是如何被制度化的。同样是强制遣送，流刑是将罪大恶极的犯人发配到远离中央的"四裔"即僻地的一种刑罚，与之相比，移乡的根本目的则是防患于未然，两者的性质大相径庭。律令条文中之所以屡屡将两者合称为"流移"，是因为他们之间有一个共同之处，即都得离开所居乡里，被强制送往他处。众所周知，唐制规定，人民一般必须居住在户籍所在地，如无正当理由及官府的认可，不得移居他乡或四处流浪[3]。法律判定必须离开自己的乡里到遥远的他处生活，在这一点上，流人和移乡人是一致的。与流人的发遣一样，移乡人也必须带上妻妾同行（《名例律》24 条），这是基于妻妾"合从夫"（同前条疏）这一礼制原则的规定（许可希望同行的父祖、子孙同行，亦当基于同样的理由）。

---

1. 唐《贼盗律》18 条："诸杀人应死会赦免者，移乡千里外。其工、乐、杂户及官户、奴并太常音声人，虽移乡，各从本色〈部曲及奴，出卖及转配事千里外人〉。"
2. 利光三津夫编著：《法史学的诸问题》（法史学の諸問題），庆应通信，1987 年所收，第101 页。
3.《译注日本律令》五，第 146 页。

关于流人、移乡人的再叙，《天圣·狱官令》不行唐 6 条有以下规定：

> 诸流移人〈移人，谓本犯除名者[1]〉至配所，六载以后听仕〈其犯反逆缘坐流，及因反逆免死配流，不在此例〉。即本犯不应流而特配流者，三载以后听仕。有资荫者，各依本犯收叙法。其解见任及非除名移乡者，年限、叙法准考解例。

值得注意的是，移乡人过了"六载"即六个年头可以再叙的仅限于"本犯除名者"，除此以外的人员，"年限、叙法准考解例"。也就是说，移乡人六年后允许再叙的规定，虽然与流人的再叙规定相同，但对象仅限于犯下"除名"的罪人，除此以外的移乡人再叙，可参照比流人宽松得多的"考解例"处理。那么，为什么流人须在六年后才能获得再叙资格呢？不用说，是因为流人犯的是"除名"之罪（《名例律》21 条）[2]。

流人与移乡人在处置上的差异，还涉及恩赦放还的有无。正像下一章会详细讨论的那样，唐代屡屡出现因恩赦把流人从流配地放还的事例，但就笔者管见，没见到移乡人因恩赦放还的事例。到了 9 世纪，流人在配所呆满六年即可放还渐成常态，以至于在开成格中做出了明确的规定，但移乡人却不在放还规定之中[3]。

确实，流人与移乡人，在强制送往距乡里遥远的地方、妻妾必须同行等刑罚或惩罚性处置上有着诸多的共同点，但是，在强制移送的距离、再叙的条件、恩赦放还以及流配年限的有无等方面却有着不容忽视的差异。不能因为"从所居地作为起点来计算流移距离很难论证"

---

1. 复旧《狱官令》16 条（《唐令拾遗》，第 771 页）无此注记，是因为用作复旧资料的《唐六典》《故唐律疏议》等亦无此句，但《养老狱令》17 "六载"条中存在同文注记。

2. 如本章第一节所述，官员被判流刑并执行时，虽然仅限于"五流"（加役流、反逆缘坐流、子孙犯过失流、不孝流、会赦犹流），但会被除名（免除居作）。参见前引《名例律》11 条及陈俊强《从〈天圣·狱官令〉看唐宋流刑》。

3. 《条法事类》卷七五《刑狱门·移乡·断狱令》中可见如下条文："诸移乡人遇赦者，州具元犯，申提点刑狱司详定，情理轻者十年，稍重及重者递加五年放逐便讫，申尚书刑部。"这条规定应源自《续资治通鉴长编》卷三三六元丰六年（1083）闰三月丁酉条所见诏刑部"应移乡人，情理轻者十年，稍重者二十年，遇赦检举，放令逐便。令刑部著为令"。

为由，就将流刑与移乡在同一个逻辑中来加以理解。因此，将犯人所居地视为流移距离计算的起点这个观点，似乎有些过于武断了。

三 量移与流刑

也许还会有以下这样的反驳，即：流刑的实质意义是让流人离开自己的居处并强行送往他乡的刑罚，所以，配流的距离也必须从他所居住的乡里算起。按这个逻辑想下去，就可以推导出这样的结论，因为并不是所有的人都居住在京师，那么，流配距离就只能从流人所居的乡里算起了。

然而，唐制中，将距离京师的远近作为确定刑罚轻重的法理，在下面这段史料中表述得非常清晰：

> 〔长庆〕四年四月，刑部奏："准其年三月三日起请'准制，以流贬量移，轻重相悬，贬则降秩而已，流为摈死之刑'。部寺论理，条件闻奏：'今谨详赦文，流为减死，贬乃降资，量移者却限年数，流放者便议归还。'准今年三月赦文'放还人，其中有犯赃死及诸色免死配流者，如去上都五千里外，量移校近处，如去上都五千里已下者，则约一千里内与量移近处。如经一度两度移六年未满者，更与量移，亦以一千里为限'。如经三度两度量移，如本罪不是减死者，请准制放还。如左降官未复资，遇恩满五考者，请准元和十二年九月敕，与量移。又准今年正月德音'诸色流人与减一年，除赃限外，满五年即放还收叙。其配流在德音以后者，不在减限'。又天德五城流人，准长庆元年正月三日制'以十年为限'。又限〔衍字〕准三月十二日敕'纵遭恩赦，不在放归限。'今请待十年满，即放归。仍任取配流日计年数，不在援引德音减年之限。"制可之。（《唐会要》卷四一《左降官及流人》）

引文中的"上都"指京师长安。"量移"，是指遇到恩赦时间将流人从配所适当移到距离京师更近的地方的一种措置。量移之际，京师到配所之间的距离具有重要的意义。在制定量移规定时，以京师为中心每千里作为一个区划的意识非常清晰。基于此，流人最终回归的目的地虽然是他自己的乡里，但是，计算量移距离的起点却是京师。

通过以上的论述，不得不说，滋贺秀三关于流人的流配距离从其所居乡里算起这个说法，论据是薄弱的。正像上文所述，制定律文及律疏的人，他们心目中的流刑在理念上似乎是与上古时期的驱逐刑重合的。因恩赦等对流人的量移措置，也以京师与流配地之间的距离为准，这也从另外一个侧面表明了流刑是将罪人驱逐出皇帝居住的京师的一种刑罚。

即便这样，流配距离的起点，律文或律疏中为什么又都没有提及呢？可以考虑的理由之一是，在刑罚运用的实际过程中，或许这并不是重要的事项。也就是说，唐律流刑的法理，与距离规定其实关系并不大，重点在于将其驱逐到遥远的边境。关于这一问题，想在下一章中展开详细讨论。

第六节　配所的流人管理

最后，想对流人在配所的待遇及管理做一个概述。

流人与其妻妾（也有部分父祖、子孙随行的情况）被遣送到配所后，在规定的年限（一年。加役流为三年）内要服劳役。服役中的流囚由"防援"加以监管（见上引复原《狱官令》22 条）。流人的劳役，准用徒刑囚的相关规定，在配所所在州服"官役"（复旧《狱官令》17 条[1]）。流刑囚与徒刑囚一样，劳役时必须戴上钳（无钳时可代以枷锁），不许着巾带。每十天有一天休假，腊日与寒食时休二日。服劳役期间不允许离开劳作区域。因病请假所耽误的工时，必须在病愈后补上[2]（复旧《狱官令》18 条[3]）。在规定年限的居作结束后的流人，与家属一起被编入当地户籍成

1. 参照前引复旧《狱官令》17 条。
2. 日本思想大系《律令》，第 460 页，狱令 19 "流徒罪"条首注。
3. 参照前引复旧《狱官令》18 条。

为当地居民（《名例律》24 条[1]）。不过实际情况是，遇恩赦量移的流人，最终放还乡里的事例非常多。关于这一点，也在下一章中详述。

小结

本章首先在《唐令拾遗》《唐令拾遗补》等既有史料之上，参照近年公布的《明钞本天圣令》所收条文，对唐律中的流刑制度做了概观。其梗概已在本书第 49—50 页中加以梳理，此处不再赘述。

其次，在对唐代流刑制度获得新知的基础上，对笔者此前曾经探讨过的隋代流刑制度展开了更深入的思考。通过对《隋书·王伽传》相关叙述的精读详释，指出隋代流罪在京师终审时，除完整的卷宗外，罪犯本人在监护下赴京的可能性非常大。

此外，因与滋贺秀三之间观点的不同，对唐律流刑中"流配距离计算的起点"问题展开进一步的探讨，再次确认流配距离计算的起点为京师。

最后，对配所对流人的管理问题做了概观，为下文从制度上比较宋代的配流刑、配军刑做好准备。

唐律流刑将京师作为流配地距离计算起点的做法，与流刑的本质密切相关。流刑保留着非常浓厚的"礼教性刑罚"要素，因此，从刑罚运用的实际操作来看，不合理的地方很多。例如，把罪人放逐到边境这一带有惩罚性的现实意义，早在唐朝已经受到了质疑，其结果，律令中没有规定的刑罚，却见于流刑之中。类似的"律外的流刑"这类问题，想在下一章中以流刑执行的现实逐渐背离律令理念为主线展开进一步的考察。

---

1. 参照前引唐《名例律》24 条。

第三章

流刑的理念与现实

前言

如上章所述，唐律中的流刑，是一种将罪人强制遣送（放逐）到离京师很远的僻地并在彼处接受有期劳役（居作）的刑罚。按照律令的规定，以京师为起点，据罪行的轻重，将罪人分别遣送到二千里、二千五百里、三千里之外，在彼处通常服劳役一年，加役流的情况下服劳役三年。流人的妻妾必须与罪人同往配所，希望随行的父祖、子孙也一并送往配所。规定的居作期满后，流人与随行家属一起编入当地户籍。若官员被判配流，除特殊情况外，官爵会被全部剥夺（除名），但免其居作。

此外，据律令规定，流人到达配所时，流刑的执行就算结束。恩赦也惠及配所的居作，只要流人被送到了配所，一旦遇赦，流人则可放免[1]。从唐律的法理来说，这本来是不可能的[2]。

但是，关于配流距离的规定，是否自唐初以来就一贯如此，疑点颇多。还有，自唐前期开始就存在着一种"律外流刑"，即逸脱于律令规定之外的流刑。并且在几乎同时，遇赦时准许流人回归乡里或回归京师的事例也不少见，诏敕中亦散见放还流人的内容。可见，"在律令严整的时代，律令制下的社会现状已经出现了变化"[3]。

这一章，我们首先想指出唐律规定的流刑实际上是以背离"理念"的形式被运用着的，分析出现这种矛盾现象的背景；然后，对背离了理念的流刑在唐代的展开做一个概观；最后想指出，唐代后半期，律令规定中仅次于死刑的流刑，已失去了重刑的意义。

---

1. 《名例律》25 条："诸流配人在道会赦，计行程过限者，不得以赦原〈谓从上道日总计，行程有违者〉。有故者，不用此律。若程内至配所者，亦从赦原。逃亡者，虽在程内，亦不在免限。即逃者身死，所随家口，仍准上法听还。"
2. 正如本书附篇三所论，这一观点现已改变。
3. 滋贺秀三：《刑罚的历史》（刑罰の歴史），1972 年初刊，后载其《中国法制史论集》，第 321 页。不过，滋贺秀三更加关注的是安史之乱以后的变化。

第一节 律的理念与现实之间的乖离

构成唐律主骨干的，一般认为是制定于贞观十一年（637）的《贞观律》[1]，但就流刑而言，贞观十四年（640）正月的制敕中规定了具体的流配州，律中关于流配里数的规定，事实上并没当回事。

> 贞观十四年正月二十三日制：流罪三等，不限以里数，量配边要之州。（《唐会要》卷四一《左降官及流人》）

所谓"边要之州"[2]，与唐《捕亡律》14 条疏引《户部式》所言"灵、胜等五十九州为边州"的"边州"意思相同。据开元十八年（730）十一月诏敕，我们可以知道五十九个边州的具体名称〔参见本书第 234 页附表"附表唐代的边州（《六典》与《唐会要》的比较）"〕：

> 〔开元〕十八年十一月敕：灵、胜、凉、相〔当作"伊"〕、

---

1. 滋贺秀三:《法典编纂的历史》（法典编纂の歴史），载其《中国法制史论集 法典与刑罚》（中国法制史論集 法典と刑罰），创文社，2003 年，第 75—76 页。
2. "边要之州"一语，《新唐书》卷五六《刑法志》称"〔贞观〕十四年，诏流罪无远近，皆徙边要州"，与《唐会要》所载意同。但《旧唐书》卷五〇《刑法志》则作"〔贞观〕十四年，又制流罪三等，不限以里数，量配边恶之州"（《册府元龟》卷六一二《刑法部·定律令》同）。"边要"，在当时的制度史料中为常见语，如唐《捕亡律》14 条:"诸在官无故亡者，一日笞五十，三日加一等，过杖一百，五日加一等。边要之官加一等。"疏曰:"边要之官，《户部式》:灵、胜等五十九州为边州，此乃居边为要，亡者加罪一等。"律疏中"居边为要"的解释，亦可见《职制律》5 条:"诸官人无故不上及当番不到〔虽无官品，但分番上下，亦同。下条准此〕，若因假而违者，一日笞二十，三日加一等，过杖一百，十日加一等，罪止徒一年半。边要之官加一等。"疏曰:"边要之官，谓在缘边要重之所。"前引复旧《狱官令》13 条所言"诸流人应配者，各依所配里数，无要重城镇之处，仍逐要配之"之意亦与之同。"边恶"一词，除《旧唐书·刑法志》《册府元龟》外，作为当时制度用语未见于他处。因此，推测"恶"是"要"之误。即使"边恶之州"不误，也应该是条件恶劣的边州之意。也就是说，"边要"强调的是边州的重要性，与之相对，"边恶"强调的则是环境恶劣与偏远，但两者所指均是置于边境地带的州。总之，不管是"边要之州"还是"边恶之州"，事实上，作为"边州"，其意义是相同的。即使开元十八年敕（《唐会要》卷二四）中"边州"与"要州"并举，但律疏仅引《户部格》中的"边州"一节，亦可旁证上述理解是没有问题的。

代、黔、巂、丰、洮、朔、蔚、妫、檀、安东、叠、廓、兰、
鄯、甘、肃、瓜、沙、岚、盐、翼、戎、慎、威、西、牢〔当
作"营"〕、当、郎、茂、驒、安北、北〔原无"北"字，据《六
典》补〕庭、单于、会、河、岷、扶、拓〔当作"柘"〕、安西、
静、悉、姚、雅、播、容、燕、顺、忻、平、灵〔当作"云"〕、
临、蓟等五十九州为边州。扬、益、幽、潞、荆、秦、澧、
广、桂、安十二州为要州。都督、刺史、并不在朝集之例。
（《唐会要》卷二四《诸侯入朝》。〔〕内文字据《六典》补正）

这道诏敕中一开始出现的州名与州的总数与前引《户部式》一致，因
此可以说，这道诏敕的内容，在开元二十五年（737）制定《户部式》
时被吸收了进去。

边州之一的西州，是贞观十四年（640）平定麹氏高昌国后设置
的，情况略有特殊。贞观十六年，命在京及诸州的死刑囚遣送该地附
籍，此外，被判流刑但尚未送达配所的流人，一并送往该地充当戍卒，
依罪名轻重设定年限[1]。因为这样的罪人迁徙，当时的西州成为"高昌
旧民与镇兵及谪徙者杂居"之地[2]。

复旧《狱官令》13 条曰：

> ［开二五］诸流人应配者，各依所配里数。无要重城镇之
> 处，仍逐要配之，惟得就远，不得就近。（《唐令拾遗》，第 770 页。
> 据《唐令拾遗补》第 820 页补订）

开元《狱官令》并没有采用上引贞观十四年的制敕，依然基于律
文规定的里数来确定流人的流配地。然而，就像下一节要讨论的那样，
开元年间流刑的判流趋于多样化，完全按照上引《狱官令》的条文来

---

1. 《旧唐书》卷三《太宗纪》贞观十六年正月辛未诏："在京及诸州死罪囚徒，配西州为户。
   流人未达前所者，徙防西州。"《册府元龟》卷六一二《刑法门·定律令》：贞观十六年，制
   "徙死罪以实西州。其犯流徒则充戍，各以罪名轻重为年限焉"。
2. 《通鉴》卷一九六贞观十六年九月癸酉条："以凉州都督郭孝恪行安西都护、西州刺史。高
   昌旧民与镇民及谪徙者杂居西州，孝恪推诚抚御，咸得其欢心。"

执行流刑已很难想象。《狱官令》的这一条文，应该是在与同一时期改订后的律文至少形式上经过调和以后发布的。当时在议论法与刑时，流刑分为三等，这个观念依然有着重要的影响。

> 　　其年〔建中三年（782）〕四月，御史台奏："天下断狱，一切请待谳报，以正刑名。唯除杀人当罪，自徒以上结竟者，并徙置边州。"京兆尹严郢驳奏曰："臣伏以，徙置边州者，流之异名。流罪者有三等，一例移配，或恐未当。其死罪，除杀人之外，有十恶重罪，造伪刻印，并主典伪用印，及强盗光火等。若一切免罪徙边，于法太轻，不足惩戒。……又边州及近边，犯死及徒流者，复何以处。伏请下删定使详覆，然后施行。"从之。（《唐会要》卷四一《左降及流人》）

在上述议论中，严郢也以为徙置边州就是"流之异名"，但却对御史台"并徙边州"的提案提出反对意见，认为流刑分三等，一律移配边州是不妥当的。从严郢的意见中可以看出，尽管现实中流刑的执行往往等同于徙置边州，但在论议刑法的官员的脑海里，依然有明确的律令理念（规定）。

总之，唐律中的流刑规定，在其实际运用阶段已经偏离了将罪人从天子脚下强制驱逐到一定距离以外的规定场所这一初义，重点趋向了专门将流人送往边州的做法。这似乎回归到了第一章考察的北魏、北齐"流刑"就是"徙边"的立法理念。基于儒家理念将流刑纳入刑罚体系的北周，正史中也找不到执行流刑的具体案例，能够看到的均是将罪人徙置巴蜀等边地的事例[1]。在与恩赦流人相关的文辞中，不管是比较北魏、北齐与北周，还是比较北周《大律》制定前后的情况，

1.《北史》卷五二《齐宗室诸王传·文宣诸子·范阳王绍义》："绍义闻范阳城陷，素服举哀，回军入突厥。周人购之于他钵，又使贺若谊往说之。他钵犹不忍，遂伪与绍义猎于南境，使谊执之。流于蜀。"《隋书》卷五〇《元孝矩传》："及闵帝受禅，〔宇文〕护总百揆，孝矩之宠益隆。及护诛，坐徙蜀。数载，征还京师，拜益州总管司马，转司宪大夫。"

几乎是没有什么异词的[1]。这个现象表明，流刑在实际执行的过程中，一直以来，形式上与"徙边"并无二致。

唐律将流刑定位为仅次于死刑的重刑，依据的是儒家经典（参见本书第一章小结），正因为如此，流刑的理念，在现实执行的过程中不得不做出妥协。其结果，唐律流刑在执行过程中，也不得不与法律的理念相背，在形式上与北魏、北齐的流刑之间并没有什么大的差异。当初，人们之所以讨论汉代"徙迁刑"与唐代流刑的相似性，其中的一个原因应该就在于此。

第二节　律外的流刑——配流刑

在传统的中国法律体系中，皇帝始终居于法律之上，拥有无上的裁断权[2]。因此，皇帝如果觉得基于律法的处罚存在不当，可以通过诏敕或特旨的形式，对案件做出最终的判决。《六典》列举了如下一些皇帝可以独自裁决的案件：

> 凡律法之外有殊旨、别敕，则有死、流、徒、杖、除、免之差。〈谓有殊旨、别敕：宜杀却、宜处尽、宜处死、宜配远流、宜流却、配流若干里，及某处宜配流却遣、宜徒、宜配徒若干年，至到与一顿、与重杖一顿、与一顿痛杖、决杖若干，宜处流、依法配流、依法配流若干里，宜处徒、依法配徒、与徒罪、依法处徒若干年，与杖罪、与除名罪、与免官罪、与免所居官罪，皆刑部奉而行之〉（《六典》卷六《尚书刑

1.《文馆词林》卷六六六《诏·赦宥·后魏孝庄帝诞皇子大赦诏一首［永安三年（530）十月］》："自昧爽以前，谋反大逆已发觉、亦手煞人系囚见徒，流配未至前所者，一以原免。"同书同卷《诏·赦宥·北齐后主幸大明宫大赦诏一首［天统三年（567）十一月］》："流徒边方未至前所者，亦宜听赦。"同书卷六六八《诏·赦宥·后周明帝即位改元大赦诏［武成元年（559）八月］》："其流徒边方，未至所在者，亦皆原免。"同书卷六六九《诏·赦宥·后周武帝诛宇文护大赦诏［建德元年（572）三月］》："其流徒边方，未达前〔所，宜悉放还。据《文馆词林校证》补字］。"
2.《译注日本律令》五，第114—115、179页。

部·刑部郎中员外郎》）

"殊旨别敕"，就是依据皇帝的敕裁来确定处罚的轻重。殊旨别敕的范围，不用说，涵盖了死、流、徒、杖等律法规定的主要刑种，其中，敕裁后"减死一等"的刑罚，采用的是流刑。

流配刑，从刑罚执行的层面上来看，与律法规定的流刑很大程度上具有共通之处（审判程序参见上一章第二节），因特旨而裁定的配流，与一般流刑在执行层面上似乎也没有太大的差别，但是，两者在以下几个方面却存在着很大的不同。

第一个不同点在于，对于那些律法上并未被判处流刑的官人[1]，却可以判处配流刑。官人被判配流的情况下，依据律法的规定被除名，剥夺所有的官爵，不过在配所可以免除居作[2]。在配流后再次仕官的情况下，通常的流刑是在六年以后，即必须等待六年之后的机遇，与之相比，被判流配的官人，这个时间只需三年（参照《天圣·狱官令》不行唐6条，条文参见本书第82页）。

另一个不同点在于，在流配执行之前，有时会并科杖刑[3]。这在唐律的规定中原本是不存在的，但约自武则天时期开始的"决杖配流"，适用的对象要么是犯下相当重罪的人，要么是大大忤逆皇帝触犯龙鳞的官员，这正是律外的刑罚，也正如北宋神宗朝著名宰相王安石曾说过的那样：

〔唐〕太宗虽用加役流代斩趾，然流终亦不可独行，故唐
已有决杖配流之法。盖当时自有别敕施行，不专用律，若专

---

1. 参见本书第二章第一节及《译注日本律令》五，第81页。
2. 《名例律》11条："诸应议、请、减及九品以上之官，若官品得减者之祖父母、父母、妻、子孙，犯流罪以下，听赎。……其加役流、反逆缘坐流、子孙犯过失流、不孝流，及会赦犹流者，各不得减赎，除名、流配如法〈除名者，免居作〉。即本罪不应流配而特配者，虽无官品，亦免居作〉。"如注所言，"本罪不应流配而特配者"，即使没有官品，在配所亦免除居作。
3. 关于在主刑执行前先科以杖刑的研究，可参见川村康：《唐五代杖杀考》（唐五代杖殺考），《东洋文化研究所纪要》117，1992年。

用律，则死罪外即用流法。无以禁奸，决不可行也。〔《长编》
卷二一四熙宁三年（1070）八月戊寅条〕

唐代的配流刑，与基于律法裁定的流刑同样，均不刺面，而宋代的配
流刑有不刺面配流和刺面配流两类（参见本书第六章）。

皇帝所下数量不菲的诏敕中，足以成为将来法规的一些内容被编
成了"格"。格，其"功效胜于基本法典的律，在无法改动律令时，可
以改变现实中的法规"[1]。虽然唐代的格已全部散佚，目前尚未发现形态
完整的内容，但非常幸运的是，中宗神龙二年（706）尚书左仆射唐休
璟、尚书右丞苏瓌等人编纂的《散颁格》全七卷中的《刑部格》残卷被
发现于敦煌莫高窟藏经洞，后人得以窥见其部分内容。武则天垂拱元年
（685）编纂"垂拱格"以后到神龙二年正月二十五日之前的制敕被编集
成册上呈朝廷，然后颁行天下。在《神龙散颁格》的条文中，可见有各
种各样的与"律外流刑"相关的案例（顺序不同，以下同）[2]：

　　一、伪造官文书印，若转将用行〔当作"行用"〕，并盗
用官文书印，及亡印而行用，并伪造前代官文书印，若将行
用，因得成官，假与人官，〔同〕[3]情受假，各先决杖一百，头
首配流岭南远恶处，从配缘边有军府小州，并不在会赦之限。
其同情受用伪文书之人，亦准此。

　　一、詃诱官奴婢及藏隐并替换者，并配流岭南。无官荫
者，于配所役三年。有官荫者，不得当赎。官奴婢犯者，配
远州苦使。

---

1. 前引滋贺秀三：《法典编纂的历史》，第 77 页。
2. P. 三〇七八、S. 四六七三。释文基本依据 Tatsuro YAMAMOTO, On IKEDA and Makoto
   OKANO co-edited, *Tunhuang and Turfan Concerning Social ang Economic History I Legal Texts.*
   Tokyo, The Toyo Bnuko, 1978. 适当参照刘俊文《敦煌吐鲁番唐代法制文书考释》，中华书
   局，1989 年。此外，还在大英图书馆及法国国立图书馆对原文书进行实地调查，确认文字。
   引用时，对几处句读做了部分调整。
3. "情受假"一句，董康认为"情"字上缺"同"字。仁井田陞：《关于唐令的复旧　附：董康
   氏敦煌发现《散颁格》研究》（唐令の復旧について　附一董康氏の敦煌发见散颁格研究），
   《法学协会杂志》（法学協会雑誌）52-2，1934 年，第 311 页。据此补"同"字。

　　一、盗及煞官驰马一匹以上者，先决杖一百，配流岭南，
不得官当赎。其知情博换卖买，及过致人、居停主人知情者，
并准此。……

　　《散颁格》中出现的处罚规定，要比律文规定的重得多[1]。例如，
上面列举的最后一条，盗杀官马，唐律规定为徒二年[2]，但《散颁格》
却规定"先决杖一百，配流岭南"。再者，与唐律规定的流刑相比，也
有两点不同：① 在流刑之外加上了杖刑；② 正如"配流岭南""配流
岭南远恶处"所示，流配地点从一开始就限定在了岭南。尤其是②，
与唐律规定的以距京师的里程将流刑分为三个不同等级且无特定流配
地点相比，变化更大。

　　所谓"岭南远恶处"，指的是偏远的岭南道中瘴疠尤其严重令人生
嫌的州县。在唐代，到底哪些州县被认为是"远恶处"，具体规定并不
清楚。然而从下面的这个故事中或许能够窥知一二。高宗时，有吏员
被任命为以贪暴闻名的滕王元婴、蒋王恽、虢王凤的王府官，但这些
吏员非常厌恶上述诸王，将上述诸王府比作"岭南恶处"，言称："宁
向儋、崖、振、白，不事江、滕、蒋、虢。"[3]可见儋、崖、振、白等州
是被包含在"岭南远恶处"之中的。此外，《条法事类》卷七五《刑
狱门·编配流役》引《名例敕》称："诸称远恶州者，谓南恩、新、
循、梅、高、雷、化、宾、容、琼州，万安、昌化、吉阳军。"这虽然
是宋代的规定，但与上文所举唐代"岭南恶处"重合的部分不少[4]。

---

1. 前引刘俊文：《敦煌吐鲁番唐代法制文书考释》，第 258—266 页。

2. 《贼盗律》32 条。

3. 《旧唐书》卷六四《江王元祥传》："高宗时，又历金、郦、郑三州刺史。性贪鄙，多聚金
　　宝，营求无厌，为人吏所患。时滕王元婴、蒋王恽、虢王凤亦称贪暴，有授得其府官者，以
　　比岭南恶处，为之语曰：'宁向儋、崖、振、白，不事江、滕、蒋、虢。'"

4. 被视为"岭南恶处"诸州，与本书第 69—70 页引开元十八年敕所列"边州"（此后开元二
　　十五年列入《户部式》）不完全重合，反而"边州"中出现的岭南道诸州仅见巂、容二州。
　　"岭南恶处"所列儋、崖、振、白四州之中，前三者在海南岛。前引《散颁格》中，规定主
　　犯配流"岭南远恶处"，从犯配流"缘边有军府小州"，从州的分布上来看，配流"岭南恶
　　处（远恶处）"，比配流"边州"的惩罚更重。

此外,《散颁格》中还有如下条文:

一、官人在任,缘赃贿计罪成殿已上,虽非赃贿,罪至除免,会恩及别敕免,并即录奏,量所犯赃状,贬授岭南恶处及边远官。

一、流外行署州县杂任,于监主犯赃一匹以上,先决杖六十,满五匹以上,先决一百,并配入军。如当州无府,配侧近州。断后一月内,即差纲领送所配府,取领,报讫申所司。赃不满匹者,即解却。虽会恩,并不在免军及解免之限。在东都及京犯者,于尚书省门对众决。在外州县者,长官集众对决。赃多者,仰依本法。

一、光火劫贼,必藉主人,兼倚乡豪,助成影援。其所获贼,各委州县长官,尽理评覆,应合死者奏闻。其居停主人,先决杖一百,仍与贼同罪。邻保、里正、坊正、村正,各决杖六十,并移贯边州。……如有贼发,州县专知官及长官隐蔽不言,及勾官不能纠举者,并解却。若捉贼不获,贬授远恶官。限内捕获过半以上,即免贬责。……

被贬往岭南远恶处或边远州县的官员,或许就是开元年间所称的"左降官",作为对官员的一种惩罚,确定了这样一套处分条例[1]。前文已有所述及,流内官被判流刑后,除"五流"外通常是不实际执行的。上引《散颁格》的规定,就是针对不执行流刑实刑的犯罪官员的,作为惩罚,是将之驱逐到边境地区任地方官。据《唐会要》卷四一《左降官及流人》收集的诏敕可知,左降官在赴任及在职期间的计算等方面,与一般的迁官相比,明显处于不利的状态:

垂拱四年十一月一日敕,犯罪之色,授以文武远官。年考未满,方便解退者,宜令依旧重任,续前考满。

---

1. 详细论述请见本书附篇一。

　　　长寿三年五月三日敕，贬降官并令于朝堂谢，仍容三五
日装束。至任日，不得别摄余州县官，亦不得通计前后劳考。

　　　开元七年三月十六日敕，左降人考未满间，重有犯，应
解免及放归田里者，并申奏，更据状轻重量贬。若是五流及
余犯，自依常法。

　　关于发配折冲府或移贯边州这类处罚，前文已经举出了贞观年间
西州的事例，亦散见于开元年间颁布的诏敕中。先看赦文中的事例：

　　　自先天以来有杂犯经移近处流人并配隶碛西、瓜州者，
朕舍其旧恶，咸与惟新。并宜放还。其反逆缘坐长流及城
〔当作"戍"〕奴，量移近处，编附为百姓。（开元十七年十一月
戊申大赦。据《册府元龟》卷八五《帝王部·赦宥》、《唐大诏令集》卷七七
《典礼·陵寝下·亲谒·谒五陵赦》补正）

　　　其左降官及流移、配隶、安置、罚镇效力之类，并宜量
移近处。……其流人配隶并一房家口者，所犯人情非劫害，
身已亡殁，其家口放还。流人及左降官考满、载满、丁忧服
满者，亦准例稍与量移。（开元十八年正月丁巳大赦。《册府元龟》卷
八五《帝王部·赦宥》）

　　据上引史料可知，被送往边境的罪犯，流人之外，还有移人、配
隶人、安置人、罚镇效力、戍奴等。戍奴，指的是在边州充当戍卒的
贱民，前引《散颁格》中所见"官奴婢犯者，配远州苦使"等，指的
就是这群人。唐律中并没有贱民实际配流的规定[1]，但从上引史料来看，
也许在开元年间，这个原则就被打破了。还有，唐律中伴随强制移送
的处罚，只限于流刑与移乡，但从上引史料中不难看出，后来又增加
了配隶者、安置人、罚镇效力这类新的"流人"。据《散颁格》，隐匿

1.《名例律》28 条："诸工、乐、杂户及太常音声人犯流者，二千里，决杖一百，一等加三十，
　留住，俱役三年〈犯加役流者，役四年〉。"

"光火窃贼"的邻保、里正、坊正、村正，也在"移贯边州"的惩罚范围内[1]，可见"移人"并不只限于"杀人移乡"的"移乡人"。关于"安置"，正如胡三省注《通鉴》所曰"投窜于荒远州郡，谓之安置"[2]那样，是把犯人强制移送边地严加管制的刑罚措置。史书中可见的"安置"实例，自高宗时期滕王李元婴被安置在滁州以下共有20余例，被安置者大多为宗室或功臣（参见表3-1）。安置的制度也见于宋代，沈家本将"有削其官爵而安置者"与"有贬其官而安置者"相提并论[3]，但唐代的安置似乎更接近"削其官爵而安置"。

表3-1　史料所见唐代安置人员一览

姓　名	时期（公历）	安置地	相关处分	处分前职务	安置后的处置	出　典	备考
李元婴	永徽中	滁州	削邑户及亲事帐内之半	滕王、洪州都督	寿州刺史	旧书69，新书79	
李上金	上元二年（675）	丰州	削封邑	杞王、寿州刺史	沔州刺史（不预朝集）	旧书5、86，新书81，通鉴202	
李素节	上元三年（676）	袁州	降封鄱阳郡王，削户三分之二	郇王、申州刺史	禁锢终身，岳州安置	旧书5、86，新书81	
李　明	永隆元年（680）	黔州	降封零陵王	曹王、苏州刺史	自杀（或被杀）	旧书5、76，新书80，通鉴202	

---

1. 《唐大诏令集》卷四《帝王·改元·改元载初赦》（亦可参照《文苑英华》卷四六三《翰林制诏·诏敕·改革·改正朔制》）可视为一例："长流人并别敕流人、移贯人、降授官人，及后〔《文苑英华》作'役'，或为衍字〕缘逆人用当及造罪过特处分者，虽未至前所，并不在赦限。"也将"移贯"措置换言为"流"的，如《册府元龟》卷一五二《帝王部·明罚》："〔开元〕十年闰五月乙酉，上封人蒋宠言事涉邪，杖四十，流于藤州。敕曰：'……人而无礼，法所宜诛，朕志在好生，情求进善，恐来者未悟，悒默而不言，思存大猷，务设宽典。宜决杖一顿，移贯藤州为百姓。……'"
2. 《资治通鉴》卷二三五贞元十二年十一月己未条胡三省注曰。
3. 沈家本：《历代刑法考》刑法分考十·安置，中华书局，1985年。不过，沈家本认为唐代的安置为流刑之别名，与宋代的安置性质不同。

（续表）

姓　名	时期（公历）	安置地	相关处分	处分前职务	安置后的处置	出　典	备考
李　炜	永隆元年（680）	道州	除名	嗣蒋王，沂州刺史		通鉴202	
太平公主	景云二年（711）	蒲州			召还京师	通鉴210	
李钦福	天宝初	锦州	率更令同正员	削官	南郡（荆州）长史同正	旧书76	
李　巨	天宝六载（747）	南宾郡（忠州）	免官	义阳郡（申州）司马	夷陵（峡州）太守	旧书105、112，新书79，通鉴215	
李　珣	天宝七载（748）	夜郎郡（溱州）		嗣薛王、夷陵郡员外别驾长任	移南浦郡	旧书95、105	
李　泌	天宝中	蕲州		待诏翰林、供奉东宫	归隐，居颍阳	旧书130，新书139，通鉴218	
如仙媛	上元元年（761）	归州				新书208	
李　珍	上元二年（762）	溱州	废为庶人	嗣岐王		旧书10，通鉴222	
程元振	广德二年（764）	江陵府		长流溱州			
萧　复	贞元三年（787）	饶州	检校左庶子	守太子左庶子	亡故	旧书12、125	
邓惟恭	贞元十二年（796）	汀州	（免死）	宣武军都虞候		通鉴235	旧书145、新书151作配流
于季友	元和十二年（817）	忠州	削官爵，笞四十	驸马都尉		旧书15	

（续表）

姓　名	时期 （公历）	安置地	相关处分	处分前 职务	安置后的 处置	出　典	备考
裴　氏 （李师 古妻）	元和十四 年（819）	邓州				旧书15、159	其女李 宜娘同
李　佐	长庆三年 （823）	崖州		嗣郢王	颍王府长 史分司东 都	旧书16	
崔　氏 （李同 捷妻）	大和三年 （829）	湖南				旧书143、 新书213	妻崔氏、 子元达 同
韦元素	大和九年 （835）	象州	（锢身递 送）	左神策中 尉	被杀	旧书17下， 新书208， 通鉴245	宦官
王践言	大和九年 （835）	思州	（锢身递 送）	枢密使	赐死	旧书17下， 通鉴245	宦官
杨承和	大和九年 （835）	驩州	（锢身递 送）	枢密使	赐死	旧书17下， 通鉴245	宦官。新 书208作 配流

出典简称：旧书即《旧唐书》，新书即《新唐书》，通鉴即《资治通鉴》。后缀数字为卷帙数。

第三节　恩赦与流人的放还

一　对沈家本观点的探讨

从律条规定来看，流人即使在遇到恩赦等情况下也不许从配所放还，然而，史料中却屡见会恩放还的事例（参见表3-2）。关于这一现象，沈家本做了以下两点考察[1]。

1.《历代刑法考》刑法分考十·流："《唐书·高祖纪》：〔武德元年八月〕诸遭隋枉杀而子孙被流者，皆还之。《太宗纪》：武德九年八月甲子，即皇帝位。大赦，武德流人还之。《刑法志》：贞观五年，增损隋律。流移人在道疾病，妇人免乳，祖父母、父母丧，男女奴婢死，皆给假，授程粮。非反逆缘坐，六岁纵之，特流者三岁纵之，有官者得复仕。《旧唐书·宣宗纪》：大中四年正月，大赦天下。徒流比在天德者，以十年为限，既遇鸿恩，例（转下页）

（a）贞观令中流人放还规定存在的可能性

沈家本关注《新唐书》卷五六《刑法志》中"非反逆缘坐，六岁纵之。特流者三岁纵之。有官者得复仕"的记载，据此认为贞观令中存在流人放还的规定，是永徽令对其做了改变。据榎本淳一的研究，《新唐书·刑法志》的文意取自于贞观令，其称：

> 甚至是《六典》中都见不到的文意，却如此广泛地存在于（《新唐书·刑法志》——引者补）之中，因此，不得不考虑编纂者直接参照唐令来完成了相关的记录。《刑法志》的记载中，虽然也存在着滋贺氏陈述的那样，有部分内容确实取自《六典》，但本文所涉与贞观刑狱相关的内容，笔者认为基本上是直接取意于唐令。这一点，通过下文对令形成年代的考察，更能增强说服力。……有一点也许会出现一些疑问，这就是，上述第 28（指作者前文引用的《刑法志》文句——引者注）条的规定，与贞观十五年（641）四月敕文的内容几乎相同，也许会担心这是贞观令颁布以后的新出规定，但是，如果将贞观十五年敕文视为是对贞观令的申明，这反而更能成为《刑法志》文本取意于贞观令这一观点的补强。[1]

所谓贞观十五年敕文，是指《唐会要》卷四一《左降官及流人》中收录的以下一条：

（接上页）减三载。但使循环添换，边不阙人，次第放归，人无怨苦。其秦、原、威、武诸州诸关，先准格徒流人亦量与立限，止于七年，如要住者，亦听。十一月敕，收复成、维、扶等三州，建立乍定，条令制置，一切合同。其已配到流人，宜准秦、原、威、武等州流例，七年放还。按：《唐律》流人在配，役满即于配处从户口例，不得还归本贯。然观于贞观五年六岁、三岁纵之之例，是其初不如是也，疑为永徽中更定，当再详之。若武德、大中之放还，乃遇恩赦，亦与流犯在道会赦之律不同。武德时此律未定，大中则特恩也。《通考》一百六十八宪宗元和八年，刑部侍郎王播奏：天德军五城及诸边城配流人等，臣切见诸处。……"

1. 榎本淳一：《律令贱民制的构造与特质 附：关于〈新唐书·刑法志〉中的贞观刑狱记事》（律令贱民制の構造と特質 附『新唐書』刑法志中の貞観の刑獄記事について），载池田温编：《中国礼法与日本律令制》（中国礼法と日本律令制），东方书店，1992 年，第 297—298 页。

〔贞观〕十五年四月敕，犯反逆免死配流人，六岁之后仍不听仕。

《天圣·狱官令》不行唐6条称：

诸流移人〈移人，谓本犯除名者〉，至配所，六载以后听仕〈其犯反逆缘坐流，及因反逆免死配流，不在此例〉。即本犯不应流而特配流者，三载以后听仕。有资荫者，各依本犯收叙法。其解见任及非除名移乡者，年限、叙法皆准考解例。

可见，上引贞观十五年敕文，被分注到了令文的相关内容之后。然而，将贞观十五年敕文视为对贞观令部分内容的特别申明，这个观点还是难以接受的。通盘考虑上述两者的关系，妥当的看法是，贞观十五年敕文被分注于贞观令相关文本之后，并为"不行唐令"所继承。因此，前引《新唐书·刑法志》的记载，文意取之令文这一意见是可以成立的。依据永徽令制定[1]的日本《养老狱令》17"六载"条称：

凡流移人〈移人，谓本犯除名者〉，至配所，六载以后听仕〈其犯反逆缘坐流，及因反逆免死配流，不在此例〉。即本犯不应流而特配流者，三载以后听仕。有荫者，各依本犯收叙法。其解见任及非除名移乡者，年限准考解例。

可见，永徽令的这一条与前引不行唐令（开元二十五年令[2]）条文几乎完全相同。因此不得不说，《新唐书·刑法志》所取令文文意的主要意图，不在于流人的放还，而在于犯流官人的再叙。"非反逆缘坐，六岁纵之，特流者三岁纵之"一句，必定是允许流移人再叙的文句。从中亦可看出，贞观令的内容，除注记部分外，与开元令并无大差。

---

1. 井上光贞：《日本律令的成立及其注释书》（日本律令の成立とその注釈書），日本思想大系《律令》所收，第764—768页。
2. 《天圣令》中的不行唐令依据的是开元二十五年令，相关论考请参见本书"序论"第2页注1。

表 3 - 2　会恩流人放还一览

姓名	配流时期（公历）	配所	会恩时期（公历）	会恩后的处置	备考	出典
崔仁师	贞观廿二年（648）	龚州（岭南道）		简州刺史（永徽初）		旧书3、新书61、99、通鉴198
罗道琮	贞观末	岭外	贞观末			旧书189上、新书198
魏元同	麟德元年（664）	岭外	上元初	岐州长史		旧书87、新书117
薛元超	麟德中	巂州（剑南道）	上元初	正谏大夫		旧书73、新书98、英华196
元万顷	乾封二年（667）	岭外		著作郎		旧书190中、新书201、通鉴201
李善	咸亨二年（671）	姚州（剑南道）				旧书189上、新书202
薛仁贵	上元中	象州（岭南道）		瓜州长史（开耀元年）		旧书83、新书111
郎余庆	高宗时	琼州（岭南道）		会赦当迁、徙春州		新书199
李哲	垂拱元年（685）	房州（山南东道）	圣历元年（696）		中宗	旧书6
裴伷先	垂拱元年?（685）	北庭	神龙初	太子詹事丞		新书117、通鉴210
崔元综	延载元年（694）	振州（岭南道）		监察御史		旧书90、新书61、114、通鉴205
严善思	景云元年（710）	静州（剑南道）				旧书101、191、新书118、204、通鉴210
李白	至德二载（757）	滦州（黔中道）		还浔阳、坐事下狱	长流	旧书190下、新书207
高力士	上元中	巫州（黔中道）	宝应元年（762）		长流	旧书10、184、新书207、通鉴221
李元平	贞元中	珍州（黔中道）		流贺州		旧书130、新书151
李仲言	宝历元年（825）	象州（岭南道）		以母丧居东都		旧书17上、167、新书174、179、通鉴245

出典简称：旧书即《旧唐书》，新书即《新唐书》，通鉴即《资治通鉴》，英华即《文苑英华》。后缀数字为卷帙数。

（b）唐后半期唐律弛废的可能性

沈家本从唐后半期流人因恩赦等放还，及存在流人放还规定出发，认为就全唐而言，唐律并非始终得以贯彻。滋贺秀三在《故唐律疏议》名例律的注释中，从唐后半期流刑实际执行时出现的变化，认为在这段时期内，流刑演变成了具有"必须在配所居住六年的有期流放刑"性质的惩罚[1]。

正如本章第一节所述，唐律中的流刑，基于儒家的理念，事实上其流配的规定，从唐初贞观年间就已经开始形式化。考虑到律与格的关系（后者优先于前者），沈家本的意见可能是失当的，而滋贺秀三将流刑演变为有期流放刑的时间设定在唐后半期的观点，就史书中所见的事例而言，也很难说是正确的。这些问题，将在下文予以探讨。

二 恩赦与流人的放还

就笔者管见，流人因恩赦放还的事例，最早见于隋炀帝时期。《隋书》卷三《炀帝纪》大业五年（609）六月戊午：

> 大赦天下。开皇已来流配，悉放还乡。晋阳逆党，不在
> 此例。

大业五年的措置，从上引史料的文意来看，应该是隋王朝建立以来的第一次。包括隋朝在内的北朝时期颁发的恩赦中，流人能够享受到的恩典通常仅限于尚未到达流配地的人员[2]。因此，大业五年的事例应该视为炀帝的特别措置（平定汉王谅叛乱以后的恩赦）。

进入唐代，流人因恩赦放还的事例屡屡出现，目前能见到的最早的事例，是对"责情流人"即据实情特流人员的放还恩赦。《旧唐书》卷二《太宗纪》武德九年（629）八月癸亥条载：

1.《译注日本律令》五，第149页。
2. 北朝恩赦中对流人的措置，《文馆词林》卷六六五《诏·赦宥》录《隋炀帝营东都成大赦诏一首》称："可大赦天下。自大业二年四月廿五日昧爽以前，大辟罪以下、已发觉未发觉及系囚见徒，悉皆原免。其流徙边方，未达前所，亦宜放还。"

　　高祖传位于皇太子。太宗即位于东宫显德殿，遣司空魏
国公裴寂柴告于南郊。大赦天下，武德元年以来责情流配者，
并放还。

《册府元龟》卷八四《帝王部·赦宥》弘道元年（683）十二月丁巳条载：

　　诏曰：……可改永淳二年为弘道元年。大赦，前后责情流
人，并放还。……

　　紧接着，一般流人因恩赦放还也得到了允许。《册府元龟》卷八四
《帝王部·赦宥》永徽六年（655）十月条载：

　　乙卯，诏立武氏为皇后。……丁巳，大赦天下。流人达
前所，放还。缘王、柳、萧等家〈臣钦若等曰：王皇后等并舅
家柳氏及萧淑妃家也〉配流者，不在此限。

《册府元龟》同卷神龙元年（705）十一月壬午又载：

　　亲谒太庙，告谢受尊号之意。礼毕，大赦天下。前后流
人，非反逆缘坐者，并放还。

《唐大诏令集》卷六八《典礼·南郊》录景龙三年（709）十一月二十
三日《景龙三年南郊赦》云：

　　可大赦天下。系囚见徒及十恶，咸赦除之。杂犯流人，
并放还。

《册府元龟》卷八四《帝王部·赦宥》景云二年（711）四月壬寅条载：

　　大赦天下。系囚见徒、流移未达前所及已到流所者，皆赦之。

86

常赦不许放还的流人被称为"长流人"[1]，但 7 世纪中期以降，长流人放还的事例也开始出现了。《册府元龟》卷八四《帝王部·赦宥》上元元年（674）八月壬辰条载：

> 追尊祖宗谥号，改咸亨五年为上元元年。大赦天下。长流人并放还。

《旧唐书》卷七《中宗纪》唐隆元年（710）六月甲申：

> 大赦天下，改元为唐隆。见系囚徒、常赦所不免者，咸赦除之。长流任放归田里，负犯痕瘢咸从洗涤。

当然，也有包含律文规定文辞的赦书[2]。此外，虽然少见，但还有虽是律文规定的赦免对象且未到达配所的流人，却明言不在恩赦范围内的赦书[3]。尽管如此，从大方向上来看可以说，流人因恩赦放还的情况变得越来越普遍，唐律的相关规定也无法一如既往地贯彻下去了。

三　流人放还文书

那么，流人放还的程序又是怎样的呢？新疆维吾尔自治区吐鲁番阿斯塔纳墓群出土的唐代官文书中，有两件与流人放还相关的残件（点线表示朱印）。

---

1. 《旧唐书》卷八二《李义府传》："乃下制曰：'……可除名，长流巂州。'……乾封元年，大赦，长流人不许还，〔李〕义府忧愤发疾，卒，年五十余。"
2. 含有律文规定文辞的赦书，如《文苑英华》卷四六三《翰林制诏·诏敕·改革》录《减大理丞废刑部狱制》（一作《改元光宅诏》）："可大赦天下。改文明元年为光宅元年。自九月五日昧爽以前，大辟罪已下，罪无轻重，已发觉未发觉，已结正未结正，见系囚徒，皆赦除之。流人未达前所者，放还。"
3. 虽是律文规定的赦免对象且未到达配所的流人但却明言不在恩赦范围内的赦书，除前引《改元载初敕》之外，还见有《文馆词林》卷六六九《诏·赦宥》所录《武德年中平辅公祏及新定律令大赦诏一首〈武德七年〉》："可大赦天下。自武德七年四月一日昧爽以前，大辟罪以下，已发露未发露，系囚见徒，悉从原免。其十恶、劫贼、官人枉法受赇主守自盗，及常赦所不免，并流配已上道者，并不在赦例。"

〔A〕（朱印四颗。印文为"西州都督府之印"）

（一）

（前残）

1 　　　　……解并目上尚书省都省　　　　

2 　　　　　放还流人贯 属 具 状 上 事 　　　

3 　　　　　　　　　　　九月四日 　　　　

（后残）　　　　　　　　　　　　　　（64TAM19：48）

（二）

（前残）

1 　　　　　勘 放还流人贯 属具状 上事

2 　　　 上元三 年九月四 日录事 　　　

3 　　　　　　　　　　　　参军判录　

（后残）　　　　　　　　　　　　　　（64TAM19：38）

（《吐鲁番出土文书〔叁〕》，第269—270页。《吐鲁番出土文书》
第六册，第529—530页）

〔B〕（朱印三颗。印文为"高昌县之印"。纸缝背面有朱印一颗及"仁"字
签署）

（前残）

1 　　 白 尉 洛 …… 诏放还 　　　

2 　　一 人 流 人 准 　　　

……………………………………………………………………（纸缝）

（中缺）

3 　　　文明元 年 　　　

4 　　　　　录 事　唐智宗

（后残）　　　　　　　　　　　　　（72TAM230：59（a）

（b）、60（a））

（《吐鲁番出土文书〔肆〕》，第69页。《吐鲁番出土文书》第八
册，第144页）

A(一)
64TAM19：38

A(二)
64TAM19：48

0 1 2 3 4 5厘米

0 1 2 3 4 5厘米

（图片转自《吐鲁番出土文书〔叁〕》）

　　A 应该是西州上呈给尚书都省的书状，其中写明应放还流人的籍贯地（乡里），上有高宗上元三年（676）纪年。B 推定为西州下属的高昌县就放还流人事宜向州府呈送的书状，上有睿宗文明元年（684）纪年。

　　由于这两件文书均为零碎的残件，所以难以窥知其完整的内容，但从《册府元龟》卷八七《帝王部·赦宥》宝应元年（762）建辰月己未〔当作"丁未"〕诏书中依然可以推测流人放还的程序。

　　　又诏曰："左降收叙官及流人等，今月三日已有处分，若准例更待本处文解，必恐动年岁，恩不及时，殊乖先意。……诸色流人等，所司简勘名〔崇祯本作'明'〕历，牒所由州县军镇等放还。……"

B 72TAM230：59(a)、60(a)　　　　　　　　72TAM230：59(b)

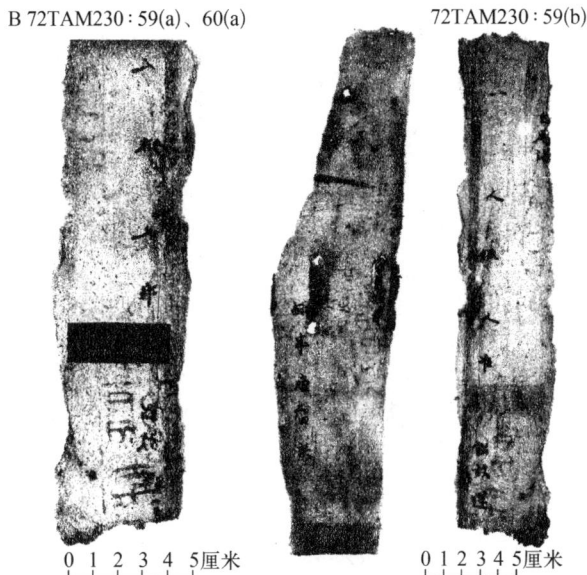

（图片转自《吐鲁番出土文书〔肆〕》）

据上引诏书可知，恩赦下达到各州县后，县将该放人员名单呈州，州呈尚书刑部，确定放还流人。流人放还，作为恩赦执行事务的一个步骤，已呈定式化。

值得注意的是，恩赦发布后，县府应尽的事务是向中央呈报流人名单[1]。虽然律令规定流人在配所须编入户籍、授予田地并承担课役，同一般郡县民户同等对待。但是，从上引诏书的文意中不难看出，流人户依然受到监视，有别于一般民户。

流人的放还，原本是与律令的原则违背的，所以需要通过恩赦的形式来执行。然而，在流人放还逐渐常态化的过程中，如遇恩赦，即可立刻放还，因此，配所的官吏不得不将流人与一般民户区别开来进行监视。流人成了在允许放还前一时留居在配所的人员。

律令的规定是，将罪人强制送到配所那一刻，流刑的执行就算

---

1. 话虽如此，前引宝应元年建辰月诏书的宗旨却在于为避免地方在履行程序时费时过多，由中央直接下达放还流人名单交与州县、军镇执行。

结束了。然而，在具体执行环节，流人遇恩赦可以放还，这与律令的规定之间产生了巨大的差异。一般来说，恩赦覆盖的范围，是正在服刑的人员，对服刑已经结束的人员不起作用[1]。因此，流人遇赦放还这件事本身，意味着罪人到达配所后事实上依然处于流刑执行的状态。换言之，罪人被送到配所后，直到遇赦放还这一期间，实际上都处在流刑执行的阶段。因此不得不说，就流刑何时才算执行完毕这个问题，律令的理念与刑罚运用的现实之间存在着相当的乖离。

第四节　流人放还规定——流刑的有期徒刑化

一　律令规定中流人放还的可能性

到了唐后期，流刑逐渐转变为有期的流放惩罚。这一节中，拟从律令本身内含的因素及当时律令面对的现实这两个方面，对这一问题展开探讨。

在官员被判配流的场合下，律令规定将其"除名"，即剥夺一切官爵（参见第二章第一节）。然而，对于被判配流的官员，律令同时又保留了"再叙"的可能，这一点，在前引《天圣·狱官令》（不行唐 6 条）之外，还有其他一些律文可以证明。《名例律》21 条：

> 诸除名者，官爵悉除，课役从本色。六载之后听叙。

《名例律》24 条及疏（疏为对原注的解释）：

> 诸犯流应配者，三流俱役一年〈本条称加役流者，流三千里，役三年。役满及会赦免者，即于配所处从户口例〉。
> 议曰：役满一年及三年，或未满会赦，即于配所从户口例，课役同百姓。应选者，须满六年。……

---

1. 参见《译注日本律令》五，第 117 页。

以上规定中与官员相关的内容是，即使官员被配流，过了所定年限，可以离开配所，为再叙有可能再次返回京师。换言之，唐律规定的流刑，对于官员而言，从一开始就是有期（原则上为六年）的流放惩罚。

所谓律令自身内含的因素，不用说，就是官员配流后允许再叙的规定。关于这一点，青木和夫曾再三提及：

> 正像《名例律》24、25 两条所见流犯会赦的规定那样，唐及日本律令的流刑中，所谓的配流，是将犯人的籍贯强制移往配所以外并且加一年或三年的组合刑罚，通过配流与服役这两种惩罚来完成流刑的执行。律文原本的规定是，流人在异地刑满后，即使会赦也不许回归故里（滋贺秀三说），但同时又有如下规定，流人与移乡人一样，即使判决时被除名，六年后可以再次出仕，如只是免官，那么三年后就可以再次出仕（《名例律》21 条、《狱令》17 条），因此，唐也好日本也好，监管流人服役的地方官（《狱令》18、56 条），其实从一开始就不清楚他们对流人的监管到底是多长时间。因此，刑满的流人遇上大赦放还故乡的事例也存在。唐后期，配流满六年后即可放还逐渐成为规定，日本早在天武朝就特别强调，会赦之际，"唯既配流，不在赦例"（《天武纪》五年八月壬子条），到了平安初期，"配流人者，上道以后六载以前而负流名者也"（《狱令》33 条《义解》），对流人的解释也最终得以确定。[1]

上引青木和夫的叙述中，尤其值得注意的是《养老狱令》33 条"告密"条的《义解》。所谓"告密"，指的是揭发重大犯罪（谋叛以上）。先将条文的相关内容引用如下：

---

[1] 日本思想大系《律令》第 486 页《名例律》补注（青木和夫执笔）。所引部分将《养老狱令》18 "犯徒应配居役者"条视为配所流人的居作规定，这并不正确。本条应该是适用"留住法"中流犯（"其犯流应住居作者"）的居作规定。

> 其有虽称告密，示语确不肯谱，仍云事须面奏者，受告官
> 司，更分明示语虚得无密反坐之罪。又不肯谱事状者，禁身驰
> 驿奏闻。若直称是谋叛以上，不吐事状者，给驿差使，部领送
> 京〈若勘问不谱事状，因失事机者，与知而不告同〉。其犯死罪
> 囚及配流人告密者，并不在送限。应须检校及奏闻者，准前例。

《义解》加注的"配流人"之语，是在告密者必须移送京师的场合下
"犯死罪囚及配流人"是例外这个语境下使用的。《天圣·狱官令》宋
30 条中，这部分内容表述为：

> 其犯死罪囚，及缘边诸州镇防人，若配流人告密者，并
> 不在送限。

复旧《狱官令》24 条也几乎是相同的文句[1]，因此，这里的举出"配流
人"，是因为他们与"缘边诸州镇防人"一样，是不允许离开配所的。
据律令规定，被送往配所的流人，"役满及会赦免者，即于配所处从户
口例"（《名例律》24 条），服役期满后也必须留在当地，不许自由移动。
因此，《义解》对"配流人"的加注"上道以后六载以前而负流名者
也"，一见之下，似乎与律令的规定是矛盾的。

但是，从《义解》的加注来看，对官员以外的人员而言，流刑是
否也并不一定必须留在配所"永远不许返回乡里"[2]的刑罚呢？

正像滋贺秀三所说的那样，流刑的背景中，有唐代严苛的户籍管
理制度，"按唐制规定，人民必须居住在户籍所在地，禁止无正当理由
或未获官宪许可的迁居、流动"。但是，唐律又允许在商旅或留学、仕
官等特殊情况下的人员移动（《捕亡律》第 12 条），因此，从道理上来说，

---

1. 复旧《狱官令》24 条（《唐令拾遗》，第 778 页）："［开七］诸告密人，皆经当处长官告。
   长官有事，经佐官告。长官佐官俱有密者，经比界告诉。若须有掩捕，应与余州相知者，所
   在准状收捕。事当谋叛已上，驰驿奏闻。且称告谋叛已上，不肯言事意者，给驿部领送京。
   其犯死罪囚，及缘边诸州镇防人等，若犯流人告密，并不在送限。"其中的"犯流人"，应
   据《养老狱令》改为"配流人"。
2. 《译注日本律令》五，第 146 页。

即使是普通民众，只要有正当理由，离开现住地移动到其他地方的可能性还是有的。

流人役满后作为普通人在配流地附籍为民，至少从律令的规定上来说，离开配所前往其他地方并不是没有可能。作为唐后期流人放还规定出现的前提，唐律本身似乎就内含了这些"规避"的要素。

二 流人放还规定

唐代后半期，具体说就是 9 世纪初，过了一定年限流人可以从配所放还的法令确立了。在这之前，除恩赦或仕官等特殊情况，流人是不准离开配所的，而新制定的法令允许流人役满后回归乡里。

这个新法令的萌芽，在开元十八年正月的恩赦中似乎可以看出一些端倪：

> a 其左降官及流移、配隶、安置、罚镇效力之类，并宜量移近处。……其流人配隶并一房家口者，所犯人情非劫害，身已亡殁，其家口放还。b 流人及左降官考满、载满、丁忧服满者，亦准例稍与量移。

所谓"量移"，是指将流人或左迁官从原配所或左迁地适当移到离京师更近处的一种措置[1]。开元十八年正月的恩赦文中，与流人量移相关的有两处（a、b 加下画线处）。a 是伴随这次恩赦的量移，以下文所引《册府元龟》卷八五《帝王部·赦宥》开元三年（715）十二月制敕为嚆矢[2]，这样的事例频见于唐代史料。

---

1. 关于唐代的"量移"，可参照岛善高：《唐代量移考》（唐代量移考），载《东洋法史探究——岛田正郎博士颂寿纪念论集》（東洋法史の探求——島田正郎博士頌壽記念論集），汲古书院，1987 年。此外，陈俊强：《唐代"量移"试探》中列有《唐代左降官量移表》，载《唐代文化学术研讨会论文集》，丽文文化事业，2001 年。
2. 关于左降官量移，吐鲁番出土文书中有早于此时的事例，见新疆维吾尔自治区吐鲁番阿斯塔纳第 341 号墓出土《景龙三年（709）十一月南郊赦文》残片（《吐鲁番出土文书〔肆〕》）。详细考察，请参见拙稿《吐鲁番阿斯塔纳出土〈景龙三年十一月南郊赦文〉残片小考》（吐鲁番アスターナ出土「景龍三年十一月南郊赦文」残片小考），《敦煌写本研究年报》（敦煌写本研究年報）2，2008 年。

十二月，制〔崇祯本无，据明抄本补〕："有司所奏，往幸凤泉，所过之县，流以上囚奏听进止者。……其犯斯刑者，宜决一百，配流远恶处。其犯杖配流者，宜免杖，依前配流。已决及流三千里者，节级稍移近处。二千五百里以下，并宜配徒以殿。"〈臣钦若等曰："殿，谓自远而近也。"〉

b 是以这次恩赦的颁布为节点，允许"载满"即满六年年限的流人的量移规定。这个措置，虽然只是一时的规定，但却成为流人放还规定的先声，非常值得注目。还有，从这条史料中可以知道，在开元三年这个时间节点上，即使六年载满以后，如果不是因恩赦放还，流人依然必须留居在配所。

流人的放还，到了元和八年（813）宪宗时最终成为定制。《唐会要》卷四一《左降官及流人》载：

〔元和〕八年正月，刑部侍郎王播奏："天德军五城及诸边城配流人。臣等窃见，诸处配流人，每逢恩赦，悉得归还，唯前件流人，皆被本道重奏，称要边防，遂令没身，终无归日。臣又见，比年边城犯流者，多是胥徒小吏，或是斗打轻刑，据罪可原，在边无益。伏请自今以后，流人、先流人等，准格例[1]，满日六年后，并许放还。冀抵法者足以惩惩，满岁者绝其愁怨。"从之。

流人遇恩赦放还乡里，在当时已是当然之举，但王播还是奏请在会恩放还之外允许载满六年的流人一律放还，宪宗认可了王播的奏请[2]。

1. "准格例"，《册府元龟》卷六一六《刑法部·请谳》王播条作"准长流格例"。
2. 陈俊强：《唐代的流刑——法律虚与实的一个考察》（《兴大历史学报》18，2007年）指出，唐宪宗将流刑的刑期定为六年，不得不说是唐代流刑的一大变革，流刑从终身远逐，一变成为六年期的刑罚（第18页）。在此基础上，陈氏又指出，北周律的流刑为六年有期刑，《开皇律》的流刑为五年有期刑，基于这一立场，宪宗时期的改制，说不定是模仿了周隋的故智。这一点很难同意。陈俊强主张唐律流刑不设年限是因为吸收了北魏、北齐的制度因素，但却未举出有力的证据。北周律、《开皇律》流刑并无年限设定，相关讨论请参见本书第一章第三节。

接下来的史料是此后不久穆宗长庆元年（821）颁发的诏敕，在这道诏敕中命诸州将流人配流期间被别人占用的田地归还原主，即归还载满返乡的流人。《唐会要》卷四一《左降官及流人》长庆元年正月条：

> 长庆元年正月三日制："应亡官失爵及放还流人，如先有庄田，不经没官，被人侵射作主，如本主及子孙到，并委州府却还，务令安业。"

这道诏敕的前提是，流人总有一天是要回归故土的，这一点非常值得注目。

元和八年诏敕制定的流人放还规定，收进了文宗开成四年（839）制定的《开成详定格》中，这一点从下引的《五代会要》卷九《徒流人》中看得很清楚：

> 后唐清泰三年二月，尚书刑部郎中李元龟奏："准开成格，应断天下徒流人到所流处，本管画时申御史台，候年月满日申奏，方得放还本贯。近年，凡徒流人，所管虽奏，不申御史台，报大理寺，所以不知放还年月。望依格律处分。"从之。

较之更详细的记载，见《宋刑统》卷三《名例律·犯流徒罪》：

> 准唐开成四年十月五日敕节文，从今以后，应是流人六载满日放归。
>
> 准唐开成四年十月五日敕节文，从今以后，应是流人〔有〕□名者，六载以后听叙。（〔〕内文字据明抄本胶卷补）

正如《唐会要》卷四一《左降官及流人》开成四年十月五日敕节文规定的那样：

> 今后流人，宜准名例律及狱官令，有身名者，六年已后

听叙，无官爵者，六年满日放归。

流人被送到配所后满六年允许归还乡里，若曾经是官员，那么六年后允许再叙。从《唐会要》的记载中可知，官员再叙依既有律令即《名例律》24条及《天圣·狱官令》不行唐6条，但一般流人即无官爵流人的放还规定却具有新意。一般流人的放还规定，从内容上看，与元和八年的措置并没有什么不同，但一时的措置最终被列入了格中，这具有很大的意义。流人放还的规定被正式列入唐朝的法典之中，这说明流刑已经完全转变成了有期流放刑。

从完善法典的立场来看，往往与社会现实乖离的律令，通过格的制定，能够在一定程度上应对现实社会的需求。就当时法律体系中格所具有的意义，池田温曾经指出：

> 形式上完备的律、令，作为基本法，在一定程度上赋予了法的固定性。律令的修订必须谨慎，但这也会造成律令与现实之间的乖离，而且这种乖离还会日益扩大。而随时将皇帝颁布的敕命以及其中能为后世长期遵守的准则法典化的格，在应对现实方面起到了重要的作用。[1]

从上述流人的放还规定中，同样可以确认池田温得出的认识。

那么，在流人放还成为制度的过程中，法典必须面对的现实又有哪一些呢？其中之一应该是，对一般民众自由迁徙的限制，到了这个时期似乎已经很难贯彻下去了。唐律的流刑成立的大前提，是律令规定民众原则上不得离开户籍所在地，没有正当的理由和官宪的许可，不得迁居他所，也不得外出游荡[2]。然而，到了8世纪前后，社会的流动日益明显，人员的流动往往会超越国家的规制，即使是在罪人配流的边境地区，人们对流配这种原本仅次于死刑的重刑，态度上也发生

---

1. 池田温：《律令官制的形成》（律令官制の形成），《岩波讲座 世界历史》5，岩波书店，1970年，第284—285页。
2. 《译注日本律令》五，第146页。

了变化。还有，对遣送过来的流人负有严加看管责任的地方官府，此时似乎也越来越不堪重负。《唐会要》卷四一《左降官及流人》：

> 〔元和〕十二年四月，敕："应左降官、流人，不得补职及留连宴赏。如擅离州县，具名闻奏。"……其年十月，敕："自今以后，流人不得因事差使离本处。"

上引史料显示，流人因某些理由随意离开配所的现象逐渐成为问题。在这样的形势下，如非要维持流刑的执行，那么设定一个将流人束缚在配所的时间上限，似乎是非常自然的一种想法。时间上限设定为六年，这与除名官员的再叙年限一致。参照除名官员的再叙规定，设定流人在配所接受监视的年限，加之之前的会恩即刻放还措置，这对当时通过藩镇来勉强维持全国统治的中央政府来说，在流人管理上似乎已经是竭尽全力的方策了。

小结

上述内容，可总结为如下几点：

① 唐律中的流刑，是基于儒家经典的理念，以京师为起点，将罪人按罪状的轻重流放到规定距离处进行监管的一种刑罚。律令中虽然这么规定，但从唐初的贞观年间开始，在具体执行过程中，实际上是将罪人强制送往边境的特定州府监管。其背景是北魏以来流刑执行的实际操作（参照第一章第三节）。

② 律令规定的流刑，在实际运用时与法典的理念之间产生乖离的同时，还出现了"律外流刑"。因诏敕明确配所的流配或决杖流配，最终通过"格"的形式制度化。配流之外，作为对官员的处罚，贬降边远州县的规定也极具特征。

③ 流人因恩赦放还，也显示了与律令流刑理念之间的乖离。类似的事例唐初已经出现，以后逐渐制度化。其出现的背景可以从律令规定自身所内含的因素中去寻找，这就是除名官员载满后的再叙，及一

般民众在某种许可下可以离开户籍所在地的特例规定。即使在配所，负责监管的地方州县也做好了流人因恩赦放还的各种应对。

④ 流刑的有期刑化就是在上述措置的延长线上实现的。流人配流满六年可回归乡里，在 9 世纪初的元和年间最终得到认可，作为法律条文，被列入了稍后的《开成格》中。从中不难看出，禁止人们自由流动的律令原则，在流动性高涨的社会现实面前黯然失色；同时也显示了原本仅次于死刑的重罚流刑，也无法如律令规定的那样维持下去了。

唐代的各种制度，在经历了唐末五代的混乱之后，现实中失去功能的部分不在少数。律令中的刑罚规定也是如此，徒刑、流刑这种需要漫长时间来执行的刑罚，实际上也很难维持下去了，杖刑、死刑这类快捷的惩罚在司法界越来越受到重视。

后编　宋代编配考

第四章

北宋的“配隶”

前言

一直以来，学界都有这么一个认识：唐末五代时期，随着对强盗、窃贼及违反专卖法行为的惩罚力度不断加强，动辄判处死刑的案例也有所增加，然而另一方面，唐律规定的徒刑、流刑等刑罚的执行却大幅度减少。宋朝在缓和这类峻法的同时，对按律该判处死刑的众多犯人中的大多数人，往往通过减死一等的措置来执行，而本章将要涉及的"配隶"，就是在这一变化过程中诞生的一项新刑罚之一[1]。

讨论开始前，首先想对迄今所见探讨宋代法制时经常出现的三个名词"配隶""配流""配军"进行若干说明。

这三个名词往往被视作同义词，但细究之下，发现其本义是不同的。所谓"配隶"，原本是意味"隶属"的词语[2]。如唐《名例律》28条疏在说明太常音声人时称：

> 太常音声人，谓在太常作乐者，元与工乐不殊，俱是配
> 隶之色，不属州县，唯属太常。

疏中所谓的"俱"，系指与该条上文所述工户、乐户、杂户等同属"配隶之色"。也就是说，唐律中，"配隶"一词，是指不属州县而直接隶属国家机构的那些人、户，并可引申为泛指"隶属国家机构"。

而"配流"则是"流"，即指流放刑（其中当然包括律令规定的流刑，也

---

1. 滋贺秀三：《刑罚的历史》（刑罰の歴史），1972 年初刊，后载其《中国法制史论集　法典与刑罚》（中国法制史論集　法典と刑罰），创文社，2003 年，第 322—323 页。关于"配隶"等语义的解释，笔者曾发表《北宋"配隶"刍议》（北宋「配隸」芻議，《滋贺医科大学基础学研究》5，1994 年）等文，滋贺秀三接受了笔者的意见，对此前的观点做出了修改，内容见《中国法制史论集　法典与刑罚》第 338—339 页注（34）之〔补订〕。作者此前相关的论述亦是本章的基本内容。
2. 例如，罗竹凤主编《汉语大词典》第九卷（汉语大词典出版社，1992 年）称："配隶，犹隶属。"

包含由皇帝裁决并付诸实施的"配流刑"。关于配流刑，参照本书第三章第二节）。此外，"配军"一词，如字面所示，其原义是编入军队的意思。因五代中期开始大力推进强化禁军的政策，地方州军（厢军）因此被逐渐弱化。在这一趋势下，宋朝不得不整顿日益庞大的军队组织，其措施是将军队分成以从事军务为主的"禁军"与从事杂役为主的"厢军"。宋代的配军，作为一种刑罚，是指将犯人编入杂役部队。其中尤其是被称作"牢城营"（又称"牢城指挥""牢城军"，本书统称其为"牢城部队"）的部队，如本书第六章将要详述的那样，大约从北宋中期开始，成为执行配军的主要部队，具有非常特殊的地位。由此可见，"配隶""配流""配军"这三个名词本来的语义是不同的。

　　由于长期以来研究者往往将"配隶"一词与"配流""配军"混用，因此，将配隶理解为宋代的劳役刑或流放刑，概念上引起了不少的误解。笔者认为，前人之所以将配流、配军与"配隶"混用，原因之一是对基本史料《宋史·刑法志》（以下简称《刑法志》）叙事的误读。与马端临《文献通考·刑考》（以下简称《刑考》）并重、在概观宋代法制史时不可或缺的《刑法志》，此前已有梅原郁编著的译注本刊行[1]。笔者有幸参与了这项工作，在工作过程中全文精读了《刑法志》。这一章中，笔者拟将《刑法志》的记载[2]与几乎同时代成书的《刑考》进行对读，阐明其叙事的特征，在此基础上对《刑法志》所载北宋时期配隶的各个方面展开叙述。

第一节　《宋史·刑法志》所见配隶的记载
——与《文献通考·刑考》的比较

　　首先，我们必须确认宋代的配隶作为一种刑罚，其中到底包含了多少具体的内容。《宋会要》刑法门所设"配隶"一项的开篇，关于宋代的配隶，有如下一些叙述（为行文上的便利，在各项内容前加上了①—⑥）。

---

1. 梅原郁编：《中国近世刑法志（上）》（中国近世刑法志　上），创文社，2002 年。
2. 指中华书局标点本《宋史》卷二〇一第 5015 页第 12 行至 5021 页第 3 行。

①国朝，凡犯罪，流罪决讫配役如旧条。②杖以上情重者，有刺面、不刺面，配本州牢城。③仍各分地里近远，五百里、千里以上及广南、福建、荆湖之别。④京城有配窑务、忠靖六军等，亦有自南配河北屯田者。⑤如免死者，配沙门岛、琼、崖、儋、万〔当补"安"州〕，又有遇赦不还者。⑥国初有配沙门岛者，妇女亦有配执针者。后皆罢之。(《宋会要》刑法四之一)

①指因宋初施行折杖法，流刑被改判为决杖（脊杖）+配役（一年。加役流则为三年）执行，折杖法成为唯一残存劳役刑的刑罚（本书称其为"配役"）。虽然原则上规定犯人在现居地服劳役[1]，但是，如④所示，在具体执行过程中也未必按原则操作，如必须在京师将作监服役时，也可以分配在作坊（官营武器生产工厂）、窑务等场所劳动，或编入忠靖、六军等劳役部队供官府使役。

②指的是配军刑。最初，犯人应该编入"本州"即现居地州的牢城部队，后来，如③所示，变成了按距离的远近来体现刑罚的轻重。配军犯人原则上必须刺面。

⑤和⑥在时间上前后有出入。⑥的前半部分是与流配刑相关的记述。为了扭转五代时期的峻法滥刑，宋初屡屡出现因皇帝的个人判断减死流配的措置。减死配流，作为一种特别措置，唐代亦已存在（参照第三章第二节）。唐代的减死配流，配流后的措置，与执行流刑的犯人几乎一样[2]。⑥的后半段与妇人配流相关。妇人配流适用"留住法"，在现居地从事劳役（针线活）[3]。北宋建国初期，配流地为登州沙门岛，

---

1. 《律音义》名例·流："旧制，犯徒者依年配役，犯流者流至配所居作，皆不决杖。皇朝建隆四年制，犯徒者加杖免役，犯流者加杖留住，三流俱役一年，加役流者役三年。"

2. 不过，到达配所后至允许再叙之间的年限，"本犯不应流而特配流者"，通常是流人的一半（三年），而"免死配流"者则不允许再叙，等等，在法律规定上，免死配流者与流人在待遇也有不同之处。可参见本书第63页所引《天圣·狱官令》不行唐6条。

3. 这里所言之"劳役"，不指流刑改判折杖法后的"配役"。《天圣·狱官令》宋15条："诸犯徒应配居作者，在京分送东西八作司，在外州者，供当处官役。当处无官作者，留当州修理城隍、仓库及公廨杂使。犯流应住居作者，亦准此。若妇人待配者，为针工。"⑥所言"妇女亦有配执针者"，与"若妇人待配者，为针工"相当。请参见本书附编二第一节及第145页注3。

但随着配流人数的增加，加上配流人的生存率很低等现实原因，真宗至仁宗朝，配流沙门岛渐趋废止。从当时的诏敕中可以发现，首先改变的是将一部分配流人遣送牢城配军，最终将他们送往广南远恶之地的牢城配军。但事实上将犯人送往沙门岛的行为并没有因此绝迹。⑤中述及免死犯人的遣送地点，琼、崖等州之外依然保留着沙门岛，原因即在于此（关于这一问题，第六章中再作论述）。

从上述内容中可以看出，宋代的配隶，并不是指某种类型的刑罚，而是经历了一系列过程后形成的包含多种刑罚在内的称呼。也许是因为在确定服役之际，犯人必须要被隶属到某个国家机构（官府、军队等）的缘故，因此出现了"配隶"这样的统称。如上文所示，《宋会要》中，配役、配流、配军这三种刑罚都被纳入到了"配隶"的范畴之中，其实在《刑法志》中也一样。既有的各种研究均未将这三种刑法区别对待，都在"配隶"这一个名目下展开探讨，之所以如此，就是因为未能超越《宋会要》《刑法志》等传统文献的束缚。

表4－1试将《刑法志》中的相关事项按记载顺序逐年加以罗列，并揭示了文献出处及与《刑考》的对比。

对比《刑法志》与《刑考》的记载，太祖、太宗朝部分几乎是相同的，均为配役和配流的相关内容。但是，到了真宗、仁宗朝，相同的内容逐渐稀少。这一时期，与《刑法志》相比，《刑考》的内容减少了不少，关于这一现象，下文还将涉及。神宗朝以降，相同的内容虽然再次增多，但这一时期《刑考》的内容要比《刑法志》丰富得多。

总体上看，《刑法志》只是按时间顺序将与配隶相关的内容混在一起进行罗列。与之相应的内容，基本上见于《刑考》卷一六八。《刑考》中以"徒流"为标题的部分，总体上是对上古至宋代劳役刑、流放刑的通史性叙述，在所述内容的整合性上，正好与《刑法志》形成很好的对比。还有，这样的标题不见于唐代杜佑所撰《通典》中的《刑法典》，应是马端临的独创。

表4-1 《宋史·刑法志》中的配隶记载

年次（公历）	相 关 记 事	刑考	内容	出 典	备 考
开宝五年（972）	凡应配役者傅军籍……		C		
太平兴国二年（977）	初，徒罪非有官当赎铜者……	168	A	长编8，会刑4-1	
太平兴国五年（980）	太宗以国初诸方割据……	168	B	长编18，会刑4-2	
端拱二年（989）	先是，犯死罪获贷者……	168	B	长编21	
淳化四年（993）	端拱二年诏……	168	B	会刑4-3	会刑系于淳化三年
咸平元年（998）	初，妇人有罪至流……	168	A	会刑4-3	
	始令杂犯至死贷命者……		B・C	会刑4-3	
咸平六年（1003）景德二年（1005）	旧制，僮仆有犯……	166	C	长编54	
		166	C	长编60	
大中祥符六年（1013）	帝欲宽配隶之刑……		C	长编80，会刑4-6	
乾兴元年（1022）	乾兴以前，州郡长吏……		C	长编99，会刑4-10	
天圣元年（1023）	初，京师裁造院募女工……		A	长编101，会刑4-11	
天圣元年（1023）	时又诏曰，闽配徒者……		C	长编101，会刑4-11	
天圣三年（1025）	未几，又诏应配者……		C	长编103	

（续表）

年次（公历）	相关记事	刑考	内容	出典	备考
天圣四年 (1026)	知益州薛田言……		C	长编 104，会刑 4 - 13	
天圣九年 (1031)	后复诏罪状扩恶者勿许。		C	会刑 4 - 17	
明道二年 (1033)	初，令配隶罪人皆奏待报……		C	长编 112	
	凡命官犯重罪当配隶……		C	长编 8，会刑 4 - 1	长编、会刑作乾德五年
天圣元年 (1023)	天圣初，吏同时以赃败者……		C	长编 101	
天圣三年 (1025)	有平羌县尉郑宗谔者……		C	长编 103	
景祐三年 (1036)	罪人贷死者，旧多配沙门岛……	168	B·C	长编 119，会刑 4 - 19	
庆历三年 (1043)	庆历三年，又诏曰，如闻……		A	长编 141	
庆历六年 (1046)	六年，又诏曰，如闻……		C	长编 159，会刑 4 - 22	
皇祐二年 (1050)	皇祐中，既赦，命知制诰……		C	长编 169，会刑 4 - 22	
皇祐三年 (1051)	公亮请著为故事……		C	会刑 4 - 23	
	配隶重者沙门岛皆……		C		
熙宁四年 (1071)	吴充建请，流人冬寒被创……	168	C	长编 227	
熙宁二年 (1069)	熙宁二年，比部郎中……	167	B		

（续表）

年次（公历）	相关记事	刑考	内容	出典	备考
熙宁六年（1073）	六年，审刑院言……	168	C	长编245，会刑4-26	
？	广南转运司言……		C		
熙宁六年（1073）	既而诸配隶，除凶盗外……		C	长编246	
元丰六年（1083）	初，神宗以流人去乡邑……	168	C	长编334	
元丰八年（1085）		168	C	长编359	
元丰八年（1085）	凡犯盗，刺环于耳后……	168	C	长编362	
元祐六年（1091）	元祐六年，刑部言……	168	C	长编468，会刑4-31	
绍圣三年（1096）	绍圣三年，刑部侍郎邢恕等言……		B·C		
元丰中	或患加役流太重……	168	A	石林燕语2	
崇宁三年（1104）	崇宁中，始从蔡京之请……	168	A	会刑4-32	
[淳熙十四年]（1187）	南渡后，诸配隶……	168	C	两朝圣政61	
淳熙十一年（1184）	淳熙十一年，校书郎罗点言……	168	C	两朝圣政61	
淳熙十四年（1187）	至十四年，未有定论……	168	C	两朝圣政63	
嘉泰四年（1204）	嘉泰四年，臣僚言……	168	C	会刑4-64	

凡例：表中"内容"栏的符号：A 为配役，B 为配流，C 为配军。
出典简称：长编即《续资治通鉴长编》，会刑即《宋会要》刑法，两朝圣政即《皇朝中兴两朝圣政》。后缀数字为卷帙数。

第二节　配役、配流、配军
——《宋史·刑法志》所见北宋的"配隶"

归根到底，如何理解《刑法志》与《刑考》（卷一六八）内容上的差异，可以说直接关系到对宋代配隶的理解。也就是说，《刑考》试图在"徒流"即延续至唐代的劳役刑、流放刑的延长线上来解释宋代的配隶。当然，《刑考》也关注到了宋初制定的折杖法改变了法律中的徒刑、流刑，却意图在这一认识之上去寻求此后依然存续的流放刑、劳役刑的历史。关于宋代的记载，《刑考》是从折杖法和刺配开始的，以下叙述即可证明：

> 宋太祖皇帝开宝时定刑制，凡流刑四，徒刑五〈详见《刑制门》〉。
>
> 流配，旧制止于远徙，不刺。而晋天福中始创刺面之法，遂为戡奸重典。宋因其法。（《文献通考》卷一六八《刑考·徒流》）

不过，《刑考》的叙述重心并不在因折杖法替代了流刑的配役之课，而是直接将叙述的重心放到了"远徙"上，但这里的"远徙"，指的却是即使在折杖法施行以后，也可以基于皇帝的个人裁决执行的流配刑。《刑考》之所以如此理解，其背景是原本犯人在自己居住地官府服役的原则，很快在北宋前期已不复存在，在现实的执法过程中，犯人已被编入劳役部队服役。这在下面要谈到的开宝五年（972）御史台的奏文中已经显现了出来。

与之相比，《刑法志》的见解如前所述则显得非常模糊。其开篇所言"凡应配役者傅军籍，用重典者黥其面"一句，虽然可以将其理解成试图顺着时间轴线对配军的历史进行说明，但话题也会因此出现各种各样的跳跃，给人一种散漫的印象。特别是在配军至真宗—仁宗朝作为法定刑渐渐确立的叙事中，与《刑考》的记载相比显得尤其粗疏，虽然把与配军相关的种种资料集在了一起，但这反而造成了混乱，想通过《刑法志》的叙事来厘清配役、配流、配军这三种刑法各自的流变，极其困难。

因此，这一节想对《刑法志》无序的叙事按笔者自己的理解进行分类整理，将配役、配流、配军问题尤其是其在北宋时期的流变进行概观，以便下文论述的展开。

一　配役

宋朝建国后不久的建隆四年（963）推行了折杖法，律令中规定的流刑因此失去了流放刑的性质，改为犯人在接受脊杖后留在现居地服有期劳役。不过，从下引《刑法志》的叙事中可知，脊杖后接受犯人的当地官府一时间并不一定就有相应的官役。

> 初，徒罪非有官当、赎铜者，在京师则隶将作监役，兼役之宫中，或输作左校、右校役。开宝五年，御史台言："若此者，虽有其名，无复役使。遇祠祭、供水火，则有本司供官。望令大理依格断遣。"于是并送作坊役之。

《刑法志》的表达并不是很清晰，接下来想用《长编》等记载对其进行适当的补充说明。宋朝建国之时，在京人员犯罪被大理寺断为"徒"后，对于那些不在官当、赎铜对象范围内的犯人，被送往将作监服役。这里的"徒"，并不是律令规定中的"徒刑"，而是指因折杖法改判的流刑中的劳役部分。之所以这么说，是因为依折杖法的规定，原本律令中的徒刑被改为执行脊杖，因此，这里的"徒"已经不是原本的劳役刑[1]。在折杖法中，规定仅官当、赎铜对象之外的犯人接受实刑这一基本方针的诏书中称：

> 吏部尚书张昭等上言："准诏，徒流笞杖刑名，应合该除免当赎上请外，据法输轻重等第，用常刑〔当作'行'〕杖施行，

1.《文献通考》卷一六六《刑考·刑制》建隆三年条："定折杖法……徒罪决而不役。"

令臣等详定可否闻奏者。……"（《长编》卷四乾德元年三月癸酉条）

在唐制中，大理寺接受州郡所呈流罪以上案件和在京诸司所发徒罪以上案件的审理[1]。宋朝建国后的最初几年，对上述两类案件的审理应该与唐朝一样[2]。流刑判决确定后的犯人，在现住地接受脊杖，然后服一年劳役，在京犯人则送往将作监服役，这样的规定，亦与唐狱官令相同[3]。唐代将作监掌宫中的营缮，但入宋后，日常的土木工程及都城的修缮由三司修造案掌管，将作监的执掌仅限筹备祭祀仪典时的用品[4]。御史台的上奏文正是基于这一现状，指出祭祀用品的筹备已有专职官司供办，要求大理寺裁决后的犯人送往作坊（制造兵器、旗帜等武器装备的工坊，属军器监）服役。宋太祖裁可了御史台的奏请[5]。

其次，《刑法志》记录的与配役相关的事项，取的是淳化四年（993）规定的女性免除配役。唐律中，被判流刑的女性可按留住法据流配距离的远近科以相应的杖打后留在现住地服三年徒役（加役流则为四年）[6]。此外，被判徒罪的女性被送往少府监服刑，从事以裁缝为主的劳役，这在《狱官令》中也有明确规定[7]。折杖法中对女性犯人未做出明

---

1. 奥村郁三《唐代裁判程序法》（唐代裁判手続法），《法制史研究》10，1959年，第65—77页。

2. 《宋刑统》卷三〇《断狱律》"断罪引律令格式疏"引《狱官令》："杖罪以下，县决之。徒以上，县断定送州，覆审讫，徒罪及流应决杖笞，若应赎者，即决配征赎。其大理寺及开封河南府断徒，及官人罪，并后有雪减，并审省，省司覆审无失，速即下知，如有不当者，亦随事驳正。若大理寺及诸州断流以上，若除免官当者，皆连写案状申省，大理及开封河南府即封案送，若驾行幸，即准诸州例案覆，理尽申奏。"上述与《天圣·狱官令》的规定（宋2条）有若干差异，请参照本书第39页。

3. 《宋刑统》卷三《名例律·犯流徒罪》引《狱官令》："诸犯徒应配居作者，在京送将作监，妇人送少府监缝作。在外者，供当村官役。当初无官作者，听留当州修理城隍、仓库及公廨杂使。配〔当作'犯'〕流应住居作者亦准此。妇人亦留当州□□□配舂。"缺字部分，据《六典》卷六《尚书刑部》"刑部郎中员外郎"条作"缝作及"（《唐令拾遗》，第773页）。〔〕内据《六典》补正。

4. 《宋史》卷一六五《职官志》"将作监"条："旧制，判监事一人，以朝官以上充。凡土木工匠之政，京都修缮，隶三司修造案，本监但掌祠祀供省牲牌、镇石、炷香、盥手、焚版币之事。"

5. 《刑法志》所录御史台奏文止于"……断遣"，"送作坊役之"一句反而显得无关紧要，显得难以理解。

6. 唐《名例律》28条："其妇人犯流者，亦留住，流二千里决杖六十，一等加二十，俱役三年。《疏议》曰……若加役流，亦决杖一百，即是役四年。"

7. 见本页注3。

112

确的规定，推测北宋初年女犯应与男犯一样，若被判决流刑，杖打之后，只在指定的场所服役。还有，对女性的配役免除，在建隆三年（962）确定的盗窃法中已有所规定[1]，淳化四年的这项措施，可以说是对此前规定的进一步推进。

此前的这些规定，至真宗朝以降，犯下原本必须服劳役的女犯，受决杖后即予以释放不再科以劳役的事例已不少见[2]，下引《刑法志》所载仁宗朝初年的事项即是其中的一例：

> 初，京师裁造院募女工而军士妻有罪，皆配隶南北作坊。天圣初，特诏释之，听自便。妇人应配，则以妻窑务或军营致远务卒五家者，著为法。[3]

犯下罪行的女性，尤其是社会地位低下的女犯，被配与下级未婚军士为妻。这样的刑罚始于何时不太清楚，因不见于《宋刑统》，推测最早也应在宋初以降[4]。

庆历三年（1043），与未决囚的审理（疏决）同时规定的"诸路配役人"的释放，依然可以视为当时因折杖法流刑改判劳役刑的结果。《刑法志》只记载了庆历三年的事，似乎给人一种这是特别措置的感觉，然而，配役人（徒役人）的释放，几乎是恩赦、德音中必然出现的内容[5]。疏决之际释放配役人不见于此前的记载，庆历三年的措置或许是伴随疏决释放配役人最早的事例，因此在这个意义上《刑法志》

1.《宋刑统》卷一九《贼盗律·窃盗》："准建隆三年二月十一日敕节文：起今后犯窃盗，赃满五贯文足陌，处死。不满五贯文，决脊杖二十，配役三年。……应配役人，并配逐处重役，不刺面，满日疏放。其女口与免配役。……"
2. 如《宋会要》刑法四之八天禧二年（1018）三月十七日："诏，诸班殿直、诸军妻坐奸者，决讫即放，不须隶作坊针工，其见收百五十七人，皆释之。"
3. 引文开头的部分，《刑法志》的语义有点难解，《长编》卷一〇一天圣元年闰九月甲午条及《宋会要》刑法四之十一同年九月二十一日条可作参考。
4. 然而，《天圣·狱官令》中也未见相当内容的条文，也有与编敕或附令敕对应的可能性，但具体情况不详。
5.《宋会要》刑法四之一建隆二年五月一日："诏……应配流人，除刺面及曾任职官人别行指挥外，其余不刺面及配役妇人，并放逐便。其后赦书、德音，约此著条。"

特地对其进行了记载。

《刑法志》中与配役相关的叙事几尽于此。关于北宋末年推行的"圜土"（监狱）制度，因目前的研究尚不充分，这里不加涉及[1]。

二　配流与配军

《刑法志》中关于宋代的配流，最早记载如下：

> 太宗以国初诸方割据，沿五代之制，罪人率配隶西北边，多亡投塞外，诱羌为寇，乃诏：当徒〔当作"徙"〕者，勿复隶秦州、灵武、通远军及缘边诸郡。时江广已平，乃皆流南方。〔〔　〕内字据《长编》卷一八太平兴国二年（977）正月己丑条及《宋会要》刑法四之二同年正月二十八日条补正〕

然而，从实例上看，配流西北边境的做法多见于五代中期，此后，配流沙门岛日益剧增（参照第六章附表6-1）。沙门岛，与通州海岛（海门岛）一起，是免死罪人最常见的配流地，这可以在上引《刑法志》的后续文章中看到。配流通州海岛的犯人从事海盐精制的劳动，从中亦可见配流人在配所通常是要服劳役的[2]。端拱二年（989）颁发的下引诏书，当是对遣送岭南的配流人的特别措施：

> 端拱二年，诏，免岭南流配荷校执役。（《宋史》卷二〇一《刑法志》）

真宗至仁宗朝，正如参与庆历编敕编纂的张方平所言：

---

1. 相关研究可参照德永洋介：《试论宋代监狱制度》（宋代監獄制度試論），载辻正博编：《唐宋变革期刑罚制度的综合研究》（唐宋変革期における刑罰制度の総合的研究），科学研究费研究成果报告，2003年。
2. 《宋史》卷二〇一《刑法志》："先是，犯死罪获贷者，多配隶登州沙门岛及通州海岛，皆有屯兵使者领护。而通州岛中凡两处官煮盐，豪强难制者隶崇明镇，懦弱者隶东州市。太平兴国五年，始令分隶盐亭役之，而沙门如故。"

> 臣尝检会祥符编敕，刺配之罪四十六条，天圣编敕五
> 十四条，今庆历编敕九十九条。（《请减刺配刑名》，《乐全集》
> 卷二四）

这一时期，应该处在配军作为法定刑的过渡期。值得关注的是，关于这一时期的叙述，《刑法志》与《刑考》（卷一六八，徒流）两者之间存在着明显的差异。

《刑考》引真宗朝的事例仅见咸平四年（1001）诏：

> 真宗咸平三〔当作"四"〕年。先是，江浙、荆湖、广南
> 远地，应强盗及持杖不死者，并部其属至京师，多殒于道路。
> 乃诏，自今止决杖黥面，配所在五百里外牢城。（〔〕内字据
> 《长编》卷四九及《宋会要》刑法四之三补正）

关于因奏裁制度引起的各种弊端，将在第六章第二节详论，但其中最大的问题是犯人在护送途中过高的死亡比例。这道诏书的意义就在于消除这类弊端，免除荆湖、广南等远离京师的犯人赴阙，代以编入距现住地五百里以外的牢城部队[1]。

接着，《刑考》又引了仁宗景祐三年（1036）诏：

> 仁宗景祐中，以罪人贷死者旧多配沙门岛，在登州海中，
> 至者多死，乃诏："当配沙门岛者，第配广南远恶地牢城。广
> 南罪人乃配岭北。"然其后亦有配沙门岛者。

据上引诏书内容可知，因仁宗景祐之前待遇恶劣、死亡率高等各种问题的沙门岛配流，至此改为送"广南远恶地牢城"配军。不过，如前文所述，将犯人送往沙门岛的做法，此后又再次出现，《刑考》中也有多处与之相关的内容。或许是鉴于实际执行过程中的相似性，马端临将这些内容置于"徒流"项中一并叙述了。

1.《刑法志》将此事系于卷一九九叙系狱、讯问弊害处，见标点本第4969页。

另一方面，《刑法志》的记载，在篇幅上大大超过了《刑考》，叙述的开始，就是下面这道咸平元年（998）的诏书：

> 始令杂犯至死贷命者，勿流沙门岛，止隶诸州牢城。

这里所言之“杂犯死罪人”，指的是一般恩赦中被排除在外的赦免对象，包括十恶、故杀人、反逆缘坐、监守自奸·盗·略人、受财枉法等法当处死的犯人。一直以来，这些犯人通常经奏裁后减死配流。当时最常见的配流地是山东半岛北部登州近海的小岛沙门岛（参照第六章第一节），由于小岛面积有限，其收容能力也受到了制约。咸平元年诏敕的意图是，将配流人员中罪状相对较轻的犯人编入诸州的牢城部队，使其终身隶属牢城[1]，以期减少沙门岛的配流人数。这条记载，在思考配流与配军的关系上至关重要，在这个意义上，《刑法志》将其载入配流项中，是值得首肯的[2]。

　　但是，在接下来的记载中，虽然是与配军有关的内容，但因与前面的叙事并无直接的承接关系，所以不禁令人觉得有些唐突：

> 旧制，僮仆有犯，得私黥其面。帝谓，僮使受佣，本良民也。诏“盗主财者，杖脊黥面配牢城，勿私黥之，十贯以上配五百里外，二十贯以上奏裁”。

禁止主人对犯下盗窃的僮仆私下黥面，按法律对其进行处罚。其实，这部分的内容混淆了以下两种不同的资料，与事实之间相违背：

> 旧制，士庶家僮仆有犯，或私黥其面。上以今之僮使本佣雇良民，癸酉，诏“有盗主财者，五贯以上杖脊黥面配牢

---

1. 据《宋会要》刑法四之三咸平元年十二月二十日条：“诏，杂犯至死贷命者，不须配沙门岛，并永配诸军牢城。凶恶情重者，审刑院奏裁。”
2. 不过，如中华书局标点本校勘记（第5029页）所言，在“始”字前至少脱落了“咸平元年”等表示具体时间的文字。

城，十贯以上奏裁，而勿得私黥涅之"。(《长编》卷五四咸平六年
四月癸酉条)

　　诏"自今僮仆盗主财，五贯配本州牢城，十贯配五百里
外，二十贯以上奏裁"。改咸平六年之制，虑其淹系也。(《长
编》卷六〇景德二年六月壬寅条)

　　在此之后，《刑法志》沿着大中祥符六年（1013）缓和刑罚的方
向，记载了当时对"配隶之刑"的整顿。总的来说，《刑法志》对真宗
朝的记载，均是与配军相关的内容，但因未留意行文上下的脉络，难
免留下了散漫的印象，与下一节将要叙述的仁宗朝的记载之间无法一
脉相承。那么，配军到底经历了哪些过程最终成为宋朝代表性刑罚之
一的呢？单凭《刑法志》的记载难以究明的原因即在于此。

三　与配军相关的诸问题

　　配军，意为将犯人编入杂役部队，作为一种刑罚，其对象是"减
死一等"的犯人。配军的具体确立过程及其在刑罚体系中的位置，本
书第六章会展开详细论述。总的说来，配军这种刑罚，是为了消除死
刑减免奏裁程序中出现的各种弊端而创立的。《刑法志》的记载中，对
配军作为一种刑罚的形成过程语焉不详，另一方面，"徒流"的主题下
对相关资料进行取舍的《刑考》，几乎没有触及这一重要的问题，部分
叙述中虽也涉及这个话题，但却杂乱无章。

　　首先是关于配军刑确定之际的法律程序问题。据《刑法志》，仁宗
即位不久的乾兴元年（1022），为禁止"擅配"即地方州军长官擅自将
犯人配军的行为，首先规定罪状极重的犯人须经敕裁后才能最终定谳[1]。
次年的天圣元年（1023）又做出规定，判处犯人配军之际，州、军须
将确定犯人配军的刑名及配所的卷宗上呈刑部接受审理。天圣三年又

---

1. 与《刑法志》记载相应的内容，《长编》系于卷九九乾兴元年（1012）七月丙申："先是，
诸州军长吏往往擅刺配罪人，丙申，下诏禁之，若情涉巨蠹者，须奏待报。"《刑法志》中
"配刺人""情非巨蠹"两处，《长编》分别作"配刺罪人"和"情涉巨蠹"，尤其是后者，
应据《长编》改正。参考前引梅原郁《译注中国近世刑法志（上）》，第209页注（1）。

出新规，确定犯人配军之际，州、军长官以下官员必须集会对案件进行再次审查（集问）。如此，为防止地方长官擅自执行配军刑，仁宗朝初期进行了一系列的改革。但是，新制度必然会遇上现实的壁垒，也就是说，实际操作过程中的困难必然会影响到新规的顺利执行。首先是卷宗上呈刑部的事，以事务繁琐之由，改成了向承进司提交简报。至于"集问"，在公布新规的次年便予废除[1]。而配军刑执行前奏请皇帝等待许可这一改革之前的原则，也因犯人系狱时间过长及奏请数量的增加等原因，明道二年（1033）命有关部门基于原案参酌轻重辅助执行，以后这成了定法。仁宗即位后推行的一系列改革，其主要目的在于将执行配军刑的权限从地方收归中央，但从结果上来看，均未取得成功，配军刑的裁定与执行，最终还是落在了地方长官的身上。

《刑法志》所见第二个问题点，是对重罪，主要是对犯下赃罪的官员的处罚。关于这一问题，《刑法志》首先揭示了这样一个原则：

> 凡命官犯重罪当配隶，则于外州编管，或隶牙校。其坐死特贷者，多杖黥配远州牢城，经恩量移，始免军籍。

北宋时期对官员的刑罚与一般民众之间如真有此类区别，那么就应是非常值得关注的事项。然而，《刑法志》接下来的记载，均是因犯受财枉法罪的官员配军牢城的处罚事例[2]，而对官员处以特殊刑罚的起始时间及形式等，一概没有涉及。在官员处罚事例中，唯一具有启发意义的是神宗熙宁二年（1069）的叙事，记载的也是一件对官员犯受财枉法罪的处理，但文中对该官员从犯罪到最终判决的过程叙述非常值得关注。对这位按律当处绞刑的罪吏，按过去的判例，一开始是先减死，然后"杖脊，黥配海岛"。对这一判决，知审刑院苏颂提出异议，与神宗之间有了如下一段议论：

> 颂奏曰："〔李〕希辅、〔张〕仲宣均为枉法，情有轻重。

1.《长编》卷一〇三天圣三年十一月辛巳条原注："罢集问乃四年五月事，今依本志附此。"
2. 参见前引梅原郁：《译注中国近世刑法志（上）》，第211页注（18）（19）。

希辅知台，受赇数百千，额外度僧。仲宣所部金坑，发檄巡检体究，其利甚微，土人惮兴作，以金八两属仲宣不差官比校。止系违令，可比恐喝条。视希辅有间矣。"神宗曰："免杖而黥之，可乎？"颂曰："古者刑不上大夫，仲宣官五品，今贷死而黥之，使与徒隶为伍，虽其人无可矜，所重者，污辱衣冠耳。"遂免杖黥，流海外。遂为定法。（《宋史》卷三四〇《苏颂传》）

苏颂的主张有两点，一是可据的法规并不适用对张仲宣的判决，二是配军的处罚与士人的身份不符。针对苏颂的奏议，神宗答应免除其杖打和黥面，最终判决其"流"贺州[1]。值得注意的是《刑法志》紧接着此事的下面一句话"至是命官无杖、黥法"。一直以来，执行配军前必科以杖打，原则上要黥面。被判流配的情况下，亦可见并科杖打的事例。熙宁初期的这一改革最终成为法规，对犯罪官员通常不再科以杖打和黥面。对张仲宣的惩罚是"流"贺州，据《宋刑统》的规定，作为五品官的他，在配所应该会免除劳役[2]，他接受的处罚，实际上更接近"编管"（关于"编管"，本书第七章详述）。

被处以配军刑的人（配军人）在遇到恩赦时如何处置，这也是需要探讨的重要问题。宋朝建国后不久颁下的恩赦中，未见有对配军人的内容[3]。《刑法志》中仁宗朝时对这个问题有所涉及。

最初是天圣四年（1026）知益州薛田的上奏文。在《刑法志》的叙事中，无法知道薛田的上奏文是与恩赦相关的，但《宋会要》刑法四之十三天圣四年正月二十二日条载：

> 益州薛田言："先准诏，西川犯罪配牢城人，如遇赦，委实

1.《苏颂传》作"流海外"，今从《刑法志》《文献通考》卷一六七作"流贺州"。
2.《宋刑统》卷二《名例律·请减赎》："诸应议请减及九品以上之官，若官品得减者之祖父母、父母、妻、子孙，犯流罪以下听赎，若应以官当者，自从官当法。其加役流、反逆缘坐流、子孙犯过失流、不孝流及会赦犹流者，各不得减赎，除名配流如法〈除名者，免居作。即本罪不应流配而特配者，虽无官品，亦免居作〉。"
3. 如前引《宋会要》刑法四之一建隆二年五月一日诏中，对配流人中的刺面者明言有"别行指挥"，但对配军人没有做任何说明。

> 老病不任征役者，放停许于配所州军居住，不放归乡。今得邛州
> 状，有系宰牛配军之人，即非老疾，未敢放停。奏取旨。"

非常明白，这个上奏文是与遇到恩赦时如何处置配军人有关的。薛田
上言的结果是，"察其情可矜者"被允许放还，但罪状凶恶者的放还未
得许可。[1]针对一般配军人的遇赦放免原则，至迟在仁宗朝初期已经确
立，这从《宋会要》刑法四之十九景祐元年（1034）五月二日条所载
内容可以确知：

> 中书门下言："检会编敕，应配军，该恩放逐便。……"

这里所说的"编敕"，是指天圣四年（1026）下令编纂、同年七月纂毕
上呈的"天圣编敕"。

　　《刑法志》言及恩赦与配军人关系的地方还有一处，即皇祐年间的记
载。首先，皇祐二年（1050），仁宗颁发恩赦后，命知制诰曾公亮等人查阅
并汇报"所配罪状"。"所配"二字，《长编》卷一六九、《宋会要》刑法四
之二十二作"诸州军编配罪人"，"诸州军编配罪人"可以理解为分布在
各地的配军、编管人员。接着到了次年，据曾公亮的上言，今后每遇恩
赦都会审查各地的编管人、配军人，据其情状或量移或释放成为定例[2]。

---

1. 《宋会要》刑法四之十六天圣九年二月二十二日条："诏曰……其年老病患者，看验委实不
　堪医治充役，即给公凭放停，递归本贯州县，知在系帐编管。元奉宣敕永不放停，及情理巨
　蠹、累行恶迹搅扰州县、豪强欺压良善、恐吓钱物，并借词论诉不忓己事、伪造符印或持杖
　〔当作'仗'〕惊劫、伤杀人命，及不受尊长教训父母陈首人等，不得移配，亦不得以老患
　为名放停。"由此可知这个措置是在全国推行的，尤其是针对益州路，天圣十年七月三日也
　推行了同样的措置，《宋会要》刑法四之十八："益州路钤辖司言：'西川决配充军之人，奉
　乞停者，自今望下本路，阅元犯保委闻奏，免纵凶恶还乡，复为骚扰。'从之。"
2. 《宋会要》刑法四之二十三皇祐三年十月十三日："翰林学士曾公亮言：'昨奉敕以明堂赦
　后，看详诸道编管配军人罪犯轻重，逐时具状，贴黄奏讫。伏思，自前南郊赦令，虽与今一
　体，及其奏到，罪人犯状，久不蒙移放，不惟赦令失信，其间甚有州军妄行编配，遂致一二
　十年，羁囚至死，伤害和气，众所共闻。欲乞特降恩旨，今后依此，永为著例。兼详益、梓、
　利、夔四路，地里至远，凡取索干证文字，经年未得齐足，况此四路各有钤辖司。欲乞今后
　益、梓、利、夔四路编管配军人，如经大赦，只就本路转运、钤辖司同共看详，据犯状轻重，
　量移释放。'诏：'依奏。其益、梓、利、夔路编配人内，情理重及干碍条贯者，奏裁。'"

从以上这些记载中可以看出，仁宗朝前半期与后半期，恩赦之际对"编配人"的措置大不相同。也就是说，天圣年间作为问题登上朝议的只是配军人，原则上遇赦即可释放，对于编管人，则未有任何言及。到了皇祐年间，两者以"编配罪人"之名一起成为措置对象，并且在对每个犯人的情状进行审查后决定去留成为定例。

其他方面，如神宗朝以后的配军，《刑法志》在叙述对上述罪吏的处罚问题之外，还涉及了沙门岛犯人的收容问题。前面已经提到，沙门岛配流改为广南远恶地牢城配军的诏敕发布在景祐三年，但就像《刑法志》《刑考》均称"然其后亦有配沙门岛者"那样，景祐年间以后，沙门岛作为最苛酷的配流之地，依然在接受着配流犯人 (参考第六章第二节)。

小结

这一章以《宋史·刑法志》所载与配隶相关的记事为中心，就北宋时期的"配隶"，给出了我自己的整理。本章的叙述，基本上都是对缺少内在逻辑关系的《刑法志》文本展开的剖析，谈不上取得了哪些成果。但是，对既往研究中一直难以区分的配流、配军、配役这三种不同的配隶关系及其变迁过程总体上有了一个概观。接下来关于"配隶"的各个方面，我们在下章中再分别加以探讨。

第五章

宋代的流刑与配役

前言　问题所在

唐律的刑罚体系，即所谓的笞、杖、徒、流、死五刑，其基本框架在 7 世纪前期已经确定，并为后世的明清律所继承。从这个意义上可以说，前近代中国刑法体系的框架，在唐代就已经完成了。但是，这并不意味着后代的刑罚从此就在执行着唐律的规定，倒不如说五刑的实际运用随着时代与社会的推移在不断地变化着。实际上，即使是在唐律行用的时代，唐律规定的刑制与现实中的刑罚运用之间已经出现了明显的乖离。

以唐律为首的唐代的各项制度，是在南北朝至唐初的社会背景下产生的[1]。但是，社会的现状，在唐律完备的时期已经在不断地发生变化，尤其是唐后期至宋代，唐律的刑罚制度与其他唐代政治制度一样，不得不面对剧烈的社会变革。

其中，变化最为显著的是徒刑和流刑。这两种刑罚是构成唐律刑罚体系的主要内容[2]，考虑到这一点，当然可以说是唐律刑罚制度发生了重大变化。就流刑而言，如第三章所论，即使是在唐代，律令的规定与刑罚的运用之间已经出现了相当大的悬隔，原本具有流放性质的流刑，这个时期已经在发生很多变化。

历经唐末五代的混乱再次建立统一王朝的宋朝，在建立后不久的建隆四年（963）七月制定了《宋刑统》。众所周知，《宋刑统》几乎全盘继承了唐律的框架，然而，其刑罚的执行过程却与唐代有着很大的不同。这么说，是因为同一年三月制定的"折杖法"被纳入了《宋刑统》之中。

---

1. 滋贺秀三：《刑罚的历史》（刑罰の歴史），1972 年初刊，后载其《中国法制史论集　法典与刑罚》（中国法制史論集　法典と刑罰），创文社，2003 年，第 321 页。

2. 仁井田陞：《中国刑罚体系的变迁——尤其是"自由刑"的发达》（中国における刑罰体系の変遷——とくに「自由刑」の発達——），1939 年初刊，后经补订载其《补订中国法制史研究 刑法》（補訂中国法制史研究　刑法），东京大学出版会，1980 年。前引滋贺秀三：《刑罚的历史》，第 311 页。

据折杖法的规定，五刑之中，笞刑、杖刑改为杖打臀部的臀杖，徒刑据刑期被换算成杖打背脊的脊杖，而流刑也被替换成了脊杖与一年（加役流为三年）的配役（强制劳动）[1]。因此，徒刑完全失去了原本劳役刑的性质，流刑的性质也发生了很大的变化。

折杖法虽经北宋末年的两次改动，但变更只限于笞刑、杖刑和徒刑，除笞刑由臀杖改为小杖并减少了杖打次数外[2]，法律的大框架在全宋一代并无原则上的变化。仅就这一点可以说，折杖法是全宋一代的"定制"[3]。

当然，宋代也存在着依据皇帝诏敕编纂的"编敕"或"敕令格式"这种有别于《宋刑统》的法典系统。律令与诏敕是基本法与特别法的关系，诏敕中没有的规定，律令则具有补充的效力[4]。然而，诏敕规定的刑罚，大多是遵循律令即《刑统》五刑的内容，这些刑罚在执行过程中就可以适用折杖法。折杖法在宋代就是作为"律、敕双方法定刑的替代规定"而行用的[5]。

在上述理解的基础上，首先应该明白的是宋代实际执行的刑罚为臀杖、脊杖（及小杖）、有期劳役刑配役，以及折杖法规定之外的死刑。不过，一直以来在论及宋代主要刑罚的时候，并非完全如上所述。例如仁井田陞在谈到宋代刑罚时，在略述折杖法之后指出：

> 从而此前五刑中的流徒已基本上名存实亡，给人一种宋初已经逐渐消亡而被杖刑替代的感觉。但不能无视宋代仅次于死刑的重刑，即被称为配隶的自由刑（黥面后配隶称刺配）的实际存在。……在宋代刑罚体系中，配隶与杖（折杖法）

---

1. 川村康：《宋代折杖法初考》（宋代析杖法初考），《早稻田法学》65 - 4，1990 年，第 81—84 页。

2. 参见川村康：《政和八年折杖法考》（政和八年折杖法考），载杉山晴康编：《裁判与法的历时性展开》（裁判と法の歴史の展開），敬文堂，1992 年。

3. 前引滋贺秀三：《刑罚的历史》，第 322 页。

4. 同上，第 321—322 页。

5. 前引川村康：《宋代折杖法初考》，第 100 页。

是最有问题的部分。[1]

宋初徒刑的逐渐消亡、杖打刑的兴起与"配隶（刺配）"的出现，仁井田陞的这一观点，在滋贺秀三笔下得到了更加严密的论证：

> 宋朝建国后，社会逐渐恢复稳定，对动辄就被判死刑的多数犯人，大部分都采取了减死一等的做法，这就在上述五刑之外产生了新的刑种，这些新刑种就是配军（注记略——笔者）、编管、羁管，总称编配。……宋代，臀杖、脊杖与编配是最常见的刑罚。唐代以来被称为居作的强制劳动，作为流刑的替代，表面上也确实残存着。其执行方法，宋代也规定了其独有的条文。其基本框架虽承袭了唐令的规定，但在妇女不再科以居作等方面则不同于唐令。但是另一方面，如果看一下宋代的敕（虽然只留下一部分），种种罪状按律当流者改处编配的场合并不少见，改处编配的流犯免居作的事项也有一条。按这条敕文的规定，流刑就此适用折杖法而被替代的现象几乎没有。[2]

正像下一章将要详述的那样，所谓"配军"，作为一种"刑罚"，是指将犯人编入厢军即杂役部队的做法，所谓"编管"，是一种将犯人列入簿籍加以监督管理的刑法。滋贺秀三一方面将臀杖、脊杖和编配视为宋代"最常见的刑罚"；另一方面又针对仁井田陞未曾言及的"配役"（居作），认为"流刑就此适用折杖法而被替代的现象几乎没有"，给予的评价非常低[3]。滋贺秀三之所以做出如此评价，这与他对当时社会经

---

1. 前引仁井田陞：《中国刑罚体系的变迁——尤其是"自由刑"的发达》，第 114 页。

2. 前引滋贺秀三：《刑罚的历史》，第 322—323 页。

3. 滋贺秀三将论文《刑罚的历史》收进前引《中国法制史论集》时，做了如下补订："我当然也关注到了被判流刑的犯人按折杖法执行杖打和配役。不过，对照律令，当流的罪状有很多在诏敕中都被改为处以编配，如果改为编配，就不需执行配役。也正是因为如此，执行配役的现象是极少数的。"（第 339 页）

济变化的认识密切相关：

> 从唐到宋，居作这种强制劳役形式的废除，乃时势使其
> 然也。其间，社会状况出现了很大的变动，原本自给自足的
> 小农经济，大踏步地朝着货币经济发展。推行均田制、租庸
> 调制的时代，也在土地私有、买卖自由的前提下进入了两税
> 法时代。居作的废弛，无非就是这一时势变化的反映。随着
> 社会变化，各官府经营的公共事业及官府自身日常的运作方
> 式也发生了变化，原本通过徭役等无偿劳动驱使人民为自己
> 施工、生产的方式，也逐渐被通过征收货币雇佣人员来施工
> 或调达物品的方式所取代。官府的杂役中，出现了专职的衙
> 役，无须再从奴婢或普通民众中征用。如此一来，一般官
> 府应该无力再接受居作人并从经济上消化其劳动力。然
> 而，以军队之名驱使杂役的集团，在吸纳犯人或社会闲杂
> 人员方面具有超强的能力。与配军同时出现的编管，作为
> 无需居作的流刑新方式，可视为后世明清时期流刑的
> 先驱。[1]

据滋贺秀三的论述，因折杖法的替代使用，即使继续让流犯从事居
作劳动，但官府的杂役已由专职衙役承担，无法安排居作者的劳
作。滋贺秀三强调，按照律令规定应当判流罪的罪犯，在宋代的诏
敕中却屡屡被判以编配，且存在着流犯判编配后免除居作的规定。
他这么理解，或许是基于他认为居作形式从强制劳动改为军队名义
下的杂役驱使这一认识。滋贺秀三把将犯人编入杂役部队的"配
军"和无须居作的"编管"视为宋代"最普通的刑罚"之一，应
该也是基于其唐宋之间社会经济发生巨大变革的认识之上的
理解。

　　滋贺秀三的见解，作为对宋代刑罚制度的概论，非常明晰，在学

---

1. 前引滋贺秀三：《刑罚的历史》，第324页。

术史上具有划时代的意义[1]，作为一种"通说"，对近年来的研究产生了重大的影响。例如川村康依据滋贺秀三的观点，指出"作为替代流刑的配役，实际上在与编配的关系上，很难想象就一定付诸了实施"，并进一步认为"应该脊杖二十配役三年的情况，基本上都是执行杖打后科以编配"，"现实中科以配役的事例"，在《长编》《宋会要》等史料中"尚未见到"[2]。

但是，对滋贺秀三的观点，笔者有几点是无法认同的。滋贺秀三通过宋敕中"种种罪状按律当流者改处编配的场合并不少见，改处编配的流犯免居作的事项也有一条"，主张"流刑就此适用折杖法而被替代的现象几乎没有"。然而，考虑到宋初配军的意义及其形成的过程，他的观点是很难一下子赞同的。因为，折杖法开始施行的时期，与配军作为仅次于死刑的一种刑种被编入宋朝刑罚体系中去的时期之间，存在着时间上的间隔。关于这个问题，本书下章会展开详论。

---

1. McKnight, Brain E., *Law and Order in Sung China* (Cambridge, MA: Cbmbridge University Press, 1992) 几乎是欧美学术界关于这一领域的唯一专论。其对宋代刑罚体系的理解，依据的是前引仁井田陞《中国刑罚体系的变迁》及宫崎市定《宋元时期的法制与裁判制度——〈元典章〉成书的时代、社会背景》(1954 年初刊，后收入《宫崎市定全集》第 11 卷，岩波书店，1992 年)，没有参考前引滋贺秀三的《刑罚的历史》。中国在这一领域的研究不遑枚举，但多为各自展开的研究，参考仁井田陞、宫崎市定、滋贺秀三成果的著作几乎没有。如王云海主编《宋代司法制度》(河南大学出版社，1992 年) 称：宋朝的法律刑名，继承了传统的笞、杖、徒、流、死五刑制，但在实际的司法活动中，徒刑、流刑，虽有其名但已无其实，逐渐被刺配、编管等新刑罚所取代 (第 373 页)。在这一见解的基础上，虽然谈到了折杖法，但却完全没有涉及作为执行刑的"配役"(第 367—373 页)。郭东旭《宋代法制研究 (第二版)》(河北大学出版社，2001 年) 将宋代的流刑理解为"结合杖、黥、徒，形成了刺配刑"(第 207 页)。唯一例外的是戴建国《宋代法制初探》(黑龙江人民出版社，2000 年)，该书参考了仁井田陞、宫崎市定的研究成果，关于流刑，也参考了笔者成为本章基础的旧稿《宋代的流刑与配役》(《史林》78-5，1995 年)，据此对"配役"和"配隶"做出了明确的区分 (第 142—143 页)。

2. 前引川村康：《宋代折杖法初考》，第 83 页、第 90 页注 (32)。川村康接受了笔者旧稿《宋代的流刑与配役》的观点，并在对笔者旧稿的书评 (《法制史研究》46，1997 年) 中，对自己依据滋贺秀三观点的认识做了修改，还在"配役执行"的立场上，发表《宋代配役考》(《法与政治》51-1，2000 年)，对自己旧稿中的不当之处进行了补证。对川村的新文，中村正人所撰书评 (《书评 川村康〈宋代配役考〉》，《金泽法学》47-1，2004 年)，基于法学家的视角，对文中存在的问题进行了尖锐的批评。中村正人的意见，对笔者本章的叙述也有极大的启发，受益匪浅。

再者，极具唐律特色的笞、杖、徒、流、死五刑，在宋代依然占据着法定刑的核心地位，而折杖法，则在五刑的实际执行过程中起到了替代的功能。换言之，裁判中对犯人确定了五刑的刑名后，在接下来的执行中，再基于折杖法的规定来替代五刑的执行。如此，被判流刑后，依折杖法的规定，将其替代成"脊杖+配役"来执行。这样的理解似乎更加顺理成章。

还有，对滋贺秀三所说宋代的一般官府"应该无力再接受居作人并从经济上消化其劳动力"这个推测亦有疑问。滋贺秀三关于"流刑的折杖法替代"，认为"就此适用而被替代的现象几乎没有"。换言之，即使是站在他的立场上来理解，虽然不多，但居作者还是存在的。一般官府无力接受居作者，那么，居作者到底又是以何种形式服役的呢？

这一章拟从分析滋贺秀三依据的史料开始，对宋代折杖法中流刑的执行尤其是脊杖后劳役刑的执行展开探讨。

第一节　对滋贺秀三观点的探讨

滋贺秀三认为，虽然"唐代以来被称为居作的强制劳动，作为流刑的替代，表面上也确实残存着"，但是，"流刑就此适用折杖法而被替代的现象几乎没有"。他得出这一结论的依据是以下三点：

（1）宋代诏敕中，规定律令流刑可以编配替代的条文并不少见。

（2）存在流犯被处编配后免除居作的规定。

（3）宋代士人言论中提到的居作，是对过去的事似是而非的解释。但是，以上三点难道真的能支撑他的观点吗？

成为编配（配军、编管、羁管）对象的犯人，某种形式上均需接受国家的管理和监督，因此，又可以用"配隶"一词来统括[1]。以"配隶"为标题的《宋会要》刑法门四中，将原本不同的刑罚配军、编管等相关资料混抄在一起，也是因为这个原因。其所抄录的资料基本上

---

1. 配隶，原本是"隶属"的意思，在唐律中指不属州县而隶属于国家各个机构和部门的人或户。此后，语义扩展到对犯人用配役、配流、配军、编管、羁管等形式接受国家监督管理的刑罚。参见第四章第一节。

是按年代先后排列的，在卷首有一段总论性的文字：

> 国朝，凡犯罪，流罪决讫配役如旧条。杖以上情重者，
> 有刺面、不刺面，配本州牢城，仍各分地里近远，五百里、
> 千里以上及广南、福建、荆湖之别。（《宋会要》刑法四之一）

刑法门四里的这段话，是从《永乐大典》卷一五一六八"配"中抄录的，但不清楚是在宋代编定的哪一部会要里出现的。宋代最早编定的会要《新修国朝会要》一百五十卷，进呈于仁宗庆历四年（1044）[1]，因此，这段文字记载，反映的至少应该是宋朝建立后不久的状况。如此，值得注意的是这段文字的开头部分。犯流罪的人，按"旧条"执行，杖刑（或为脊杖）之后服劳役[2]。所谓"旧条"，应该就是编入《刑统》的建隆四年（963）的折杖法。如此，基于折杖法，"脊杖+配役"替代流刑执行的做法，至少到宋代的某个时期为止，应该是刑罚执行上的基本原则。孙奭《律音义》中的记述可以作为旁证。《律音义》可以说是对律文的正式注解，刊行于仁宗天圣七年（1029）[3]，其《名例·流》条中称：

> 皇朝建隆四年制，犯徒者加杖免役，犯流者加杖留住，
> 三流俱役一年，加役流者役三年。

这条史料显示了当时流犯留在现地服劳役的事实。虽然折杖法本文中没有规定，但仁宗朝编定的这部相当于执行规定的律文注释书中却作

---

1. 关于宋朝会要的编纂，参照汤中《宋会要研究》（商务印书馆，1932年）等。
2. 这里的"决"是指执行杖刑，参照《译注日本律令》五，第144页注2。
3. 《玉海》卷六六《诏令·天圣律文音义》："〔天圣〕七年四月，判国子监孙奭言：'准诏校定律文及疏，律疏与刑统不同本，疏依律生文，刑统参用后敕，虽尽引疏义，颇有增损。……又旧本多用俗字，改从正体，作律文音义一卷，文字不同，即加训解。'"关于《律音义》的版本，参照冈野诚《北京图书馆藏宋刻律十二卷音义一卷简介》（中嶋敏先生古稀纪念事业会编：《中嶋敏先生古稀纪念论集（上卷）》，1980年）及《近刊景宋刊本律附音义》（《法律论丛（明治大学）》53－1、2，1980年）。

如此解释，它告诉我们，折杖法的替代规定也适用于流刑。

《宋会要》接下来的叙述是科以配军刑的情况。若按律（《刑统》）或敕（编敕等）量刑，该处杖刑以上的，通过对案情的实际勘案，若按《刑统》量刑过轻的，可将犯人送往杂役部队牢城营[1]。至于被编入什么地方的牢城营，则因时代与罪状的轻重有所不同。大致而言，最初是被编入"本州"，也就是犯人现居地州，后来，又通过距离的远近来体现刑罚的轻重（参照第六章第三节）。原则上配军人必须刺面。

总之，据《宋会要》的记载，配军刑的适用对象是杖罪以上的"情重者"，也就是说，是依据律文的量刑与其犯下的罪状相比过轻者。这种情况以外的犯人，如果是流罪，则科以"脊杖+配役"，这应该是当时的原则。宋敕中将流犯处以编配的具体事例，反而应该是一种特殊措置。

滋贺秀三认为，条文中存在流犯被处编配后免除居作的规定，而流刑据折杖法替代后却不适用。他得出这一意见的依据，是下引的这条史料：

> 诸犯流应配及妇人犯流者，并决脊杖二十，免居作，余依本法。（《条法事类》卷七五《刑狱门·编配流役·名例敕》）

这个条文说的是，在流刑并科配军刑[2]，以及女子犯下流罪的场合下，脊杖二十以后，免除居作，即免除配役[3]。

配军刑本来是"减死一等"之刑，即来自皇帝个人的判断针对特例所施行的刑种之一。将配军作为法定刑列入宋代刑罚体系，是从太宗时代开始的（参照第六章第三节）。此后，针对具体的犯人处以配军

---

1. 旧稿中，关于诏敕刑罚规定中频见的配军刑，笔者将之理解为替代五刑的刑罚，现接受川村康书评的指教（《法制史研究》46，第 277 页）修订。
2. 《条法事类》卷七五《刑罚门·编配流役·名例敕》："诸称配者，刺面，不指定军名者，配牢城。"很明显，这里的"配"是指配军。
3. 这一部分，旧稿原作"按折杖法替代流刑后，仅执行脊杖二十，免除居作，即配役"。今接受川村康前引《宋代配役考》（第 277 页）的指教修订。

130

的，均通过敕的形式来确定，以真宗朝至仁宗朝为界，以律法的五刑为根干，形式逐渐得以完备[1]。量刑时在并科配军刑的情况下，正像《条法事类》所收条文中频见的那样，其处罚力度被逐一明记[2]。如果免除配役改处编配成为通例，那么，就没有每次都需要做出规定的必要了。配军免除居作的做法，毋宁说是依敕并科配军时的一种特别措施。另一方面，女子的配役免除，是基于太宗淳化四年（993）诏书执行的[3]，之前是与男子一样必须服劳役的。总之，即使在前引《名例敕》中能见到劳役免除的规定，但也无法成为配役并未实际执行的证据。

再者，依敕制定的法规中，也存在着单依法定刑五刑来量刑、并未并科配军刑的情况。仁宗景祐元年（1034）制定的法规中有如下一条：

> 四月五日，诏："诸色犯私盐兴贩入禁地，旧条一两杖八十，十斤杖一百，二十斤徒一年，二百斤加役流。比茶禁，一两至二十斤笞四十，十斤加一等，百斤徒一年，四百斤加役流。今以一两杖八十，二十斤杖一百，四十斤徒一年，每四十斤加一等，四百斤加役流。"〈以犯法者众，稍宽其禁〉
> （《宋会要》食货二十三之三十七）

在景祐元年改定的私盐新法以及此前施行的"旧条"中，"杖刑"—"加役流"都是规定下来的法定刑，通过折杖法，以"臀杖"—"脊杖+配役三年"的形式执行（参照表5-1）。如此，"针对某一犯罪类型，法定刑判其为流刑但并不科以编配的敕"，在《条法事类》所载南宋庆元敕中也能见到[4]。此外，显示"配役并未被编配替代而是实际执行"

---

1. 前引川村康：《折杖法初考》，第94页。
2. 如《条法事类》卷二九《榷禁门·铜钱金银出境·卫禁敕》："诸以铜钱出中国界者，徒三年。五百文，流二千里。五百文加一等。徒罪配三千里，从者配二千里。流罪配广南，从者配三千里。三贯配远恶州，从者配广南。五贯绞，从者配远恶州。"
3. 《宋会要》刑法四之三淳化四年七月六日："诏：'凡妇人有罪至流者，免配役。'"
4. 前注川村康：《宋代配役考》，第287—288页。

的条文，在庆元敕中也有所见[1]，绍兴敕中也能见到[2] (参照表5-2)。从这些条文中可以做出如下判断：流刑囚免除配役（居作），是仅限依敕并科配军刑这种特定场合下的措置，如果不属于这种特定场合，那么，就按折杖法的规定执行配役。

接下来是关于宋代士人言论中将居作与以往律令中的徒刑混为一谈的问题。关于这一点，滋贺秀三依据的史料有两条。其一为神宗熙宁三年（1070）中书门下作为"刑名未安"列举的问题中关于"徒流折杖之法"的陈述[3]：

> 中书上刑名未安者五条。……二、徒流折杖之法，禁网加密，良民偶有抵冒，便致杖脊，众所丑弃，为终身之辱。愚顽之民，虽坐此刑，其创不过累旬而平，则已忘其痛楚，又且无愧耻之心，是不足以惩其恶。若令徒流罪情理非所巨蠹者，复古居作之法，如遇赦降，止可第减月日，使良民则免毁伤肌肤，但苦使之，岁满得为全人，则可以回心自新。顽民则囚之徒官，经历年岁，不能侵扰善良。如此则俗有耻格之期，官有给使之利。……诏付编敕所，详议立法。（《长编》卷二一四熙宁三年八月戊寅条）

虽言"徒流折杖之法"，但文中所说的是，随着折杖法的施行，面对因徒刑不再是劳役刑所引起的社会问题，论者建议将徒刑恢复到原有的劳役刑来执行。所说的"古居作之法"，指的就是律令中的徒刑（劳役刑），而不是单纯的折杖法中的居作部分。

滋贺秀三的另一条史料是南宋淳熙十一年（1184）刑部大理寺上

---

1. 前注川村康：《宋代配役考》，第279—287页。
2. 《宋会要》食货二十六之十八绍兴三年十月十一日："有旨，令户部、刑部，限三日勘，当申尚书省刑部检具敕条下项。一、绍兴敕，诸私年盐一两笞四十，二斤加一等，二十斤徒一年，二十斤加一等，三百斤配本城（注省略——笔者）。以通商界盐入禁地者减一等，三百斤流三千里。……"
3. 滋贺秀三据前注仁井田陞《中国刑罚体系的变迁》引《宋史》卷二〇一展开论述，因所引文章有所省略，今据《长编》卷二一四熙宁三年八月戊寅条。

奏文中的一段话：

> 淳熙十一年，校书郎罗点言："……。"既而刑部大理寺
> 奏言："……逮我艺祖，一洗五代之苛，犹以隋制为重，于是
> 悉易以决为流徒杖笞之法，名存实改。自加役流至流二千里，
> 其刑四，并决脊杖配役有差。所谓配役，非今之所谓配，古所
> 谓徒役是也。自徒三年至徒一年，其刑有五，并决脊杖有差，
> 而尽免徒役之年。……"（《文献通考》卷一六八《刑考·徒流》）

滋贺秀三认为，引文中对折杖法配役的解释"非今之所谓配，古所谓
徒役是也"，从中可以看出是宋人言论中混淆了居作与以往律令中徒刑
的关系。但是，这里不过是对折杖法替代流刑时所科配役（不是配军，是
律文所谓的徒役，即居作，有期劳役刑）的一个说明。因此，将这段史料作为
折杖法无法就此适用于流刑的证据是有问题的。

同样的问题，从下引淳熙八年（1181）五月的这段史料中也可以
看得很清楚：

> 是月十九日又札子，"勘会已降指挥，疏决刑狱，刑部见
> 拟断，两浙州军并大理寺、临安府，侍〔当作'待'〕报狱案。
> 其降有斗杀情轻并杂犯死罪之人，尊禀上件指挥，并降一等
> 断放。缘斗杀情理轻，死罪降至流，依法断讫，本处居作一
> 年，满日放。及强盗，死罪降至流，依法尚有刺配之类。兼
> 命官犯赃罪，合照应减降指挥施行。"（《宋会要》瑞异三之十三）

面对长时间的"阴雨未已"，三日前下达了"降"，即减刑措施[1]，这件
札子就是给出的答复。"缘斗杀情理轻，死罪降至流，依法断讫，本处

---

1. 《宋会要》瑞异三之十三淳熙八年五月十六日："都省言：'阴雨未已，窃虑刑狱淹延，大理
寺委卿少，三衙委主帅，在外州军委知通，县委令佐决囚，尚虑未尽。'诏：'如大情已正。
内斗杀情理轻并杂犯死罪至徒罪以上，并降一等断放。杖罪以下及干系人，并日下释放。其
州郡所委官，如到刑狱官司，限当日决遣了毕，仍具断放出名件人数闻奏。应申奏案状，督
责疾速，依条施行。内命官先次召保责出，一面申奏，毋致违戾。'"

居作一年，满日放"，即死刑罪减一等改为流刑（流三千里）的犯人，基于折杖法的替代原则，脊杖二十后，于本州服"居作"一年，刑满后释放。文中的"居作"，很明显是指折杖法中的劳役部分。

　　通过以上叙述，可以清楚地看出，滋贺秀三依据的史料无法成为其"流刑就此适用折杖法而被替代的现象几乎没有"的观点。在折杖法的适用上，流刑不可能成为例外。

表 5-1　景祐元年（1034）盐法（犯私盐兴贩入禁地）
　　　　　 与旧条、茶法的比较

旧　　条		景祐元年法		茶　　法	
赃　　额	法定刑	赃　　额	法定刑	赃　　额	法定刑
一两以上	杖八十	一两以上	杖八十	一两以上 二十斤未满	笞四十
十斤以上	杖一百				
二十斤以上	徒一年	二十斤以上	杖一百	二十斤以上	笞五十
二百斤以上	加役流	四十斤以上	徒一年	三十斤以上	杖六十
				四十斤以上	杖七十
		八十斤以上	徒一年半	五十斤以上	杖八十
				六十斤以上	杖九十
				七十斤以上	杖一百
				一百斤以上	徒一年
		一百二十斤以上	徒二年	四百斤以上	加役流
		一百六十斤以上	徒二年半		
		一百八十斤以上	徒三年		
		二百二十斤以上	流二千里		
		二百六十斤以上	流二千五百里		
		三百斤以上	流三千里		
		四百斤以上	加役流		

134

表 5 - 2　绍兴敕中的盐法

	法　定　期		执　行　期		
私盐量	五　刑	编配	杖　打	配役	编配
一两以上	笞四十		小杖八下		
二斤一两以上	笞五十		小杖十下		
四斤一两以上	杖六十		臀杖十二		
六斤一两以上	杖七十		臀杖十三		
八斤一两以上	杖八十		臀杖十五		
十斤一两以上	杖九十		臀杖十七		
十二斤一两以上	杖一百	—	臀杖二十	—	—
二十斤以上	徒一年		脊杖十二		
四十斤以上	徒一年半		脊杖十三		
六十斤以上	徒二年		脊杖十五		
八十斤以上	徒二年半		脊杖十七		
一百斤以上	徒三年		脊杖二十		
一百二十斤以上	流二千里		脊杖十七	配役一年	—
一百四十斤以上	流二千五百里	—	脊杖十八		
一百六十斤以上	流三千里		脊杖二十		
三百斤以上		配本城	脊杖二十	—	配本城

第二节　与配役相关的令文规定

既然如此，与配役相关的宋代独自的条文被收进《条法事类》之中，可以说是当然的事了。首先，确定服役场所的《断狱令》条文称：

诸犯流罪，愿归住家之所居作者，决讫部送。若应编管

者，役于编管之所〈羁管人准此〉。(《条法事类》卷七五《刑狱门·编配流役·断狱令》)

据引文，居作人即配役人，通常在接受判决的州（裁判地）服劳役，如愿归"住家之所"即犯人所居州（现住地）服役，亦可[1]。前文引用的《律音义》注释中仅称"犯流者加杖留住"，但并没有特别说明留住何处。之所以未加明确说明，是因为裁判地与现住地同在一处是当时的一般状况[2]。

关于配役的实际执行，《断狱令》做了如下的规定：

诸流囚，决讫，髡发，去巾带，给口食，贰拾日外居作[3]，量以兵级或将校防辖。假日不得出所居之院。以病在假者，免陪日。役满或恩则放。

---

1. 关于"流刑受刑者"护送的详情，前注川村康《宋代配役考》（第292—295 页）有所涉及。

2. 这一部分内容，受前注川村康《宋代配役考》（第291—292 页）的指教做了修订。

3. 关于"贰拾日外居作"，前引川村康《宋代配役考》［第308 页注（35）］认为，"外"为"升"之误，"日""贰"倒误，"拾"为衍字，主张"贰拾日外居作"当为"日贰升居作"。但近年公布的《天圣·狱官令》宋17 条（条文见后）中的文字与《断狱令》完全相同。且这句话即使按川村康的改动来理解，语义上也解释不通，因此，川村康的意见难以成立。关于《天圣·狱官令》中的"二十日外居作"，戴建国释为"过二十天后开始服役"（《宋代刑法史研究》，上海人民出版社，2008 年，第297 页），陈俊强亦持同样观点（《从〈天圣·狱官令〉看唐宋的流刑》，《唐研究》第14 卷，北京大学出版社，2008 年，第321 页）。戴、陈二人均未提示解释的依据。《唐会要》卷八二《休假》："太极元年四月，敕：'游客、官人子弟，勒还本贯。十日外，杖一百。居停，同罪。须觑问即陈牒，给假发遣。'"《册府元龟》卷六八九《牧守部·革弊》："王播为京兆尹，奏以'诸县皆有镇军，并随逐水草牧放羊马。贼徒因兹托假，挟带军器，晨夜混杂，善恶不分。伏请从今已后，牧放之徒，不得辄将弓箭〔崇祯本作"躬带"，据宋本改〕、刀剑、器杖等放牧。仍请诏下后十日外，有犯者，百姓所在集众，决重杖二十。……所冀邦畿之内，盗贼屏息，居人行客，晨夕获安。'诏'可。其北军按习，不同私家，任随便近。'"这样的用例并不罕见，"几日外"就是"过了几日"的意思。此外，还有"几年外"的用例。复旧《选举令》17 条（《唐令拾遗》，第294 页。据《唐令拾遗补》第573 页补订）："诸官人，身及同居大功已上亲，自执工商，家专其业，不得仕。其旧经职任，因此解黜，后能修改，必有事业者，三年以后听仕。其三年外仍不修改者，坠毁告身，即依庶人例。"《条法事类》卷一六《文书门·赦降·辞讼令》："诸赦降许诉雪及降落过犯，并自降赦降日一年外投状者，不得受理。"同样是"过了几年"的意思。因此，笔者遵从戴建国之说。

判决为流罪的犯人，依折杖法的规定，首先接受所定次数的脊杖，剃去头发，摘除巾带，发给本人口粮，二十天后服劳役。口粮的支取额，据《给赐格》，每人每天"米二升"[1]。为监视配役人，派兵士或将校适宜管辖。假日[2]也不准离开服役场所外出。生病时所休病假，算入刑期[3]。服役天数满了或遇恩赦，即可释放。此外，《天圣·狱官令》宋令中，也有类似的条文：

> 诸流配罪人居作者，不得着巾带。每旬给假一日，腊、寒食各给假三日，不得出所居之院。患假者，不令陪日。役满则放。（宋16条）
> 诸配流囚，决讫，二十日外居作，量以配所兵校防辖。
（宋17条）

关于天圣令所收《宋令》的形成年代，本书附篇二的论文会详述。以上二条，与对应的唐代令文稍微有些差异，推测这种差异是唐末五代至宋初制度变革的反映。庆元断狱令可以视为是将以上二条做了若干变动后糅合成了一条。

规定配役人与编配人区别的条文也存在。例如，对试图逃亡但又被捕获的情况下，对配役人合配军人的处罚力度大不相同。逃亡并被抓获的配役人，最高惩处是杖一百（臀杖二十）[4]。而配军逃亡被抓，据所配地点，有非常详细的惩罚规定，均比配役人要重得多[5]。此外，

---

1. 《条法事类》卷七五《刑狱门·编配流役·给赐格》："流囚居作者，决讫，日给每人米二升。"
2. 据《条法事类》卷一一《职制门·给假》引《假宁格》，流囚的休假为每旬一日，元日、寒食、冬至三日。
3. 关于"以病在假者免陪日"这一句的解读，笔者在旧稿中解释为"免但需陪日"，但据下文所引《天圣·狱官令》宋16条，改为"免陪日"。
4. 《条法事类》卷七五《刑狱门·部送罪人·旁照法·捕亡敕》："诸犯流已决未役已役未满而亡，捕获者，各杖一百。首身者减三等〈虽会恩，仍补满役日〉。主守不觉亡者，一名杖六十，每名加一等，罪止杖一百。"
5. 《条法事类》卷七五《刑狱门·部送罪人·旁照法·捕亡敕》："诸配军逃亡捕获者，元配沙门岛及元犯持杖强盗、谋杀人，各罪至死，贷命者会降，及因亲属或得相隐者，首告减等，依上禁军法〈逃亡后虽有罪犯，而情理不至凶恶罪至死者，奏裁〉。不持杖强盗罪（转下页）

在对案件审理中行使诈伪并使他人受罚的惩罚上，对编配和配役（居作）的惩罚规定同样存在着很大的差异[1]。

第三节　流刑的折杖法与适用事例

一　判决原案所见事例

依折杖法流刑为"脊杖+配役"替代的案例也能见到好几例。首先举出的虽然是南宋的案例，但这是大理寺下达的判决原案，是一件典型的依折杖法替代的事例。

> 〔绍兴二年（1132）十月〕庚寅，斩富顺监男子李勃于都市。勃伪称徐王，下大理。至是狱成，诏殿中侍御史黄龟年、徽猷阁待制枢密都承旨赵子画、皇兄右监门卫大将军忠州防御使安时审问。法寺言："勃受俸券馈遗金银，共计赃绢四千余匹，当杖脊流二千里居役一年。"诏勃依军法。（《系年要录》卷五九）

自称"徐王"的蜀地人李勃，诈伪事实暴露后即刻被逮捕，首先在大理寺接受审判。大理寺以其冒充皇族骗取赃额达绢四千余匹，判其"脊杖、流二千里、居役一年"。从赃额与量刑的关系上推测，适用的条文应该如下：

（接上页）至死，贷命若会降，及因亲属或得相隐者，首告减等，并其余元配二千里以上，或广南及远恶州者，依下禁军法。元配千里以下及指定州或路分配者，依厢军法。以上，拣入别军而本军法重者，依本军法。即逃后曾归本州县捕获者，元配本州即配邻州，邻州配五百里，五百里配千里，千里配二千里，二千里、二千五百里并配三千里，三千里及广南配远恶州。其指定州或路分配军无元配地里者，重役处〈不在按问自首免配之例〉。以上，应行而未至所配，或已量移而逃亡者，各准元配递加〈未至配所者，仍不赦降原减〉。……"

1.《条法事类》卷七三《刑狱门·出入罪·诈伪敕》："诸诈令人代受杖及代之者，各杖一百。……令人代编配、移乡、居作〈已居作而权令代役者非〉及代之者，各依比徒流法。……以上，未决，各减二等〈代配未刺面，编管、移乡不刺面人未至所隶处，居作未入役，与未决同〉。"

> 诸监临之官受所临财物者，一尺答四十，一匹加一等，
> 八匹加一等，五十匹流二千里。……乞取者加一等。强乞取
> 者，准枉法论。(《宋刑统》卷一一《职制律·受所监临赃》[1])

值得注意的是，大理寺下达的判决书中将"流二千里"敷演成了"脊杖+居役一年"。虽然最终李勃因皇帝基于自己的判断下诏按"军法"处以斩刑，但大理寺的判决，无疑就是依折杖法死刑被替代为流刑的最佳事例。

接下来再举一个南宋的案例。绍兴十一年（1141）十二月，因岳飞事件遭受连坐的僧人泽一，被刑部、大理寺断为"流三千里私罪"，"合决脊杖二十，本处居作一年，役满日放，仍合下本处，照僧犯私罪流还俗条施行。情重奏裁"[2]。这件判决原案，最终由高宗自我判断下旨改为决杖二十、刺面、配二千里外州郡牢城小分收管，正对应了原案中的"情重奏裁"之义。以上两个案例告诉我们，如果是不需"奏裁"的一般流罪，那么通常对流犯就会按"脊杖+配役"来执行。

二　配役的执行事例

接下来是反映实际司法过程中流刑改为"脊杖+配役"的事例。太平兴国七年（982）八月，四川的货币政策（铸铁钱替代铜钱）遭到揭发，剑南东川转运使宋覃及副使聂咏、转运判官范祥等被下御史台狱，宋覃、聂咏被判"脊杖+配役将作监"[3]。宋覃等人在任地将月俸铜钱与民

---

1. 此外，《宋刑统》还附加了这样一条敕文："准周显德五年七月七日敕条，起今后受所监临赃及乞取赃过一百匹者，奏取敕裁。"

2. 《建炎以来朝野杂记》乙集卷一二《杂事·岳少保诬证断案》："其僧泽一，合流三千里私罪断，合决脊杖二十，本处居作一年，役满日放，仍合下本处，照僧犯私罪流还俗条施行。情重奏裁。"《建炎以来系年要录》卷一四三绍兴十一年十二月癸巳条夹注几乎同文。

3. 《长编》卷二三太平兴国七年八月己卯条："先是，诸州官榷酒酤，官物不足以充用，多赋于民，益为烦扰，〔知益州辛〕仲甫并请罢之，仍许民自酿。〔使臣吴〕承勖复命。己卯，诏：'剑南东西、峡路诸州，民输租及榷利，勿复征铜钱。罢官酤酒，仍造曲与民，前所增曲钱三十万并除之。禁诸州不得擅增物价。'召〔转运副使〕聂咏、〔转运判官〕范祥及东川转运使宋覃、同转运卜伦皆下御史狱。咏、覃杖脊，配役将作监，祥、伦免为庶人。覃、伦亦以月俸铜钱市与民，厚取其直故也。"关于太宗朝时四川地区的通货政策，参照宫崎市定《五代宋初的通货问题》（五代宋初の通货问题），1943年初刊，后载《宫崎市定全集》第9卷，岩波书店，1992年，第129—141页。

人交换铁钱之际，因远超法定比率获利甚丰被问罪。按《宋刑统》卷一一《职制律》，他们的获利应该相当于乞取或强取"监临官受所监临财物"（参见上文所引条文）。乞取的最高量刑是流二千五百里，强取的最高量刑为流三千里。聂咏等人所犯相当于受所监临赃（或强行乞取），赃额应该不小，御史台的判决应该是流刑，按折杖法改为"脊杖+配役将作监"执行[1]。

至道二年（996）许州舞阳县尉刘蒙因决杀县役夫事被处以"杖脊+配役少府监三年"，亦可视为按折杖法"脊杖+配役"执行流刑的事例。

> 许州舞阳县尉刘蒙，杖脊，配役少府监三年。坐决杀本县役夫故也。（《太宗实录》卷七八至道二年八月辛丑）

因宋代县尉专司捕盗。《宋刑统》卷三〇《断狱律·监临官捶迫人致死》：

> 诸监临之官，因公事自以杖捶人致死，及恐迫人致死者，各从过失杀人法。……虽是监临主司，于法不合行罚，及前人不合捶拷者，以斗杀伤论，至死者加役流。

刘蒙所犯之罪，与其中的"前人不合捶拷者，以斗杀伤论，至死者加役流"相当。据折杖法，加役流执行"脊杖二十+配役三年"。按原来的规定，刘蒙会在将作监服役三年，但就像本章第五节将要详述的那样，宋初的将作监，作为官营作坊的功能已经丧失，与将作监相对，当时的少府监成了拥有许多作坊的文思院的管辖部门[2]。"配役少府监"

---

1. 其实这个案件的背后似乎有"权臣"的操弄（见上注引《长编》注），御史台的判决很难说是公正的，这一点时人已有所评论。《长编》卷四七咸平三年（1000）五月己亥条："诏：'御史台流、死罪，令给谏以上录问，开封府死罪，选朝官录问。'初，宋覃、聂咏等坐私以铜钱易铁钱，下御史狱，并决杖配役。已而太宗知其冤，诏问覃，覃泣称：'台司不容辩说，必令如所讯招罪。'太宗悯之，乃诏：'自今御史台每奏狱具，差官诣台录问。'其后废不举，至是复行焉。"

2. 《宋会要》职官二十九之一："文思院。太平兴国三年（978）置。掌金银犀玉工巧之物、金彩绘素装钿之饰，以供舆辇册宝法物，及凡器服之用〈隶少府监〉。……领作三十二：打作、稜作……雕木作、打鱼作。"

的刘蒙，推测应该在少府监管辖的作坊内服役。下文将要揭示的史料（第141页所引《宋会要》）中所见少府监上书中的"本监配役人前太常丞郭冕等九人"云云，可以旁证以上推测的可能性。

第四节　显示配役人实际存在的事例

一　恩赦所见徒役人与配役人

在各类恩赦（赦、降、德音）中，时不时地也能看到"徒役人""配役人"的身影：

德音。减荆南潭、朗州死罪囚，流以下释之，配役人放还。[《长编》卷四太祖乾德元年（963）四月甲申]

赦天下。死罪降徒〔当作"从"〕流，流以下释之，配役人免居作。[《长编》卷六乾德三年（965）五月戊子]

德音。降死罪囚，流以下释之，男子、妇人配役者，听自便。[《长编》卷一七开宝九年（976）正月壬申]

制曰："……配流徒役人等，并具元罪犯以闻，别听进止。"[《太宗实录》卷二六太平兴国八年（982）八月壬辰]

可大赦天下。……配流徒役人及先配充奴婢等，并免为庶人。[《太宗实录》卷七六至道二年（996）正月辛亥]

两京、诸路系囚，除十恶罪至死、官典犯枉法赃、劫杀、谋杀、故杀、已杀人不降外，死罪降从流，流罪降从徒，徒罪从杖，〔当补"杖"〕以下并释之。徒役人并放从便。内黥面人具所犯奏裁。[《宋大诏令集》卷一五一《政事·儆灾·以旱减降两京诸路系囚》，真宗咸平二年（999）闰三月丁丑[1]]

南郊，制："应犯流罪配役人，并放逐便。应刺面、不刺面配军、编管人等，除谋叛以上缘坐入〔当作'人'〕、强盗、已杀人外，并特与减三年，理为检放年限。"[《宋会要》刑法四之

1.《全宋文》卷二一四校勘记认为"丁丑"为"丁亥"之误。（第五册，第703页，巴蜀书社，1989年）

四十，宣和七年（1125）十一月十九日〕

　　赦，应犯流罪配役人，并放逐便。〔《宋会要》刑法四之四十
一，建炎二年（1128）十一月二十二日〕

其中，就宋初的数例而言，赦文中的"配役人""徒役人"，应该也包
含着折杖法配役人以外的人员。因为当时法律规定中强盗、窃盗以及
违反专卖法等犯罪行为的处置也是"脊杖+配役"[1]。但是，对于这类犯
罪行为的处罚，北宋前半期已做了修订[2]，此后，"配役人"可视为专
指按折杖法规定执行流刑的居作人员。

　　配役人遇赦放还的事例很多，这无疑是对唐代在律令规定之外依
赦放还流人的继承[3]。《条法事类》所引《狱官令》就明确规定会赦配
役人即可放还[4]。

二　因恩赦放免配役人的事例

会赦免除居作的可见到如下事例：

　　少府监言："本监配役人前太常丞郭冕等九人，以会赦上
请。"特诏免其居作，而终身不齿。以冕等皆赃吏也。〔《宋会
要》职官七十六之三。端拱元年（988）三月二十九日〕

在这种情况下，之所以要走"上请"的程序，是因为郭冕等人犯的是
受贿罪，需特加严惩，而一般的情况下放免的手续应该要简单许多。
　　从上列事例来看，宋代流刑依据折杖法执行"脊杖+配役"是很明
确的。接下来的问题是，配役又是通过哪些具体形式来实施的？下一

---

1. 《宋刑统》卷一九《贼盗律》《强盗窃盗》等。参照前注川村康《折杖法初考》，第84—85、
93页。

2. 可参照前注川村康《折杖法初考》（第92—95页）及本书第六章第三节等。

3. 参照本书第三章第三节。

4. 参照本书第134—135页所引《断狱令》。此外，《宋会要》刑法四之四十五绍兴元年
（1131）九月十五日有："明堂赦，'勘会，流配役人，依条会恩则放。访闻，州军不遵条
令，遇赦则尚行拘留，情实可矜。仰限赦到日，须管日下放令逐便，仍仰提刑司觉察，如违
奏劾。'"

节，我们将对宋代配役的实态及其变化过程做一个概观。

第五节　配役的实态与转变

滋贺秀三认为："从唐到宋，居作这种强制劳役形式的废除，乃时势使其然也。"至于这种劳役形态废弛的原因，他从自给自足的小农经济逐渐朝着货币经济发展的过程中去寻求[1]。确实，唐宋之间无论是政治制度还是社会、经济的各个领域都发生了重大的变化，劳役的形态当然也应该随着时代的变革而有所变化。但是，正像本章第三节所探讨的那样，宋代基本法典《刑统》所定折杖法中，在流刑的司法程序中，配役是实实在在被执行的。那么，它们与唐制之间的差异又表现在哪些方面呢？

据唐《狱官令》的规定，徒罪服役的犯人，在京男犯配属将作监，女犯配属少府监；犯人在地方州县，则送往该犯现居地著钳服役[2]。宋初制定折杖法后，流刑失去了流放驱逐的性质，改为脊杖加有期配役执行。配役人在接受裁判的州（多数情况下接受裁判的州与犯人所居住的州为同一地点）服役，从这一点上来看，配役与唐代的徒刑已基本相同。按《宋刑统》所引《狱官令》规定，在京男犯被配属到了将作监服役[3]。

然而，宋初的将作监，其执掌与唐制之间已经有了很大的变化。唐代的将作监，所辖有左校署、右校署、中校署、甄官署等部门，各部门由长官监统辖，与少府监同为"土木工匠之政"，是官府手工业系统中的核心部分。然而到了宋代，土木工程、器物制造等事务不再由将作监管理而归入三司修造案管辖。因此，将作监的判监事"但掌祠祀供省牲牌、镇石、炷香、盥手、焚版币之事"，完全成了闲职[4]，原

---

1. 前注滋贺秀三：《刑罚的历史》，第 324 页。
2. 复旧《狱官令》18 条（《唐令拾遗》，第 774 页）："［开七］［开二十五］诸流徒罪居作者，皆著钳，若无钳者著盘枷，病及有保者听脱，不得著巾带。每旬给暇一日，腊、寒食各二日，不得出所役之院。患假者陪日。役满递送本属。"
3.《宋刑统》卷三《名例律·犯流徒罪》的内容参见前注。
4.《宋史》卷一六五《职官志·将作监》："旧制，判监事一人，以朝官以上充。凡土木工匠之政、京都缮修隶三司修造案，本监但掌祠祀供省牲牌、镇石、炷香、盥手、焚版币之事。"

本长官将作监以下的各个岗位，逐渐成为完全不带实职的寄禄官。

一　作坊

既然接受配役人服役的将作监已经出现了如此的变化，那么，不难想象，折杖法规定的配役肯定无法像唐制那样去执行。制度与现实之间难以协调的问题，早在乾德五年（967）二月癸酉御史台的上书中就显现了出来：

> 御史台上言："伏见大理寺断徒罪人，非官当、赎铜之外，送将作监役者。其将作监旧兼充内作使，又有左校、右校、中校署，比来工役，并在此司，今虽有其名，无复役使。或遇祠祭供水火，则有本司供官。欲望，令大理寺依格式断遣徒罪人后，并送付作坊应役。"从之。（《长编》卷八）

因折杖法规定徒刑脊杖后不再执行劳役，因此，此处所言"徒"，可以理解为流刑的替代刑配役。可见，宋朝建国后不久就已经出现了这样的现象，即使按法规将配役人送往将作监，彼处亦无役供使，于是不得不应对这样的现实，将配役人改送制作兵器的作坊服役。

本章第三节涉及的宋覃案，也应该在同样的背景下去理解。"脊杖、配役将作监"（《长编》卷二三）这样的史料，应该是大理寺"依格式断遣徒罪人"的判决书写，但在现实司法实践中却是"送付作坊应役"。

二　厢军

配役人的实际服役场所并不仅限于作坊。例如，大中祥符三年（1010）二月甲辰下过这样一道诏书：

> 诏："闻两京、诸路隶忠靖徒役人，刺配者即给衣粮，不刺配者止给囚人日食。各有家属，或至匮乏，宜令自今依例给之。"（《长编》卷七三）

忠靖指挥是开封府内所置多个厢军中的一支[1]。在同一支劳役部队，刺配者与不刺配者混杂在一起，但有一点是值得关注的，即两者的待遇是不同的。前者是厢军兵士，后者是配役人。虽然从事着同样的劳动，但属于厢军的兵士是"给衣粮"[2]，而配役人只给前引《给赐格》所规定的口粮。两者隶属于同一个劳役部队从事杂役的事实，在下引记载中亦能窥斑见豹：

> 诏"忠翊〔当作'靖'〕、六军人员、十将，今后不得辄有取受本指挥兵士及诸色配役人等钱物，其执役处并仰置簿，次第均匀差遣，仍各用心部辖，常须齐整，无致别作过犯。如违，许人陈告，勘逐不虚犯，当行决配。被取受却钱物人，免罪。陈告人若系忠靖、六军，常与优轻处执役。如是被取受却钱物人，并不陈告，致有别彰露，亦当重断。仍令各置板榜抄录，宣念于本营张挂。"〈先是，以忠靖、六军所〔或为衍字〕军校，凡受其货赂者则优假之，无所赂者则委之重役，颇非均济，故条约之。〉(《宋会要》刑法七之七，大中祥符八年六月)

六军指挥与忠靖指挥一样，也是设在都城开封府的厢军[3]。这些部队中，厢军兵士与配役人混杂共处，从事杂役，原则上是同等劳动，但背地里如货赂上级管理人员则可安排轻便劳作，如无货赂，则往往课以重役。

三　八作司

仁宗天圣元年（1023）前后，情况变得更加复杂，本来配属忠靖指挥服役的配役人据不同情况被派往其他部队服役的事例出现了。

> 侍卫步军司〔当补"言"〕："开封府勘断不刺面配忠靖徒

---

1. 见《宋史》卷一八九《兵制·厢兵》建隆以来之制步军条。
2. 关于兵士的待遇，参照王曾瑜：《宋朝兵制初探》，中华书局，1983年，第215—235页。
3. 见《宋史》卷一八九《兵制·厢兵》建隆以来之制步军条。

> 役人，本司只是令本指挥收管，日支口粮，差节级监赴八作
> 司徒役，至夜归营。欲乞，今后直送八作司，辖下司分收管。
> 从之。（《宋会要》刑法四之十，天圣元年七月）

忠靖指挥是厢军中的步兵部队，属侍卫步军司麾下[1]。因口粮、营房均由侍卫步军司管控，因此才有上述上书。从上引史料可知，这一时期的服役场所变成了八作司。所谓"八作司"，是宋初设置的官署，掌京城内外修缮，劳动力来自好几个厢军部队（指挥）[2]。隶属忠靖指挥的刑徒，因不属侍卫步军司管辖下的八作司部队，因此每天须从所在营地往八作司劳动。天圣元年的措置，就是将刑徒直接送往八作司，改由八作司管理。《天圣·狱官令》宋 15 条所见"诸犯徒[3]应配居作者，在京分送东西八作司"，正是这一制度变化的体现（参照本书附篇二论文第一节）。

综上所见，宋代配役的实态与唐制之间有着很大的差异，配役的场所会非常随意地在各个官署及杂役部队之间变动。上文所引《宋会要》刑法四之一的后续部分所见"京城有配窑务、忠靖、六军等，亦有自南配河北屯田者"，不过是这种变动的极端事例罢了。

然而值得注意的是，这样的配役人与厢军兵士之间，却存在着一

1.《宋史》卷一八九《兵志·厢兵》："厢兵者，诸州之镇兵也，内总于侍卫司。"

2.《宋会要》职官三十之七："东西八作司。旧分两使止一司，太平兴国二年（977），分两局。景德四年（1007），并一司，监官通掌。天圣元年（1023），始分置官局，东局在安仁坊，西局在安定坊，勾当官各三人，以诸司使副及内侍充。其八作曰泥作、赤白作、桐油作、石作、瓦作、竹作、砖作、井作。又有广备指挥，主城之事，总二十一作，曰大木作、锯匠作、小木作、皮作、大炉作、小炉作、麻作、石作、砖作、泥作、井作、赤白作、桶作、瓦作、猛火油作、钉铰作、火药作、金火作、青窑作、窟子作。二坊领杂役广备四指挥、工匠三指挥。"

3. 关于"徒"字，明钞本作"罪"，《天圣令校证》校录本据《刑统》卷三引《狱官令》改为"徒"（下册，第 329 页）。这一处即使不改字也能准确理解文义。因据《刑统》所引开元二十五令来改"宋令"的文字，这就难免会出现不同意见（前注陈俊强《从〈天圣·狱官令〉看唐宋的流刑》，第 321—322 页）。但是，如果考虑到《天圣令》的编纂方针（参考本书附篇二论文，第 421 页），并关照其与折杖法的关系，本条的起始部分，其实亦无须将唐令的"诸犯徒应配居作者"刻意改成"诸犯罪应配居作者"。还有，本条文后半部分所见"犯流应住居作者"一句，很明显与本条起始部分的文句也正好对应。

条无法逾越的鸿沟。正像《宋会要》刑法四之十四所载汀州上言中的
"兵帐见管杂犯配军三百五十九人"[1]云云那样，一般兵士不用说，配军
人也被著入军籍。对配军人而言，即使他们身份也可以说是厢军的兵
士，从事的工作也不过是一般的杂役，但与一般兵士相比，他们所接
受的管控要严格得多。从而，配军人的服役，只要没有恩赦等特殊方
面措置，他们就必须无限期地服役[2]，没有明确的刑期。而配役在这一
点上与配军有着本质上的区别。配役最终只是有期徒刑，即使没有恩
赦，刑满后就能释放。即使在同一个场所服役，配军人与配役人的立
场也是完全不一样的。

小结

宋代的配役，看上去似乎是延续了唐代的居作制，但其实已经
发生了很大的变化，如作为中央官署的将作监在丧失官工作坊职能
以后，具体执行时不仅可以将配役人转移到其他作坊服役，甚至后
来还能将配役人送往作为杂役部队的厢军服役，在现实问题面前，
应对非常随意。与他们同时在杂役部队服役的厢军兵士，很多是因
犯罪落入兵籍的人，两者在部队里的待遇也不同，这也曾多次成为
议论的话题。但是，他们之间最大的不同，除上文提到的刑期问题
外，还有就是刺面的有无。厢军兵士额上刺青，源于配军这种刑罚
的形成过程。州一级判决的罪人之中，需要奏裁赴阙者，即必须送
往京师的人均需刺面。原本这类死囚经皇帝的裁断是可以减死一等
改为流刑的，但由于赴阙途中逃亡或丧命者很多，更严重的是奏裁
案件数量极大难以处理，于是才有了编入厢军即配军这种新的"减
死一等"刑的出现，并最终被纳入刑罚体系之中（参照下一章第三
节）。刺面是为了防止罪犯在赴阙途中逃亡，也就是说，刺面与配
军刑原本是不同的。虽然后来作为一种恩惠配军刑免除刺面的现象

1.《宋会要》刑法四之十四天圣五年（1027）九月八日："汀州言：'兵帐见管杂犯配军三百五
十九人，并是景迹贼盗之辈，人数稍多，望权住配。'奏可。"
2. 参照本书第四章第二节"三 与配军相关的诸问题"。

也存在[1]，但或许是因为这个原因，刺面也被视为配军刑的一个重要的构成要素。

同属劳役刑系统的宋代执行刑，按折杖法规定的流刑替代刑配役与配军刑并存。律法（《刑统》）规定流罪人脊杖后科以配役，需要奏裁的重大罪犯脊杖、刺面后配军是通例[2]。人们往往会被编配的记载所吸引，这是因为这些都是重大案件，史料中往往会大书特书且频繁出现，与之相比，作为相对比较轻微的流刑执行刑的配役，史料中留下的事例反而不多，这种现象毋宁说是正常的。既有研究对执行刑配役不够重视，原因或许也正在于此。配军刑在北宋中期以后到南宋时期经历了一个复杂多变的过程。一开始，配军刑是将犯人编入所居地厢军的一种刑罚，但在削减死刑因数量这个大前提下，几乎与解决配流刑存在的问题相呼应，强制遣送的要素日渐浓厚（参照下一章第三节）。北宋中期以降，敕定的刑罚受到基于唐律的五刑的制约，只有在非常特殊的情况下才科以编配，但即使是在这种情况下，法律体系的根本依然是律令五刑，是折杖法。配军刑，与律令五刑并不在一个系统之中，是入宋以后为弥补死刑与流刑之间的缺环新设置的一种刑罚。确认这一点以后，我们进入下一章的讨论。

---

1. 例如神宗熙宁年间官员（命官）被免除刺面。可参考本书第117—118页引《宋史》卷三四〇《苏颂传》。
2. 此外，被处以配流、编管的事例也不少见。

第六章

宋代的配流刑与配军刑

前言

宋朝建国后不久制定的《刑统》，虽然看上去几乎完整地继承了唐律，但为了应对当时巨大的社会变革，在好几个方面做了重大修改。其中，笞、杖、徒、流、死五刑之中，除死刑外，其他四种刑罚在执行过程中均给予了各自的替代刑，这可以说是重大变化的内容之一。据被称作"折杖法"的替代刑规定，原本构成唐律刑罚主要内容的徒刑和流刑，性质上也发生了重大变化。

当然，这种变化并非一朝一夕形成的，唐末宣宗朝发布的诏敕中，已经出现了将五刑中笞刑和杖刑分别改为臀杖和脊杖来执行的规定。进入五代，按诏敕要求，从对盗、走私等罪，到律法五刑规定的杖刑、徒刑，在实际司法过程中，亦均改为臀杖、脊杖执行[1]。折杖法就是在这样一种变革的潮流中诞生的。据折杖法的规定，笞刑与徒刑改为臀杖、脊杖即杖打刑来执行，流刑改为脊杖加有期劳役刑来执行。这样一来，徒刑已不再具有劳役刑的性质，流刑也失去了放逐的初义。

那么，唐末五代到宋初，"要么杖刑，要么死刑的体制"[2]是否按部就班地实现的呢？笔者觉得很难这样一言以蔽之。确实，按折杖法的规定，在刑罚执行阶段，杖刑和死刑所占的比例会非常高，但反过来看，死刑与流刑以下的刑罚之间就会产生巨大的悬隔。为填补这两者之间的悬隔，宋朝不得不制定一些新的政策来应对现实。《刑统》中存在感已日趋淡薄的劳役刑和流放刑，以"配流刑""配军刑"等形式出现在律法五刑的外围，就是源自这样的社会背景。宫崎市定所言"宋

---

1. 相关研究可参考海老名俊树：《关于五代宋初敕的刑罚体系》（五代宋初における勅の刑罰体系に就いて），《立命馆史学》9，1988 年，第 43—64 页；川村康：《宋代折杖法初考》，《早稻田法学》65‑4，1990 年，第 80—81 页。
2. 滋贺秀三：《刑罚的历史》（刑罰の歴史），1972 年初刊，后载其《中国法制史论集 法典与刑罚》，创文社，2003 年，第 322 页。

初的配流刑，并非唐律中的流刑，而是死刑的替代，而且是天子特恩许可下的刑罚"[1]，可谓一言中的。只是宫崎市定所说的"配流"语义广泛，应该还包含"配军"。确实，"配流"是基于宋代文献之上的词语，既有研究中也往往用"配隶"这个词语来泛指配流、配军，然而本书还是想严格区别两者的内涵，也就是说，"配流刑"是指基于皇帝的判断执行的放逐刑。而《刑统》所定流刑的执行不在其中，如上所述，流刑已因折杖法的制定失去了放逐的要素。而"配军刑"则是指将犯人编入杂役部队厢军的一种刑罚。之所以要再三强调两者的定义，就是为了避免因用语上的混乱造成认识上的误区。两者在作为"减死一等"刑上有着交汇，但其在政策制定的背景及刑罚的内容上都有着重大的差异，如果不将两者区别开来，那么，宋代流刑、徒刑的很多细节问题就无法得到解决。例如唐代配流人绝不刺面，但为什么到了宋代就频繁出现了呢？这一变化的背景与过程又是什么呢？还有，原本渊源各自不同的配流刑与配军刑，最终又在同一个平台被认知，这又是什么原因造成的呢？既有的各种研究对于这些问题并无太多关注[2]，笔者之所以如此关注上述问题，是因为这些问题的解决，与全面了解宋代刑罚体系的性质有着直接的关系。

本章拟以上述问题为立足点，弄清宋代配流刑与配军刑是如何在"配法"的框架下形成独自的刑罚体系的。首先要解决的是关于配流刑的相关问题，具体说来就是宋初不刺面配流的问题与刺面配流的出现；其次是弄清配军刑被纳入宋朝刑罚体系中去的程序；最后力图究明宋朝在完善刑罚体系的过程中，配流刑和配军刑又是如何被整合到一起并逐渐序列化的[3]。宋代的放逐刑、劳役刑是如何发展演变的，对于这

---

1. 宫崎市定：《宋元时期的法制与裁判制度——〈元典章〉成书的时代、社会背景》（宋元时代の法制と裁判制度——元典章成立の时代的・社会の背景——），1954 年初刊，后收入《宫崎市定全集》第 11 卷，岩波书店，1992 年，第 146 页。

2. 前引宫崎市定《宋元时期的法制与裁判制度》对这一问题也只做了粗线条的勾勒，称：死囚的"八九成都免死改为配流后，其间必定会出现很大的不公平，为解决这一问题，配流于是逐渐成为一种独立的刑罚，其等级也越分越细"（第 146 页）。

3. 戴建国在其《宋代从刑考述》（载其《宋代法制初探》，黑龙江人民出版社，2000 年）中，将"配隶法"作为"从刑"（附加刑）之一做了探讨，虽然涉及了相关问题，但未作深入分析。

一难题，通过本章的探讨如能有所阐明，则笔者幸甚矣！

第一节　唐代的残余——不刺面配流刑

正像本书第三章第二节已经详述的那样，唐代的配流刑，是由皇帝敕裁后最终判决的刑罚之一。在刑法的执行上，虽然与律法裁断的流刑存在着许多共同点，换言之，特旨裁定的配流与一般流刑在执行形式上很难看出区别，但二者在以下两点存在着很大的差异。第一，是否对犯流官员执行实刑。官员犯流罪后，通常不会接受律法规定的实刑，但与之相比，被判流配刑后，接受实刑的情况并不少见。第二，如被判流配刑，执行遣送前会并科杖刑，这在律法流刑中是不可能有的。

唐代，配流人遣送的地点基本上都是瘴疠之地的岭南道[1]。然而到了五代，由于华北政权失去了对南方地区的控制，配流的地点也发生了变化。表6-1是据《旧五代史》《新五代史》《资治通鉴》《册府元龟》所载事例整理出来的五代各朝配流件数、配流地点一览表[2]（配流地点采用唐代诸道名）。大致上可以说，后唐之前主要集中在华北（尤其是边缘地区），后汉以后，配流河南道（几乎全是沙门岛）及山南道（商州、房州）的事例有所增加。

表6-1　五代的配流地

地点＼王朝	后梁	后唐	后晋	后汉	后周	合计
岭南	1	2				3
剑南		2				2
河北		4				4

---

1. 新旧《唐书》、《通鉴》等文献所见实际执行的流配刑中，大部分是送往岭南道的。据《神龙散颁格》相关条文，也有一开始就指定岭南道为流配地的规定。参见本书第三章第二节。
2. 该表是基于章末表6-4"五代流配例一览表"制成的。表6-4中，地方区分为便宜也采用了唐代诸道名。

（续表）

王朝 地点	后梁	后唐	后晋	后汉	后周	合计
河东		7	1			8
关内		6	5		1	12
山南		3	3	1	3	10
河南		3		2	8	13
其他		1				1
合计	1	28	9	3	12	53

　　即使到了宋初，主要的配流地与五代后期也相差不多。一般说来
"以国初诸方割据，沿五代之制，罪人率配隶西北边"[1]，也有会恩免死
的罪犯配流西北边境的事例［如下引建隆二年（961）六月降[2]所言］，但从实
际情况来看，这种趋势从后晋开始就特别明显了，从后汉到北宋一朝，
这种倾向其实一直没有改变。即使太宗朝开始出现向南方配流的趋势，
但沙门岛却始终是条件最苛刻的配流地。

　　沙门岛，是位于山东半岛北部登州海面的群岛（今庙岛群岛）中的一
个岛屿（参见下图）。这个岛屿，从五代后期开始直到北宋末年，始终是
条件最为恶劣的配流之地，甚至在法制上都与其他配流（配军）地的性
质不同[3]（参照本章第二节）。

1.《宋史》卷二〇一《刑法志》。又《宋会要》刑法四之二太平兴国二年（977）正月二十八
　　日："诏曰：'先是，罪人配西北边者，多亡投塞外，诱羌戎为寇。自今当徒者，勿复隶秦
　　州、灵武、通远军及沿边诸郡。'自江南、湖广平后，罪人皆配南房〔当作'方'〕。"此外
　　还可参考《长编》卷一八太平兴国二年正月己丑条。

2.《宋会要》刑法五之十五建隆二年（961）六月九日："以旱，诏：'东京管内见禁罪人，除
　　恶逆、不孝、劫贼、故杀、放火、官典受枉法赃不放外，其余杂犯罪罪，除同情共犯头首处
　　死，余并减一等配灵武，流罪以下减三等，杖罪已下并放。……'"

3. 有一点非常值得注意，宋初的沙门岛，与配流地有着完全不同的功能与性质，这里是辽东女
　　真人与山东半岛登州之间的海上贸易交通要冲。《武经总要》前集卷二二《女真》称："本
　　朝来贡方物，建隆中，诏登州沙门岛人户，置舟楫济度女真马来往。淳化中，契丹怒其朝贡
　　中国，去海岸四百里，置三城，以兵三千，绝其贡献之路。"

154

庙岛群岛（作者摄）
照片朝南拍摄，上部可见山东半岛

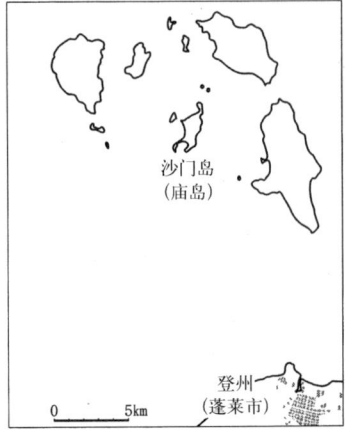

↑ 局部放大图

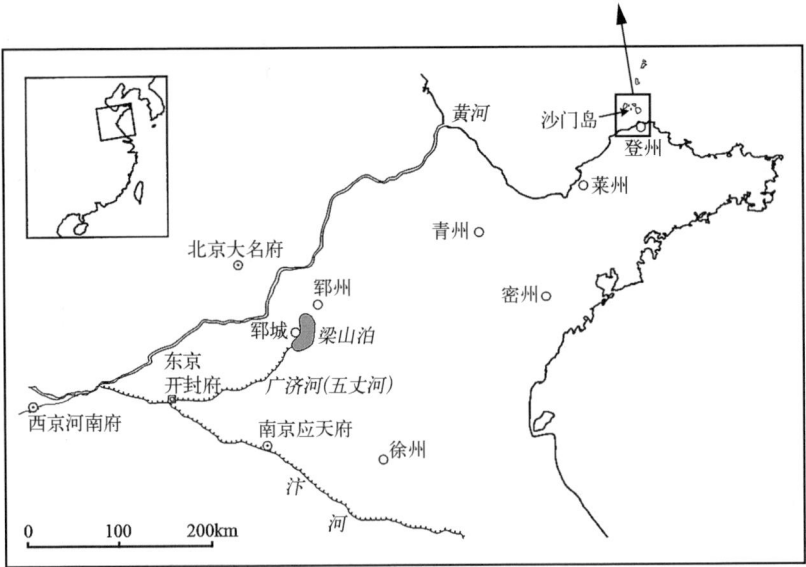

沙门岛位置图

与律法规定的流刑执行同样，唐代的配流刑是不刺面的，正与马端临《文献通考》所言"配流，旧制止于远徙，不刺"一致。马端临接着说：

　　　而晋天福中，始创刺面之法，遂为戡奸重典。宋因其法。

（《文献通考》卷一六八《刑考·徒流》）

文中提到的后晋天福年间的事例，具体是指韩延嗣"黥面配华州发运务收管"[1]，但从本章的分类来说，对韩延嗣的惩罚不如说更接近配军刑。

　　不过，宋初的配流刑中也有刺面的事例。如乾德二年（964）文思使常岑因犯监守自盗罪决杖、黥面后配流沙门岛[2]。然而，宋初配流刑是否均带刺面，这却很难说。就《长编》《宋会要》记载的配流刑实例来看，不得不说刺面配流和不刺面配流这两者是并存的。

　　宋初的配流事例中，能够明确不刺面配流的均是对官员的惩罚。可以这么说，宋初施行的"带有唐代特征的"配流刑，是对犯下死罪的官员特旨后减罪一等的一种惩罚[3]，因此，这些人在配所的生活与刺面配流人之间有着很大的不同。后周的齐藏珍，奉诏修河，治理黄河水患，但在职期间失职，导致堤防溃决，朝廷严惩其罪，除名，配沙门岛[4]。这虽然是五代的事例，但他在配所沙门岛"有屋数间"，后或遇恩赦放还都中，还若无其事地说："不妨再去矣！"[5]沙门岛对刺面配流的人而言，是一座"至者多死"[6]的恐怖海岛，但相比之下，齐藏珍

---

1. 《册府元龟》卷一五〇《帝王部·宽刑》后晋天福三年八月："大理寺以'左街使从人韩延嗣，招为百姓李延晖冲省，街使连喝不住，遂驱趁殴击，致延晖身死。准律，斗殴人者，元无杀心，因相斗殴而杀人者绞，故杀人者斩。其韩延嗣准律皆斩。准刑法统类节文，绞、斩刑，决重杖一顿处死。'敕曰：'韩延嗣因叫喝见不避路者，辄行殴击，致伤人命。法寺定刑，比不因斗故殴伤人辜内死者，依杀人论。盖征〔《五代会要》作'微'〕相类，且非本条，罪有所疑，法当在宥。宜决脊杖十八，黥面配华州发运务收管。'"
2. 《长编》卷五乾德二年十一月甲申条："文思使常岑决杖黥面，配沙门岛，副使宋延思决杖，配隶陈州，坐监主自盗，为部曲所告也。"
3. 在几乎所有的事例中，配流人都同时被科以"除名"的刑事处分，即剥夺所有官爵，六年后许其再叙。
4. 《旧五代史》卷一〇三《太祖纪》广顺三年（953）八月丙辰："内衣库使齐藏珍，除名，配沙门岛。藏珍奉诏修河，不于役所部辖，私至近县止宿，及报堤防危急，安寝不动，遂致横流，故有是责。"
5. 《旧五代史》卷一二九《齐藏珍传》："广顺中，奉命滑州界巡护河堤，以弛慢致河决，除名，配沙门岛。……及〔世宗〕即位，自流所征还。……藏珍斯隐官物甚多……曰：'沙门岛已有屋数间，不妨再去矣。'其不畏法也如此。"
6. 《长编》卷一一九景祐三年（1036）七月辛巳："罪人贷死者，旧多配沙门岛，岛在登州海中，至者多死。"

他们的待遇要好得多。当然，按规定配所的劳役会被免除，但配流沙门岛后不久就死亡的人员也不少，不难想象，沙门岛上的生活绝非易事。但不管怎么说，罪官在配所的待遇是按"律"即《刑统》的规定来实施的，一旦遇到恩赦还能放还[1]。这种待遇，要比刺面流配人好得多[2]。

第二节 罪人的赴阙与刺面配流刑

一 峻法的缓和与死刑案件的奏裁

除特旨以外，配流刑还用于因赦降减死一等的犯人。建隆二年（961）恩赦即是一例：

> 以旱，诏"东京管内见禁罪人，除恶逆、不孝、劫贼、故杀、放火、官典受枉法赃不放〔当作'赦'〕外，其余杂犯死罪，除同情共犯头首处死，余并减一等配灵武，流罪以下减三等，杖罪已下并放。……"（《宋会要》刑法五之十五，建隆二年六月九日）

但是，宋代的恩赦中也与唐朝一样，死刑减一等处以流刑的措置很多，"减死一等"的流刑，据折杖法的规定，成为杖打之后留本地服役的一种刑罚。

由于折杖法的施行，曾经仅次于死刑的重刑流刑，从其内容上看明显减轻了许多。然而，唐末五代以来的峻法依然存在，被判处死的

1.《宋会要》刑法四之一建隆二年五月一日："诏：'应有配流人及流贬官在边远处者，并与移置近地。如见在近地者，不在更移之限。所有移置处所，申奏取裁。应配流人，除刺面及曾任职官人别行指挥外，其余不刺面及配役妇人，并放逐便。'其后赦书德音，约此著条。"成为恩赦对象的配流人，有"刺面"的，也有"不刺面"的，后者在遇到恩赦时本上都"放逐便"，即许其归还乡里。

2.《朱子语类》卷一二八《本朝·法制》称："律是历代相传，敕是太祖时修，律轻而敕重。如敕中刺面编配，律中无之，只是流若干里，即今之白面编管是也。"这段话显示了不刺面配流与编管的关系，意味深长。请参照本书第七章第二节。

犯人数量庞大。折杖法施行后，死刑与流刑之间出现了很大的悬隔。

为减少因过度重判而导致的死囚数量，同时发挥填补死刑与流刑之间空档功能的，就是奏裁[1]。在唐代，也有因刑名难定州郡长官上奏皇帝听候敕裁的情况（唐律称"上请"）。关于宋代死刑案件的奏裁，宫崎市定如是说：

> 由于无法沾沐折杖法恩惠的死囚充满天下，但又不能把这些死囚全部处死，于是就采取了一个办法，将死囚召到皇都，由天子自己对案件进行重审，很多死囚因此免死配流。后来觉得将死囚长途押送京师实在过于浪费，于是改为将案件卷宗送天子奏裁。因此，宋初的配流刑，已不是唐律中的流刑，变成了死刑的替代刑，而且是在天子特恩之下的减刑。[2]

按宫崎市定的说法，死囚当初被押送到京师（赴阙），经皇帝的重审，很多都因此减死一等。那么，是否所有的死囚都需要重审，即押送京师听候奏裁吗？

首先，在唐代的上请制度中，并没有规定要将对应的犯人押送京师。县衙无法执行的徒罪以上犯人押送州郡，徒刑因在州郡服役；对流罪以上的犯人，州郡准备文书呈送刑部，刑部如维持原判，则申奏皇帝，如案件有疑点，则遣使再审[3]。因此，原则上是无需将犯人押送京师的。即使是死刑判决，经皇帝三次覆奏，执行的地点也在州郡。

但是，进入五代以后，中央政府的威信和影响力减弱，很难控制到每个地方，于是州郡不再向朝廷覆奏，死刑也多由州郡做最终判决并执行[4]。宋初的死刑奏裁制度，在五代以来的社会现实面前，也不得不对唐制做出了重大的修改。建隆三年（962），对州郡执行死刑的相

---

1. 关于宋代奏裁制度的运用及变迁，可参照川村康：《宋代死刑奏裁考》，《东洋文化研究所纪要》124，1994年。
2. 前注宫崎市定：《宋元时期的法制与裁判制度》，第145—146页。
3. 复旧《狱官令》2条（《唐令拾遗》，第757页）。参照本书第二章第二节。
4. 详细考察请参照本书附篇二论文，第406—408页。

关制度做了如下规定：

> 上谓宰臣曰："五代诸侯跋扈，多枉法杀人，朝廷置而不
> 问，刑部之职几废。且人命至重，姑息藩镇，当如此耶？"乃
> 令诸州，自今决大辟讫，录案闻奏，委刑部详覆之。（《长编》
> 卷三建隆三年三月丁卯条）

北宋建国后不久，规定诸州判决的死刑案件必须呈中央刑部再审。通过这条史料可以看出，北宋力图拨乱反正，荡除中央政令不及地方的五代乱象[1]。《天圣·狱官令》宋 5 条：

> 诸决大辟罪，在京者，行决之司一覆奏，得旨乃决。在
> 外者，决讫六十日录案奏，下刑部详覆，有不当者，得随事
> 举驳。

可见，北宋建国不久确立的制度在《天圣令》中成为法条，并设定了"决讫六十日"以内这个期限。

综上所述，地方上的死刑案件，唐代是仅呈文书送中央进行覆审，宋初的制度是死刑由州判决并执行（事后刑部进行详覆）。地方上的死囚因需奏裁押送京师绝非普遍现象。

不过，从下引史料中似乎又能看到，需要接受奏裁的犯人又必须全部押往京师：

> 江左初平，太宗选张齐贤为江南西路转运使，谕以民间
> 不便事，令一一条奏。先是诸州罪人多锢送阙下，缘路非理
> 而死者，常十五六。齐贤至蕲州，见南剑州吏送罪人者，索
> 得州帖视之。二人皆逢贩私盐者，为荷盐笝得盐二斤，又六
> 人皆尝见贩盐而不告者，并黥决传送，而五人已死于路。江

---

1. 戴建国：《宋代刑事审判制度研究》，见其《宋代法制初探》，黑龙江人民出版社，2002 年，第 225—233 页。

州司理自正月至二月，经过寄禁罪人，计三百二十四人。建
州民二人，本田家客户，尝于主家塘内，以锥刺得鱼一斤半，
并杖脊黥面送阙下。齐贤上言："乞俟至京，择官虑问，如显
有负屈者，本州官吏量加惩罚，自今只令发遣正身。"及虔
州，送三囚，尝市得牛肉，并家属十二人悉诣阙，而杀牛贼
不获，齐贤悯之，即遣其妻子还。自是江南送罪人者减太半。
是皆相循习所致也，齐贤改为，其利民如此。齐贤以太平兴
国二年方登科，六年为使者，八年还朝，由密学拜执政，可
谓迅用也。（《容斋四笔》卷一三《国初救弊》）

值得注意的是这里提到的因犯，他们所犯罪行均为食盐走私或盗窃[1]，
这些犯罪行为均为唐末五代时期严格取缔的行为，对这些违法行为通
常都基于敕文来实行惩治，也就是说，都是律法惩治范畴以外的犯罪
行为[2]。

宋朝建国初期采用的法制，逸出唐律以外的内容非常多。唐末五
代加大对犯罪行为的惩治，并不是通过修改律法的形式进行的，而是
通过敕文的发布来不断加强的。列入《刑统》的律、疏之下，往往缀
以数量不菲的敕文，这正是这种法制现实的体现。乱世中制定出来的
峻法，往往轻罪重判。新建立的统一王朝宋，从建国当初开始就在努
力缓和这类酷法。例如，在犯盗窃罪的情况下，唐律规定盗赃五十匹
以上，最高量刑为加役流。但到了唐德宗建中三年（782）敕中，赃三

---

1. 屠杀耕牛或盗杀耕牛也是唐律严惩的犯罪行为。《长编》卷八七大中祥符九年（1016）八月
　　癸未条："诏'自今屠耕牛及盗杀牛，罪不至死，并系狱以闻，当从重断'。时中使郑志诚
　　使洛回，言道见鬻牛者甚众，虑不逮辈因缘屠杀，故戒之。"唐律中也规定，"故杀官私马牛
　　者，徒一年半"，"主自杀马牛者，徒一年"（唐《厩库律》8 条）。
2. 当然，押送赴阙的对象不限于食盐走私或盗窃罪，如犯下律令归入十恶罪的重罪犯，必须
　　械送阙下，覆审后予以处刑或配流等重罚。《宋会要》刑法四之二太平兴国五年二月四日：
　　"温州言：'捕获养猫鬼咒诅杀人贼邓翁并其亲族，械送阙下。'腰斩邓翁，亲族悉配隶远
　　恶处。"对人的诅咒的行为，不管诅咒对象怎么样，都会被归入不睦或恶逆。唐《贼盗律》
　　17 条："诸有所憎恶，而造厌魅及造符书咒诅，欲以杀人者，各以谋杀论减二等〔于期亲尊
　　长及外祖父母、夫、夫之祖父母父母，各不减〕，以故致死者，各依本杀法。"参照《译注
　　日本律令》七，第 130—132 页。

匹以上就要公开处死，惩罚力度明显加强了，且在此后成为惩罚盗窃罪的基本规定。进入宋朝以后，首先在太祖建隆三年（962），盗窃罪处死的赃额由三匹改为五匹，接着在开宝二年（969），改为犯盗窃至死罪者必须奏裁（后文详述）。盗窃罪以外，针对强盗及走私的惩处，进入宋代以后，也渐渐趋于轻缓[1]。因许多案件需经奏裁，所以押送犯人赴阙的现象也就在这一过程中出现了。

二　押送京师的犯人

（a）违反国家专卖法的走私罪犯

唐后期以降，以食盐为首的多种物质实行严格的国家专卖，为确保政府的专卖权益，取缔地下生产及黑市流通的法令也层出不穷。这些法规涉及的面非常广且内容烦琐，这里以盐法为中心，在既有研究的基础上[2]，以宋初与唐五代盐法规定的差异为主展开陈述。

建隆二年（961）诏书中，对盐法做了如下规定：

> 诏：“私鍊〔当作‘炼’〕盐者，三斤死。擅货官盐入禁法地分者，十斤死。以蚕盐贸易及入城市者，二十斤已上，杖脊二十配役一年，三十斤已上，上请。”（《宋会要》食货二十三之十八，建隆二年四月）

这与五代时期取缔私盐的峻法相比有了很大的缓和。又经建隆三年及乾德四年（966）的两次修订，盐法的惩罚力度更为轻减[3]。这些规定

---

1. 真宗朝以降对这类犯罪行为逐步制定“配隶法”，也是这一法制变动过程的一环。《长编》卷八〇大中祥符六年（1013）正月庚子条：“令审刑院、大理寺、三司详定配隶法。既而取茶盐矾曲、私铸钱、造军器、市外蕃香药、抉铜钱、诱汉口出界、主吏盗货官物、夜聚为妖等十二条，悉减从轻焉。”

2. 参见佐伯富《中国盐政史研究》（法律文化社，1987年）及前注海老名俊树《关于五代宋初敕的刑罚体系》等论文。

3. 《长编》卷三建隆三年三月是月条：“诏增官盐阑入至三十斤，煮碱至十斤，坐死。蚕盐入城市百斤以上，奏裁。”《长编》卷七乾德四年十一月条：“诏重宽盐曲法。官盐阑入至百斤，煮碱至五十斤，主吏贩易及阑入百斤以上，乃死，蚕盐入城市及商人阑入至三百斤以上，加役流杖徒之等，亦从厘减。……法益轻，而犯者鲜矣。”

中也出现了"上请""奏裁"的文辞，但都没有出现"罪人赴阙"的明文。到了太宗太平兴国二年（977），盐法在内容上出现了若干变化，今取其要点将相关规定整理如表6-2[1]。

表6-2　太平兴国二年（977）盐法

私盐生产		行盐地越界、私盐买卖		蚕盐买卖、携盐入城	
赃额	刑罚	赃额	刑罚	赃额	刑罚
一两以上	臀杖十五	一两以上	臀杖十五	一斤以上	臀杖十三
一斤以上	臀杖二十	一斤以上	臀杖二十	一十斤以上	臀杖十五
二十斤以上	脊杖十三	一十斤以上	脊杖十三	五十斤以上	臀杖二十
二十五斤以上	脊杖十五、配役一年	二十斤以上	脊杖十五、配役一年	一百斤以上	脊杖十三
三十斤以上	脊杖十七、配役一年半	三十斤以上	脊杖十七、配役一年半	一百五十斤以上	脊杖十五、配役一年
四十斤以上	脊杖十八、配役二年	五十斤以上	脊杖十八、配役二年	二百斤以上	脊杖十七、配役一年半
五十斤以上	脊杖二十、配役三年	一百斤以上	脊杖二十、配役三年	三百斤以上	脊杖二十、配役三年
一百斤以上	脊杖二十、刺面赴阙	二百斤以上	脊杖二十、刺面赴阙	五百斤以上	脊杖二十、刺面赴阙

---

1. 《宋会要》食货二十三之十九太平兴国二年二月十八日："三司言：'准诏，颗末盐，应南路旧通商州府并令禁榷，犯者差定其罪，仍别定卖盐价例，著令。请凡刮咸并鍊〔当作"炼"〕私盐者，应咸土及咸水并煎鍊〔当作"炼"〕成盐，据斤两定罪，一两已上决杖十五，一斤已上决杖二十，二十斤已上杖脊十三，二十五斤已上十五、配役一年，三十斤已上十七、配役一年半，四十斤已上十八、配役二年，五十斤已上二十、配役三年，百斤已上二十、刺面押赴阙。……应私盐及通商地分盐入禁法地分，一两已上决杖十五，十斤已上二十，二十斤已上杖脊十三，三十斤已上十五、配役一年，五十斤已上十七、配役一年半，七十斤已上十八、配役二年，百斤已上二十、配役三年，二百斤已上二十、刺面送赴阙。西路青白盐，元是通商地分，如将入禁法地分者，准前项私盐条例科断。人户所请蚕盐，不许货卖贸易及将入州县城郭，违者，一斤已上决杖十三，十斤已上十五，五十斤已上二十，百斤已上杖脊十三，百五十斤已上十五、配役一年，二百斤已上十七、配役一年半，三百斤已上二十、配役三年，五百斤已上二十、刺面送赴阙。……'从之。"

　　值得注意的是，以往法规中所见的死刑至此均被替代成了"脊杖二十、刺面、赴阙"。这不单纯是将"上请"或"奏裁"在文言上替换成了"脊杖二十、刺面、赴阙"，而是将重罪犯人押送京师由皇帝直接给予恩典减死一等的措置。从结果上来说，大部分重罪犯会"减死一等"被处以流刑。

　　同样的措置，在取缔私茶的规定中也能看得到[1]。乾德二年（964）法中规定最高量刑可至死刑（在主吏以官茶贸易及武装走私茶叶的场合下[2]），但在太平兴国二年法中，最高量刑也改成了"黥面赴阙"[3]。与盐法一样，犯人押送到京师后，听候最终的判决[4]。

　　在因奏裁须将犯人押往京师的情况下，上述各项条规中无一例外都规定必须在出发前先行决杖（脊杖）和黥面。这里希望留意，先行决杖、黥面的做法，与刺面配流或刺面配军时的处罚程序是共通的。

　　（b）窃盗罪

　　从唐末到五代，对窃盗罪的处罚，远比律令规定[5]的要峻酷得多[6]。

---

1. 参见佐伯富：《宋初的茶叶专卖制度》（宋初における茶の専売制度），1956 年初刊，后载其《中国史研究 第一》，东洋史研究会，1969 年。

2. 《长编》卷五乾德二年八月辛酉条："初令京师、建安、汉阳、蕲口并置场榷茶。自唐武宗始禁民私卖茶，自十斤至三百斤，定纳钱决杖之法。于是，令民茶折税外悉官买，民敢藏匿而不送官及私贩鬻者，没入之。计其直百钱以上者，杖七十，八贯加役流。主吏以官茶贸易者，计其直五百钱，流二千里，一贯五百及持仗贩易私茶为官司擒捕者，皆死。"

3. 《长编》卷一八太平兴国二年二月丁未条："凡出茶州县，民辄留及卖鬻，计直千贯以上，黥面送阙下，妇人配为铁〔字或有误〕工。民间私茶减本犯人罪之半。榷务主吏鬻官茶贩鬻，钱五百以下，徒三年，三贯以上，黥面送阙下。茶园户辄毁败其丛株者，计所出茶，论如法。"文中的"铁工"或为"鍼工""针工"之误。男性赴阙后应该会判配流。

4. 当然，就当时取缔走私的各项法规而言，这一措置并不全适用这种裁判形式。例如，对明矾走私的处罚规定，建隆三年（962）法为"私贩河东及幽州矾一两以上、私煮本矾三斤，及盗官矾至十斤者，弃市"，到了开宝三年（970）法中，为"私贩至十斤，私煮及盗满五十斤者，死"（《长编》卷一一），看似稍有轻缓，但在太平兴国二年（977）法中则为"私贩化外矾至三斤、私煮及盗至十斤者，并弃市，余悉决杖配流"（《长编》卷一八），处罚反而加大了。参照佐伯富：《宋代明矾的专卖制度》（宋代における明礬の専売制度），1942 年初刊，后载其《中国史研究 第一》。不得不说，与盐和茶的专卖相比，明矾的重要程度并不高。

5. 唐《贼盗律》35 条："诸窃盗，不得财笞五十，一尺杖六十，一匹加一等，五匹徒一年，五匹加一等，五十匹加役流。"

6. 唐后期至五代对盗罪、走私罪的惩罚及变迁，可参见前注海老名俊树：《关于五代宋初敕的刑罚体系》。

唐建中三年（782）"赃满三匹以上者，并集众决杀"[1]的规定，在唐后期基本上成为一条处罚的底线，五代后汉时期，一时间甚至不问赃额的多寡，只要经调查盗窃事实成立就一概处死[2]。

　　进入宋代，为轻减过于峻酷的刑罚，法规的修改列入议事日程。建隆二年（961）的修订止于绢三匹当钱三千[3]（八十陌）[4]，次年即建隆三年制定了如下新法：

> 　　准建隆三年二月十一日敕节文，起今后犯窃盗，赃满五贯文足陌，处死。不满五贯文，决脊杖二十，配役三年。不满三贯文，决脊杖二十，配役二年。不满二贯文，决脊杖十八，配役一年。一贯文以下，量罪科决。……应配役人，并配逐处重役，不刺面，满日疏放。其女口与免配役。（《宋刑统》卷一九《贼盗律·强盗窃盗》）

将并科杖刑的劳役刑适用于对盗窃罪的惩罚上，这在此前的法规中是看不到的。配役人原则上在现居地服"重役"，但不黥面，女子免除劳役，这些也都是全新的法规。

　　开宝二年（969）又制定了新规，窃盗犯中当判死罪的，须经皇帝奏裁最终确定执行：

> 　　令盗窃至死者奏裁。〈《刑法志》云"部送阙下"乃明年

---

1. 《宋刑统》卷一九《贼盗律·强盗窃盗》："准唐建中三年三月二十四日敕节文，自今以后，捉获窃盗，赃满三匹以上者，并集众决杀。"

2. 《册府元龟》卷六一三《刑法部》天福十二年（947）八月："汉高祖即位，称天福十二年。八月，敕：'应天下凡关贼盗捕获，不计赃物多条，按验不虚，并宜处死。俾其重法，斯为爱民。'"

3. 《宋会要》刑法三之一建隆二年二月二十五日："诏：'自今犯窃盗，赃满三贯文，坐死，不满者节级科罪。其钱八十为陌。'先是，周广顺中，敕：'窃盗，计赃绢三匹以上者死。绢以本处上估为定，不满者等第科断。'至是，以绢价不等，故有是诏。"

4. 未满百钱但充百文使用称"短陌"，八十陌，意为钱八十充作百文。相反，钱百枚充百文使用称"足陌"。参照宫泽知之：《唐宋时期的短陌与货币经济的特征》（唐宋时代の短陌と貨幣経済の特質），1988 年初刊，后载其《宋代中国的国家与经济》（宋代中国の国家と経済），创文社，1998 年，第 282 页。

事。今从《实录》〉（《长编》卷一〇开宝二年九月庚戌条）

李焘自注所引《刑法志》的文句为：

> 诏西川，窃盗至死合奏裁者，并部送赴阙。（《长编》卷一一
> 开宝三年七月丙辰条）

言及次年开宝三年的事。如前文所述，北宋建国后不久的建隆三年以来，由于死刑原则上在当州执行，所以即使重案犯须走奏裁的程序，通常犯人本人留在当州，只需将文书材料报送京师即可。不过，在西川那样将死刑囚押送京师的情况下，推测在出发之前囚犯已在当地执行了脊杖二十和刺面。其依据有两点：

① 当时的窃盗法（前引建隆三年法）中，次于死刑的刑罚为"决脊杖二十、配役三年"。

② 上述盐法中也规定在犯人赴阙前须脊杖二十并刺面，可见"脊杖二十"，与次于"赴阙"的"配役三年"同样，都是必须执行的。

开宝八年（975）在广南路施行的以下一项措置，同样能佐证上述推测。

> 广州言："窃盗赃满五贯至死者，准诏当奏裁，岭表遐
> 远，覆按稽滞，请不候报决之。"上恻然曰："海隅之俗，习
> 性贪冒，穿窬攘窃，乃其常也。"庚午，诏："广南民犯窃盗
> 赃满五贯者，止决杖黥面配役，十贯者弃市。"（《长编》卷一六）

面对"覆按"即奏裁时间因路途遥远费时日久的弊端，广州上言朝廷，请求不待奏裁即可在当地处决，朝廷最后的答复是广南路到赃五贯以上执行"决杖、黥面、配役"，十贯以上弃市。正像上引史料中见到的那样，"窃盗赃满五贯至死者，准诏当奏裁"是当时的司法原则，但也有像广南路这样的特例，无须奏裁，留当州服劳役或于当州执行死刑。配役之前执行杖决，与①是同样的理由。从上文所述太平兴国二年（977）盐法、茶法中押送京师的犯人须刺面这一点类推，被判死罪的

犯人，押送前都得刺面。广南路因地处边远，押解京师这道程序可以
省略，但为与全国的司法程序保持均衡，刺面是不可缺的。

（c）强盗犯

惩治强盗的刑罚，据是否"持仗"即是否使用凶器而有所不同。
律法规定，"不持仗"的情况下，盗赃十匹以上或伤及他人的处绞刑，
如伤及他们性命，处斩刑；"持仗"的情况下，赃五匹以上处绞刑，伤
及他人的处斩刑[1]。唐末以降，对强盗的惩罚也苛烈至极，北宋建国不
久的建隆三年，对不持仗强盗赃钱满三贯文足陌者处死，比唐末五代
时期稍稍有了些缓和，这也成为北宋此后法规修订的基础。

> 准建隆三年十二月五日敕节文，今后应强盗，计赃钱满
> 三贯文足陌，皆处死。不满三贯文，决脊杖二十，配役三年。
> 不满二贯文，决脊杖二十，配役二年。不满一贯文，决脊杖
> 二十，配役一年。其赃钱并足陌。不得财者，决脊杖二十放。
> （《宋刑统》卷一九《贼盗律·强盗窃盗》）

强盗罪之中，对"持仗行劫"即持凶器的抢劫行为（劫盗犯）惩
罚尤重。北宋建国之初，沿用的是后周显德五年（958）敕文所定的法
规，犯人不管是否获赃，全部处死[2]（重杖处死[3]）。面对如此酷烈的刑罚，
乾德五年（967），制定了持棍棒强行劫盗然未伤人者按赃物多寡论罪
的规定[4]。到了咸平元年（998），改成了即使持仗然未得财物者不再处

---

1. 唐《贼盗律》34 条："诸强盗〈谓以威若力而取其财。先强后盗、先盗后强等。若与人药酒
　 及食使狂乱取财，亦是。即得阑遗之物，殴击财主而不还，及窃盗发觉，弃财逃走，财主追
　 捕，因相拒捍，如此之类，事有因缘者，非强盗〉，不得财徒二年，一尺徒三年，二匹加一
　 等，十匹及伤人者绞，杀人者斩〈杀伤奴婢亦同。虽非财主，但因盗杀伤，皆是〉。其持杖
　 者，虽不得财流三千里，五匹绞，伤人者斩。"
2. 《宋刑统》卷一九《贼盗律·强盗窃盗》："准显德五年七月七日敕条，今后应持杖〔当作
　 '仗'，下同〕行劫，不问有赃无赃，并处死。其同行劫贼内有不持杖者，亦与同罪。其余
　 称强盗者，准律文处分。"这条敕文后续的起请称："臣等参详，应持仗行劫，一准旧敕，不
　 问有赃无赃，并处死。"可知这条规定为宋朝所继承。
3. 参照川村康：《唐五代杖杀考》，《东洋文化研究所纪要》117，1992 年。
4. 《长编》卷八乾德五年（967）四月丙戌条："诏：'比者，强盗持仗，虽不伤人者，皆弃市。
　 自今虽有杆棒，但不伤人者，止计赃以论其罪。'"

以死罪[1]。

在适用强盗罪的刑罚中，没有见到像窃盗罪那样"罪至死，奏裁"的明文规定。不过，太平兴国四年（979）下达过"强盗未再犯，免死送阙下"的朝旨[2]，太平兴国六年还下达过"强盗、放火，准律不至死者，勿复并妻子部送阙下"的诏书[3]。从以上种种史料判断，强盗犯（仅限于符合特定条件且被列为奏裁对象的）及其家属赴阙，是宋初以来的司法原则。

三　刺面配流刑

（a）对赴阙犯人的处分决定

被押送到京师的犯人，在军头司的引导下在便坐（延和殿[4]）谒见皇帝。皇帝也许只是形式上的驾临，在这里宣布对犯人们的最终处分。所谓军头司（军头引见司），是禁军的一个组织，负责各部队的簿籍管理、调动记录及皇帝引见时的仪式顺序[5]。《长编》载真宗景德二年（1005）之事：

---

1. 《长编》卷四三咸平元年十月乙未条："旧条，持仗行劫，不计有赃无赃，悉抵死。〔户部尚书张〕齐贤议贷不得财者。……而刑名卒如齐贤之请。自是，犯盗者岁亦不增。"
2. 《长编》卷二〇太平兴国四年七月乙巳条："初，议伐北汉，宰相卢多逊言：'西蜀远险多虞，若车驾亲征，当先以腹心重臣镇抚之，别无后忧。'给事中程羽，藩邸旧僚，尝知新都县及兴州、兴元府，有能名，上即命知益州。及上驻太原，郓州获群盗送府，狱已具，会有朝旨'强盗未再犯，免死送阙下'。盖用武之际，急于壮勇之士也。法吏援敕以请，羽曰：'人之恶，惮于始为，奸凶闻是令，皆将轻犯，乱不可制矣。'判曰'銮辂省巡，江山遐僻，不除凶恶，曷静方隅。'并付本县处死，磔之于市，即论奏其事。于是讫羽去，无盗贼。羽之在新都，州遣牙校至，见羽礼慢，不数岁，羽领州任，人为校惧，羽至则擢校统成守寨，盖其才可任也。〈此按程珦所作《程羽祠堂记》，羽知益州在二年五月，今附见车驾还自范阳后〉"
3. 《长编》卷二二太平兴国六年十二月甲申条："诏强盗、放火，准律不至死者，勿复并妻子部送阙下。"
4. 《宋史》卷八五《地理志》京城："宫后有崇政殿（原注省略），阅事之所也。殿后有景福殿，殿西有殿，北向曰延和，便坐殿也。〈大中祥符七年，建后苑东门，洎北向便殿成，赐名宣和门、承明殿。明道元年，改端明，二年，改今名〉"
5. 《宋会要》职官三十六之七十七："《两朝国史志》：军头引见司，旧称御前忠佐引见军头司，勾当官五人，以通事舍人以上或都知押班充。掌崇宁殿供奉、诸州驻泊、捕捉权管之事，并军头之名籍，诸军拣阅，引见分配，并马直步直后殿起居军员之政令，及诸司引见之事。"

> 　　先是，诸路部送罪人至阙下者，军头司引对便坐，皆即
> 决遣，或刑名疑互，无所详准。庚子，诏："自今委本司召法
> 官一人审定以闻。"（《长编》卷五九景德二年四月庚子条）

这项措置要求委派专门的法官参与面见，以备皇帝的裁断[1]。这项新规的实施，反过来说明在这之前皇帝是亲自决断死刑囚的减刑处分的。

　　到了次年的景德三年，因赴阙罪人皆由军头司引率，谒见皇帝的程序颇为烦琐，枢密院上书，希望"本司依例降配"，即半机械性地处理赴阙犯人的死刑降配案件。

> 　　枢密院言："诸路部送罪人赴阙者，皆令军头司引对，颇
> 为烦细，望止令本司依例降配。"帝曰："朕虑其间或有枉滥
> 及情理可矜者。令银台司，自今诸处送到罪人，并先取审状，
> 送枢密院进拟，付军头司施行。其情涉屈抑者，不须取状，
> 即令引见。"（《宋会要》刑法四之四，景德三年七月十七日）

真宗原则上认可了枢密院的提案。变更后的程序是：首先让银台司收取案件卷宗，送枢密院审核，确定刑名，然后交与军头司执行。不过，留下了自诉冤枉者由皇帝直接面见的余地。

　　枢密院不用说是统辖军政大权的官府。由于程序的变更，赴阙犯人的最终判决原则上由枢密院来确定，军头司成为具体执行配流的角色。

　　那么，为什么枢密院或军头司会参与到赴阙犯人的最终判决中去呢？这个问题让我们联想到了宋初对不服从军规的士兵即"不逞军士"的惩治，这些军士的发配地点与配流人押送的地点往往是一样的（如沙门岛等地）。建隆三年（962），颁发了"搜索内外诸军不逞者，悉配隶登州沙门岛"的诏书[2]，起因是禁军的逃亡士卒伪刻侍卫司的公章，此后

1.《宋会要》职官三十六之七十八景德二年四月二十一日："诏军头司'自今引见罪人，召法官先定刑名'。时本司言：'开封府狱囚当引见，不坐格律，请再送司录定断。'"
2.《宋会要》刑法七之一建隆三年七月："诏：'搜索内外诸军不逞者，悉配隶登州沙门岛。'先是，云捷逃卒李兴伪刻侍卫司司印，捕得斩之。故有是命。"

还能见到从殿前诸军中搜索出数十"亡赖者""黥面配通州义丰监"的事例[1]。负责处分这些军士的官署就是军头司,而统括军务全局的就是枢密院。刺面配流的犯人,原本是不附兵籍的,但执行配流后,其账簿被置于枢密院的管理之下,若遇会恩量移,军头司则会深刻介入其中。

（b）押送配所

这批最终被判配流的犯人,在押送沿途州官、兵士的监视下,被一站一站递送到目的地[2]。

> 诏御史台:"自今应流配罪人,止令逐州转递。如合差使臣官吏押送者,即于逐州闲慢勾当并因巡历使臣及公吏内抽差,押送前去,逐州交割。"（《宋会要》刑法四之三,景德元年二月）

配流人家属可以同往配所,若配流人配役期间死亡,家属则可回归乡里。

> 诸配流、编管、羁管及诸军移降者,听家属随行〈配沙门岛者,不许〉。家在佗所者,移文发遣。若罪人已死而家属愿还者,亦听〈谓非外界人及本条不许还者〉。其愿随而在佗所,或愿还而不能自致,若配军放停而愿归本乡或佗州者,差递铺传送。（《条法事类》卷七五《刑狱门·编配流役·断狱令》）

---

1. 《宋会要》刑法四之一乾德四年（966）八月二十一日:"诏:'搜索殿前诸军亡赖者,得数十人,悉黥面配通州义丰监。'"

2. 然而,被配流到沙门岛、广南远恶处的犯人途中逃亡的事件非常多,尽管政府制定了各种各样的政策,但问题似乎并没有得到解决。《宋会要》刑法四之十二天圣三年八月:"臣僚言:'诸州断强贼,决配远恶州军或沙门岛,多在路走逃。盖部送之人,不切监防。请行条约。'事下枢密院:'勘会天圣元年十二月宣,监防递配强劫贼,须选有行止衙校前去,若受钱纵去,重行断遣。又按编敕,配送罪人须分明置历系管,候到配处,画时具交割月日,回报元配之处,若经时未报,即移文根问。若在路走失者,随处根逐元监送人,紧行捕捉。'遂诏:'申明前制,仰逐处,据所配罪人,约度地里日数,移文会同,每年终具数闻奏,转运使每半年一次举行指挥,常切关防,不得旷慢。'"

唐律流刑中对流人家属的措置，① 妻妾必须与流人同往配所，父祖、子孙，愿意者可同往；② 若遇流人死亡，其家属若已在当地附籍三年则不许还乡（唐《名例律》24 条）。与之相比，宋代的相关规定与之大不相同。简单地说就是，唐律流刑是以家族为单位的强制移动，而到了宋代刺面配流的阶段，已经基本上感受不到以家族为单位的概念了。

从中还能让我们联想到另一个问题，这就是犯人赴阙之际家属是否同行。前引《容斋随笔》记录了江南西路转运使张齐贤哀怜管下州赴阙犯人及其家属的困苦，让犯人妻子归乡的事（第 158—159 页）。这完全有可能是张齐贤的自作主张，但实际上也说明了当时对赴阙犯人家属是否同行并未做出明确规定[1]。宋初的刺面配流刑，最终只是因"天子的特恩"执行的"死刑替代刑"，并不是像唐律流刑那样具有确定的原则和法理的刑罚。

刺面配流人在配所的日常生活，与除名配流的官员的境遇大不相同，必须承受各种苛酷的劳役。主要的配流地是沙门岛、海门岛（通州海岛）和广南远恶州军[2]。在通州海岛，配流人从事精盐的生产[3]，押往沙门岛的流人，则多在岛民家"佣作"（参见第 173 页王举元上言）。脱枷服役是对广南路配流人的一种特殊措置，但从中可以推断，一般情况下，与唐制徒役囚一样[4]，他们必须戴枷服役。

---

1. 父母、妻子的同行可任意选择，这一点虽然"编敕"上有所规定，但未见对父母、妻子以外家属的规定，应该是听任地方官的裁量。《宋会要》刑法四之九天禧二年（1018）九月二十八日："起居舍人吕夷简言：'按编敕，配罪人父母妻子，不欲同行者亦听。其有并一房家累，部送赴阙者，未有著令，极有老幼驰走，以至夭殁。望自今当配送者，长吏召问，如不愿同行者听，若不至强梁者，止决配近州，情重与乡里为患不可留者，部送京师。'奏可。"《宋会要》刑法四之六十八天圣七年正月二十四日："屯田郎中崔立言：'编敕，应配递罪人，有父母妻子不愿随者亦听。本处多不审问，一例起遣，经过州府，又不接状，老幼流离，多至损失。望敕诸道，所过州郡，子细取问，不愿随者，逐旋放还。'从之。"
2. 远恶州军指南恩、新、循、梅、高、雷、化、宾、容、琼等十州和万安、昌化、吉阳三军。琼州及后续三军在海南岛（《条法事类》卷七五《刑狱门·编流役·名例敕》）。
3.《长编》卷二一太平兴国五年（980）是岁条："国初以来，犯死罪获贷者，多配隶登州沙门岛、通州海门岛，皆有屯兵使者领护。而通州岛凡两处，豪强难制者隶崇明镇，懦弱者隶东北洲，两处悉官煮盐。是岁，始令配役者分隶盐亭役使之，而沙门如故。"
4.《宋会要》刑法四之三淳化三年（992）八月二十八日："诏：'广南东西路，先是犯罪配隶人皆荷校执役，自今除之。'"

四　押送沙门岛的刺面配流刑

其中最为悲惨的是送往沙门岛的刺面配流人。在押往沙门岛的途中，他们的遭遇与押往其他地点的配流人已经大不相同。

> 诏："配沙门岛人，仰递〔当作'逐'〕州选吏部送，差兵防护，州府递相交割。"旧有此条，是年泗州亡失配沙门岛军士，故申明之。[《宋会要》刑法四之九，天禧二年（1018）九月十八日]

据前引庆元断狱令，配流沙门岛的犯人家属不得同往，且发往配所的案状也须特别处理发往登州。

> 诸配沙门岛人，别录所犯〈谓乡贯、年甲、犯状及所引条制、断遣刑名〉，付部送人，报登州。（《条法事类》卷七五《刑狱门·部送罪人·断狱令》）

沙门岛流人的生活极端苛酷。他们昼夜受到军士的严密监视，过着"与死为邻"的每一天[1]。从配流人的口粮支给中也不难窥知。

> 十二月二十二日，诏："沙门岛流人，量给口粮。"初，使至，言其多殍死，请粗给菽粟。枢密副使马知节曰："流人无廪食之理。"帝悯之，特有是诏。（《宋会要》刑法四之五，大中祥符三年十二月二十二日）

《刑统》规定被处流刑的犯人，依折杖法执行有期劳役刑，他们是由政府支给口粮的[2]。但是，发配到沙门岛的"流人"，从一开始就

1.《宋会要》刑法四之三十六政和七年（1117）九月二十五日："手诏：'……应沙门岛见禁罪人，虽皆巨蠹，亦既贷死，而昼监夜禁，与死为邻。……'"
2.《条法事类》卷七五《刑狱门·编配流役·给赐格》："流囚居作者，决讫，日给每人米二升。"

没有支给口粮的规定。真宗时有了这条特别措置，但似乎并未因此确立为制度。二十余年后的景祐三年（1036），国子博士卢南金上书建议改善沙门岛流人的待遇，但提议中的给配流人支给口粮一条并未被采纳[1]，可见对沙门岛流人的口粮支给一直处于不确定的状态。

沙门岛的配流人，在会恩大赦之际也与其他配流人不同。恩赦发布后，沙门岛的配流人有资格成为量移对象的，首先被制成名单，然后"赴阙"，即押往京师。到达京师后，配流人被交付给军头司，待量移结果出来后，再次被押往新的配所[2]。会恩量移，通常是将犯人从原来的配所直接送往新的配所，而沙门岛配流人的量移，却要经过这么一个程序，不得不说是非常特殊的。

沙门岛配流人待遇上的这种特殊性及其恶劣的环境、政策上的不稳定性，究其原因，其中之一应该是围绕沙门岛的管辖各官署之间复杂的关系。沙门岛配流人的监督管辖是由沙门寨监押负责的，但因个人恩怨，对配流人的虐待是常见的事，因此，提点五岛使臣又负有监管监押的权限[3]。然而，沙门岛本身又在登州管辖下，登记流人乡贯、罪状等信息资料的账簿由登州管理，而中央的枢密院又直接接受来自登州的情况汇报[4]，

---

1. 《宋会要》刑法四之十九景祐三年九月二十三日："国子博士卢南金言：'今后沙门岛罪人，日支口粮一升，不得妄以病患。别致杀害及本寨船栰，当切有管。'诏：'杀害人命、船栰，严加钤辖，余不行。'"如果上书中的数字不误，那么，卢南金建议给沙门岛配流人支给的口粮，只有依折杖法执行配役"流囚"的一半。

2. 量移后被编入内地厢军特别是牢城指挥（亦称牢城军、牢城营。本章总称其为"牢城部队"）的很多。《宋会要》刑法四之二十四、二十五治平四年六月二十五日："登州并沙门寨监押李庆奏：'依赦，分析罪人二百七人。'诏：'特取三十二人，仍宣使臣二人管押赴阙，交付军头司，刺面分配淮南路牢城。内一名遇赦不还，改配荆湖南路牢城。余系所犯情重及在彼未久，并仍旧。'"关于牢城部队，请参见本章第三节。

3. 《长编》卷九三天禧三年（1019）二月甲午条："诏：'沙门寨监押，不得挟私怨害流人，委提点五岛使臣常察举之。违者具事以闻，重置其罪。'"

4. 《宋会要》刑法四之二十六熙宁六年（1073）七月十八日："知登州李师中言：'近累奏乞移沙门岛罪人，今来者未已。不惟系事防虞，兼罪人已无处存泊，更添戍兵，亦无着处。今后许本州月具沙门岛罪人姓名、乡贯、犯由，申枢密院，置簿抄录，更不下本州取索额外人数，但据簿量移。如此则令出惟行，行之可久。'诏：'除朝旨刺配外，诸处因德音续配到人，且于登州收禁，驿奏犯由以闻，仍增兵防守。余从之。'"

通过文书管理着账簿上的登州流人[1]。

沙门岛配流虽然有着如此多的问题，但配流沙门岛的人数并没有减少。当然，政府在限制沙门岛配流人数方面并不是没有讨论过对策，咸平元年（998）就采取过如下对策：

> 诏："杂犯至死贷命者，不须配沙门岛，并永配诸军牢城。凶恶、情重者，审刑院奏裁。"（《宋会要》刑法四之三，咸平元年十二月二十日）

这道诏书的要求是，杂犯当判死罪的人[2]，原来均配沙门岛，自此，原则上编入各地的牢城部队，令其在彼处终身服役。其后，仁宗景祐三年（1036），依据宣赦，将"合配流沙门岛者"改为"配广南远恶州军牢城"，如果犯人是南方人，则"配岭北"。

> 诏："诸道新犯罪人内，准宣赦，合配沙门岛者，今后止刺面配广南远恶州军牢城。如南人，即配岭北。"（《宋会要》刑法四之十九，景祐三年七月五日）

这道诏敕下达的背景，《长编》做了如下说明："罪人贷死者，旧多配沙门岛，岛在登州海中，至者多死。"但是，这道诏敕下达后，配流沙门岛的情况并未就此消失[3]，事实上，官员配流沙门岛的记载在此后的

---

1. 沙门岛配流人的定员及实际在岛人员亦由枢密院管理。《宋会要》刑法四之二十六熙宁六年六月四日："枢密言：'登州沙门寨罪人，请以以〔衍一字〕二百人为额，额外有二百一人，若移配过海，恐非禁奸之意。自今配沙门岛罪，并配琼、崖、儋、万〔安〕州牢城。其见在人，依例，随赦量移。'诏以三百人为额。"
2. 所谓"杂犯"，是指相对需特殊处置的犯罪行为之外的一般犯罪，具体哪些犯罪行为属于杂犯，场合不同解释也不同（《译注日本律令》五，第55页）。这里所说的杂犯死罪，应该是指会恩不赦的特定罪行（十恶、故杀人、反逆缘坐、监守内奸盗略人、受财枉法）以外该当死罪的犯罪行为。
3. 《长编》卷一一九景祐三年七月辛巳条："罪人贷死者，旧多配沙门岛，岛在登州海中，至者多死。辛巳，诏：'当配沙门岛者，第配广南远恶地牢城，广南罪人乃配岭北。'其后亦有配沙门岛者。"

史料中亦不少见。

其结果，人数并不多的沙门岛居民，面对如此众多的配流人，负担沉重，生活艰辛。嘉祐三年（1058）担任京东转运使的王举元上书言：

> 登州沙门岛每年约收罪人二三百人，并无衣粮，只在岛
> 户八十余家佣作。若不逐旋去除，及岛户难为赡养。……
> （《长编》卷一八八，嘉祐三年十二月壬寅条）

王举元的短短数言，传达出了沙门岛岛民因配流人的衣食已不堪负担的事实。

围绕沙门岛配流人的问题，此后只要遇到问题就会成为议论的话题，政府虽然也会在议论的节点上给出一些对策[1]，但是，直到北宋灭亡，始终都没有拿出有效的对策来。

第三节　配军刑

一　厢军的建立——尤其是与牢城部队相关的问题

正如上章所述，配流与配军，历来都将它们视为相同的刑罚名称，认为两者之间并无明确区分[2]。但是，不用说，这两者本来是具有不同意义的词语。然而，从《宋史》以来，人们就将两者视为同一种刑罚来对待，其理由又是什么呢？将配流刑置于死刑之下，这与律法五刑的法理一致，这一点不难理解。但是，在唐后期藩镇跋扈等背景下来考察军队的社会地位时，配军刑与作为"减死一等"的配流刑，最终作为同一种刑罚被列入国家的刑罚体系，这不得不令人去思考其发展

---

1. 此后为解决沙门岛配流人问题所采取的对策主要有：① 增加配流人的定员，并给予配套条件（增加兵员等）；② 适时采取量移措施，减少在岛配流人的数量；③ 调整押往沙门岛配流人的数量（临时滞留登州）等。可参照前注引《宋会要》刑法四之二十六。《宋会要》刑法四之三十三大观元年（1107）十一月五日："诏：'访闻，配沙门岛罪人已逾额数一倍，所配隶皆贷命强恶之人。防托之兵，其数甚少，虑不足以制奸恶，可更增二百人。'"
2. 如《宋史》卷二〇一《刑法志》、沈家本《历代刑法考》刑法分考八·充军（中华书局，1985 年）等。

的历史过程。

首先，作为吸纳配军刑犯人的厢军，又是在什么样的背景下建立的呢？《两朝国史志》［仁宗、英宗两朝国史，120 卷，元丰五年（1082）完成］关于厢军的建立做了如下说明：

> 太祖鉴唐末方镇跋扈，诏选州兵壮勇者悉部送京师，以备禁卫，余留本城，虽或戍更，然罕教阅，类多给役而已。
>
> (《文献通考》卷一五二《兵考·兵制》，景德二年条引《两朝国史志》)

虽如此说，但实际上厢军在五代中期应该已经存在了[1]。当时的兵士，为防止其逃跑，面部都被刺了青（刺面、黥面）[2]。兵士面部刺青，并不是作为一种刑罚实施的，因此，将其等同于上古以来的肉刑之一黥刑是不对的。

兵士面部刺青，唐末以前未见有其事，似乎在黄巢之乱后才开始出现[3]。其出现的背景应该与唐末藩镇混战密切相关。随着藩镇之间抗争的不断激化，兵士的逃跑和兵源的不足深刻影响到藩镇的战斗力，为强化军队纪律，采取了兵士刺面的手段。兵士即使逃跑了，只要被捕获，就可以以面部的刺青为线索将其强制送还原部队。因此，常见的现象是，最终逃脱追杀的兵士，聚集在州县势力无法触及的山林水泽，在那里立营为盗[4]。在这样的状况下，兵士的社会地位急速下降。

宋代，经常作为收押配军犯人的牢城部队也是厢军的一种，几乎遍设于全国各州[5]，但这却不是专为收容这些犯人而创立部队。

---

1. 日野开三郎：《五代史概说》，载《日野开三郎东洋史学论集》（日野開三郎　東洋史学論集）第 2 卷，三一书房，1980 年，第 149 页。
2. 关于宋代兵士的刺青，曾我部静雄《关于宋代兵士的刺青》（宋代軍隊の入墨について）有详细的讨论，载其《中国政治习俗论考》（支那政治習俗論考），筑摩书房，1943 年。不过，曾我部静雄仍然将配军兵士的刺面理解为一种刑罚，第 320—322 页。
3. 参见上引曾我部静雄《关于宋代兵士的刺青》，第 296—308 页。
4. 《通鉴》卷二六六开平元年（908）十一月壬寅条："初，帝在藩镇，用法严，将校有战没者，所部兵悉斩之，谓之跋队斩。士卒失主将者，多亡逸不敢归。帝乃命凡军士皆文其面以记军号。军士或思乡里逃去，关津辄执之，送所属，无不死者，其乡里亦不敢容。由是亡者皆聚山泽为盗，大为州县之患。壬寅，诏赦其罪，自今虽文面亦听还乡里。盗减什七八。"
5. 参考小岩井弘光：《宋代兵制史研究》（宋代兵制史の研究），汲古书院，1998 年，第 126—129 页。

　　牢城部队的起源可上溯到唐末[1]，但在这以前就存在着被看作是先驱的部队。称呼虽然各种各样，但名为"防城"的部队就是其中之一[2]。从《卜璀墓志》（下图）的叙事来看，其任务是加固城塞守备。

卜璀墓志（京都大学人文科学研究所藏拓本）

<hr>

1. 曾我部静雄：《关于宋代的刺配》（宋代の刺配について），载其《中国律令史研究》（中国律令史の研究），吉川弘文馆，1971年，第117页；佐伯富：《关于宋代的牢城军》（宋代における牢城軍について），载《刘子健博士颂寿记念宋史研究论集》（劉子健博士頌壽紀念宋史研究論集），同朋舍，1989年，第268—269页。作为军队组织，出现牢城之名的，据笔者管见，最早见于光启三年（887）的记载，见后注。

2. 石刻史料所见"防城使（副使）""防城兵马使"举例如下："防城副使、光禄大夫、上柱国联明"［《金石续编》卷八《承天军城记》，大历元年（766）］；"都招讨押牙、城坊兵马使、右骁□将军、兼□□大夫吴乃"［《山右石刻丛编》卷八《裴度等承天题记》，长庆元年（821）］；"俄迁泽州都虞候、兼防城兵马使。宝历二年（826）春，奉牒追还，依前充先锋兵马使。"（《山右冢墓遗文》卷下《郑仲连墓志》）

及司空严公〔绶〕主是邦（山南东道），（元和九年）复重其才，补充同押衙、防城及车坊都知兵马使，并勾当宫园马禾等，州府以肃，城隍无虞，三军足蔬，万马常秣。（《襄阳冢墓遗文》卜璀墓志）

也有将牢城兵士称作"牢城防御兵士"的[1]，所以，牢城部队应是"防城"部队的延续，原本是加固守备城塞的部队[2]。

牢城部队的统率、指挥被称作牢城使，又称都牢城使、牢城都指挥[3]。四川省大足石窟（北山石窟）所存《韦君靖建永昌寨记》（录文见《金石续编》卷一二，现场照片如下）题记，是为纪念唐末乾宁二年（895）昌州刺史、昌普渝合四州都指挥使韦君靖建设永昌寨而摹刻的，题记正文之后列记的军将名单，能让我们一窥韦君靖麾下的军府构成。其中"当州军府军府官节级"，即韦君靖的根据地昌州的军将中有这么一些人（摘录）：

---

1. 《册府元龟》卷一二四《帝王部·修武备》后唐清泰二年（935）正月："诏诸州府：'本处牢城防御兵士，都将内人数，不见团并，或阙稍多。量许招添。其就粮禁军内本指挥将校，选伟壮、长于武艺者，据人数差节级，部送京师。'"

2. "牢城"一词，经常出现于《魏书》，作为动词是"固城坚守"的意思。杜文玉、王凤翔《唐宋时代牢城使考述》（载《陕西师范大学学报（哲学社会科学版）》2006年第2期）。有所解释。

3. 牢城使例："大顺元年（891），改滑州左右厢牢城使，与诸将讨时溥，累破贼军。"（《旧五代史》卷二二《牛存节传》）"光化二年（899），授泽州刺史。入为牢城使，从李嗣昭讨云州叛将王晖，平之。改教练使，检校司空。"（《旧五代史》卷五三）《李存璋传》）"是年〔开平三年，909〕，赠牢墙使〈梁祖讳诚，故曰牢墙〉王仁嗣司空。"（《册府元龟》卷二一〇《闰位部·旌表》）都牢城使例："是夜，〔高〕骈召其从子前左金吾卫将军杰密议军事，戊午，署杰都牢城使，泣而勉之，以亲信五百人给之。"（《通鉴》卷二五七光启三年（887）四月戊午条）"有子七人，长曰汉韶，河东节度押衙、都牢城使、兼右厢五院指挥使、金紫光禄大夫、检校兵部尚书、兼御史大夫、上柱国。……次曰汉威，河东节度押衙、安国军马步军副指挥使、都牢城使、银青光禄大夫、检校工部尚书、兼御史大夫、上柱国。……"〔《山右石刻丛编》卷一〇《李存进碑》，同光二年（924）没〕牢城都指挥使例："庄皇受命，梁祚告终……未安四郦，将宁边徼，特委警巡，以九府都督，充岚宪朔等州都游奕使，解职，授天雄军牢城都指挥使，迁检校刑部尚书、兼御史大夫、上柱□……"〔《金石萃编》卷一二〇《义成军节度使赠太保史匡翰碑》，天福七年（942）没〕"节度衙前兵马使、牢城都指挥使□维那董光晃。维那前牢城都头李希胤。"〔摘录。李希胤以外还有多名"牢城都头"的名字。《八琼室金石补正》卷八二《真定府元氏县尊胜石幢赞并序》，建隆四年（963）立〕

节度押衙、摄昌元县令、充牢城使、银青光禄大夫、检校国子祭酒、兼御史大夫、上柱国韦宝。

节度先锋兵马使、充牢城都虞候、银青光禄大夫、检校国子祭酒、兼御史、上柱国吴士伦

司节度副使、兼军事押衙、充左右两厢都虞候、牢城判官苏家□ 李卓□ 李德周

他们均为昌州牢城部队的武将，在牢城使的指挥下，由都虞候、判官负责日常性事务。

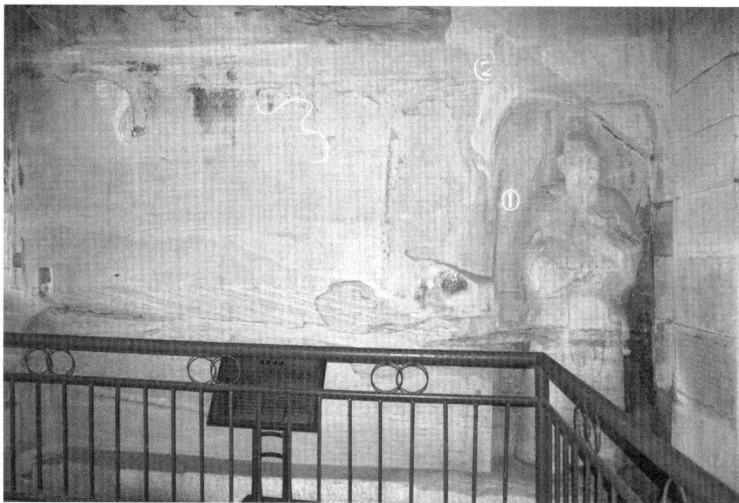

韦君靖建永昌寨记（作者摄）
题记刻于正面造像之左侧壁

　　至少从唐末到五代前期，牢城部队在藩镇诸军中的地位绝对不低。黄巢之乱平息后的光启三年（887）四月，在淮南，左厢都知兵马使毕师铎为讨伐占据军中要职跋扈多年的吕用之，举兵背叛节帅高骈，包围了治所扬州。为加强扬州城防，高骈任命从子前左金吾卫将军高杰为都牢城使，"以亲信五百人给之"[1]。眼看扬州城就要落入毕师铎之

1.《通鉴》卷二五七光启三年四月戊午条。

178

手，高杰试图捕捉吕用之，率领牢城兵从子城（内城）出击，结果大败。此时高杰率领的兵士，新旧《唐书》原作"牙兵"[1]。所谓"牙兵"，是节度使麾下的中坚部队。从这个事例中也能看出，唐末牢城使的地位绝对不低，在重要战事中率兵出击立下战功后被重用的事例也不少[2]。牢城使与其麾下的牢城兵，这一时期在藩镇的军队内部依然具有很高的地位。

那么，牢城部队的地位从什么时候开始下降了呢？据日野开三郎的研究，五代的州兵，随着时代的推移，开始出现了卑微化的倾向[3]。其理由是，州兵中的强壮者被待遇较好的厅直军即节帅的亲卫军所吸收；中央政府为加强集权而强化禁军、弱化地方军的策略其实在五代中期已经显现；州兵中的强壮者被挑选出来编入了禁军。后唐清泰二年（935）确实有"牢城防御兵士"人员不足的记载[4]，可见这样的趋势在五代中期就已经出现了。

接着在后晋天福八年（943）下达诏书，规定对那些将逃亡人户胡乱编入户籍的胥吏处以"决脊杖十八，刺面，配本处牢城执役"[5]，至此，终于进入了将罪吏送往牢城部队服役的阶段。但是，这绝非牢城部队独有的现象，当时整体上都存在着兵士的严重不足。这一时期，此前根本就成不了恩赦对象的凶犯，也时不时地被编入军队使其执役。天福六年（941）大赦中，连犯下持仗行劫[6]及杀人罪的犯人，都免其

1. 《旧唐书》卷一八二《毕师铎传》："乃令犹子杰握牙兵。"《新唐书》卷二二四下《毕师铎传》："骈从子杰率牙兵，将执用之以畀师铎。"
2. 前注引《旧五代史》卷二二《牛存节传》及卷五三《李存璋传》等均为其例。
3. 前注引日野开三郎：《五代史概说》，第186—187页。
4. 前注引《册府元龟》卷一二四，清泰元年正月诏。
5. 《五代会要》卷二〇《县令下》天福八年三月十八日："敕：'……自灾沴已来，户口流散，如归业者，切在抚安。其浮寄人户，有桑土者，仍收为正户。……其创收户，如先有租税，即依元额输纳。……如乡村妄创户，及坐家破逃亡者，许人纠告，勘责不虚。其本府与乡村所由，各决脊杖八十〔当作"十八"〕，刺面，配本处牢城执役。县司本典知情，并同罪。……'"
6. 手持凶器强盗，亦称劫盗。通观《册府元龟》帝王部·赦宥所载唐后期至五代时期的赦文可知，常赦中不予赦免的犯罪，随着时代的下移日益增多。例如，宪宗朝末期在原有的"官典犯赃"之外加上了"故杀人"；文宗以后，更加上了"十恶、五逆"及"持仗行劫"等犯罪行为。在持仗行劫罪中，甚至都不问是否有杀伤。

死罪逐离乡里编入各地的部队[1]。开运元年（944）的大赦中，也增加了赦免后的强盗犯按意愿可"配军收管"的措置[2]。后周太祖郭威委缓和后晋以来的峻法[3]，这样的趋势可能一时间会有所减弱，也可以看到有罪犯以外的人员被编入牢城部队的事例。如，显德五年（958），中书省上书要求废除后汉乾祐年间以来的俸户制，得到裁可，因此，中央和地方各官署及州县官的课户、庄户、俸户、柴炭纸笔户等全部解放，编为一般民户。此时也规定了今后如果有民户愿意继续充当这类特殊民户，可申请"勒充军户，配本州牢城执役"[4]。"军户"在户籍制度上有别于一般民户，有意愿的可以申请成为军户，在本州牢城部队应役。

　　就像上面提到的天福八年诏敕及显德五年中书上奏中看到的那样，牢城部队逐渐变质为"执役"即从事杂役的部队，这一点非常值得关注。五代前期在藩镇诸军中尚占有相当地位的牢城部队，其后随着中央集权的不断加强，反而一步步弱化了。然而，五代牢城部队里的成员并非全是犯人，进入宋代以后，这样的现象也不可能一下子就彻底改变。那么，到底是什么时候，经历了一个什么样的过程，配军才最终被纳入国家的刑罚体系中去的呢？

二　从居作到配军——窃盗法的改正

　　就像上一节已经概述了的那样，面对唐末五代时期对窃盗罪施加

1.《册府元龟》卷九四《帝王部·赦宥》后晋天福六年八月壬寅："制曰：'……常赦所不原者，咸赦除之。其持杖〔当作"仗"〕行劫并杀人贼，免罪移乡，仍配逐处军都收管……'"

2.《册府元龟》卷九四《帝王部·赦宥》后晋开运元年七月辛未："制曰：'应有曾行劫盗之人，并宜放罪，愿在军者与配军收管，愿归农者委本县安存……'"

3.《册府元龟》卷九六《帝王部·赦宥》广顺元年（951）正月丁卯："制曰：'……今后应犯盗赃及和奸者，并依晋天福元年已前条制施行……'"

4.《五代会要》卷二八《诸色料钱下》显德五年十二月："中书奏：'诸道州府县官及军事判官，一例逐月各据逐处主户等第，依下项则例所定料钱及米麦等，取显德六年三月一日后起支。其俸户并停废。……右诸州府、京百司、内诸司、州县官课户、庄户、俸户、柴炭纸笔户等，望令本州及检田使臣，依前项指挥，勒归州县，候施行毕，具户数奏闻。仍差本州判官精细点数后，差使臣覆视，及有人论诉称有漏落，抵罪在本州判官及干系官典。如今后更有人户愿充此等户者，便仰本州勒充军户，配本州牢城执役。'从之。"

的峻刑，北宋建国后，一直在尝试着刑罚的修订。首先在建隆三年法（参见第163页）中，在杖刑和死刑之间增加了有期劳役刑（配役）。此后在开宝二年法（参见第163—164页）中，将应判死罪的窃盗犯改为奏裁的对象。然后在太平兴国九年（984）的窃盗法修订中，除提高了奏裁对象的赃额外，还试图制定新的劳役刑。

> 诏曰："应诸道州府，自今犯窃盗五贯已上十贯以下，并决杖，配隶所在徒役，不必更奏。十贯已上及凶恶尤甚为人患者，即得取裁。"先是，窃盗狱成，皆取裁，多致凝滞，上知之，故降是诏。（《太宗实录》卷三一，太平兴国九年十月庚辰条）

在原有的"脊杖+配役"与"奏裁"之间增加决杖后"配隶所在徒役"这一刑罚，具有划时代的意义。史料中虽然没有明确写明，但从仅限于广南路内执行的开宝八年法（参见第164页）的类似性来看，推测凡是服徒役的犯人额部是要刺青的。徒役的年限虽然也没有明确的记载，但从赃额不满五贯的配役年限来看，新制定的劳役刑似乎是没有期限的。

然后，在次年的雍熙二年（985）制定的窃盗法中，规定赃额七贯以上、十贯未满的，黥面，编入本城军。

> 〔太平兴国〕十年〔当作"雍熙二年"〕五月，令："窃盗满十贯者奏裁。七贯决杖、黥面、隶本城。五贯配役三年，三贯二年，一贯一年。他如旧制。"（《文献通考》卷一六八《刑考·刑制》）

"本城"，是指建于各州的厢军，是杂役部队之一。建隆三年法、开宝二年法、太平兴国九年法、雍熙二年法四者的相关内容可整理成表6-3。

表 6-3　宋初窃盗法变迁

赃额（贯）	建隆三年法	开宝二年法	太平兴国九年法	雍熙二年法
一	脊杖十八、配役一年	脊杖十八、配役一年	脊杖十八、配役一年	配役一年
二	脊杖二十、配役二年	脊杖二十、配役二年	脊杖二十、配役二年	
三	脊杖二十、配役三年	脊杖二十、配役三年		配役二年
四			脊杖二十、配役三年	
五	处死	奏裁		配役三年
六				
七			决杖、配隶所在徒役	决杖、鲸面、隶本城
八				
九				
十			奏裁	奏裁

　　雍熙二年法中，新制定的隶本城配军刑也没有规定明确的服役年限。其实，因为犯人被编入了厢军，所以与其他一般兵士一样，理应也会支给衣粮。也因为被编入了本州厢军，甚至还会有被配入条件较好的部队的机会。面对这样的现状，天禧元年（1017）将窃盗犯的配军地点由本城改成了牢城。

　　　　诏："诸路为盗而质状小弱当配本城者，如所犯情重，并配牢城。"先是，〔当补"知"〕潞州钱惟济言："准前诏，今后为盗者，刺配本城。臣自到任以来，累捉到穿墙贼，并赃满五贯已上，身首小弱，准条并配本城永宁指挥。永宁虽本州有军额，请给甚厚，所募之人并少壮任披带者。今为盗小弱免死之辈，参于其中，深未允当，乞行条约。"故有是诏。
（《宋会要》刑法四之八，天禧元年八月五日）

钱惟济的上书告诉我们，在潞州，配隶厢军的窃盗犯之中其实有些人根本没有资质成为兵士，但却是按"前诏"配属"本城"即厢军部队永宁指挥的[1]。然部队的待遇很好，部队中的大多数兵士都是少壮，均能胜任兵役，但混杂其中的配军犯却是个大问题。朝廷采纳了钱惟济的提议，将窃盗犯的配军部门改成了牢城部队。

那么，为什么选择了牢城部队呢？这里可以解释的一个理由是，当时免死的窃盗犯配军牢城部队已经是非常普遍的现象了。前面已经有过介绍，对杂犯死囚减刑后的处罚，经咸平元年的刑法修订，已经从配流沙门岛改为送往牢城的无期配军（参见第172页），窃盗犯中经奏裁免死的人基本上都在这个范围内。景德二年（1005）规定，在盗贼配军牢城的情况下，须配一千里之外。

> 诏："今后应盗贼合刺配牢城者，并配千里外。其河北、河东州军并配过黄河南，陕西州军配潼关东，荆湖南路州军配岭南，北路州军配过汉江，江南、两浙并配江北，川峡州军配出川界，广南州军近岭者配岭北，不近岭者东西路交互移配，福建路亦配广南、江浙。其同火人，量远近散配。"
> （《宋会要》刑法四之四，景德二年十月二十一日）

应判死罪的窃盗犯配往距现住地千里以外的牢城，天禧元年以前就实施了。不至死罪的窃盗犯编入现地牢城部队的措置，也就可以理解了。

此外，前引钱惟济上奏中可见持仗穿墙即手持凶器穿墙凿壁偷盗的一类盗犯，太宗朝将之列入强盗的范畴[2]。不过，钱惟济的上奏中将之作为窃盗犯来议论，可见在这一段时间内惩治的措施似乎有了改变。还有，在此前的雍熙二年法中，窃盗罪执行"黥面、隶本城"的是赃额七贯以上，而钱惟济上奏中引"前诏"却称赃额五贯以上"隶本城"。三年后的天禧四年（1018）十二月，知开封府吕夷简上奏，提出了修订方案。

---

1. 永宁指挥之名，见于《宋史》卷一八九《兵志》之《厢兵·建隆以来之制·步军》。
2. 《长编》卷一八太平兴国二年十二月甲申条："又诏：'持刃穿窬，法当强盗。近者多云弃刃于外，空手入室，既难覆验，实启奸心。自今以强盗论。'"

　　　知开封府吕夷简言："请今后应贼人，窃盗持杖〔当作'仗'〕穿墙五贯以上、强盗满三贯及持杖〔当作'仗'〕罪不至死者，更不部送赴阙，只委逐处依法决脊杖二十。内身首强壮者，刺配五百里外牢城，凶恶难恕者，刺配千里外远恶州军牢城。若老小疾病久远不堪充军役者，依法施行。"事下法寺，既而言："旧条皆押赴阙，今请如夷简所奏。"诏："可。仍候断讫，刺指挥二字，取转运使指挥移配。"（《宋会要》刑法四之十）

吕夷简上奏后，大理寺对其建议进行检讨，赞同吕夷简的建议，并获得皇帝裁可。从吕夷简上奏引起的议论中看得很清楚，在这之前，对窃盗犯中"持仗穿墙"者的司法程序，不单要奏裁，而且还必须押送赴阙。吕夷简修订案的建议是原则上取消押送赴阙，将其编入远恶州军的牢城部队。这个提案最终被朝廷采纳，正像下文将要叙述的那样，它标志着原本由皇帝个人的裁断将凶犯放逐到偏远地区的配流刑，向后来成为宋代常规刑罚的配军刑的转换。

　　窃盗法在此后又经历了几次改订。如上所述，真宗时（具体时间不明），判处配军的赃额由七贯文降低到五贯文；景祐二年（1035），为与改订后的强盗法调和，又把判处配军的盗额提升到十贯文（参见第187页）。到了南宋时期的庆元贼盗敕，又做了如下调整：

　　　诸窃盗，得财杖六十，四百文杖七十，四百文加一等，二贯徒一年，二贯加一等，过徒三年，三贯加一等，二十贯配本州。（《条法事类》卷七《职制门·监司巡历·旁照法·贼盗敕》）

赃额的设定及处罚的内容等均出现了很大的变化。只是，从"配本州"即编入本州牢城这个意义上来说，始于天禧元年窃盗犯的配军本州牢城，一直被贯彻到了南宋时期。

三　流刑要素的导入——强盗法的改正
　　强盗罪也与窃盗罪一样，该当死罪者及情状严重者须经奏裁，因此，犯人也会被押送京师[1]。在这样的情况下，宋初的惯例是连同犯人的妻子一并押送京师，但据太平兴国六年颁发的诏书，依据律法规定未至死罪的犯人，其妻子不须押送赴阙[2]。

就死刑囚而言，通过奏裁的程序尽可能减刑免死，这是宋朝恤刑政策的基本出发点。这项政策，正如前文所述，其实给社会带来了各种各样的弊端。其中，在因奏裁部送犯人及家属赴阙的途中死亡率过高，这一现实与奏裁的减刑免死理念其实是违背的，因此成为问题。为此，真宗在咸平四年（1001）颁发了以下这样的诏书：

> 诏："福建、广南、江浙、荆湖远地，应强盗及持杖〔当作'仗'〕不至死者，依法决讫，刺配本处五百里外充军。"[3]先是，并其家部送上京，多殒于道途，特有是命。（《宋会要》刑法四之三，咸平四年七月五日）

由于路途遥远，诏书命令福建、广南、江浙、荆湖各路的强盗犯及持仗行劫犯，按律不至死刑的，以后无须再部送赴阙，依律将之编入距现居地五百里以外的厢军部队。决杖和黥面，这本身就是赴阙前的先行执法，为保持与其他地域同类犯人刑罚上的均衡，因此，虽然免除了部送赴阙，但配军前的决杖和刺面是不可免的。

咸平四年的这道诏书规定，配军的收管部门是牢城部队。虽然在地域上有所限定，但是，对免死强盗犯的"减死一等"刑，至此改为牢城配军的刑罚来执行，对于不至死的窃盗犯作为奏裁的替代也科以配军牢城，从这以后，可以说配军刑与据奏裁结果执行的配流刑逐渐趋同，或者可以说，配军刑成为准配流刑的一种刑罚。

咸平四年措置还有一点是值得关注的，这就是，配军刑引入了放逐的要素。上文已经述及，在永熙二年制定的窃盗法中，犯人配军本

---

1. 太平兴国四年（979）通过朝旨命初犯的强盗"免死，送阙下"。亦可参照《长编》卷二〇太平兴国四年七月乙巳条。

2. 《长编》卷二二太平兴国六年十二月甲申条："诏：'强盗、放火，准律不至死者，勿复并妻子部送阙下。'"

3. 《长编》卷四九虽称"决杖，黥面，配所在五百里外本城"，但本书不采其说。

城已经被列入了刑罚体系，但配军的地点最终仍是犯人现住地所在的州军，而不是将犯人放逐到远离现住地的州军。不过，顾及凶犯遇赦后往往会施行报复等现实状况，为防患于未然，当时已经有了远地隔离的想法。雍熙四年（987），江南转运使许骧上言就举例说，赦免后回到乡里的劫盗犯因憎恨揭发他或逮捕他的人而行凶的事件不断，因此他建议将他们编入厢军部队。

> 诏："应诸道擒获劫贼，狱成遇赦者，隶本城军，仍廪给之。"先是，江南转运使许骧上言，劫盗遇赦得原还本乡，譬告捕者，多行杀害，请以隶军故也。（《宋会要》刑法四之二，雍熙四年十二月十三日）

从许骧的上书中不难推断，为维持乡里的安宁与秩序，将不安定因素驱逐出去，这应该是配军刑的重要出发点。

咸平四年以后，作为刑罚的一种，配军牢城的立法渐渐多了起来，咸平六年（1003）制定的僮仆偷盗主人财物法规亦是其中之一[1]。这条法规规定，赃额在五贯以上的，决脊杖、黥面后配军牢城，十贯以上的通过奏裁定罪。或许因这条法规过于严酷，终因案件过多，奏裁不及，两年后的景德二年（1005）不得不改为十贯以上的配军五百里外牢城，二十贯以上的走奏裁程序[2]。从僮仆盗主财的刑罚中，同样可以看出引入了放逐的因素。而且就在同一年，还将盗罪犯配军的里数改成了一千里以外，并据犯人的籍贯地详细规定了配军的地点[3]。

天禧四年（1018），限于特定地域施行的咸平四年措置，推广到了全国。这次修法的直接契机是前文所引知开封府吕夷简的上言：强盗犯

---

1. 《长编》卷五四咸平六年四月癸酉条："旧制，士庶家僮仆有犯，或私黥其面。上以今之僮使本佣雇良民，癸酉，诏：'有盗主财者，五贯以上杖脊、黥面配牢城，十贯以上奏裁，不得私黥涅之。'"
2. 《长编》卷六〇景德二年六月壬寅条："诏：'自今僮仆盗主财，五贯配本州牢城，十贯配五百里外，二十贯以上奏裁。'改咸平六年之制，虑其淹系也。"
3. 参见本书第182页所引《宋会要》刑法四之四景德二年十月二十一日条。

罪至死者及持仗劫盗罪不至死者，"委逐处依法决脊杖二十"，其中身体强壮者及凶恶难恕者，刺配距离现住地一定里数之外的远恶州军牢城，老弱疾病不堪远行者，依原有法规处置。吕夷简的上言被送往大理寺论议，得到了大理寺的支持，真宗裁可，下达了"仍候断讫，刺指挥二字，取转运使指挥移配"的诏命。吕夷简提出的原案就此被采纳，并附加上了在犯人额部刺上所配军队的名称[1]，交由转运使指挥移配。

由于配军刑导入了放逐的因素，新规规定，除老弱疾病者按旧规编入现住地牢城外，身体强壮者刺配现住地五百里以外的州军牢城，凶恶犯刺配一千里以外的远恶州军牢城。庆元《断狱令》所载：

> 诸编配计地里者，以住家之所，诸军以住营之所，各不得过里数三百里〈三百里内无州者，配以次最近州〉。（《条法事类》卷七五《刑狱门·编配流役·断狱令》）

就是对配军刑按一定距离将犯人强制移送的条规。与律法流刑规定的流放距离从京师算起不同，配军的起点是从犯人的"住家之所"算起。配军的距离之所以从犯人的"住家之所"算起，是因为配军刑最早的起点是"配本州"即犯人所居之州，那么，强制移送也应该以犯人所居州算起。当然，这里不得不顾及的是，为确保乡里的安宁而将凶犯远送他州的措施，也应该是制定配军刑的动机之一。

还有一点是值得关注的，这就是配军刑执行之际需取得转运使的许可之事。北宋将全国分成了十八个左右的"路"（不同时期"路"的数量略有不同），各路均设有转运司，长官为转运使。转运司的执掌不仅负责漕运，还肩负着监督所辖各州的会计、人事考课、司法、农政等多种职责[2]。针对吕夷简上言中该当犯人在各州决杖后刺配各地牢城的提案，

1.《条法事类》卷七五《刑狱门·编配流役·断狱令》："诸强盗贷命配军，于额上添刺强盗字，仍差将校部送，余依本法。"

2. 梅原郁：《宋代官僚制度研究》（宋代官僚制度研究），同朋舍，1985 年，第 266—274 页。

皇帝裁可时附加"取转运使指挥移配"一句，反映了担负着"君主与地方政治之间的桥梁"功能的官署，监司的地位日益增强[1]。因各州动辄"承准宣敕，犯罪情重不可留于乡邑者，以故移配"[2]，所以朝廷需要通过转运使对各州的专行有所抑制[3]。

由于导入了放逐的因素，仁宗景祐二年（1035）进行了强盗法的司法修订。

> 诏改强盗法。不持仗不得财，徒二年。得财为钱万及伤人者，死。持仗而不得财，流三千里。得财为钱五千者，死。伤人者，殊死。不持仗得财为钱六千，若持仗不至死者，仍刺配一千里外牢城。（《长编》卷一一七，景祐二年八月壬子条[4]）

这个修订案，外观上与唐律强盗法[5]非常相似，却与建隆三年法（本书第165页）有着相当大的不同。死刑以外的部分，完全见不到"脊杖（十七、十八、十九）+配役（一至三年）"的影子，而唐律五刑中的刑名似乎反而复活了。言辞上尽管如此，但实际上还是按照折杖法执行的，徒二年等于脊杖十七，流三千里等于"脊杖二十+配役一年"[6]，因此，执行内容上其实并没有什么改变。关于死刑，建隆三年法规定盗赃三贯文即处死，与之相比，景祐二年法改为不持仗盗赃十贯文以上及伤人者均处死，持仗盗赃五贯文以上绞，伤人者斩，刑罚力度有了大幅度减轻。然后，与建隆三年法之间的决定性差异，是导入了配军刑。

---

1. 关于宋代司法行政中监司的地位，参照梅原郁：《宋代司法制度研究》（宋代司法制度研究）第一部第三章，创文社，2006年。
2. 《宋会要》刑法四之六大中祥符五年十月一日："帝谓宰臣曰：'天下犯罪配牢城者多非，令总括其数，非尽朝廷配去，盖外州承准宣敕，犯罪情重不可留于乡邑者，以故移配稍多，时久承平，所宜敛恤。……'"
3. 与此类似的动向，在死刑案件的奏裁中也能看到。太宗末年的至道元年（996），下达了各州死刑奏裁案件不直接上奏中央而经由转运司的诏书，真宗大中祥符六年（1013），这一做法被确立为制度。参见前注川村康：《宋代死刑奏裁考》，第47—48页及第73页注（45）。
4. 亦可参照《宋大诏令集》卷二〇二《政事·刑法·定强盗刑诏》。
5. 唐《贼盗律》34条："诸强盗，不得财徒二年，一尺徒三年，二匹加一等，十匹及伤人者绞，杀人者斩。其持仗者，虽不得财，流三千里，五匹绞，伤人者斩。（注疏略）"
6. 参见前注川村康：《宋代折杖法初考》，第92—100页。

不持仗盗赃六贯文以上者，及持仗但不至死罪者（盗赃五贯文未满或不伤人），刺配距乡里一千里外的州军牢城部队。与强盗法的修订同时，窃盗法也做出了修订[1]。雍熙二年法在配军刑部分又对天禧元年法做了修订，盗赃七贯文以上配军牢城。其后，判处配军的赃额又从七贯文降低到了五贯文。然而，因强盗法的修订，尽管存在着配军现住地与配军一千里外的不同，但判处配军的赃额，窃盗反而比强盗还要低，刑罚的轻重反而逆转了。为此，又将窃盗改为十贯文以上配军。

其次，想就持仗劫盗中该当死罪的，及强盗之际犯下杀人、伤害他人等凶恶犯的处置做一些探讨。这类罪犯，即使遇上恩赦，因其罪恶深重，唐末以来原则上就不在赦宥对象之中。即使有极个别的犯人被赦免，但这样的释放犯回到乡里后总会引起一些骚动。因此，宋朝除沿用五代后晋时采用的编入军队给予衣粮充杂役的做法外，别无他策。以遇赦还乡的劫盗犯因心怀愁怨而报复杀害告发者的事件频出为由，只能将这等恶人投入"本城军"服杂役。对被赦免的重罪犯人进行隔离的逻辑，看上去与律令的"杀人移乡"（《贼盗律》18 条）相似[2]，但将他们"收管"[3]到作为国家机器的部队中去进行管理，这种尝试与律令的法理完全不同。而且，将遇赦免死的劫盗犯编入本城军的做法，此后还有过好几回[4]。

雍熙四年诏中，虽称配军地点是"本城"部队，但实际上会恩免死的劫盗，其配军地点通常都是远比本城部队遥远的、条件恶劣的牢城部队。据大中祥符八年（1015）知密州孙奭的上言，劫盗罪在结案后遇赦，或赦后被捕的情况下，尽管依诏当配军本城，但判例中却将配军本城改为配军牢城执行。本来本城与牢城之间是有轻重之差的，

1.《长编》卷一一七景祐二年八月壬子条："既而有司言：'窃盗不用威力，得财为钱五千，即刺为兵，反重于强盗，请窃盗罪亦略减之，至十千刺为兵。'诏可。"

2. 唐《贼盗律》18 条："诸杀人应死，会赦免者，移乡千里外。"亦可参照《译注日本律令》六，第 138—139 页。

3. "收管"一词的示意，请参见本书第七章第一节。

4. 如《宋会要》刑法四之二淳化元年（990）十一月十八日："诏：'窃盗、强盗至徒以北〔当作"上"〕并劫贼，罪在赦前而少壮者，并黥面配本城。'"《宋大诏令集》卷二一五《政事·恩宥·遣官决狱减降一等诏〔至道元年（995）四月辛丑〕》："其劫杀，止诛其首恶者，余徒党，悉杖脊、黥面，配所在本城禁锢。"

所以对这一现状，不能就此置之不管。真宗接受了孙奭的提案，在这一年的八月颁下了诏书。

> 知密州孙奭言："本州累有强劫贼，结案遇赦，或赦后捉获，准诏配本城。据官吏众称，准例配本城者并配牢城。朝廷以本城、牢城分为轻重，今若一概处断，虑失诏意。请下法官参议。"诏："自今准诏刺配牢〔当作'本'〕城者，并止配本城有军额指挥，不得例配牢城。"（《宋会要》刑法四之七，大中祥符八年八月十九日。〔〕内据《长编》卷八五大众祥符八年八月甲申条补正）

次年又再次下诏，命会恩减死的劫盗犯决杖后配本城，明确了前诏的规定[1]。对于劫盗犯会恩之际的处置原则，至此应已基本确立[2]。

第四节　刺配刑的序列化

一　多样化的刺配刑

太宗朝以降，作为刑罚出现在法令之中的配军刑，在宋朝的刑罚体系中逐渐占据了重要的地位。在这一过程中，配军刑作为一种刑罚，其内涵变得越来越多样，但总的说来，是引入了放逐的因素。最初，配军刑仅是将犯人配隶"本州"即犯人现居地州的厢军部队（本城、牢城等），但真宗朝以降，规定送往"五百里外""千里外"配军（主要为牢城）的法令逐渐成熟。《宋会要》刑罚门"配隶"项篇首文章中有这么一段话：

> 杖以上情重者，有刺面、不刺面，配本州牢城，仍各分地里近远，五百里、千里以上及广南、福建、荆湖之别。

1.《宋会要》刑法四之八大中祥符九年七月十九日："诏：'强劫贼人罪当死，以德音降从流者，决讫，仍隶本城。'初，磁州贼逯宪持杖〔当作'仗'〕行劫，德音降罪免配，州疑刑轻，状下法寺详定，而有是诏。"
2.《宋会要》刑法四之九天禧三年八月十八日："诏：'谋杀、故杀、劫杀人罪至死，用今月三日赦原者，诸州并依强劫贼例，配本城。情重不可宥者，部送京师。自今用为定式。'"

这为我们理解这一时期开始的配军刑的多样化运作提供了资料。

到了仁宗朝，还出现了刺配"二千里外牢城"的法律规定，这里举一例加以说明。仁宗天圣八年（1030）制定的与盗卖漕运官船相关的惩处法令，《宋刑统》基于"监守自盗法"[1]，规定了在主刑五刑之外附加配军刑来进行惩处。

> 审刑院、大理寺言："楚州奏'自来领勘偷盗动使梢工，并从监主自盗律敕科断。今新编敕内，偷拆官船钉板等货卖者，当行决配。又条，当行决配者，具案闻奏。州路据要冲，日夕过往纲运不少，常有拆卖钉板兵梢。若或逐度禁奏，非唯频烦朝廷，实见虚有淹禁，欲乞立定刑名，许令断遣。'众官参详，欲自今应梢工偷拆官船钉板之类货卖者，计赃，从监主自自〔衍字〕盗法，杖罪决讫刺配五百里外牢城，徒罪决讫刺配千里外牢城，流罪决讫刺配二千里外牢城，罪至死者奏裁。"从之。（《宋会要》食货四十二之十七，天圣八年八月十三日）

"新编敕"即《天圣编敕》（前一年的天圣七年编定进呈）中仅见"当行决配"的刑罚规定，《宋会要》中做了具体的说明。其中，规定流罪犯决讫后并科二千里外牢城配军，杖刑犯、徒刑犯决讫后，也须并科五百里外和千里外牢城配军，因此，是通过强制移送距离的远近来显示这项附加刑的轻重的。

将犯人强制移送到距现住地一定距离之外的牢城配军，其后在神宗朝时，又出现了"配三千里"的规定[2]。另一方面，配往广南路的犯

---

1. 《宋刑统》卷一九《贼盗律·强盗窃盗·监主自盗》："诸监临主守自盗及盗所监临财物者，加凡盗二等，三十匹绞。（注疏省略）"

2. 《宋会要》刑法五之二十熙宁九年六月十五日："上御崇政殿，录在京诸司系囚，除犯谋杀斗杀者、并为已杀人者、并十恶、强盗、伪造符印、放火、官员犯入己赃、将校军人公人犯枉法赃、监主自盗赃，并依法，其余犯死罪降从流，流降从徒，徒降从杖，杖已下放免。内斗杀情理轻者减一等，并杂犯死罪情理中者，依所降，决讫并刺面配千里外牢城，断讫录案闻奏。强盗罪至死，情理轻者减一等，刺配本住处三千里外牢城。开封府界诸县见禁罪人，一依上项断决指挥，到时以前应犯徒罪，并降从杖，杖罪已下，只委本县断放，徒已下罪，即解府依疏决施行。"

人，在英宗朝的录囚中可以见到这样的案例，强劫盗犯人死罪减一等，配"广南牢城"；强劫盗犯人情节严重者减死一等，配"广南远恶州军"牢城[1]。

二 就配法（配军画一法）

刺配刑的序列化倾向，总体上可以说一直持续到了北宋末年，但神宗在位期间，曾一时间出现了完全相反的现象，这就是元丰六年（1083）实施的"就配法（配军画一法）"。

关于就配法，德永洋介早先就其与圜土法关系有过探讨[2]，在此参照德永洋介的研究，对若干问题进行补足，并阐述其产生的缘由与意义。

据德永洋介的研究，从熙宁三年（1070）中书门下所议"刑名未安者五条"的事项中可以看出就配法出现的端绪来。

> 三、刺配之法，大抵二百余件，愚民罕能知威，使其骨肉离散，而道路死亡者甚多，防送之卒，劳费尤苦。其间情理轻者，亦可复古徒流之坐、移乡之法，俟其再犯，然后决刺充军。诸配军，并减就本处或与近地，凶顽之徒，自从旧法。编管之人，亦递送他所，量立役作时限，不得髡钳。（《长编》卷二一四，熙宁三年八月戊寅条）

这个议论的背景中，有当时政权中枢王安石等人的提倡恢复肉刑主张与神宗皇帝表达的赞意[3]。肉刑废除以后，作为"减死一等"之刑设计

1.《宋会要》刑法五之九治平元年二月二十二日："帝御崇政殿，录在京诸司系囚，杂犯死罪以下递减一等，杖已下释之，斗杀情可闵者，决配五百里外牢城，强劫罪至死者，广南牢城，情理重者，广南远恶州军。"英宗朝在此后的四次录囚中，采取的都是同样的措置。

2. 德永洋介：《试论宋代监狱制度》（宋代监狱制度試論），载辻正博编：《唐宋变革期刑罚制度的综合研究》（唐宋变革期における刑罰制度の綜合的研究），科学研究费研究成果报告，2003年。

3.《宋会要》刑法四之二十七元丰五年七月三日："上因论刑曰：'先王之制肉刑，盖不可废。……三代之时，民有疆井，分别坼域，彰善瘅恶，人重迁徙，故以流为重。后世之民，迁徙不常，而流不足治也，故用加役流，又未足惩也，故有刺配，犹未足以待，故又有远近之别。盖先王教化，明习俗成，则肉刑不为过也。'"

的流刑，不足以惩罚凶犯，于是在其上设计了加役流，后又在其上设计了刺配刑，刺配刑中还分出"远近之别"，但均不足以用来惩治那些"迁徙无常"之人。不仅如此，押送犯人配刺远方亦"劳费尤苦"，成为国家的沉重负担。但是，恢复肉刑也不是一件容易的事，为降低"防送"的成本和风险，在一般的流刑之上增加了惩罚度更重的"加役流"，于是新创了配军刑。结果，此前基于强制移送距离的远近及地点逐渐序列化了的配军刑，被改成了基于犯人在配军地点的劳役轻重来划分等级。据《长编》所载：

> 上批"早来拟奏配军画一法内称：'刺充某指挥配军'，恐于上军称呼有嫌，可谕修法官改云'某指挥杂役'。"时犯罪，法应配流者，其罪轻得免配行，尽以隶禁军营为杂役。然禁卒素惮配法，尝耻言之故也。上于人情至微，无不曲尽。配军画一，盖张诚一等所更定也。凡犯盗，流以下皆配本州为杂役军，以省禁兵护送。其人与所隶将校相犯，论如奴主相犯律，与营卒相犯，加减凡人二等。（《长编》卷三三四，元丰六年三月辛丑条）

李焘在这里更是引用了《曾布日录》为上述内容做了注释：

> 元丰编敕所欲以役代配，及承旨司立季送之法，以宽配隶及省护送之劳。先帝并以为难行，遂定以配三千里以上罪人充诸营杂役军，有犯依上禁军法，余自千里而上，皆配本处牢城、本城。（《长编》卷三三四，元丰六年三月辛丑条原注）

李焘在《长编》中又引《旧录》（《神宗实录》）注曰：

> 诏改新配法。初，神宗以流人离去乡邑，或疾死于道，而护送禁卒失教习，有往来劳费故，仿古，犯罪应流者，加决刺，随所在配诸军重役。至是，中丞黄履有言，故令应配

者悉配行如旧法。(《长编》卷三六〇，元丰八年十月己巳条原注)

总之，此前被判"配三千里以上"刺配刑的重犯，不再强制移送远方，而是配隶禁军，使其在禁军营中服"重役"，即苛酷的劳役。轻于三千里以上的刺配刑，也不再强制移送，"皆配本处牢城、本城"。同时还规定了三衙（殿前都指挥使司、侍卫亲军马军都指挥使司、侍卫亲军步军都指挥使司）按月轮番接受配军人[1]。此外，还照准"奴主"关系，规定了禁军将校与服役囚之间法律上的上下关系。

但是，就像预想的那样，这项改革给执法实践带来了巨大的混乱，仅两年就被废除，重新启用旧法。新法失败的原因虽有多种，但最关键的一点就是当时有识之士非常强调的，在现住地服役的刑徒，不仅依旧行恶，而且还出于怨恨，对受害人及告发者再三发起报复行为，为此，乡里的社会治安明显下降[2]。配军刑引入放逐因素的理由之一，是为了将这些威胁乡里安宁的恶人驱逐到遥远的僻地去，这是非常合乎情理的。正因为如此，就配法在神宗驾崩的元丰八年就立刻被废止了。

三 刺配刑的序列化

虽然因就配法的实施一时中断，但刺配刑的序列化仍然在切实地向前推进。前文已经述及，英宗朝将配军广南路设定为"减死一等"之刑，并从刑法的轻重上判断，在"配广南远恶州军牢城"之下还设定了轻一等的"配广南牢城"。此后，神宗熙宁三年（1070）还制定了《河仓条贯》，即所谓的"仓法"[3]。仓法规定，对贪污钱物的胥吏，最高的量刑是

1.《宋会要》刑法四之二十八元丰六年五月十二日："诏：'降配禁军营杂役卒，在京可轮月刺配，先殿前司，次马军司，次步军司，周而复始。'"

2.《长编》卷三五九元丰八年九月乙未条："监察御史王岩叟亦言：'窃见，诸州自行就配法以来，民间多苦凶徒骚扰之患。缘其人皆是狃于为恶，无所畏惮，不复自新之人。平昔流之远方，犹或逃迸，以肆凶虐，今既不离本乡，更无限隔，足以遂其为恶之志，恣其报怨之心，使被告与告捕之家常忧仇害，一乡上下不获安居。若日月益久，其徒转盛，愈恐易于结集，为患更深。伏望朝廷采察，罢就配法，以为群凶之戒，以为良民之福。'"参照前注德永洋介《试论宋代监狱制度》，第22页。

3. 参考宫崎市定：《王安石的吏士合一策——以仓法为中心》（王安石の吏士合一策——倉法を中心として——），1930年初刊，《宫崎市定全集》第10卷，岩波书店，1992年。

"配沙门岛"，减配沙门岛一等的是"配广南牢城"[1]。这里要注意的是，刺面配流刑中，比"配沙门岛"轻一等的是"配广南牢城"，但并不意味着"配广南牢城"加一等就会"配沙门岛"。不管怎么说，原本渊源不同的刺面配流刑，如今作为"刺配刑"，在同一个层面上并肩共存了。

随着就配法的废止重新复活的"旧配法"中，刺配刑被整合成了如下的序列：

> 又诏："杂役配军，诸路州军并配本州牢城，在京者，元配广南分配东西窑务，三千里者配车营务，二千里者分配广固指挥。自今犯杖以上罪，并依元犯配行。"（《长编》卷三九，元祐元年六月庚子条）

依就配法隶属禁军的配军人，据元犯的轻重配属地点发生了改变。地方诸路一律"配本州牢城"，在京者，则按如下规定执行：

配广南→配东西窑务

配三千里→配车营务

配二千里→配广固指挥

这里举出来的配军刑，可以明显看出存在着一定的序列：

配广南＞配三千里＞配二千里

配东西窑务＞配车营务＞配广固指挥

从元符元年（1098）规定的与护送中编配人逃亡相关的法令[2]可知，刺配刑中也存在着如下的序列：

---

1. 《长编》卷二一四熙宁三年八月癸未条："先是，诸仓吏卒给军食，欺盗劫取十常三四。上知其然，故下诏，且命三司条具。……中书谓：'……在京应干仓界人，如因仓事取受粮纲及请人钱物，并请司公人取受应干仓界并粮纲钱物，并计赃，钱不满一百徒一年，每一百钱加一等，一千流二千里，每一千加一等，罪止流三千里。其过致并与者，减首罪二等。徒罪皆配五百里外牢城，流罪皆配千里外。满十千即受赃为首者配沙门岛。若许赃未受，其取与过致人，各减本罪一等。为首者依上条，内合配沙门岛者，配广南牢城。……'从之。"

2. 《长编》卷四九九元符元年六月丙戌条："大理寺言：'防送已决编配、流移、羁管人而有纵失者，准其亡罪，论如纵失囚法。……即逃亡后仍归本州县系捕获者，元配本州即配邻州，邻州配五百里，五百里配千里，千里配二千里，二千里配三千里，三千里及广南，并配远恶处。……'从之。"

　　配沙门岛>配广南远恶州军>配广南、配三千里>配二千里>配千里>配五百里>配邻州>配本州

只是要注意的是，"配沙门岛"，宛如律法五刑中的死刑[1]，并非加重处罚时采取的加刑。

　　北宋末年，基于罪行及情状轻重，依据法规决定其编配的"地分远近"，而令中又有铭文规定"不得过应配地三百里"[2]。众所周知，南宋初年淳熙年间的"配法"共分成如下的十四个序列[3]：

　　永不放还者>海外>远恶>广南>三千里>二千五百里>二千里>一千五百里>一千里>五百里>邻州>本州牢城>本城>不刺面

这个基本序列，在北宋后期已基本成形。

小结

　　宋代的配流刑，正像宫崎市定指出的那样，是基于天子特恩减死的替代刑。但是，配流刑与进入宋代以后独自发展起来的配军刑，两者原本属于不同的刑罚系统。追根溯源，宋代的配流刑，汲取了唐代以来的司法传统。唐代后半期开始出现的专卖法以及为维持社会治安制定的窃盗法、强盗法，这些法规的强化，并不是通过修改法律，而是通过不断下达诏敕的形式进行的，因此，宋代的配流刑，呈现出了与唐、五代配流相异的方面。除保留具有唐代传统的不刺面配流（如是官员则为除名配流）外，刺面配流成了主流。犯人刺面，原本并不是在配流前夕施行的，而

---

1. 唐《名例律》56条："诸称加者，就重次，称减者，就轻次。唯二死、三流，各同为一减。加者，数满乃坐，又不得加至于死。本条加入死者，依本条。"参照《译注日本律令》五，第330—334页。
2. 《宋会要》刑法四之三十七宣和二年十月三日："翰林学士赵野奏：'窃详，犯罪应编配之人，在法，皆以本犯情罪轻重，立定地分远近。依令，不得过应配地三百里。盖欲刑当其罪也。'"
3. 前注宫崎市定：《宋元时期的法制与裁判制度》，第146页。《文献通考》卷一六八《刑考·徒流》："淳熙十一年，校书郎罗点言：'……'上曰：'可令刑寺集议奏闻。'既而刑部、大理寺奏言：'……而今世配法乃至十四等。今欲推广〔张〕方平之意，永不放还者役终身，海外者役八年，远恶、广南者役七年，三千里、二千五百里者并役六年，二千里、一千五百里者并役五年，千、五百里者役四年，特配邻州者役三年，本州、本城者并役二年，不刺面者役一年，免其文面并役当处。'"

是在须奏裁的犯人赴阙前就已施行。被押送到京师的犯人，在军头司的带领下来到皇帝御前接受最后裁决，裁决的结果，至少在形式上均能获得减死一等的特恩（其实除极个别的特例外，赴阙犯人的处分决定由枢密院负责）。经过这样的司法程序，犯人被处以配流刑，并被送往配所，与不刺面配流相比，刺配通常都在极其恶劣的环境下从事苛酷的劳役。

服役的形式与内容，也与唐代传统的"居作"方式大不相同。五代时期已经出现萌芽，国家为确保必要的劳动力，以部队的形式组织了一批人员，甚至还将一部分犯人编入部队使其从事劳役。虽然沙门岛并不一定需要这样的组织，但沙门岛以外的配流地，如作为"远恶州军"而有别于他处的广南路部分州军，各自设置了最下层的杂役部队即牢城部队，应配罪人被遣送到这些州军作为牢城士兵从事劳役。

遇恩遣还的沙门岛流人，很多被配送到内地的牢城。恩赦下达后，配流人会被"量移"到距京师近一些的地方服役。量移流人会被再次押送到京师，在军头司决定新的配所。强制劳动通过编入军队的形式执行，与配军刑作为"减死一等"之刑被列入宋朝刑罚体系这一过程相互关联，量移后的配流人被遣送到牢城部队服役的事例也非常多。从太宗朝开始，对犯下徒、流罪须赴阙的犯人，作为赴阙奏裁的替代，配属当地牢城的做法已经出现，另一方面，被押送到沙门岛以外地点的配流刑，也被置换成了配军牢城部队。强制劳动的方式与内容，从唐代传统的"居作"即在官署徒役变成编入杂役部队服役，也是面对当时的现实而不得不采取的应对方策。

如此，以沙门岛为顶点的宋初刺面配流刑，最终与配军刑合为一体。虽然宋初的沙门岛配流往后依然存续，但沙门岛以下的配流刑，几乎变成了与配军刑相同的形态。这一变化的背后，是本应编入当地州军杂役部队服役的配军刑，随着时势的变化，逐渐变成移送远离现住地（五百里外、一千里外）牢城服役这一事实。配军刑的设定，引入了放逐的要素。配军刑中包含的放逐要素，本意是将祸害乡里的不良之徒驱逐到遥远的僻地，以确保一方的平安。此后，将罪恶深重的凶犯强制移送到僻地，律法流刑中传统的放逐刑理念再次复活，由此形成了以沙门岛为顶点的刺配刑序列。

表 6-4 五代配流事例一览表

时间（公历）	配流人	配流前职务	配流处分			其他处分	配流后处分	出典	备考
			种类	州名	地域				
乾化二年(912)	李思安	柳州司户参军	长流	崖州	岭南		赐死于相州	鉴268，旧19	未至配所
同光三年(925)	罗贯	河南县令	长流	崖州	岭南		寻委河南府决捅杖一顿处死	旧33	未执行
天成元年(926)	豆卢革	费州员外司户参军	长流	陵州	剑南	委逐处长知所在，不在赦宥之限	令逐处刺史赐自尽	旧33、37、67、新6、鉴275	
天成元年(926)	韦说	夷州员外司户参军	长流	合州	剑南	委逐处长知所在，不在赦宥之限	令逐处刺史赐自尽	旧33、37、67、新6、鉴275	
天成二年(927)	段凝	邓州节度使，放归田里	配流	辽州	河东		赐死于本处	旧38、39、73、鉴276、册154	
天成二年(927)	温韬	许州节度使，放归田里	配流	德州	河北		赐死于本处	旧38、39、73、鉴276、册154	
天成二年(927)	李邺	郴州司户参军	长流	崖州	岭南		所在赐自尽	旧38、73、册730	
天成二年(927)	乐文纪	亳州判官	长流	祁州	河东			旧38、册730	
天成三年(928)	浑公儿	京师巡检军使	配流	登州	河南	决脊杖二十，销在身职衔，尝知所在		旧39、册150、答斋三笔7	

（续表）

时间（公历）	配流人	配流前职务	配流处分			其他处分	配流后处分	出典	备考
			种类	州名	地域				
天成三年(928)	成景宏	绥州司户参军	长流	宥州	关内		寻赐自尽	旧39，册700	未至配所?
天成三年(928)	曹廷隐	齐州防御使	配流	永州	楚*		续救赐自尽	旧39，册699	未至配所?
天成三年(928)	程洪	清州人	配流	德州	河北	尝知所在		册154	
天成四年(929)	毛璋	右金吾卫上将军	长流	儒州	河北		赐死于路	旧73，新6、26	未至配所
天成四年(929)	于峤	秘书少监	长流	武州	关内	夺官	长流振武	新28	未至配所
天成四年(929)	于峤	长流武州	长流	振武	河东	永不齿任		旧40	
长兴元年(930)	刘知章	醴泉县令	配流	沁州	河东			册707	减死
长兴四年(933)	卢嵩	获鹿县令	长流	蔚州	河北	不在救还之限，出身以来告救焚毁		册154	
长兴四年(933)	吕澄	秦州清水县令	配流	岚州	河东	决脊杖二十		册707	
长兴四年(933)	任赞	元帅府判官、兵部侍郎	长流	武州	关内	除名，不在救还之限		旧44	
长兴四年(933)	刘赞	秘书监、兼秦王傅	长流	岚州	河东	除名，不在救还之限	诏归田里	旧44、68，新28，册730	
长兴四年(933)	刘陟	河南少尹	长流	均州	山南	除名，不在救还之限		旧44	

（续表）

时间（公历）	配流人	配流前职务	配流处分			其他处分	配流后处分	出　　典	备　　考
			种类	州名	地域				
长兴四年（933）	李　尧	河南少尹	长流	石州	河东	除名		旧44	
长兴四年（933）	司徒诩	河南府判官	长流	宁州	关内	除名		旧44	
长兴四年（933）	苏　赞	秦王友	长流	莱州	河南	除名		旧44	
长兴四年（933）	鱼崇远	秦王记室参军	长流	庆州	关内	除名		旧44	
长兴四年（933）	王　说	河南府推官	长流	随州	山南	除名		旧44	
愍帝时	王韬玉	前唐州湖阳县令	配流	坊州	关内			册707	
清泰元年（934）	楚匡祚	殿直	长流	登州	河南	尝知所在		鉴279，册150	
清泰三年（936）	康承询	丹州刺史	配流	邓州	山南	停任		旧48	
天福五年（940）	李彦珣	坊州刺史	送	虢州	河东	夺一任官		册700	送虢州收管
天福六年（941）	张　式	彰义节度掌书记	配流	商州	山南		在路被杀害	旧98，新52，鉴282	
天福七年（942）	米廷训	前庆州刺史	配流	麟州	关内	追夺在身官爵		旧80	
开运元年（944）	杨　麟	青州节度判官	配流	威州	关内	不在赦还之限，尝知所在，终身不齿		旧83，册94、925	

（续表）

时间（公历）	配流人	配流前职务	配流处分			其他处分	配流后处分	出典	备考
			种类	州名	地域				
开运元年(944)	任邈	青州节度掌书记	配流	原州	关内	不在敕还之限，尝知所在，终身不齿		旧83，册94，925	
开运元年(944)	徐晏	青州节度支使	配流	武州	关内	不在敕还之限，尝知所在，终身不齿		旧83，册94，925	
开运二年(945)	张嗣宗	宋州襄邑县令	配流	商州	山南			册707	
开运三年(946)	杨廷寿	二王后、守太仆少卿、襄鄩国公	配流	威州	关内	除名、终身不齿		旧84	准律当绞，入议，旧：贷死
开运三年(946)	慕容彦	棣州刺史	配流	房州	山南	削夺任身官爵	自流所逃	旧84，新53，册699	贷死，旧：房州安置
乾祐三年(950)	安友规	前永兴军节度副使	配流	登州	河南	除名		旧103，册450	沙门岛
乾祐三年(950)	王绍隐	尚食奉御	配流	登州	河南	除名		旧103	沙门岛
乾祐中	李全晖	礼宾使	配流	房州	山南	决杖		册943	
广顺二年(952)	丘珣		长流	登州	河南	杖脊二十		册924	沙门岛
广顺三年(953)	贾超	控鹤官将虞候	配流	商州	山南	决杖二十		册154	坑冶务收管

（续表）

时间（公历）	配流人	配流前职务	配流处分			其他处分	配流后处分	出　典	备　考
			种类	州名	地域				
广顺三年(953)	陈权	前秦州清水县令	长流	房州	山南	追夺官牒		册707、924	
广顺三年(953)	冯继勋	青州寿光县主税使	配流	环州	关内			册952	议、贷死
广顺三年(953)	齐藏珍	内衣仓使	配流	登州	河南	除名	及世宗即位，自流所征还	旧113、129	沙门岛
广顺三年(953)	王殷	邺都留守、侍卫亲军都指挥使	长流	登州	河南	削夺在身官爵	寻赐死于北郊	旧113、新50、鉴291	
显德元年(954)	薛训	右屯卫军将军	配流	登州	河南	除名		旧114	沙门岛
显德二年(955)	李知损	右谏议大夫	配流	登州	河南	除名	卒于海中	旧115、册924	沙门岛
显德三年(956)	赵守微	右拾遗	配流	登州	河南	杖一百		旧116	沙门岛
显德四年(957)	韩伦	前许州行军司马	配流	登州	河南	追夺在身官爵	赦还	旧117、鉴293、册154	沙门岛、免死
显德六年(959)	金彦英	尚辇奉御	配流	商州	山南	决杖一百		册664	
显德六年(959)	路延规	前开封县令	配流	登州	河南	除名		旧120	沙门岛

出典简称："旧"为《旧五代史》，"新"为《新五代史》，"鉴"为《资治通鉴》，"册"为《册府元龟》。后缀数字为卷帙数。带"*"者表示该地为王朝版图之外的地点。

那么，唐代特征的配流刑，进入宋代以后又是如何变化的呢？这似乎又与宋代始见的"编管"这种刑罚密切相关。编管，意为"编入不及收监管理"，这里让人联想到的是散见于史籍的"配流编管人"这个词语。这个词语并不是配流人和编管人的合称[1]。仁宗朝前后出现的这个词语，实际上是指"配某州编管"的人[2]。除名配流与除名编管之间，是否存在着某种关联？关于这个问题，下一章展开探讨。

---

1. 如《长编》卷二八四熙宁十年八月壬午条中有"配流编管人"迈布等人的登场。
2. 天圣七年（1029）二月戊辰有权臣曹利用之舅韩君素被处以"除名，配沂州编管"（《长编》卷一〇七）等例。

第七章

宋代的编管制度

前言

宋朝的刑罚体系，虽然继承了唐律五刑为主刑，但为应对当时巨大的社会变革，又制定了好几种新的刑种。因建国后不久制定的折杖法，徒刑以下实际执行杖打刑，流刑执行"杖打刑+有期劳役刑"，死刑与流刑以下刑之间产生了较大的悬隔。此外，唐末五代乱世的司法实践中有一种倾向日趋严重，即徒、流等执行过程破费时日的刑罚难以施行，相反因盗罪及违反专卖法等以社会治安为中心的犯罪行为大增，即使是轻微的犯罪行为，也会动辄被处以死刑。对于以统一全国为目标的宋朝来说，不得不尽可能地缓和这类酷刑。因此，作为主刑的死刑与流刑之间的空白，必须设计新的刑种来加以填补。

被总称为"编配"的刑罚，就是在这样的局势下创设的"减死一等"之刑。其中，配流与配军，上一章已经做了叙述，本章拟从制度的层面就"编配"的另一项重要内容"编管"加以初步探讨。

关于编管，滋贺秀三的解说几乎是迄今为大家所接受的通说，时时被加以引用，他的基本观点如下：

> 所谓"编管"，是指被押送到远离自己乡里的地方，令其在彼处自主生存并接受到当地官府的监管。被编管的人员，仅须每月到指定场所接受点名，其他日常生活与当地民众并无差异。贫穷而无法自存者，与准乞丐往常平仓领取赈米。……编配均为无期刑，允许家属随行。遇到恩赦，经特别审议放免的事例也不少。……与配军同时出现的编管之名、不附加居作的流谪新形式，似可视为后世明清流刑的先例。[1]

据滋贺秀三的分析，作为一种刑罚，编管具有以下这些特征：

---

[1] 滋贺秀三：《刑罚的历史》（刑罰の歴史），1972 年初刊，后载其《中国法制史论集 法典与刑罚》（中国法制史論集 法典と刑罰），创文社，2003 年，第 323—324 页。

① 编管是将犯人移送到远离自己乡里的地方（流谪），接受当地官府监管的刑法。

② 在配所的日常生活与当地民众并无差异。

③ 在不附加居作这一点上，可视为后世明清流刑的先例。

④ 允许家属随行。

⑤ 虽然是无期刑，但遇恩经特别审议放免的事例很多。

本章拟就滋贺秀三总结出来的这些特征加以探讨，以期究明编管制度层面上的一些问题。

第一节　何谓编管

一　"编管"的语意——基于与"收管"的比较

滋贺秀三基本上是基于《条法事类》的记载对编管的刑罚内容展开说明的，然而，却未见其对"编管"做字义上的考察。沈家本认为编管是编入户籍加以管束之意[1]；郭东旭几乎持同样的意见，认为编管是将户籍编入外州，在彼处接受监督和拘束，从而限制人身自由的处罚方式[2]。梅原郁稍有所不同，将编管解释成"在配所所在州编入特别的簿籍，不过是监督管理之意"[3]。单从字义上来说，将"编"释为"编入簿籍"，将"管"释为"监督、管理"似乎没有问题，然而，"在外州"或"配所所在州"这个意思，在"编管"这个词语中却体现不出来。这一点首先值得注意。

叙述编管的宋代史料，以下一条是非常为人熟知的：

> 自后命官犯罪当配隶者，多于外州编管，或隶牙校。其
> 坐死特贷者，多决杖、黥面，配远州牢城，经恩量移，即免

---

1. 沈家本：《历代刑法考》刑法分考九·编管，中华书局，1985 年。

2. 郭东旭：《宋代法制研究（第二版）》，河北大学出版社，2000 年，第 208 页。

3. 梅原郁：《刑不上大夫——宋代官员的处罚》（刑は大夫に上らず——宋代官員の処罰——），
   1995 年初刊，后载其《宋代司法制度研究》（宋代司法制度研究），创文社，2006 年，第 86
   页。以上诸人之外，McKnight 将编管解释为 "registered control"。见 Brian E. McKnight, *Law
   and Order in Sung China*, Cambridge, MA: Cambridge University Press, 1992, pp. 398 – 401。

军籍。大凡命官犯罪，多有特旨，或勒停，或令厘务。赃私罪重，即有配隶，或处以散秩，自远移近者，经恩三四，或放任便。所以儆贪滥而肃流品也。（《长编》卷八，乾德五年二月癸酉条。《宋会要》刑法四之一所载基本相同）

这是关于宋代官员的各种处罚中最概括性的叙述，非常重要。《长编》《宋会要》均将之系于乾德五年（967），故可将之作为宋朝建国之初已有编管的证据。

在上引的这段史料前面，《长编》叙述了流刑囚的配役不再是将作监而是改为作坊的经过（本书第143页所引《长编》卷八）。如不假思索地阅读这段史料，看到"自后"二字，会认为是"从今以后"，也就是说"从乾德五年以后"，但这里面却稍微有点复杂。首先，这条史料前面的内容，与这里引用的"自后"以下的内容并没有直接的关系。也就是说，前面的那段史料叙述的是与折杖法规定下替代流刑执行的"配役"相关的问题，而"自后"以下的部分，是对官员犯罪后给予何种处罚的概述。而且，这里成为问题的是命官"配隶"的情况。配隶，是指将犯人隶属到国家的某个组织或机构，具体说来有编入军队的（配军）、置于州县官监督管理之下的（编管、羁管）等形式。据上引史料，官员犯罪的情况下，大多被编管或隶牙校。但是，《文献通考》中（卷一六八《刑考·徒流》）将《长编》上引史料前面与配役相关的内容系于开宝五年（972），却不见与"自后"以下相当的记载。《宋史·刑法志》（卷二〇一）中，前段记载与《文献通考》一样，也系于开宝五年，而"自后"以下的内容却附于明道二年（1033）记事之下。可见，在《文献通考》和《宋史·刑法志》中，上述内容是被分成两件不同的事加以记载的。所以，上引史料未必就能作为宋朝建国之初就存在编管的明证。

尽管如此，据这条史料可知，犯罪"配隶"的官员，或"于外州编管"，或"隶牙校"者多。如果稍微检索一下五代至宋初的史料，就会发现移送到衙前的罪吏中，除"衙前编管"外，还有被"衙前收管"的。这引起了我们的关注。

"收管"一词，是"收存保管，收押看管"（《汉语大词典》第五册，第

388 页）的意思，也就是说是把人或东西收进"容器"中加以管理的意思。管见所及，"衙前收管"的事例仅见于五代时期。

　　〔天福二年五月〕乙丑，六宅使王继弘送义州衙前收管，前洺州团练使高信送复州收管。二人于崇礼门内喧争，为台司所劾故也。（《旧五代史》卷七六《晋书·高祖纪》）

后晋时期的复州（今湖北省天门市）、义州（今甘肃省华亭市），均远离京师，位于国境附近。对王继弘的处分，《册府元龟》记作"勒停，送义州衙前，仍常知所在"（卷一五四《帝王部·明罚》）。"常知所在"一词，散见于五代命令配流的诏敕之中[1]，可见王继弘受到了严格的监视。

　　〔天福二年二月〕其月，敕："诸道马步都虞候，今后朝廷更不差补，委逐州府，于衙前大将中选久历事任、晓会刑狱者充，仍以三年为限，不得于元随职员中差补。其今月已前见在任者，如无犯罪，宜令终其月限，候将来得替，仰本道于衙前收管，不得赴阙。"（《五代会要》卷二四《诸使杂录》）

这是一道针对掌狱讼的马步都虞候的诏敕，规定任期结束后不得再任，于"衙前收管"，不得赴阙，也就是人必须留在衙前的意思。
　　另一方面，"衙前编管"的事例却不见于五代，到了北宋真宗在位时才出现在史料之中。

　　至道三年四月一日，真宗即位赦书：……行军司马、防团副使、上佐官、司士参军、衙前编管人等，并仰发遣赴京，于逐处投状，降资叙用。（《宋会要》职官七十六之三）

类似的事例散见于真宗、仁宗朝的赦文之中。"行军司马……司士参

1. 参见本书第六章表6-4"五代配流事例一览表"。

军"是宋初典型的贬官岗位，没有实际职务。被送往衙前编管的犯人
应该也是同样的待遇。

> 天圣八年十一月六日，监翰林司、阁门副使郭承祐，特
> 贷命，免决刺，除名，配岳州衙前编管。坐盗金银什物，除
> 罪轻及该赦外，计赃一百四十一匹零，监主自盗，合实极典，
> 诏从宽宥。(《宋会要》刑法六之十二)

监守自盗罪，赃额在三十五匹者当判绞刑[1]，按律法当死，有诏宽宥，
罪减一等，配属衙前成为编管对象。

　　衙前收管的事例仅见于五代，而北宋却仅见衙前编管，原因何在？
笔者拟从衙前制度的变迁上来探求其原因。

　　关于衙前制度的变迁，本章无法详论，据前辈学者的各种研究成
果[2]，可作如下概观。唐代各地设节度使，节度使治所所在的州，同时
存在着刺史衙门"州院"和节度使衙门"使院"，使院据其军事职能，
组建了担当军职的衙前。唐代，衙前意味着是节度使的直属部队，是
掌管军事的重要岗位，但到了五代，节度使在军事之外逐渐掌握了财
政、民政权，节度衙前出现了一批与指挥军队无关、只是名目上的军
将（散将、散员），掌管对仓库的监督。在这些散将、散员军将之下还有
从事杂役的军人，他们也被称作衙前。唐末以降，节度使被细分化后，
州也建置了军队，与节度使同样，州也出现了衙前组织。

---

1. 《刑统》规定三十五匹当绞，但真宗大中祥符八年（1015）做了修订。《宋刑统》卷一九
   《贼盗律·强盗窃盗·监主自盗》："诸监临主守自盗及盗所监财物者〈若亲王财物而监守自
   盗亦同〉，加凡盗二等，三十匹绞〈本条已有加者，亦累加之〉。"《长编》卷八五大众祥符
   八年闰六月癸巳条："编敕所言：'监临主守自盗及盗所监临财物者，旧自五匹徒二年，递加
   至二十五匹流二千五百里，三十匹即入绞刑，缘法律凡加重刑，皆须循次。今独此条顿至大
   辟，望改三十匹为流三千里，三十五匹绞。'从之。"
2. 宫崎市定：《宋代州县制度的由来及其特色——特别是关于衙前的变迁》（宋代州县制度の由
   来とその特色——特に衙前の变迁について——），1953年初刊，后载其《宫崎市定全集》
   第10卷，岩波书店，1992年，第216—242页。周藤吉之：《五代节度使的支配体制》（五代
   節度使の支配体制），1952年初刊，后载其《宋代经济史研究》，东京大学出版会，1962年，
   第582—595页。周藤吉之：《宋代州县的职役与胥吏的发展》（宋代州县の職役と胥吏の発
   展），《宋代经济史研究》，第661—704页。

　　原本属于节度使军事力量重要支柱的衙前，进入五代以后其执掌范围开始扩大，渗入到了财政、民政领域。另一方面，由于让与军队没有直接关系的人员去负责仓库的管理、从事各种杂役等原因，原先的衙前组织就像个蓄水池，带上了储备人才的性质。仅见的一例五代"衙前收管"的事例，就能够说明这样的事象。拘束人身并使其从事规定劳作，这种形态，与唐代徒刑囚、流刑囚有相通之处。

　　然而，宋朝统一全国后，在不断强化皇帝独裁制度的过程中，节度使的兵权被中央收回，衙前也完全失去了作为军职的实体，最终走向职役化。遣送到衙前的编管，行军司马、防团副使、上佐、司士参军等名号统统成为官员左迁的岗位。被左迁到行军司马以下各岗位的官员，其实没有任何需要他们去承担的职责，被配属到衙前的官员，即使仓库管理这样的事务也都与他们无关。附于他们"编管"的名称，也正是因为这样的原因。

　　前文已经提到，编管，从字义上来说，是"编入簿籍，监督管理"之意，这与把人员或物品放到某个组织、容器中进行管理的"收管"不同。将人员编入军队组织中进行管理，就像"刺面配五百里外州军本城收管"那样，使用"收管"这个词语[1]。然而，对于被编管的人员，严命其不准离开，"于衙前收管"的场合下，也使用"收管"这个词语。

　　　　江谦亨家饶于财，武断乡曲。前此得罪宪台，已经编置，自应知所警戒。近因与董诜小有私隙，别生事端，以杨十八缢死，辄教令杨百九作拖扯趯打推落塘水，因此致死，遂兴大讼。所幸差官检覆，事获昭明。而狱司勘得其情，诬罔之状了然可烛。江谦亨罪该徒刑，虽系宗女夫，缘系再犯私罪，情不可赎。万一侥幸漏网，则奸计滋长，善良未易得以安也。寻具勘到事情，申取提刑衙指挥。后准提刑衙行下"点对本州所勘，备见江谦亨教令诬诉，踪迹分晓。其人已曾犯罪编

1.《宋会要》食货三十七之八天禧二年（1018）十月："诏：'河东沿边州军，自今民有私过北界，只是博籴斛斗，收买皮裘及诸般些小吃用物色，情理轻者，则依法决讫，刺面配五百里外州军本城收管。'"

管处州,既非善良,岂可使之屡犯屡赎,得以长恶。然以祖
荫及宗女之夫之故,所合姑从末减,牒州引上江谦亨,降从
杖一百,押上当厅正断,仍送原编管所处州收管。"(《清明集》
卷一三《惩恶门·告讦·教令诬诉致死公事》)

从上引判决书中可知,江谦亨此前就有被编管处州(今浙江省丽水市)的
经历,这次再次犯罪,判其"仍送原编管所处州收管"。江谦亨被送回原来
的配所,而且从判决书中似乎还能读出严加监管以防逃脱的强烈语气。

以上通过与收管的对比探讨了编管的语义。从结论上来说,与收
管相比,编管的管理相对比较轻缓,在将人员配属到某个组织或机构
进行管理的场合下是不使用的。总之,编管并不是禁锢犯人的人身自
由并对其进行监管,而只是基于簿籍的一种犯人管理。

编管人员的姓名以外,还须将其"年甲、犯状、以前过犯若住家
犯事之所引条制、断遣刑名"等内容制成文牒送往所配州,接受编管
的州据此制成簿籍。护送途中部送人携带的文牒中,还须写明犯人罪
状、随行家属、财物及家庭住址等信息,这些信息也会被登录在簿籍
之中[1]。依据这些资料,各州每半年一次制成"编管人编册"[2]。配所所
在州就是基于这些簿籍对编管人进行监督管理的。

此外,编管人必须定期赴州厅验明身份,但原先有品级、封邑的
官员及妇人,只要向所住地的厢提出书面报告即可[3]。因此,并不是所

---

1. 《条法事类》卷七五《编配流役·断狱令》:"诸编配人,备录年甲、犯状、以前过犯若住家
犯事之所引条制、断遣刑名,实封,递报所隶州,置簿,录元牒。"同书《断狱令》还称:
"诸配流、编管、羁管者,断讫,节录所犯,及以随行家属、财物数、住家之所,具载于牒
〈元是命官,不赴家属、财物〉,付部送人,仍给行程历,经由县镇,批书月日。……至所隶
州受讫,回报元断官司。"
2. 《条法事类》卷七五《编配流役·断狱令》:"诸州刺面不刺面配军、编管、羁管人及奴婢,
每半年一具开收见管并本州编配过久〔当作'人'〕数,依式造册,限六十日,供申尚书
刑部。"同书《断狱式》中还开列了"编管人〔原作'久'〕编册"的书式。
3. 《条法事类》卷七五《编配流役·断狱令》:"诸编管、羁管人,月赴长吏厅呈验。元系品官
若妇人元有官品、封邑者,所居厢止具见管状申。"宋代,州府级的都市内部分成若干厢,
厢之下也设有警察、消防等组织。参见曾我部静雄:《都市区划制的形成》(都市区画制的成
立),载其《中国及古代日本乡村形态的变迁》(中国及び古代日本における郷村形態の変
遷),吉川弘文馆,1963年,第447—474页。

有的编管人员都必须定期到官府验明身份的。

二　编管的适用对象

有一种观点认为编管是对犯罪官员的一种刑罚。如《汉语大词典》"编管"条是这样说的：

> 宋代官吏得罪，谪放远方州郡，编入该地户籍，并由地方官吏加以管束，谓之"编管"。此等刑罚亦有用于一般罪犯者。（第九册，第951页）

作为惩处犯罪官吏的刑罚，有时也可用在一般罪犯身上，这样的解释难以令人释怀。郭旭东认为，宋代的编管法，最初是适用于"命官犯罪当配隶者"的，但后来适用于"诸最缘坐家属应编管者"，而且也适用某些杂犯[1]。在郭旭东看来，编管的首要意义不在罪行的轻重或种类，而是针对"命官"这个特定的社会身份设定的。他的依据是前引《长编》卷八乾德五年二月条的叙述。这个观点真的妥当吗？

如果编管真的只是针对官员的犯罪行为而设定的刑罚，那么，在针对庶民犯罪而制定的法令中就不应该出现。但是，在《条法事类》中却有好几处反例：

> 诸将铜钱入海船者，杖八十。一贯杖一百，三贯杖一百、编管五百里。五贯徒一年，从者杖一百。七贯徒二年，从者徒一年。十贯流二千里，从者徒三年。……（卷二九《榷禁门·铜钱下海·卫禁敕》）
>
> 诸州县吏人、乡书手，揽纳税租，而受乞物者加受乞监临罪三等，杖罪邻州编管。徒以上配本州。（卷三二《财用门·点磨隐陷·旁照法·户婚敕》）
>
> 诸强买卖、质借投托之类，取人财物，杖一百，邻州编

---

1. 前引郭旭东：《宋代法制研究（第二版）》，第222页。

管。再犯者，徒二年，虽会赦，配邻州。（卷八〇《杂门·杂犯·杂赦》）

对庶民科以编管的做法，并不是南宋时期才出现的，北宋前半期已经可以看到这样的事例了：

〔天圣三年〕十月，开封府言："百姓陈文政及妻阿宗，坐诱虎翼兵士妻佣雇得钱，法当徒一年半，夫妻皆双赘应原，文政特赘为恶，乞送外州编管。自今有恃老疾不任决，故作过犯，情难恕者，勘罪取旨，送外州编管。"奏可。（《宋会要》刑法四之十二）

〔天圣七年十二月〕丁酉，诏："河北盗决屯田堰岸者，从盗决堤防律，再犯者送河南州军编管。"（《长编》卷一〇八）

〔景祐四年四月庚午〕诏："福建路有以野葛毒人者，徙其家岭北编管，永不放还。"（《长编》卷一二〇）

更进一步说，史书中见到的最早的编管事例，不是针对官员，而是针对庶民：

〔大中祥符八年五月〕甲辰，妖人谷隐黥面配琼州牢城，遇赦不还，靳重荣汀州，靳有方沙门岛。仍以诏谕解州民庶，自今无得传习隐术。隐先坐最编管解州，因用妖术惑众，重荣师事之，有方尝给取隐资财甚众。至是，付御史鞫劾而谪焉。（《长编》卷八四）

从上引史料来看，编管并非专为处罚犯罪官员设定的刑罚，这一点是非常明确的。编管，不问官员与否，是将犯人信息编入簿籍，接受编管人员的地方官厅依据簿籍对其实施监督管理的一种刑罚。

三　编管是"流谪"吗？

接下来加以探讨的是前引滋贺秀三观点中提到的"流谪"问题。

"流谪"就是将犯人强制移送到远方的意思，那么，流谪是否是编管的必须要素呢？

如前所述，"编管"语义本身，并没有与"流谪"相关的要素。但是，翻检史书可以发现，将犯人送往远地进行编管的事例并不少见，《条法事类》中也有将犯人押送到远地编管的条文。将犯人送往远地编管这一措置本身，并不是什么罕见的事。

那么，这是否就可以马上说编管就是"流谪"呢？强制送往远地，是否就是编管的本质呢？

《条法事类》中见到的条文中，判决犯人处以编管之际，按接受编管的配所为基准可以分成两大类别，一类是邻州编管，另一类是有明确距离的编管（五百里、一千里、二千里）。在后者的情况下，其距离的起点是犯人的"住家（住营）之所"。

> 诸编配计地里者，以住家之所，诸军以住营之所，各不得过里数三百里〈三百里内无州者，配以次最近州〉。(《条法事类》卷七五《刑狱门・编配流役・断狱令》)

现存《条法事类》各条文中，没有见到与远恶地（海南岛或广南路特定州军）编管相关的内容，其他史料中见到的事例也不多[1]。从条文的数量上看，编管邻州的最多，因此可以将之视为最一般的编管[2]。而规定在"本州"即犯人所住州编管的条文一条都没有发现。从而可以这么说，处以编管，出发点是让犯人强行脱离原居地的环境，送往远地进行监视。只是，强制送往邻州这一行为，是否可以称其为"流谪"呢？我个人认为这与"移乡"的理念更加接近。所谓

---

1. 《宋会要》刑法四之七十五熙宁二年（1069）十二月十一日："诏：'今后失入死罪，已决三名，为首者，手分刺配千里外牢城，命官除名编管，第二从除名，第四从追官勒停。二名，为首者，手分远恶处编管，命官除名，第二从追官勒停，第三、第四从勒停。一名，为首者，手分千里外编管，命官追官勒停，第二从勒停，第三、第四从冲替。'"
2. 《条法事类》所载敕中，规定科以编管的条文，除去重复的部分共计22条，其中"邻州编管"有15条，占总数的三分之二强。

移乡，是对杀人该判死刑的犯人会恩免死后的一种特别处置[1]，具体说来就是将犯人强制迁徙到距乡里一千里外的地方，编入当地户籍[2]。移乡的目的是防止复仇，从这个意义上说，编管的性质与其大相径庭。还有，在移乡的情况下，移动的距离在一千里，这是一个相当长的距离，而《条法事类》中见到的"比罪"，即规定正刑和闰刑换算方法的条文中，编管和移乡均比"徒一年"[3]，因此可以将编管和移乡视为同等的刑罚。还有，两者在移送的起点为现居乡里、在配所受到严密的监视、逃亡要受到惩处[4]等方面都具有共通之处[5]。更进一步说，编管与居作的关系，也可以说两者是基本相同的。

四　居作的有无

滋贺秀三认为编管不伴随居作，从而引申出了"后世明清流刑的先例"的观点。然而，从接下来揭示的这条史料中，可以窥测被编管的犯人有服劳役的可能。

> 诸犯流罪，愿归住家之所居作者，决讫部送。若应编管者，役于编管之所〈羁管人准此〉。(《条法事类》卷七五《刑狱门·编配流役·断狱令》)

这个条文告诉我们，犯下流罪被编管的人员，须在配所居作。依折杖

1.《译注日本律令》七，第138页。

2. 唐《贼盗律》18条："杀人应死会赦免者，移乡千里外。"疏曰："议曰，杀人应死而会赦免罪，而死家有周以上亲者，移乡千里外为户。"

3.《条法事类》卷七四《刑狱门·比罪·名例敕》："诸应比罪者〈谓犯编配应当赎及诬告出入之类〉，配沙门岛比流二千里，余刺面配徒三年，不刺面配比徒二年〈配军配沙门岛者，比徒三年。余刺面配者，比徒二年〉，编管、移乡比徒一年。"

4.《条法事类》卷七五《刑狱门·移乡·捕亡敕》："诸移乡人逃亡，第一度杖六十，每度递加一等，第五度不刺面配移乡处本城。"

5. 移乡与流刑都是将犯人强制移送到远地的一种措施，因此，唐律的各种规定中也往往将两者混为一谈，可见两者之间的共通点很多。也正因为如此，才有了将编管视为与律令流刑类似这样的观点。但是，从移送距离的起点上来说，流刑从京师算起，而移乡则从犯人的乡里算起，两者大不相同。正是这个不同，决定了两者在刑罚上的目的的不同，亦即流刑是将犯人放逐到僻地的刑罚，而移乡则是以防止复仇为目的的一种强制处分。参照本书第二章第五节。

法的规定，流刑被替代成"脊杖+配役"来执行，如果是流罪并科编管人员，那么本应在判决所在州（裁判地）居作的，改为在编管地居作。伴随流刑的配役，如果并科配军，那么就会依据《条法事类》"诸犯流应配，及妇人犯流者，并决脊杖二十，免居作，余依本法"（卷七五《刑狱门·编配流役·名例敕》）的规定免除居作，然而，如果是编管，则会依法科以居作。也就是说，与配军不同，流罪在并科编管的情况下，居作是不能免除的。这一点与移乡是一致的。

> 诸犯流罪，愿归住家之所居作者，决讫，部送。若应移乡者，役于移乡之所。（《条法事类》卷七五《刑狱门·移乡·断狱令》)

如上文所述，判处死罪的杀人犯会赦免死时，为防止复仇行为的发生，采取强制移乡的处分。在这种情况下，本来该受的惩罚死刑，因恩赦的发布不再执行，服劳役的必要性原本就没有，然而，因为遇到赦降只是减刑，所以事情就不一样了。也就是说，本来应执行死刑的，遇到赦降后只是减刑为流三千里[1]。减刑后的死因，会依据折杖法"脊杖+配役一年"来执行。上引的条文，应该就是按照这样的设定制定出来的。通常，流刑的配役都在当地执行，但在移乡的情况下，必须在距离乡里一千里以外的地方执行。从上引条文中还可以看出，移乡本身并不伴随劳役，但如果被判处移乡，那么，居作是没有理由免除的。

编管，是不伴随居作的。但是，如果被判处编管，编管人在配所居作的现实也是确定的。因为流罪犯被并科编管后，构成主刑的一部分内容——配役是无法免除的。从而，作为编管的本质，在配所不科居作这一点似乎被过分强调了，这并不妥当。编管的本质，在于将犯

1.《条法事类》卷一六《文书门·赦降·名例敕》："诸犯罪会降，称死罪降从流者，流三千里〈本杀罪不至死有编配法者，依不至死编配例〉。称流罪降从徒者，加役流、流三千里，并徒三年，其余以次降之〈谓流二千五百里降从徒二年半之类。妇人若诸军或刺面人名，更降一年〉。"

人"编入簿籍，监督管理"。编管人员在配所有时被科以居作，这就跟本质上将犯人强制驱离乡里的移乡一样，配所的劳役是不能免除的。

五　刑期的问题

接下来是关于刑期的问题。本章开头揭示的滋贺秀三的观点认为"编配均为无期刑"。而苗书梅则认为，编管人员一般过了十年如遇恩赦会酌情释放，即"放令自便"，如果再次遇赦，就可以复叙一定的官资，主张编管为有期刑[1]。编管是否真的存在刑期呢？还有，若有刑期，那么，是否是像苗书梅所说的那样以"十年"为基准呢？

首先是关于刑期的有无。从下引史料中可知，编管的年限，在南宋时期的法令中有明确的记载。

> 〔绍熙〕四年七月二十五日，知临安府袁说友言："遵承旧制，凡盗贼累犯，其人桀黠难制，与已断逐而复回者，项筒永远拘锁外县寨，日给粮食。惟是积日既久，拘囚数多，罪固可嫉，情亦可悯。在发〔当作'法'〕，羁管、编管各有年限，盖未尝终其身而拘囚也。乞将本府见行项筒拘锁之人，如元系配隶者，即押回元配所，如有强壮者，即照已承指挥，与分刺屯驻军，其余分押出本府邻州界。"诏令临安府，将见管贼人，各差人管押分送外州军，牢固拘管，日具存亡，申枢密院。(《宋会要》刑法六之七十二。文字的补正，据袁说友《东塘集》卷一〇《天府措置拘锁人劄子》)

上引史料中的"在法"，虽然无法明确到底是什么时候的法，但从《清明集》等判决史料中"在法"的"法"系指当时颁布的敕令来推测，上引史料中出现的"在法"，依据的应该是绍熙年间以前颁布的

---

1. 苗书梅：《宋代官员选任和管理制度》，河南大学出版社，1996年，第485页。但她并未明示所据史料。王云海主编《宋代司法制度》也持同样意见，但也没有明示所据史料（河南大学出版社，1992年，第386—387页）。

某项法令。而下面引用的这条史料，则显示了法令对编管年限的具体规定。

> 〔元祐三年〕二〔或为衍字〕十一日，诏："应刺面、不刺面配本城、牢城、编管，经明堂赦恩不该放人，通今年德音已前年月，已及格令，其缘坐编管、羁管人，亦通及十年以上，听依赦移放。"（《宋会要》刑法四之三十）

引文中"通今年德音[1]已前年月，已及格令"，是"如被判编管后到这次德音的颁布，通算年月已经达到法令规定的年限"的意思。这道诏敕的用意在于，符合上述条件的编管人员，因恩赦可以量移或放免。作为原则，如遇恩赦，编管人员经逐个审核，可以量移或放免[2]。放免的编管人员，有司发给公凭。

> 诸编管、羁管人应放者，给公凭。（《条法事类》卷七五《刑狱门·编配流役·断狱令》）

这里的"公凭"是指发放给编管人员的免罪释放证明书，自由后的编管人可凭此证明回归乡里。

而针对那些终身不得回归乡里的缘坐编管人，编管六年后可以在配所登录当地户籍。

---

1. "今年德音"，是指同月乙酉（八日）颁下的德音。《长编》卷四〇八元祐三年二月乙酉条："德音，降死罪囚，徒以下释之。……"本文引用的《宋会要》记事，《长编》系于二月戊子（十一日），因此"二十一日"中的"二"字应为衍字。
2. 《宋会要》刑法四之二十二皇祐二年（1050）十一月六日："诏知制诰曾公亮、李绚，看详诸州军编配罪人元犯情理轻重以闻。自今每降赦后，即命官看详如例。"同书刑法四之二十三皇祐三年十月十三日："翰林学士曾公亮言：'昨奉敕，以明堂赦后看详诸道编管、配军人罪犯轻重，逐时具状。贴黄奏讫，伏思，自前南郊赦令，虽与今一体，及其奏到罪人犯状，久不蒙移放。不惟赦令失信，其间甚有州军妄行编配，遂致一二十年，羁囚至死，伤害和气，众所共闻。欲乞，特降恩旨，今后依此，永为著例。兼益、梓、利、夔四路，地里至远，凡取索干证文字，经年未得齐足，况此四路各有钤辖司。欲乞今后益、梓、利、夔四路编管配军人，如经大赦，只就本路转运、钤辖司同共看详，据犯状轻重量移释放。'诏：'依奏，其益、梓、利、夔路编配人内，情理重及干碍条贯者，奏裁。'"

> 诸缘坐编管、羁管人永不放还是者，编管、羁管处及六
> 年，给公凭，从户口例附籍。愿于佗州附籍者，许牒送。仍
> 责厢耆、邻人，常知所在，官司不得追扰呈集。有故欲往佗
> 州者，告官量给近限听往。即不得牒送及往本贯相邻及近边
> 州。遇恩亦不得移放。缘坐人亡殁，家属听从便。（《条法事类》
> 卷七五《刑狱门·编配流役·户令》，原注省略）

他们与一般编管人员一样，也发给公凭。换言之，有了公凭，他们就
不再是犯人，作为没有罪行的平民可以编入当地户籍[1]。也允许在配所
以外的地方附籍，但在这种情况下，明确须受到一定的监视，但这
种监视不是来自官府，而是所居地的厢耆或邻人，也就是担保人。
禁止迁回自己的旧籍贯地的近邻州或边境附近，应该是为了避免引
起不必要的人心慌乱。故而即使有户令的规定，但实际上会赦后缘
坐编管人的量移放还是被认可的。即使有十年以上的限定，但允许
缘坐编管人量移放还，前引元祐三年二月诏敕所见就是其中的
一例[2]。

既然因缘坐等特殊理由被编管的人六年后可以宥罪附籍，那么，
是否可以考虑其他一般编管人的刑期就是六年呢？下引史料似乎显示
了南宋初年编管的刑期就是六年。

> 绍兴元年正月一日，德音。……编配诸色人，特与减三
> 年，三岁理为拣放年限。（《宋会要》刑法四之四十二）

这段话的意思是，包括编管人在内的"编配诸色人"，特许在应有刑期
之内减少三年，在此原则上，如编管时间已过三年则可放还。因此可

---

1. 关于宋代的户籍，可参照梅原郁：《宋代的户籍问题》（宋代の戶籍問題をめぐって），《东方
   学报》京都第62册，1990年，第380—383页。
2. 几乎在同一时期，对移乡人也采取了类似的措施。《宋会要》刑法四之二十七元丰三年
   （1080）九月二十二日："诏：'……百姓移乡十年不犯徒者，转运司酌情，轻者放还。'"
   同书刑法四之二十八元丰六年闰六月二十三日："诏尚书刑部：'应移乡人情理轻者十年，稍
   重者二十年，遇赦检举，放令逐便，令刑部著为令。'"

以推断编管的刑期本来就是六年[1]。不仅如此，下引史料同样也显示了编管本来的刑期就是六年。

> 在法，已成婚而移乡编管，其妻愿离者听。夫出外三年不归，亦听改嫁。今卓一之女五姐，元嫁林莘仲，续后林莘仲因事编管，而六年并不通问。揆之于法，自合离婚。（《清明集》卷九《户婚门·离婚·已成婚而夫离乡编管者听离》）

丈夫林莘仲因犯罪被编管，六年间音信全无。这位判文的写手，在判决书的一开头就写明了判决离婚的法律依据，即与移乡人、编管人离婚相关的条文，以及丈夫离家外出三年即可判离婚的规定[2]。丈夫之所以长期未与妻子通音信，理由很清楚，因为林莘仲被判了编管，在被编管的六年间无法离开配所。下引《宋史·曹辅传》的叙述则更能揭示编管人在配所被留置六年的事实。

> 曹辅，字载德，南剑州人。第进士。政和二年，以通仕郎中词学兼茂科，历秘书省正字。……退，待罪于家。黼奏不重责辅，无以息浮言，遂编管郴州。辅将言，知必获罪，召子绅来，付以家事，乃闭户草疏。……处郴六年，黼当国不得移，辅亦怡然不介意。靖康元年，召为监察御史，守殿中侍御史，除左谏议大夫、御史中丞。（《宋史》卷三五二《曹辅传》）

曹辅被编管是宣和元年（1119）的事（《宋史》卷二二《徽宗本纪》），到王

---

1. 因北宋末年的赦文中也有类似文词，所以规定编管刑期为六年的时间还能往前推。《宋会要》刑法四之四十宣和七年（1125）十一月十九日："南郊制……应刺面、不刺面配军、编管人等，除谋叛以上缘坐入〔当作'人'〕、强盗、已杀诸州外，并特与减三年，理为检放年限，在京委所属开封府、步军司，在外委诸州当职官，量元犯轻重，依条拣选移放，讫，节略犯由，在京申尚书刑部，诸路申提刑司审覆，讫，类聚申刑部。"

2. 黄榦《勉斋先生黄文肃公文集》卷三三《判语·京宣义诉曾嵩取妻归葬》："在法，夫出外三年不归者，其妻听改嫁。"可知这一规定成为南宋时期的法制。参照仁井田陞《中国身份法史》（シナ身分法史），东方文化学院，1942 年，第 706—707 页；滋贺秀三：《中国家族法的原理》（中国家族法の原理），创文社，1967 年，第 478 页。

黼倒台的靖康元年正月这几乎六年间，作为编管人的曹辅一直被留置
在配所。编管后经过了六年，虽然因王黼的倒台被重新起用的可能性
无法完全排除，但宣和年间的多次大赦都未能移放，曹辅依旧留置配
所，从而曹辅的事例更应视为六年后的放还与叙任。

综上所述，至迟在北宋末年到南宋初年，编管人员的六年刑期就
已经被制度化了。

第二节　配流与编管

一　送往远地的编管

上一节中我们论证了这样几个问题："流谪"即将犯人强行移送到
远地并不是编管的本质；编管并不是专为处罚犯罪官员设定的特别刑
罚；编管本身虽不伴随居作但编管人在配所从事劳役的情况并不少见；
编管的刑期为六年。所以，长期以来的一般认识中似乎不言自明的论
说，并非如其所言，其实存在着各种各样的问题。

但是，一般认识从"流谪"的角度来把握编管的性质，这也是有
其理由的。试着翻开《长编》《宋会要》等文献，时不时地可以见到仁
宗朝前后开始有将犯人押送到远地编管的实例，英宗朝也制定出了将
犯人送往远地编管的刑罚[1]。作为刑罚，在史书中出现后不久，强制移
送到远地的要素就被加到了编管之中。这宛如与配军出现与发展的轨
迹一样。原本编入厢军监视服役的配军，罪状特别严重的，从维持治
安和加强惩罚力度的角度出发，才将其强制移送到远离乡里的指定部队
服役的（参见本书第六章第三节）。编管带上强制移送远地这一要素，虽然其
产生与发展的经历还一时无法究明，但从结果上说，编管在刑罚上以强
制移送的距离为基准分成了好几个等级，从最轻的"邻州编管"到"二
千里编管""远恶州军编管"，依据所犯罪行的轻重确定配所的远近。

---

1. 举一例说明。《宋会要》兵十之二十六治平三年（1066）四月五日："诏：'开封府长垣、考
城、东明县并曹、濮、澶、滑州诸县获强劫罪死者，以分所当得家产给告人，本房骨肉送千
里外州军编管。……罪至徒者，刺配广南远恶州军牢城，以家产之半赏告人。本房骨肉送五
百里外州军编管，编管者遇赦毋还。五服内告首者具案奏，获贼该酬赏者，不用灾伤降等。'"

二　配流与编管

如此一来，编管宛然呈现出了唐律流刑的面貌，与唐代以来一贯施行的配流刑之间，界限似乎是很模糊的。

配流刑是基于皇帝个人的判断确定的刑罚，在实际执行过程中，原则上与律法规定的流刑相同。据唐律的规定，流人在配所结束所定时期的居作后，"从户口例"编入当地户籍承担国家课役，成为一般百姓[1]。

然而，有实例表明会赦后回归乡里的事例并不少见，9 世纪前半期制定的《开成格》中，就已经加入了配流时间再长但经六年就允许流人还乡的条文，《刑统》也依据这一条文，将之列为宋律。

> 准唐开成四年十月五日敕节文："从今以后，应是流人六载满日放归。"（《刑统》卷三《名例律·犯流徒罪》）

如此一来，即使没有恩赦，流刑也变成了最长六年的有期放逐刑。配流，只要没有特别的指示，理应也会按此处理。也就是说，法律条文上也应该删除了配流犯附籍配所的内容。总之，编管人和配流人，在留置配所的时间上也是共通的，再长不过六年。

宋代施行的配流，分刺面与不刺面两类，不刺面配流传承了唐代配流刑的传统（参照本书第六章第一节）。官员被判配流后除名，这一点《刑统》中也记得很明确（卷一《名例律》）。被除名者，六年后允许再叙，只要配流之际的诏书中没有出现"终身不齿""永不收叙"等字样，那么，期满后就应该会以仕官的理由离开配所。也就是说，对官员而言，不刺面配流，在配所的待遇上与除名编管基本一样。

在记载某人被编管的时候，史书中出现最多的是"送某州编管"或"配某州编管"。就像下面揭示的事例那样，如果配所所在州非常僻远，那么感觉上就更接近"配流"了。

---

1. 唐《名例律》24 条："诸犯流应配者，三流俱役一年。"疏称："役满一年及三年，或未满会赦，即于配所从户口例，课役同百姓。"

〔天圣九年五月〕己巳，秘书丞、知陈留县王冲配雷州编管。初，内臣罗崇勋就县请官田不得，使皇城卒虚告冲市物有剩利事。太后令崇勋劾，冲不能自明，故重谪之。(《长编》卷一一〇)

也存在将犯人送沙门岛编管的事例。无须赘言，沙门岛是北宋时期条件最为苛酷的配流之地。

《幼老春秋》曰："蔡京，字元长，兴化军人也。……政和三年，复诏京拜太师，领三省事。蔡京阴为坏国之计，与蔡崇逆谋，为陈瓘之子正汇来告。京怒，送正汇沙门岛编管，瓘亦责令通判〔当作'州'〕居住。"(《三朝北盟会编》卷四九，靖康中秩，靖康元年七月二十一日)

《幼老春秋》已书，但尤袤《遂初堂书目》的《本朝杂史》有著录，《三朝北盟会编》也屡屡引用。不过据其他史料，陈正汇配流沙门岛应该是大观四年(1110)的事[1]，《幼老春秋》的系年是有问题的。还有，《幼老春秋》称"送正汇沙门岛编管"，但将犯人送沙门岛编管的事例，在其他文献中都难觅踪迹。

那么，不刺面配流与编管是同一种刑罚吗？面对这个问题，值得关注的是"配流编管"这几个字。这里举一例说明。

〔天圣二年〕十一月十三日，南郊赦书。……行军司马、上佐官、司士、文学参军，刑部勘会元犯以闻。配流编管人，具元犯奏闻，已经恩放逐便者，于刑部投状。(《宋会要》职官七十六之九)

1.《宋史全文》卷一四大观四年三月："正汇坐所告失实，窜海岛。"《皇朝编年纲目备要》卷二七大观四年窜陈瓘陈正汇条："正汇流沙门岛。"《系年要录》卷六三绍兴三年三月庚午条："崇宁中，上书讼蔡京罪，流海岛十余年。"楼钥《攻媿集》卷六九《恭题高宗赐陈正汇御札》："徽皇聪察，仅得贷正汇之死，既至沙门，无复归望。岛上巡检知其为名家子，招致馆下。"

首先，引文中出现的"配流编管人"是否有"配流人和编管人"的可能性这一点，要先交代一句。遍检《长编》《宋会要》等文献保存下来的宋代赦书用词，逐个比较恩赦对不同类型罪人的恩泽可以发现，对配流人与编管人的处置是不一样的。大多数情况下，恩赦对"配流人"的处置是允许返回乡里，而对上一节讨论的"衙前编管人"的处置是须"赴阙投状"。用行军司马以下诸官来指称衙前编管人的习惯，在当时的赦书中几乎是惯例[1]。然而在这件南郊赦书中，与行军司马以下诸官必须"刑部勘会"相比，"配流编管人"只须"具元犯奏闻"，两者之间的区别历然在目。换言之，"配流编管"与"衙前编管"系指不同类型的犯人。可以这么说，衙前编管人是指"送衙前编管者"，而配流编管人是指"配流某所编管者"。也就是说，"配流编管"是配流、编管并科的意思。

下引《长编》所见"配流编管人"，很明显是指同一个犯人。

〔熙宁十年八月〕壬午，遣监察御史里行黄廉鞫前知庆州范纯仁于宁州。以永兴军路钤辖种古言："……尝配流编管人迈布等防送过庆州，遂留住于宁州置狱，而知宁州史籍乃纯仁累曾荐举者，必恐别致诬陷。"故命廉勘实。廉亦以常被纯仁荐辞，乃遣御史彭汝砺，又以母老辞，以御史台推直官遂宁冯如晦代之[2]。（《长编》卷二八四）

叫作迈布的这个犯人，虽然不知道最终被配流到哪里去了，但依据当时配流的执行状况推测，不是沙门岛就是广南远恶州军。

前引《幼老春秋》称被押送到沙门岛的犯人陈正汇在配所"编管"，但其他史料中见到的是"窜海岛""流沙门岛"。从而，也可以

---

1. 如本书第 207 页引至道三年四月一日真宗即位赦书可作参考。
2. 原注所引《时政记》亦称："五日，知颍州、岷州团练使高遵裕知庆州。前知庆州范纯仁，遣监察御史里行黄廉就宁州置狱取勘。以永兴军路兵马钤辖种古言'前知环州，尝与纯仁整会错了蕃部公事共七件，纯仁因此挟情酬嫌捃拾耳'，因配流编管人迈布等防送过庆州留住，遂于宁州兴狱。其知宁州史籍又是纯仁部下，累被荐举，必恐别有非辜。故专命廉以勘实也。"

将其视为"配流编管"。像陈正汇这样的官员不刺面配流的情况下，通过除名剥夺所有官位，在配所免除劳役。之所以会并科"编管"，也许与陈正汇作为政治犯在配所必须接受严密的监视和管理有关。

朱熹在说明唐律流刑时说"今之白面编管"，将唐律流刑视为"面部不刺青的编管"[1]。这个认识似乎正是南宋人视编管为流刑的原因。或许也正是这个原因，当下的一般认识才难以避免地用"流谪"来解释编管。但是，朱熹这段话的重心在于"律轻而敕重"，也就是说他想强调的事，与律法的流刑相比，刺配（刺面配军）要重得多。刺面的有无才是决定两者轻重的标准，而移送距离的远近则不是问题。

最后再次重复一下上述观点。编管，是"将犯人相关信息记入簿籍实施监督管理"的刑罚，强制移送远地并非其本质，刑期为六年。与通常的不刺面配流在刑期六年这一点上是一致的，然而不刺面配流的重心，则是将犯人放逐到僻远地的刑罚。犯人终身留置配所称作"长流"，诏敕明文规定即使在遇赦的情况下也不允许归还[2]。配流和编管，在形态上确实有很大程度的相似性，但作为刑罚，依然有对其区别看待的必要。

小结

上述的各种讨论，最后想在此做一个小结。

"编管"是"将犯人相关信息记入簿籍实施监督管理"的刑罚。但是，它并不是将犯人编入军事组织并对其人身实施物理性拘束的刑罚，其最大的特征是基于簿籍的管理。定期往州衙验明正身，也不是所有

---

1. 《朱子语类》卷一二八《本朝·法制》："律是历代相传，敕是太祖时修，律轻而敕重。如敕中刺面编配，律中无之，只是流若干里，即今之白面编管是也，敕中上刑重而下刑轻，如律中杖一百，实有一百，敕中则折之为二十〈五折一〉。今世断狱只是敕，敕中无，方用律。〈同〉"

2. 举一例说明。《宋大诏令集》卷二〇三《政事·贬责·卢多逊削夺官爵配隶崖州制（太平兴国七年四月丁丑）》："其〔兵部尚书〕卢多逊在身官爵及三代封赠、妻子官封，并宜削夺追毁，一家亲属，并配隶崖州充长流百姓，所在驰驿发遣。仍终身禁锢，纵更大赦，不在量移之限。"

编管人的义务。

　　编管也不是为特定社会阶层设定的刑罚。基于史书所见编管的实例，确实被处编管的官员比较多，但这是史书对史事记载的层次问题，应该在不同的层次上来思考这些问题。

　　流谪，即将犯人强制移送到僻远地，无法成为编管这一刑罚的本质。将犯人强制驱离乡里（现住地）的内容虽然是编管这种刑罚的基本内容之一，但移送的地点并不一定是遥远的僻地。事实上，在《条法事类》等文献中见到的编管事例，出现频率最高的是邻州编管。而遥远僻地的编管，在刑罚上被分成数个等级，这应该是二次性生成的处罚。

　　编管与居作的有无，在本质上是没有关系的。在被判处律法（刑统）中的流刑且并科编管的情况下，会依折杖法的规定，作为替代，会执行"脊杖"和"配役"，这一点，与配军并科的情况下免除"配役"之间有相当大的不同。

　　编管并不是"无期刑"。一般的编管，即使是在遇恩不许量移放还的情况，满六年后亦许其归还乡里。因缘坐而被编管的人员通常不许回归乡里，但即使如此，六年期满后即可从官司的严密监视下解放出来，编管的状态并不是无期限延续的。

　　配流与编管的关系，在刑罚的内容和实施上有着不少共通之处，尤其是远地编管，实际形态与配流刑非常相似。正因为如此，编管被置换成"流""窜"等表述的史料非常之多。但是，这并不意味着两者是同一种刑罚。"配流编管人"是指配流与编管并科的犯人，也就是指在"配流"之地接受"编管"的人员。

　　宋代是中国刑罚史上巨大的转折点，但整合完备的制度史文献却非常缺乏，所以非常遗憾，迄今为止，不同刑罚的具体内容并未被人们正确理解。这一章的考察，如果能对宋代刑罚制度的究明提供一些思路，则笔者甚幸矣！

结论

唐宋的流刑与徒刑

以上，以放逐刑和劳役刑的相关问题为中心分七章对唐宋刑罚制度展开了反复探讨。最后，将考察的结论整理如下。

前篇以唐律流刑为主题，从其渊源、制度特征、理念与现实的乖离等不同方面展开了考察。

第一章，针对被视为唐律流刑先河的"伴随强制移送的刑罚"，就秦、汉初的迁刑，汉、魏晋南朝的"徙迁刑"，北朝的流刑，探讨了上述不同时期的刑罚中强制移送的意义。

秦、汉初的迁刑，并非像后世流刑那样是仅次于死刑的重刑，其主要目的是将罪人进行隔离或幽闭。简单地将迁刑比拟为"流刑"，难免会对流刑的本质产生误解。

汉代到魏晋南朝时期史书中出现的"徙迁刑"，并不伴随强制移送。由于刑徒会被送往特定场所服役，因此可以将之视为劳役刑的一种形态，因为"徙迁刑"本身并没有被列入主刑。但可以考虑的是，在所谓"儒教国家化"的进程中，受儒家经典的影响，通过"徙边"即把罪人驱离京师移送到边境地带服有期劳役的形式，使其成为某种法律上的指南，用来惩治免死的罪人。

北魏的"徙边"与"徙迁刑"一样，也是"减死一等"之刑。"徙边"原则上是无期的终身刑，在这一点上与"徙迁刑"有着本质的差异，但却成了流刑的先河。也就是说，北魏的流刑，本质上与"徙边"是一样的。"流刑"被列为主刑，是从北魏开始的，流刑之所以能占据仅次于死刑的重刑这一位置，其背景是儒家经典中陈述的理念。北周的流刑，从依据配流距离来设计刑罚等级这一点上来看，可以将之视为唐律流刑的直接源头。这样的等差设定，依然来自儒家经典。隋《开皇律》中的流刑，在包含居作这一点上继承了北魏、北齐的制度，但在设定"道里之差"这一点上，却保留了北周流刑的传统。更进一步说，从一千里开始设置的配流距离，正是《尚书·舜典》所述内容具现化的结果。

唐律流刑基本继承了隋《开皇律》的条规。从加长强制移送的距离、大幅度缩短配所的居作时间这些变化来看，强制移送刑的色彩趋于浓厚。

流刑在北朝刑罚体系中占据主刑地位的目的，是显示刑罚体现的儒家理念，但是到了实际运用阶段，就不得不与现实妥协。北魏至北周采取的"徙边"，隋朝采取的"配防"，虽然形式上各有不同，但无论如何，都实现了"减死一等"刑的实效。通过这一章的考察，笔者深刻认识到，儒家经典中所记的上古"流刑"不用说，就是把迁刑、"徙迁刑"视为直接源头来议论唐律流刑，都很难避免得出错误观点。为了能使起源于北朝的流刑在中华王朝刑罚体系中占一席之地，不得不借用儒家经典的影响力来实现。

第二章，在《唐令拾遗》《唐令拾遗补》等原有史料的基础上，参照近年公布的《明钞本天圣令》所见条文，对唐代流刑制度展开了详细的论述。

通过对《天圣·狱官令》相关条文的考察获得的新知是，与流刑案件相关的裁判程序，主要由地方官府来审理。也就是说，州郡派遣的专使往来于地方官司与中央刑部之间，通过文书的上呈下达来完成流刑的判决。流刑执行的详细经过，也因《天圣·狱官令》的相关条文得以明确。

在这些新知的基础上，对此前笔者曾经探讨过的隋朝的流刑再次加以考察，厘清了隋代流刑与唐朝流刑两者之间的差异，指出隋朝由州郡判决的流囚必须押送到京师，在京师接受终审的可能性非常大，并推测唐代由州司派遣专使在地方和中央之间往来递送文书的做法，有可能是隋代的遗制。此外，还对与滋贺秀三意见相左的唐律流刑"配流距离的起点"问题再次展开探讨，坚持了笔者此前提出的配流距离从京师算起的观点。最后，对配流人在配所的待遇问题做了概观，为下文展开宋代配流刑、配军刑的制度探讨埋下伏笔。

唐律流刑将配流距离的起点定在京师，与律法流刑的本质有着密切的关系。流刑是"礼教的刑罚"，是依据儒家经典成为主刑的刑罚。因此，从司法实践的层面上来说，有着许多不合理的地方。例如，将罪人放逐到边境，其惩罚的意义何在，这样的议论唐代已经有了。其结果，律法原则规定之外的刑罚出现了。这样的"律外流刑"出现的背后，是流刑执行的现实与律法理念之间存在的乖离。第三章即以流刑为例，对立足于儒家经典理念之上形成的刑罚，在具体执行过程中不得不直面巨大的困难从而不得不向现实妥协的问题展开了详细论述。首先，贞观年间，与流刑等级相关的规定事实上被束之高阁。《名例律》中将流刑分为流二千里、二千五百里、三千里这三个等级，但在实际运用阶段却"不限以里数"，变成"量配边要之州"。然后，"配流刑"作为基于皇帝诏敕形成的刑罚之一也出现了。配流刑，是基于"别敕"即皇帝自我判断制定的刑罚。类似违背律法原则的"决杖配流"这样的处罚，散见于当时的诏敕或"格"中，就是这种司法现实的反映。还有，违背律法原则允许流人返乡的恩赦，在7世纪中期也开始出现了，以至于后来还发布了将流刑改为六年有期放逐刑的诏敕，并被整合成条文收到了格中。这种变化的背后，是唐朝对民众管控能力下降的事实。唐朝将民众附籍于一地原则上禁止自由移动的管控体制，8世纪中期就出现了松弛，到了9世纪，面对流人随意离开配所的现象，有司也只能拱手而已。北宋建国后不久制定折杖法，将审案定谳执行颇费时日的徒刑、流刑改为杖打（流刑须并科配役）来替代执行，也是这种社会变革的反映。

　　后篇对宋代放逐刑和劳役刑的各个层面进行了探讨。

　　首先在第四章中，以《宋史·刑法志》为题材，对宋代法制史料中频见的"配隶"一词所指的刑罚内容展开探讨。唐律中的"配隶"一词，词义相对宽泛，指"隶属于国家机构"，但宋代成了包含"配流""配军""配役"这三者在内的总称。或许是因为服役之际犯人都会被隶属到某个国家机构（官厅、军队等）去，所以才有了这样的称呼。

　　接下来的两章，对包含在"配隶"中的各种刑罚分别加以探讨。

　　折杖法规定流刑按"脊杖+配役"来替代执行，但其中的"配役"在实际司法过程中几乎不执行的观点由来已久，且根深蒂固。但是，折杖法本身是被纳入《刑统》的，而《刑统》又是通贯整个宋朝的国家基本法典，配刑作为流刑的替代刑，原则上是没有理由不执行的。

第五章从这样的疑问出发，对由来已久的通行说法进行详细分析，确认宋代始终都通过杖打刑和配役来替代流刑的执行，从而论证了这是宋代为适应现实社会状况采取的司法措施。也就是说，宋代的流囚劳役刑，与唐代的居作完全不同，是通过把刑徒编入杂役部队的形式来实施的。如果按《刑统》规定的"居作"来实施，那么就无法应对已经发生巨大变革的社会现实。官厅中杂役劳动内容与形式的改变，亦可视为唐宋变革的一种表征。

折杖法的施行，是唐末五代时期对徒役囚及配流人无法全面监控的结果，是在机构失能的现实中对徒刑、流刑可能做到的惩罚。但与此同时，死刑与流刑以下的刑种之间，在刑罚的轻重上产生了严重的偏颇。更成问题的是，因取缔走私、打击强盗法规的制定，动辄被判死刑的犯人大增。面对这种状况，宋朝不得不制定一些新的"减死一等"刑来应对现实，这就是第六章探讨的配流刑和配军刑。

宋代的配流刑，是经皇帝特恩的死刑替代刑。配役刑本身是唐代已有的刑罚，进入宋代，在过去的不刺面配流之外，刺面配流登场了，这是这个时代的重要特征。死刑减免是由皇帝裁断的，程序上有时需要犯人赴阙由皇帝亲自录囚。配流人刺面，当初并不是配流人被送往配所前进行，而是在押送犯人赴阙奏裁前进行的，这就是刺面配流出现的原因。被送往配流地的犯人，在配所被强制执行苛酷的劳役。

配流人被编入厢军服役，与配役的情况是一样的。沙门岛的组织情况不是很明了，但沙门岛以外的配流地，如作为"远恶州军"这样有别于其他地区的广南路的部分州军，在那里设置了从事杂役的牢城部队，配流人通常被编入这样的部队服役。被送往沙门岛以外配所的配流刑，实际上可以与送往牢城部队配军刑等视。强制劳动的内容和形式也出现了重大的改变，唐代的"居作"是将犯人拘束在官署内使其从役，而宋代则将之编入杂役部队使其从役。这些变化，都是面对现实不得不采取的应对方式。

将罪人编入厢军使其从役的配军刑，在法律条文中出现的时间大致是北宋太宗在位时期。对窃盗、强盗、走私等国家严格取缔的犯罪行为，唐末五代时期的惩罚力度非常大，宋朝建国后，为缓和前朝的峻法，对上述犯罪行为更多地采用了决杖刺面编入本城、牢城部队的做法。一开始，配军的地点通常是犯人的现住州郡，不久之后，配军刑的设定就引入了放逐刑的要素（配军五百里外、千里外）。如此一来，配军刑，作为一种新的"减死一等"之刑，也被组合进了宋代的刑罚体系之中。

到了北宋后期，配流刑和配军刑在同一个尺度上走向了序列化。配军刑中包含的"放逐"因素，原本是为维护乡里的治安将凶恶犯驱逐到远方而设定的，但后来，将凶恶罪犯驱逐到遥远的僻地，即类似律法流刑的"传统"放逐思想复苏了，形成了以沙门岛为顶点的刺配刑序列。

在宋代法制史史料中，与配流、配军并行的还有被总称为"编管"的刑罚。第七章，对以往在制度史上缺乏研究的编管问题，以其刑罚内容为中心展开探讨。

编管是将犯人"编入簿籍加以监督管理"的刑罚。编管并不是像编入军队组织那样对犯人进行物理性的拘管，而仅止于簿籍上的管理，这是编管最大的特征。编管人员有定期去官厅验明正身的义务，但并不是所有的编管人都必须践行这项义务。还有一点要强调的是，编管并不是为特定阶层专设的刑罚。

强制移送远地并不是编管的本质要义。将犯人强制驱离乡里的做法，确实是编管这种刑罚的基本要素，但移送的地点并不一定是遥远的僻地。编管与居作的有无，没有本质上的关联。《刑统》中的正刑流刑，如果与编管并科，那么就会依折杖法通过"脊杖"和"配役"来替代执行。这一点，与并科配军刑时免除"配役"有很大的差异。编管有刑期，在通常的情况下，即使没有恩赦的量移和放还，六年刑满后就释放，允许回归乡里。远地的编管，从实态上来看，与唐代以来的不刺面配流刑基本相同。

唐律的流刑，源于鲜卑建立的北魏王朝的徙边刑。然而，为了让流刑在中华王朝的刑罚体系中占有主刑的地位，儒家经典的影响力是不可或缺的。作为仅次于死刑的重刑，"流刑"在创设之初就是以儒家经典的陈述为依据的。从这个意义上可以说，流刑是一种"礼教刑罚"。正因为如此，流刑的理念与刑罚执行的现实之间，很早就出现了乖离。北周律中，即使设置了通过放逐的距离来体现等级之差，但在实际执行过程中依然还是徙边刑。唐律同样也基于强制移送的距离将流刑分为三个等级，但实际上流人还是被配流到指定的"边州"。遇到恩赦时容许流人的放还，以及此后将流刑改为六年的有期刑，这也是流刑的理念无法贯彻而不得不在现实中优先的结果。那么，这个"现实"到底是什么呢？这与配所所在州县的流囚管理问题密切相关。长时间对流人进行监管，这对配所所在的州县是一项沉重的负担。到了唐末，无法被监控到每个角落的流人轻松逃离配所的现象成为问题，但官府对这样的现状却无能为力。结果，流刑与徒刑一样，成为难以执行的刑种。唐末五代以来，走私及各种强盗劫贼引发了社会治安的恶化，为此政府制定了许多新法，强化惩罚力度，轻微小罪动辄处死。为缓和前朝的峻法，北宋建国后第一时间出台的折杖法，也就是在这样的背景下制定的。

因折杖法的制定，流刑失去了放逐刑的性质，在刑罚的轻重这一点上，与死刑之间出现了非常大的差距。为填补两者之间的差距，新的"减死一等"刑登场了，这就是刺配刑，即刺面配流刑与配军刑。当初为维持乡里治安将犯人送往僻远地的配军，引入了律法流刑中的放逐理念，通过设置配军距离来显示放逐刑的多样性。北宋后期，依据犯人的现住地与配所之间距离的远近，完成了刺配刑的惩罚序列。

从上述唐宋刑罚制度中放逐刑、劳役刑的发展演变来看，以下两个特征非常值得重视：

①流刑是基于儒家经典的刑罚，因此在现实中很难施行，流刑的理念与社会的现实之间产生了很大的乖离，最终陷入了无法实施的状态。

②尽管如此，在面对现实不得不在律法之外新创"减死一等"刑时，为政者意识里漂浮着的依然是"流刑"。在刺配刑日趋多样化的过程中，放逐刑的要素被再次引入，以及通过强制移送的距离来制定刑罚的序列等第，律法流刑的存在产生了相当大的影响。

唐律以降直至明清律，笞、杖、徒、流、死五刑一贯是中华王朝刑罚体系中的主刑，其中的一个原因可以说是唐律五刑实践了儒家经典的理念。尤其是流刑，以其在五刑中的地位为首，是依据儒家经典最多的一种刑罚。以上这两个特征，即源于流刑这样一些特质。

附表　唐代的边州（《六典》与《唐会要》的比较）

序号	《六典》	所属道	序号	《唐会要》	备　　考
1	安东	河北	14	安东	在平州
2	平	河北	53	平	
3	营	河北	30	营	《唐会要》作"牢"，今据《六典》改
4	檀	河北	13	檀	
5	妫	河北	12	妫	
6	蔚	河东	11	蔚	
7	朔	河东	10	朔	
8	忻	河东	52	忻	
9	安北	河东	35	安北	中受降城
10	单于	河东	37	单于	
11	代	河东	5	代	
12	岚	河东	23	岚	
13	云	河东	54	云	《唐会要》作"灵"，今据《六典》改
14	胜	关内	2	胜	
15	丰	关内	8	丰	
16	盐	关内	24	盐	
17	灵	关内	1	灵	
18	会	关内	38	会	
19	凉	陇右（河西）	3	凉	
20	肃	陇右（河西）	20	肃	
21	甘	陇右（河西）	19	甘	

（续表）

序号	《六典》	所属道	序号	《唐会要》	备　考
22	瓜	陇右（河西）	21	瓜	
23	沙	陇右（河西）	22	沙	
24	伊	陇右（河西）	4	伊	《唐会要》作"相"，今据《六典》改
25	西	陇右（河西）	29	西	
26	北庭	陇右（河西）	36	北庭	《唐会要》作"庭"，今据《六典》补"北"字
27	安西	陇右（河西）	43	安西	在龟兹
28	河	陇右（河西）	39	河	
29	兰	陇右（河西）	17	兰	
30	鄯	陇右（河西）	18	鄯	
31	廓	陇右（河西）	16	廓	
32	叠	陇右（河西）	15	叠	
33	洮	陇右（河西）	9	洮	开元十七年废，并入岷州。临潭县置临州。二十七年又改为洮州（《旧唐书》卷四〇）
34	岷	陇右（河西）	40	岷	
35	扶	剑南	41	扶	
36	柘	剑南	42	柘	《唐会要》作"拓"，今据《六典》改
37	维	剑南			
38	静	剑南	44	静	
39	悉	剑南	45	悉	
40	翼	剑南	25	翼	
41	松	剑南			
42	当	剑南	31	当	
43	戎	剑南	26	戎	
44	茂	剑南	33	茂	

（续表）

序号	《六典》	所属道	序号	《唐会要》	备　考
45	嶲	剑南	7	嶲	
46	姚	剑南	46	姚	
47	播	江南（黔中）	48	播	
48	黔	江南（黔中）	6	黔	
49	骥	岭南	34	骥	
50	容	岭南	49	容	
			27	慎	
			28	威	
			32	郎	当作"南宁"。武德八年更名朗州，开元五年复故名。天宝末没于蛮，因废（《新唐书》卷四三下）
			47	雅	
			50	燕	
			51	顺	
			55	临	开元十七年临潭县置临州（《旧唐书》卷四〇）。二十七年四月改临州为洮州（《旧唐书》卷九）。注：与9洮州重复
			56	蓟	开元十八年置（《旧唐书》卷三九）

说明："序号"栏中的数字为《六典》《唐会要》中边州的记载顺序。

附

篇

附篇一

唐代贬官考

前言

本文旨在厘清唐代官员因贬而授地方官的具体情况，并以此为线索，探讨唐朝对地方的统治状况。关于唐代官员"贬"的问题，八重津洋平已从法制史的角度出发撰成专文，文中已经注意到一些基本问题[1]。该文认为所谓的"贬"，是指"官员在履行职务时犯有任何过错，或做出不符合官员身份的行为时受到的相应处罚，或者是围绕政治权力的派系斗争而遭受外遣的结果，最典型的是降为品阶比现职低的职位或从中央官员（京官、内官）改任为地方官（外官）"[2]。本文与八重津洋平关注的问题点略有差异，且仅讨论贬官中贬为外官的情况。另外，本文所言"贬官"一词，一般仅限于从京官到外官或从外官到外官的左迁之意。

唐代，但凡与地方长官都督、刺史相关的任命诏敕中，开头几乎必引汉宣帝"与我共此者，其唯良二千石乎"[3]之语。地方长官才是帝国统治的关键这一传统观念也为唐朝所接受。但另一方面，自唐朝开国以来，刺史、县令等地方官却屡用左迁官员。这似乎与传统帝国统治的理念互相矛盾。唐代地方官实际上到底处于怎样的地位呢？本应受到重视的地方长官却频用左迁官员，这一矛盾是否终唐一代都未能解决呢？本文将立足于上述问题意识，首先全面整理两《唐书》本纪、列传及《资治通鉴》中官员外贬的事例，统计具体数据。继而通过对这些数据与文献史料的综合比照，明晰唐代贬官时的主要地方官职。最后以贬官情况为线索，依据时代变迁，以地方官的定位为中心探明

---

1. 八重津洋平：《关于唐代官员贬官的二三个问题》（唐代官人の贬をめぐる二三の問題），《法与政治》（法と政治）18-2，1967年。

2. 八重津洋平：《关于唐代官员贬官的二三个问题》，第98页。

3. 《汉书》卷八九《循吏传》："及至孝宣，繇仄陋而登至尊，兴于闾阎，知民事之艰难。自霍光薨后始躬万机，厉精为治，五日一听事，自丞相已下各奉职而进。及拜刺史守相，辄亲见问，观其所繇，退而考察所行以质其言，有名实不相应，必知其所以然。常称曰：'庶民所以安其田里而亡叹息愁恨之心者，政平讼理也。与我共此者，其唯良二千石乎！'"

表 F-1　唐代贬官细目（按官职分）

时期＼官职	州官								县官					合计
	刺史	别驾	长史	司马	上佐小计	司户参军	其他	州官合计	县令	县丞	县尉	其他	县官合计	
高祖、太宗时期（618—649）	15 (78.9)	0 (0.0)	0 (0.0)	1 (5.3)	1 (5.3)	1 (5.3)	0 (0.0)	17 (89.5)	1 (5.3)	1 (5.3)	0 (0.0)	0 (0.0)	2 (10.5)	19
高宗、武后时期（649—704）	71 (52.6)	2 (1.5)	5 (3.7)	15 (11.1)	22 (16.3)	3 (2.2)	7 (5.2)	103 (76.3)	16 (11.8)	5 (3.7)	9 (6.7)	2 (1.5)	32 (23.7)	135
中宗至玄宗时期（704—756）	126 (46.5)	34 (12.5)	15 (5.5)	30 (11.0)	79 (29.2)	6 (2.2)	8 (2.9)	219 (80.8)	8 (2.9)	8 (2.9)	35 (12.9)	1 (0.4)	52 (19.2)	271
肃宗至顺宗时期（756—805）	57 (30.3)	16 (8.5)	24 (12.8)	39 (20.7)	79 (42.0)	24 (12.8)	6 (3.2)	166 (88.3)	3 (1.6)	2 (1.1)	17 (9.0)	0 (0.0)	22 (11.7)	188
宪宗至宣宗时期（805—859）	132 (51.4)	1 (0.4)	14 (5.5)	53 (20.6)	68 (26.5)	38 (14.7)	5 (2.0)	243 (94.6)	6 (2.3)	1 (0.4)	6 (2.3)	1 (0.4)	14 (5.4)	257
懿宗至哀帝时期（859—907）	43 (27.7)	0 (0.0)	1 (0.7)	29 (18.7)	30 (19.4)	57 (36.8)	2 (1.3)	132 (85.2)	3 (1.9)	0 (0.0)	20 (12.9)	0 (0.0)	23 (14.8)	155
合　计	444 (43.3)	53 (5.2)	59 (5.8)	167 (16.3)	279 (27.2)	129 (12.6)	28 (2.7)	880 (85.9)	37 (3.6)	17 (1.6)	87 (8.5)	4 (0.4)	145 (14.1)	1 025

唐朝的地方统治情况。另外,在考察过程中所取用的统计资料,主要以正史中立传的高层人物为对象,即处于官僚世界最上层的精英官僚阶层,因此,这种考察并未全面覆盖整个唐代官员的世界,广大中下层官员的动向可以说几乎未涉及,这一点须提前说明。

在进入正题之前,我们先对唐代贬官情况做一个总览。表 F-1 显示的是各个时期刺史、上佐、司户参军及其他州官、县令、县尉、其他县官的贬官数量及在总数中的占比。除高祖、太宗时期的三十余年外,其余基本以朝代为基准、以五十年为期进行划分。由该表可知,唐代的贬官情况以玄宗朝为界,前后变化甚巨。唐前期贬为刺史者占近六成,与之相对,安史之乱以后,肃宗至顺宗时期这一比例陡降至约三成,取而代之的是贬为上佐的比例提高至四成以上。宪宗至宣宗时期贬为刺史的比例虽再次回升至半数以上,但如后文所述,其内涵已与前期迥异。而唐末懿宗至哀帝时期,司户参军和县尉的数量合计占比过半。接下来在这一基本印象下来分别考察刺史、上佐、司户参军、县尉等代表性的贬官职位。

第一节　刺史

一　基于统计的概观

表 F-2 是两《唐书》本纪、列传及《通鉴》所见贬为刺史的官员数量,纵轴为朝代,横轴为地域。地域划分遵从《新唐书·地理志》十五道的划分,各道所辖州也基本依此。表中黑圈内的数字为员外官数,白圈内数字为未到任者,即到任前又因遭再贬、配流、赐死等追加处罚而未到既定地点赴任的官员数量(表 F-8、F-10、F-13 同此处理)。

由 F-2 表可知,作为刺史,即便被贬官,也几无成为员外官者(446 例中仅有 2 例)。而未到任者的数量平均下来占到整体数量的将近两成。不过需要注意的是,其比例从唐初到肃宗、顺宗时期为 10% 至 15%,低于平均数,而到宪宗至宣宗时期超过 20%,懿宗至哀帝时期更是将近一半,越接近唐末,这个比例越高。

表 F‑2　贬为刺史的官员数量

朝代＼道	京畿	关内	都畿	河南	河东	河北	山南东	山南西	陇右	淮南	江南东	江南西	黔中	剑南	岭南	合计	合计
高祖	2															2	15 ③
太宗	1	1	1	1	2 ②	2	1	1	2 ①	1		1 ①			2 ①	13 ③	
高宗	1		1	4	7	1	4	1		2	5	5 ①		11 ①	7	44 ⑥	71 ⑫
武后		5	2	2	2	8	2	3 ①	1 ①	2		1	4 ③	4 ①		27 ⑥	
中宗	1			9 ●④	1	4 ①	6 ④	2		1	1	1		4	1	31 ●⑨	126 ●⑱
睿宗	2 ①			4 ②①	7 ①	1	1	2		3	1	1	1 ①			22 ⑤	
玄宗	1		2	14 ①	2	8	7	4		7	11 ①	7	3 ①	4 ①	2	73 ④	
肃宗	2			1	2		2	3		1	1	3	1	2		13	57 ●⑥
代宗			1	1			2 ①			1 ①	4	10 ①			3 ②	23 ⑤	
德宗				1			5 ●	1			6 ①	4	1	1	2	21 ●①	
顺宗																0	

（续表）

道＼朝代	京畿	关内	都畿	河南	河东	河北	山南东	山南西	陇右	淮南	江南东	江南西	黔中	剑南	岭南	合计	合计
宪宗	1	1					11②	7①			1	15④	1	3	5②	45⑨	132㉘
穆宗	1						6	1		2①	3①	5①		1	1	20③	
敬宗				1				1			2	1				5	
文宗	2		1	2	1		4	3①		2	6①	5②		1①	3①	30⑥	
武宗				1	3	1	3①				4②	1①			5②	18⑥	
宣宗	1			1			3				4	1①			4	14①	
懿宗	2				1		1①	1		1	2	4		2	8③	22④	43⑯
僖宗							2①	1			1				3①	7②	
昭宗							3①					2①	2②	1	2②	10⑥	
哀帝				4④												4④	
合计	16①	8	5	45❶⑬	20③	17①	61❶⑪	31③	3②	22②	52⑥	67⑬	13⑦	35④	49⑭	444❷⑳	

　　地域上又呈现出怎样的特征呢？表F-3是将表F-2中各道贬官数量分成唐前期与后期的比较结果。据此可知，贬为刺史的官员数量从前期到后期增加了20例。从地域上来看，关内、河南、河东、河北、陇右、淮南、黔中、剑南诸道的数量在减少，而山南东、山南西、江南东、江南西、岭南诸道的数量逐渐增加。其中变化尤为剧烈的地区是河南、河东、河北、剑南诸道与山南东、山南西、江南东、江南西、岭南诸道，前者呈减少趋势，后者呈增加趋势。京畿、都畿两道则无明显变化。

表 F-3　贬为刺史的官员数量（唐前期与后期诸道数量比较）

道＼时期	前　期	后　期	合　计
京　畿	7	9	16
关　内	7	1	8
都　畿	3	2	5
河　南	34	11	45
河　东	13	7	20
河　北	16	1	17
山南东	21	40	61
山南西	13	18	31
陇　右	3	0	3
淮　南	16	6	22
江南东	18	34	52
江南西	16	51	67
黔　中	8	5	13
剑　南	24	11	35
岭　南	13	36	49
合　计	212	232	444

表 F-4①、②分别显示各朝官员贬为刺史前所任官的品秩。表①为京畿、关内、都畿、河南、河东、河北、陇右、淮南、黔中、剑南诸道，即从前期到后期贬为刺史之例减少或者几无变化的地域；表②为山南东、山南西、江南东、江南西、岭南诸道，即后期贬官之例大增的地域，二者分别统计。表中符号●为宰相，◎为中书、门下、尚书三省官及御史台官员（以下分别简称为三省官、台官）。○为其余在京文官，其中包括隶属皇太子的东宫官及实务官署的九寺五监官（以下称为寺监官）、京兆尹等官员。此外，■为节度使、观察使、都团练使、经略使（以下总称为藩帅），□为其余外官，△为武官（表 F-9、F-11、F-14 同此处理）。

毫无意外，表 F-4①、表 F-4②呈现的特征迥异。首先，表①三品以上官员，尤其是宰相、三省官、台官数量较多，这一倾向在睿宗朝之前尤为显著。到玄宗朝，四品、五品官员数量虽有增加，然宰相和三省官、台官仍居太半。此后三省官、台官虽然数量锐减，但基本延续了玄宗朝的趋势。另外，整体而言，从外官贬为该地区的刺史并不多见。

另一方面，表 F-4②中，前期三品以上官员贬来的例子也不算少，但到后期，四品以下官员贬为该地刺史的例子却大幅增加，宪宗、穆宗朝甚至六品以下京官之例亦不少见。此外，外官贬来之例比表 F-①多得多，而且基本都是三品官，即上州刺史以上的官员。特别是后期诸例，多数是由江西、湖南、荆南、桂管等南方藩帅贬为刺史的。

二　唐前期刺史的地位

接着来看上文所揭诸点的历史背景与原因。最先要解决的问题是，唐初到肃宗再至顺宗时期，尤以玄宗朝为界，贬为刺史的官员在整体比例中急剧减少的原因是什么。反过来说，唐前期贬官中刺史所占比例高的原因究竟是什么？

围绕唐前期刺史的相关议论，大略可分成以下三类：

（1）刺史的贬官职位化问题（重视内官、轻视外官的风气；有能力者就任刺史时应该怎样处理才好？）；

表 F－4①　左迁官的前任官官品（刺史 I）

官品	高祖	太宗	高宗	武后	中宗	睿宗	玄宗	肃宗	代宗	德宗	顺宗	宪宗	穆宗	敬宗	文宗	武宗	宣宗	懿宗	僖宗	昭宗	哀帝
正一品												○									
从一品		●	●																		
正二品					○○○		○	○													○○
从二品					□		○														
正三品		●●●	○○●○○	●●●●	○●	●●●●●●	○○○○●■	●	○	○■		○			○	○□	■			○■	■
从三品		○○□	○○□□□□	●□△	○○○○●□□	●●●○	○○○○□□□■●○○□	●●●○	○	○■		●	□		○	○□				○■	●
正四上		○	●	○○●□	○	●●●	○○○○○	●	○	○		●	●		○○	○	○			○	●
正四下	△			●●●	○	○	○○○○	○	○			●	●		○	□	○				
从四上			○○○		○○	○								○							
从四下							○														
正五上			○				○○○○					○	○○		○○○	○				○○	
正五下							○○					□			○						
从五上				○○					○												
从五下				○								○									

248

（续表）

官品	高祖	太宗	高宗	武后	中宗	睿宗	玄宗	肃宗	代宗	德宗	顺宗	宪宗	穆宗	敬宗	文宗	武宗	宣宗	懿宗	僖宗	昭宗	哀帝
正六上																					
正六下																					
从六上							○○○								○						
从六下																○○					
正七上																					
正七下																					
从七上																					
从七下																					
正八上												○									
正八下																					
从八上																					
从八下																					
正九上																					
正九下																					
从九上																					
从九下																					
不明									□			□									

表 F-4② 左迁官的前任官官品（刺史Ⅱ）

官品	高祖	太宗	高宗	武后	中宗	睿宗	玄宗	肃宗	代宗	德宗	顺宗	宪宗	穆宗	敬宗	文宗	武宗	宣宗	懿宗	僖宗	昭宗	哀帝
正一品																					
从一品																					
正二品			◎				○○		○	◎		■				○			○		
从二品		□					○									●					
正三品	○		●●● △△ □□	□			○○○○○ ■	○	○○○	○○ ■					◎ △ ■	○○ ◎	◎ ■■	■■ ◎○○		■	
从三品	△		○○ △△ □□	□	□□ □□ ◎	○○ □	○○○○○ □□□□	○○ ■	○○○○ ■	□		■■ ■■ ○○○	○	○	○○ ■■	■■ ○ □	○ ■■	● ■■ ○○○ □ ◎	■ ○ ●	■■ ●●	
正四上			○○ □□	○○○ ●	●		○○○○○	●	●	●		●	■■						□	○	
正四下	○	○	●	○	○		●	□	□ ○			○ □	○○○		○			○			
从四上			○	○	◎	○	◎			○○ ●		○	○								
从四下							○	○	○	○						○			□		
正五上							○○	○	○	○○		○○○		○	○○○	○○○	○○○	○			
正五下																					
从五上															○○○		○				

（续表）

官品	高祖	太宗	高宗	武后	中宗	睿宗	玄宗	肃宗	代宗	德宗	顺宗	宪宗	穆宗	敬宗	文宗	武宗	宣宗	懿宗	僖宗	昭宗	哀帝
从五下																					
正六上																					
正六下																					
从六上										◎		○○○○ ○○○	○○○ ○○○	◎	◎						
从六下										◎		○○									
正七上																					
正七下							◎														
从七上																					
从七下																					
正八上																					
正八下																					
从八上																					
从八下																					
正九上																					
正九下																					
从九上																					
从九下																					
不明	△			□	□							△□			□□				□		

（2）刺史的任期问题（任期太短）；

（3）诸王出镇外藩问题。

其中，与本节所论问题相关的是第一类议论。下面我们来概述其论点，并讨论唐廷的对策。

据《通典·选举典·杂议论》可知，所谓重视内官、轻视外官的风气，是魏晋以来就存在的问题。但正如浜口重国指出的那样[1]，单就刺史而言，随着隋大业元年（605）总管府的废置，兵权收归中央，刺史的重要性因此大大降低。唐朝的地方官制基本继承隋朝，刺史的地位在唐初应该也不高。据贞观十一年（637）八月侍御史马周的上疏，当时朝廷内存在偏重内官、轻视外官的风气，外任刺史者多为立下战功的武人，或是京官政绩不良者才会被任为刺史离开京师。而且这还是离京师不那么远的州刺史的情况，具体如下：

> 今朝廷独重内官，县令、刺史颇轻其选。刺史多是武夫勋人，或京官不称职，方始外出。而折冲果毅之内，身材强者，先入为中郎将，其次始补州任。边远之处，用人更轻，其材堪宰莅，以德行见称擢者，十不能一。所以百姓未安，殆由于此。（《旧唐书》卷七四《马周传》）

贞观二十年（646），太宗派大理卿孙伏伽等二十二人巡视各地，按所谓"汉六条"评定地方官的政务。其结果，刺史、县令以下贬黜者不绝。后来，经太宗亲自调查，被认定为有能力而晋升的仅有二十人，因罪而处死者七人，遭流罪以下除名、免官处罚者达数百上千人，这一惨淡结局印证了马周上疏的真实性[2]。

高宗武后时期重视内官、轻视外官的倾向似乎也基本没有改变。

1. 浜口重国：《关于隋朝的废止乡官》（所謂隋の郷官廃止に就いて），1941 年初刊，后收入其著《秦漢隋唐史の研究》下卷，东京大学出版会，1966 年。
2.《资治通鉴》卷一九八贞观二十年正月丁丑条："遣大理卿孙伏伽等二十二人以六条巡察四方，刺史、县令以下多所贬黜，其人诣阙称冤者，前后相属，上令褚遂良类伏以闻。上亲临决，以能进擢者二十人，以罪死者七人，流以下除免者数百千人。"

252

例如垂拱元年（685），秘书省正字陈子昂在《上军国利害事》中就曾论及朝廷完全轻视刺史、县令人事的问题[1]。长安四年（704）三月，李峤、唐休璟等人的奏疏中也提到当时偏重内官、轻视外职的问题。据这些奏疏可知，当官员被任命为刺史时，都会再三申诉以求拒绝赴任，多数外任官都是"贬累之人"，即左迁官员，这是地方统治状况不佳的主要原因。为了改变这种状况，李峤等人提出，从台阁寺监（中央官署）的官员中选拔贤才担任大州刺史，武后也采纳了这一提案，任命凤阁舍人韦嗣立、御史大夫杨再思等二十人以现任京官的身份为检校刺史外任，但后来治绩突出者寥寥，并未达到预期效果[2]。神龙元年（705）举人赵冬曦上疏，请求改革外官人事，也是基于与李峤等人相同的认识。他还指出，当今外官人事任命情况是，京官不称职者左迁为外官，大藩、近州失政者降级为小邑、远官，因此官员、士大夫们轻视外任之风难以消解[3]。

　　唐初以来，这类指出刺史人事任命不合理的上疏就屡见不鲜，对此，唐廷究竟有何对策呢？管见所及，唐朝最早下旨精选刺史人才是在中宗景龙年间。不过景龙元年（707）十一月的制书中，只是让中书、门下从内外官员中选拔"才望兼优，公清特著"的人才，报告他们的姓名，毫无具体章程[4]。接下来是景云二年（711）十月敕，命御

---

1. 陈子昂：《陈伯玉文集》卷八《上军国利害事》第三条《牧宰》："宰相陛下之腹心，刺史、县令陛下之手足，未有无腹心手足而能独理者也。臣窃观，当今宰相已略得其人矣，独刺史、县令，陛下独甚轻之，未见得其人。"

2. 《资治通鉴》卷二〇七长安四年三月条："太后尝与宰相议及刺史、县令。三月，己丑，李峤、唐休璟等奏：'窃见朝廷物议，远近人情，莫不重内官，轻外职，每除授牧伯，皆再三披诉。比来所遣外任，多是贬累之人；风俗不澄，实由于此。望于台、阁、寺、监妙简贤良，分典大州，共康庶绩。臣等请辍近侍，率先具僚。'太后命书名探之，得韦嗣立及御史大夫杨再思等二十人。癸巳，制以本官检校刺史，嗣立为汴州刺史。其后政迹可称者，唯常州刺史薛谦光、徐州刺史司马锽而已。"

3. 《唐会要》卷六八《刺史上》："神龙元年正月，举人赵冬曦上疏曰：'臣闻，古之择牧宰者，皆出于台郎御史，以为荣迁。何者？以为亲人之职，人命所系，故贵其位而重其人也。今则不然，京职之不称者，乃左为外任；大邑之负累者，乃降为小邑；近官之不能者，乃迁为远官。夫常人之心，未可卒革。'"

4. 《册府元龟》卷六九《帝王部·审官》："景龙元年十一月，制曰：'共理天下者，在良二千石。宜令中书门下，于内外拣择，必取材望兼优、公清特著可以宣风导俗，具以名闻。'"

史台三日之内报告内外文武官员中"老弱疾患、贪暴侵渔、不举职事、材职不相当者",这次终于出台了具体的举措:

> 内外文武官,有老弱疾患、贪暴侵渔、不举职事、材职不相当者,三日内各录状进。外州刺史、上佐,多不简择,内外之职,出入须均。京官中有才干堪理人者,量与外官,外官有清慎者,与京官。(《唐大诏令集》卷一〇〇《政事·官制上·令御史录奏内外官职事诏》)

该敕试图将内官与外官的出入均等化,即任命那些不愿以外官赴任地方的官员们为都督、刺史等官,相反也招都督、刺史等回任京官,意在确保外官的素质与改变轻视外任的风气。同样旨趣的制敕还在玄宗开元二年(714)正月、三年六月反复颁布[1]。开元八年(720)七月的敕书中,官员外任刺史的政策变得更加具体。不过该敕的内容与此前景龙三年(709)三月兵部尚书韦嗣立的上疏如出一辙。韦嗣立的上疏讨论了因冗官政策而设置数倍于定员的员外官之弊害,另一方面,刺史、县令却不得其人,以致当今户口流亡,国库空虚。他的结论是,建议诸曹侍郎、两省、两台及五品以上清资望官优先从刺史中拔擢,御史、员外郎等六品以上清要官优先从县令中选择。当时中宗并未采纳这份上疏,但约十年后下达的敕令内容却与韦嗣立的上疏重合部分甚多:

> 自今以后,诸司清望官阙,先于牧守内精择,都督、刺史,却向京官中简授。其台郎以下除改亦于上佐、县令中通取,俾中外迭用,贤良靡遗。(《唐大诏令集》卷一〇〇《政事·官制上·京官都督刺史中外迭用敕》)

---

1. 《唐大诏令集》卷一〇〇《政事·官制·简京官为都督刺史诏》:"当于京官内简宏才通识堪致理兴化者,量授都督、刺史等,久在外藩频有升进状者,量授京官,使出入常均,永为恒式。"

《册府元龟》卷六九《帝王部·审官》开元三年六月戊午条:"敕曰:'刺史宜兼于京官中简择历任有善政者,补置于司农、太府、少府等司,既掌财物,已知次第,复称执事,不在取限。'"

所谓"清望官",是指内外三品以上官,包括中书、黄门侍郎,尚书左右丞、诸司侍郎,太常少卿,秘书少监,太子少詹事、左右庶子、左右率,国子司业(《六典》卷二《尚书吏部·吏部郎中》)。该敕的旨趣在于,首先从刺史中拔擢大家都想当的上流阶层的清望官,而遵循此则,台郎以下的官员也优先从州上佐和县令中选择,即用利益诱导中央官员先去外任。派遣京官担任都督、刺史,这一点与以前的制敕并无变化[1]。另外,同样的制敕在开元十二年(724)六月也曾出台。

这些举措的前提是谋求京官与外官待遇条件的平等化。垂拱二年(686)正月的敕文允许诸州都督、刺史与京官一样佩戴鱼袋,即是其中一例[2]。

接下来我们就参照上文的统计,来探讨唐廷的这些政策到底起到了什么样的效果。

如前表F-1所示,从唐初到肃顺时期,刺史占全体贬官数的比例逐步下降。而且肃宗至顺宗时期,刺史与州上佐的比率发生逆转。这似乎表明上述唐廷对待刺史的政策有所奏效。但是比率骤减的是高祖、太宗时期到高宗武后时期,而高祖、太宗时期贬官之例仅有15例,较之其他五个时期为数极少,因此,从唐初的这种变化中寻找大的意义未免有些牵强。接下来的高宗武后时期到中宗、玄宗时期,比率虽然略降,但并无太大变化,贬为刺史的官员依然占将近半数。硬要从数字中找出该时期令人瞩目的变化,那么,这就是各个时段平均每一年的刺史贬官数。终唐一代,每年被贬为刺史的官员约有1.5人次,几乎每个时段的数量都与这个整体平均值相差不大,但只有中宗朝和睿宗朝分别为6.2和7.3人次,远高于平均值。但这应该是武周政权与此后韦氏专权政变的影响,不宜视为唐朝对刺史政策所带来的结果。由此可见,刺史常被用作中央官员的贬官职位这一大的框架,并未因以开元年间为中心实施的唐廷对刺史的政策而发生根本性变化。

---

1. 《册府元龟》卷六九《帝王部·审官》开元十二年条;《唐会要》卷六八《刺史上》开元十二年六月二十四日条。
2. 《唐会要》卷三一《鱼袋》:"垂拱二年正月二十日敕文:'诸州都督、刺史,并准京官带鱼袋'。"

那么，唐廷在中宗朝以降反复出台有关刺史的诏敕难道都是没有任何实效的空文吗？我们再来看一下表 F‑4①。上文已经指出，该表所示京畿、关内、都畿、河南、河东、河北、淮南、黔中、剑南诸道左迁官员的前任官官品，睿宗朝以前与玄宗朝相比有若干变化，即睿宗朝以前三品以上官，特别是宰相与三省官、台官占据多数，而玄宗朝虽仍以这些官员为中心，但四品以下京官的数量已经超过了三品以上官员。兹将各时期前任官中三品官以上与四品官以下的具体数量和比例列举如下（前者为三品以上官数量，后者为四品以下官数量，圆括号内为宰相及三省官、台官数量）：

高祖、太宗时期　7［78%］：2［22%］　（4［80%］：1［20%］）

高宗、武后时期　23［55%］：19［45%］（14［50%］：14［50%］）

中宗、睿宗时期　27［71%］：11［29%］（17［68%］：8［32%］）

睿宗朝以前合计　57［64%］：32［36%］（35［60%］：23［79%］）

玄宗朝　　　　　18［43%］：24［57%］（6［21%］：23［79%］）

很明显，正好在睿宗朝前后，前任官三品以上官与四品以下官比例发生了逆转。也就是说，到玄宗朝，三省官、台官中三品以上高级官员被贬到这些地域担任刺史的占比下降，而与之相比，官品较低的四五品官员左迁至此任刺史的比例有所上升。因为肃宗朝以降被贬至这些地域担任刺史的官员绝对数量骤降，所以趋势不太明显，但四品以下官员贬官之例依然较多。

我们把表 F‑4②也做同样处理。

高祖、太宗时期*　　3［75%］：1［25%］　（0［—］：0［—］）

高宗、武后时期　　18［60%］：11［40%］（9［62%］：6［38%］）

中宗、睿宗时期**　9［64%］：5［36%］　（2［33%］：4［67%］）

睿宗朝以前合计　　52［66%］：27［34%］（11［52%］：10［48%］）

玄宗朝　　　　　　22［71%］：9［29%］（7［47%］：8［53%］）

*前任官官品不明者二例；**前任官官品不明者一例。

结果与表F－4①不同，各段并无明显变化，三品官以上的比例都超过六成。整个唐前期，左迁至山南东、山南西、江南东、江南西、岭南道的刺史中，都以三品以上的高级官员居多。不过仍须注意的是，中宗、睿宗朝宰相、三省官、台官中三品以上与四品以下官员的比例发生了逆转。

那么，这个结果意味着什么呢？上文表F－4是以唐前期至后期贬为刺史的官员数量增减为基准，将开元十五道地域划分为两组制成的。也就是说，唐前期与后期左迁刺史的任官地点是有差异的。让我们再回到当时围绕刺史的议论。右御史中丞卢怀慎在景龙年间上疏论及时政得失时曾这样说道：

> "夫冒于宠赂，侮于鳏寡，为政之蠹也。窃见内外官有赇饷狼藉，剽剥蒸人，虽坐流黜，俄而迁复，还为牧宰，任以江、淮、岭、碛，粗示惩贬，内怀自弃，徇货掊赏，讫无悛心。明主之于万物，平分而无偏施，以罪吏牧遐方，是谓惠奸而遗远。远州陬邑，何负圣化，而独受其恶政乎？边徼之地，夷夏杂处，凭险恃远，易扰而难安；官非其才，则黎庶流亡，起为盗贼。由此言之，不可用凡才，况猾吏乎？臣请以赃论废者，削迹不数十年，不赐收齿。书曰'旌别淑慝'，即其谊也。"疏奏，不报。（《新唐书》卷一二六《卢怀慎传》）

据卢怀慎所言，犯罪的中央官员被贬至江淮、岭南、陇右等边境地方担任州郡刺史，而他们在当地又行贪赃恶政，形成恶性循环。另一方面，《通典》卷一七引开元三年左拾遗张九龄上书云：

> 而今刺史、县令，除京辅近处之州刺史犹择其人，县令或备员而已。其余江、淮、陇、蜀、三河诸处，除大府之外，稍稍非才。但于京官之中，出为州县者，或是缘身有累，在职无声，用于牧宰之间，以为斥逐之地。因势附会，遂忝高班，比其势衰，亦为刺史。至于武夫、流外，积资而得官，

成于经久，不计有才。诸若此流，尽为刺史。其余县令以下，
固不可胜言。(《通典》卷一七《选举典·杂议论中》)

据此可知，当时的刺史，仅京师周边得人，江淮、陇右、剑南、河南、
河东、河北地方，除大州外，刺史人选均有问题。至于其他地区，则
全无提及。将表 F-4①所示唐前期贬官例较多的地域与张九龄所举存
在问题的地域比较可见，河南、河东、河北、剑南等道是一致的，京
畿、关内道（可能还有都畿道）的刺史得人也是没有问题的。关于陇
右道，正史、《通鉴》中可确认的左迁刺史人数并不多。而江淮地区实
际确认贬来任刺史的例子多为淮南道和江南东道，其他地方并不多见。
另一方面，卢怀慎所列地域中，唐前期岭南道左迁刺史之例并不比其
他地域多。而贬为刺史之例跟淮南道、江南东道数量相当的山南东、
西二道则全无提及。这两份上疏中，张九龄上疏提到的当时官员的贬
官地，与唐前期贬官例较多的地域共通之处颇多。也就是说，唐廷的
政策可能是以华北为中心有重点地施行的。

　　如前所述，以睿宗朝为界，贬到这些地区为刺史的官员，官品从
三品以上向四品以下转变。另一方面，这些人口稠密地区的刺史多数
为上州刺史，即从三品官。四品以下官员如果被任为上州刺史，至少
从官品上来说并非人事降级。也就是说，四品以下官如果担任上州刺
史，因为官秩提高到了三品，也可以享受到原先没有的各种特权。而
对于三品以上官员来说，如果被左迁为刺史，即便是贬为上州刺史，
除了远离京师外一无所获，完全是人事降级。因此他们"内怀自弃"，
抱着郁闷的心情踏上刺史之任。相反，对于四品以下官员来说，贬为
上州刺史会带来三品官的特权，至少在官品上是晋升的。虽然是左迁，
但官品因此上升且拥有三品官的特权，而且如果按照上文诏敕的字面
意思来，接下来也会有优先回到中央官场的可能。如此一来，玄宗朝
出现的上述变化，不正可视作淡化刺史作为贬官职位色彩的第一步吗？
这种变化首先从以华北为中心的人口稠密地区的刺史开始。

　　以开元年间为中心出台的一系列诏敕，并不能直接改变任命左迁
官员为刺史这件事本身，但是，对左迁三品以上高级官员至当时的先

进地区华北当刺史，这种趋势还是起到了一定程度上的遏制作用。左迁没有改变，但以三省官、台官为中心的四品以下京官外放为上州刺史时，也会获得三品官的特权。至少在形式上，四品以下京官迁为上州刺史，带有人事提拔的一面。四品以下京官外贬为刺史，并非全无价值。相比之下，对三品京官来说却是毫无所得。通过左迁官品较低的官员为刺史，刺史的相对地位得以提高。玄宗朝正是试图通过这种方式来解决刺史贬官的职位化问题的——尽管仅限于华北地区。

当然，官员们对刺史的看法不会那么容易就改变。即便是在开元年间，官员之间轻视外任的风气依然根深蒂固。例如开元四年（716），被任为大理寺少卿的扬州采访使班景倩中途落脚汴州，汴州刺史兼河南采访使倪若水在送别之际对部下说：

> 班公是行若登仙，吾恨不得为驺仆。（《新唐书》卷一二八
> 《倪若水传》）

从倪若水的艳羡之语中可以窥知当时的这种风气。任用左迁官员为距离京师不远的中原地区的刺史这一趋势尚且无法根本改变，官员们之间轻视外任的风气就更加无法轻易消除了。正如杜佑指出的那样，给刺史地位带来决定性变化的只能是以安史之乱为契机的所谓"州之军事化"[1]。肃宗到顺宗时期，刺史占整个贬官群体的比例骤减，正是其影响的直接表现。

三　唐后期贬官为刺史的情况

由表F-1可知，以安史之乱为契机，肃宗至顺宗时期贬为刺史的官员数量一度有所减少。然而，在接下来的宪宗至宣宗时期，贬为刺史的例子再度超过半数，而且实际数量冠绝全唐。这种现象又应该如

1.《通典》卷三三《职官典·郡太守》原注："自至德之后，州县凋弊，刺史之任，大为精选，诸州皆各有兵镇，刺史皆加团练使，故其任重矣。"关于"州之军事化"，宫崎市定曾有过讨论，参见《宋代州县制度的由来及其特色——尤其是关于衙前的变迁》（宋代州県制度の由来とその特色——特に衙前の変遷について），1953 年初刊，后收入《宫崎市定全集》第10 卷，岩波书店，1992 年。

何理解呢？

　　首先要简单论述一下肃宗至顺宗时期贬为刺史的官员数量骤减的原因。上文已经指出，以安史之乱为契机的"州之军事化"，使得刺史一职的重要性增强。特别是作为政治中心的华北地区和作为经济财政要地的江淮地区，以左迁官员充任刺史的情况在肃宗至顺宗时期几近绝迹。考虑到前期常将该地域的刺史作为贬官职位，这种变化无疑十分剧烈。

　　此外还有一个重要原因。随着这段时期河北、河南藩镇的跋扈，唐朝廷实际上已经丧失了该地区的官吏任免权。唐前期官员左迁刺史时的主要去向是河南、河北两道的大部分地区，而此时朝廷自己任命的官吏已经无法到任了。

　　如前所述，唐后期贬为刺史的官员数量明显增加的地域是山南东西道、江南东西道、岭南道。此外，据表 F-4②，左迁刺史的前任官中，前期到后期大规模增加的是四品、五品京官，而在宪宗、穆宗两朝，六品官也非常多。外官则以三品以上的上州刺史为中心，从刺史贬来的事例增加，尤其是从藩帅贬为刺史的数量明显增加。相反，唐前期占多数的三品以上京官贬为刺史的事例到了后期却骤然减少。

　　关于前任官，我们有必要更加详细地讨论。表 F-5 是唐后期被贬为山南东、西，江南东、西，岭南等道刺史官员的前任官列表，上述数道都是后期贬官数量增加的地区，分别显示京官、外官、武官在唐后期各时段的变化。京官分成三品以上、四品、五品、六品四种，外官分成藩帅、刺史及其他三种。

表 F-5　左迁刺史的前任官列表（山南东、西道，江南东、西道，岭南道）

时期 前任官	肃宗至 顺宗时期	宪宗至 宣宗时期	懿宗至 哀帝时期	合　计
京官合计	35（24，11）[3]	69（57，12）[4]	16（12，4）[5]	120（93，27）[12]
三　　品	15（7，8）	14（4，10）	4（2，2）	33（13，20）
四　　品	10（7，3）	12（10，2）	11（9，2）	33（26，7）

（续表）

时期 前任官	肃宗至 顺宗时期	宪宗至 宣宗时期	懿宗至 哀帝时期	合　计
五　品	8（8，0）	27（27，0）	1（1，0）	36（36，0）
六　品	2（2，0）	16（16，0）	0（0，0）	18（18，0）
外官合计	10	33	14	57
藩　帅	5	25	11	41
刺　史	5	5	1	11
其　他	0	3	1	4
武官合计	0	2	0	2
合　计	45	104	30	179

说明：（　）内数字，左为宰相及三省官、台官，右为其他官。［　］内数字为宰相。

首先来看唐后期的整体特征。京官的贬官事例中，从宰相直接贬为刺史的例子不太多（120例中有12例，占10%）。宰相、三省官、台官与其他官员的占比，三品以上官员中，前者跟后者的贬官数量相当或略多，与之相对，四品以下官员的比例发生了逆转。也就是说，唐前期贬为刺史的官员来源较多的中书令、侍中、六部尚书、御史大夫等，几乎不见于唐后期，取而代之的是中书、门下、尚书六部的侍郎等四品官，以及中书舍人、给事中、谏议大夫、尚书郎中、御史中丞等五品官，或者官品更低的尚书员外郎、侍御史等六品官。

这一趋势在肃宗至顺宗、宪宗至宣宗、懿宗至哀帝各时段基本一致。但每个时段又有一些细微差异。首先，肃宗至顺宗时期，只看三品以上官员，宰相、三省官、台官与其他官员的占比几乎相同；且三品以上官员占比达四成，比此后的任何时期都要高。宪宗至宣宗时期，五品以下官员的贬官数量大幅增加，达到整体的六成以上，且均来自三省官和台官。与之相对，三品以上官员的贬官中，宰相、三省官、台官之外的官员占多数。懿宗至哀帝时期，四品官的贬官占到将近七成，五品、六品官被贬者极少。整体而言，随着时代推移，三品以上官员慢慢减少。而四品官的贬官数量虽在宪宗至宣宗时期一度减少，但其占比到唐末又有提高的趋势。五品、六品官虽在肃宗至宣宗时期占整体的六成，此前和此后各时期的占比都没那么大。

另一方面，外官贬为刺史的官员中，来自藩帅者远多于来自刺史及其他外官者。肃宗至顺宗时期还没那么多，但到了宪宗朝以后，这种趋势就非常明显了。此外，从武官贬为刺史的例子非常少。由上可知，安史之乱后，贬为刺史的官员占比一度减少到三成左右，但宪宗至宣宗时期，主要以山南东西道、江南东西道、岭南道为中心，贬为刺史的官员占比再次恢复到半数。这主要是由于京官中四品以下官员，特别是五品、六品官员以及外官中的藩帅贬为刺史的数量有所增加。接着我们来考察相关原因。

值得注意的是，到唐后期，郎中、员外郎外放为中州、下州刺史的规定已然确立。上文也已经提到，中宗朝以来，唐朝廷曾反复发布诏敕以期确保刺史得人。这些诏敕的主旨在于京官与外官出入的均等化，具体举措为优先选拔清望官为刺史，选拔台郎亦即尚书郎中以下官员为上佐、县令。永泰二年（766）四月颁布如下诏敕，就是在唐前期刺史政策的延长线上考虑的：

> 敕"郎中得任中州刺史，员外郎得任下州刺史，用崇岳牧之任，兼择台郎之能"。（《唐会要》卷六八《刺史上》）

从这份诏敕也可以推知，在此之前，郎中、员外郎一般没有外任刺史者，这点也为孙国栋的研究所证实[1]。换言之，郎中、员外郎与刺史之间相互迁转始于中唐以后，此前的唐前期刺史多委以三省、御史台的三品、四品官员。

孙国栋所作诸表与本文在时期划分上不同，因而无法单纯比较，但若以孙著卷末所附《官职迁转表》为线索，则可发现肃宗朝以后郎中、员外郎外放为刺史之例，与本文所谓"贬官"之例基本相当。也

---

1. 孙国栋：《唐代中央重要文官迁转途径研究》，龙门书店，1978 年。

就是说，对郎中、员外郎来说，外任基本上就意味着左迁，迁为三省或御史台的五品官才意味着晋升。永泰二年的诏敕的确是中唐以降郎中、员外郎大量外任刺史的契机，但却带来了与诏敕原本"崇岳牧之任，兼择台郎之能"目的不同的结果。

那么，郎中、员外郎以外的三省官、台官的情况如何呢？根据孙国栋的统计，给事中、中书舍人、谏议大夫迁转刺史者，中唐以降均多于初唐。我们还是跟之前一样，以《官职迁转表》为线索来进行比较，可知其中多数是"贬官"。正如孙国栋也已指出的那样，中唐以后这些官职的重要性有所增加。因此，卷入政治斗争而遭左迁之难的官员也多了起来。

表 F-6 是官员因同一理由被连续贬官的事例（共计 63 例）一览表。表中〔　〕内表示的是贬官后的处境。根据此表，连续贬官的事例在宪宗至宣宗时期最多，有 26 例，中宗至玄宗时期、懿宗至哀帝时期次之，各有 22 例。初贬官（初贬官为京官时，为再贬官）为刺史者在整个中有 49 例，其中宪宗至宣宗时期占将近半数，有 23 例，其中 5 例为藩帅。值得注意的是，这些例子中的大多数左迁官员在到达任地前就会再遭处罚，被贬为上佐、司户参军、县尉等更低品级的官员。此外，如果初贬官为藩帅，再贬官必为刺史，且到任前往往会被再贬。如此一来，宪宗至宣宗时期贬为刺史的例子再次增加的部分中，包括了相当一部分实际未到任的情况，上文诸表所示数值中要对这部分打折后再予以评价。另外还需注意的一点是，贬官理由一眼可见几乎全是政治性的。

那藩帅贬官增加的原因又是什么呢？首先，作为政治背景应该要考虑的是宪宗朝对藩镇政策的成功。也就是说，这一时期唐朝廷势力涉足藩镇较前代肃宗至顺宗时期有所增加。此外不容忽视的是，该时期宰相作为藩帅外放的事例急剧增加。表 F-7 体现的是《新唐书·宰相表》所载各时期唐代宰相被罢免后的处境。据表可见，以肃宗至顺宗时期为界，刺史数量与藩帅数量发生逆转。唐前期宰相被罢免后多出为刺史，而宪宗至宣宗时期他们绝大多数作为藩帅出镇，有些人后来还继续被左迁为刺史、上佐等官。另外，该时期出为刺史者几乎都会被再贬乃至三贬。

表 F－6　连续贬官事例一览

时期	姓名	左迁前的官职	初贬官	年月	再贬官	年月	三贬官	年月	四贬官	年月	贬官理由
高祖、太宗时期（1例）	杜正伦	中书侍郎	谷州刺史	贞观十七年左右	交州都督	贞观十七年三月	[流驩州]				漏泄太宗语→太子承乾连坐
高宗、武后时期（4例）	房遗直	礼部尚书	汴（隰）州刺史	永徽三年十一月	鄞州铜陵尉	永徽四年					兄弟相讼
	※柳奭	吏部尚书	遂州刺史	永徽六年七月	荣州刺史	永徽六年七月	[象州刺史]	显庆二年			王废后连坐
	高履行	益州长史	洪州都督	显庆四年四月	永州刺史	显庆四年八月					长孙无忌连坐
	刘景先	侍中	普州刺史	光宅元年十月	辰州刺史	光宅元年十月	吉州长史	光宅元年十二月	[自杀]	永昌元年	裴炎连坐
中宗至玄宗时期（13例）	※敏晖	特进、平阳王	滑州刺史	神龙二年闰正月	朗州刺史	神龙二年三月	崖州司马	神龙二年六月	[长流崖州]	神龙二年七月	因武三思（与王同皎通谋）
	※袁恕己	特进、南阳王	蔡州刺史	神龙二年闰正月	郢州刺史	神龙二年三月	窦州司马	神龙二年六月	[长流环洲]	神龙二年七月	因武三思（与王同皎通谋）

（续表）

时　期	姓　名	左迁前的官职	初贬官	年月	再贬官	年月	三贬官	年月	四贬官	年月	贬官理由
中宗至玄宗时期（13例）	※桓彦范	特进、扶阳王	洺州刺史	神龙二年闰正月	亳州刺史	神龙二年三月	泷州司马	神龙二年六月	[长流瀼州]	神龙二年七月	因武三思（与王同皎通谋）
	※崔玄暐	梁州刺史	（某州刺史）		均州刺史	神龙二年三月	白州司马	神龙二年六月	[长流古州]	神龙二年七月	因武三思（与王同皎通谋）
	※李邕	秘书监	邢州南和令	神龙二年	富州司户	神龙二年	[右台殿中侍御史]	唐隆元年			张柬之连坐
	李峤	成均祭酒、同平章事	蔡州刺史	神龙初年	通州刺史	神龙初年	[吏部侍郎]				张易之连坐
	薛季昶	荆州长史	桂州都督	神龙初年	儋州司马	神龙二年	[自杀]				敬晖连坐
	魏元忠	右仆射、中书令	梁州司马	景龙元年九月	思州务川尉	景龙元年九月	[卒（于涪陵）]				因宗楚客诬奏
	○宇文融	黄门侍郎、同平章事	汝州刺史	开元十七年九月	昭州平乐尉	开元十七年十月	[龙岩州]				朋党
	王晙	剑南节度使	处州刺史	开元二十六年九月	端州高要尉	开元二十六年九月	[卒]				与吐蕃战败逃走

（续表）

时　期	姓　名	左迁前的官职	初贬官	年　月	再贬官	年　月	三贬官	年　月	四贬官	年　月	贬官理由
中宗至玄宗时期（13例）	韦坚	刑部尚书	处州刺史	天宝五载正月	鄂州员外别驾	天宝五载六月	[长流封州]	天宝五载七月			因李林甫（坐干进不已）
	韦陟	沛州刺史、河南采访使	濠州刺史	天宝五载三月	申州刺史	天宝中	[蒲州刺史、河东采访使]				亲累
	吉温	武部侍郎	澧州员外长史	天宝十三载闰十一月	康州端溪尉同正长任	天宝十四载					坐赃（杨国忠告发）
	韦伦	秦州刺史	巴州长史	（肃宗时）	思州务川尉	（肃宗时）	[忠州刺史]	（代宗初）			与吐蕃战败
	穆宁	鄂岳沔都团练使	虔州司马	大历初	昭州平集尉	大历中	[监察御史]	大历四年			杖杀沔州别驾
	韦伦	韶连柳都团练使	信州司马	（代宗时）	虔州司户	（代宗时）					因吕太一
肃宗至顺宗时期（6例）	杜佑	户部侍郎判度支	苏州刺史	建中三年五月	饶州刺史	建中三年五月	[岭南节度使]	兴元年			因卢杞
	○窦参	中书侍郎、同平章事	柳州别驾	贞元八年四月	驩州司马	贞元九年三月	[赐死（于邕州）]				因陆贽
	窦申	给事中	道州司马	贞元八年四月	锦州司户	贞元八年四月					因陆贽

（续表）

时期	姓名	左迁前的官职	初贬官	年月	再贬官	年月	三贬官	年月	四贬官	年月	贬官理由
憲宗至宣宗时期（26例）	韩晔	司封郎中	池州刺史	永贞元年九月	饶州司马	永贞元年十一月	[汀州刺史]	元和十年			王叔文连坐
	程异	盐铁转运扬子院留后	岳州刺史	永贞元年九月	柳州司马	永贞元年十一月	[侍御史]				王叔文连坐
	韩泰	京西神策行营节度行军司马	抚州刺史	永贞元年九月	虔州司马	永贞元年十一月	[漳州刺史]	元和十年			王叔文连坐
	柳宗元	礼部员外郎	邵州刺史	永贞元年九月	永州司马	永贞元年十一月	[柳州刺史]	元和十年			王叔文连坐
	刘禹锡	屯田员外郎	连州刺史	永贞元年九月	朗州司马	永贞元年十一月	[播州刺史]	元和十年			王叔文连坐
	韦贯之	吏部员外郎	果州刺史	元和三年四月	巴州刺史	元和三年	[都官郎中]				因李吉甫（坐考贤良方正独奏署）
	吕温	侍御史	均州刺史	元和三年	道州刺史	元和三年	[衡州刺史]	元和五年			坐贡举门生
	浑镐	义武节度使	韶州刺史	元和十一年十二月	循州刺史	元和十一年正月	[率]				为乱兵所劫

（续表）

时期	姓名	左迁前的官职	初贬官	年　月	再贬官	年　月	三贬官	年　月	四贬官	年　月	贬官理由
宪宗至宣宗时期（26例）	韦辞	侍御史	朗州刺史	元和中	江州司马	元和中	[户部员外郎]	长庆初			坐事累
	柳润	华州华阴令	房州司马	元和中	峰州封溪尉	元和中					刺史罢任，讽百姓遮道索前年役直
	○令狐楚	中书侍郎，同平章事	宣歙观察使	元和十五年六月	衡州刺史	元和十五年八月	[郢州刺史]	长庆元年四月			坐赃
	※杜元颖	西川节度使	邵（韶）州刺史	大和三年十二月	循州司马	大和三年十二月	[卒]	大和六年			因南诏陷成都城外郭
	○李宗闵	中书侍郎，同平章事	明州刺史	大和九年六月	处州长史	大和九年七月	潮州司户	大和九年八月	[衢州司马]	开成元年	杨虞卿连坐
	杨虞卿	京兆尹	处（虔）州司马	大和九年六月	处（虔）州司户	大和九年七月	[卒]	大和九年			朋党
	李汉	吏部侍郎	汾州刺史	大和九年七月	汾州司马	大和九年八月	[绛州长史]	大和九年八月			坐李宗闵之党
	萧澣	刑部侍郎	遂州刺史	大和九年七月	遂州司马	大和九年八月	[卒]	大和九年八月			坐李宗闵之党

268

(续表)

时　期	姓　名	左迁前的官职	初贬官	年　月	再贬官	年　月	三贬官	年　月	四贬官	年　月	贬官理由
宪宗至宣宗时期（26例）	※杨嗣复	吏部尚书	湖南观察使	开成五年八月	潮州刺史	会昌元年三月	[江州刺史]	会昌六年八月			因李德裕
	※李珏	太常卿	桂管观察使	开成五年八月	昭州刺史	会昌元年三月	[柳州刺史]	（会昌六年八月）			刘弘逸、薛季稜连坐
	裴夷直	谏议大夫	杭州刺史	开成五年八月	骦州同户	会昌元年三月	[江州刺史]	大中初			武宗即位时偏名
	魏謩	谏议大夫	汾州刺史	会昌元年三月	信州长史	会昌中	[郢州刺史]	大中初			杨嗣复、李珏连坐
	蒋系	谏议大夫	桂管观察使	会昌初	唐州刺史	会昌中	[给事中]	大中初			李汉连坐
	○崔珙	右仆射、同平章事	澧州刺史	会昌四年六月	恩州员外司马	会昌四年六月	[商州刺史]	（宣宗初）			坐赃及保护刘从谏
	牛僧孺	太子少保分司东都	太子太傅东都留守	会昌四年六月	汀州刺史	会昌四年十月	循州长史	会昌四年十月	[衡州刺史]	大中初	因李德裕
	李宗闵	湖州刺史	漳州刺史	会昌四年十月	漳州长史	会昌四年十月	[长流封州]	会昌四年			因李德裕

（续表）

时期	姓名	左迁前的官职	初贬官	年月	再贬官	年月	三贬官	年月	四贬官	年月	贬官理由
宪宗至宣宗时期（26例）	李德裕	东都留守	太子少保分司东都	大中元年二月	潮州司马	大中元年十二月	潮州司户	大中二年	崖州司户[卒]	大中二年九月	欺罔武宗，任杀吴湘
	※李回	西川节度使	湖南观察使	大中二年二月	贺州刺史	大中二年九月	[抚州长史]				坐不能直吴湘冤
懿宗至哀帝时期（13例）	○刘瞻	中书侍郎、同平章事	荆南节度使	咸通十一年九月	康（廉）州刺史	咸通十一年九月	驩州司户	咸通十一年	[康州刺史]	乾符初	因韦保衡
	○韦保衡	门下侍郎、同平章事	贺州刺史	咸通十七年十一月	崖州澄迈令	咸通十四年	[赐死]				怨家告其阴事
	※路岩	西川节度使	荆南节度使	咸通十四年	新州刺史	咸通十四年	[免官，流儋州]				因涉嫌谋反
	○孔纬	中书侍郎、同平章事	荆南节度使	大顺二年正月	均州刺史	大顺二年正月	[太子宾客]	大顺二年			因杨复恭
	※张浚	河东节度使	鄂岳观察使	大顺二年正月	连州刺史	大顺二年正月	绣州司户	大顺二年三月	[太子宾客]	乾宁二年	因杨复恭
	○杜让能	门下侍郎、同平章事	梧州刺史	景福二年九月	雷州司户	景福二年九月	[赐死]	景福二年十月			因李茂贞

（续表）

时期	姓名	左迁前的官职	初贬官	年月	再贬官	年月	三贬官	年月	四贬官	年月	贬官理由
懿宗至哀帝时期（13例）	○朱朴	中书侍郎、同平章事	秘书监	乾宁四年二月	蘷州司马	乾宁四年八月	柳州司户	乾宁四年八月			因韩建
	○王抟	门下侍郎、同平章事	工部侍郎	光化三年六月	溪州刺史	光化三年六月	崖州司户	光化三年六月	[赐自尽]（于蓝田）		因崔胤
	韩偓	翰林学士承旨	濮州司马（司户）	天复三年二月	濮州荣懿尉	天复三年二月	[邓州司马]				因崔胤
	※裴枢	左仆射	登州刺史	天祐二年五月	泷州司户	天祐二年五月	[赐自尽]（于滑州）	天祐二年六月			因朱全忠
	※崔远	右仆射	莱州刺史	天祐二年五月	白州司户	天祐二年五月	[赐自尽]（于滑州）	天祐二年六月			因朱全忠
	独孤损	静海军节度使、同平章事	棣州刺史	天祐二年五月	琼州司户	天祐二年五月	[赐自尽]（于滑州）	天祐二年六月			因朱全忠
	○柳璨	门下侍郎、同平章事	登州刺史	天祐二年十二月	密州司户	天祐二年十二月	[长流崖州]	天祐二年十二月	[赐自尽]	天祐二年十二月	因朱全忠

说明：○表示现任宰相，※表示前任宰相

表 F-7　唐代宰相罢免后的处境（据《新唐书·宰相表》）

时期＼官职	仆尚丞郎	东宫官	刺史	藩帅	除免	配流	赐死
高祖、太宗时期	2	2	5	0	6	1	3
高宗、武后时期	13	6	25	0	10	12	16
中宗至玄宗时期	14	4	22	0	2	4	6
肃宗至顺宗时期	12	17	6	1	0	0	2
宪宗至宣宗时期	14	8	3	40	0	0	1
懿宗至哀帝时期	14	12	4	30	0	0	2

　　现在可以对上文论述做一个小结了。安史之乱后，刺史之位屡缺，且由于河南、河北藩镇跋扈，唐廷一度无法向此地派遣地方官，以致肃宗至顺宗时期贬为上佐者占据多数。不过重要的是，该时期任用郎中、员外郎为中下州刺史的诏敕出台。到宪宗至宣宗时期，随着党争激化，因政治原因而遭贬的中央高官有所增加。此时，宰相级别的人物一度外放为藩帅，有些甚至被贬为刺史、上佐等，其他三省官、台官或因永泰年间出台的诏敕，亦被左迁为中下州刺史。这一时期被贬为刺史后在到任前又遭再贬、三贬的官员，也多于其他时期，因而展开比较时应该对这部分比例打个折扣。可即便如此，贬为刺史的官员依然比之前有所增加，其原因应该主要在于永泰年间的诏敕。永贞元年（805），刘禹锡、柳宗元等人因王叔文倒台而遭贬时，尽管已经一度被决定贬为刺史，却又因"自员外郎出为刺史贬之太轻"的批评而遭再贬为司马，此即所谓"八司马事件"[1]。彼时身为员外郎的刘禹锡、柳宗元先被贬为刺史，如果按照永泰年间的诏敕，算是循规迁官。刘禹锡等人作为顺宗朝专权的王叔文党羽遭受攻击，朝议认为将其贬为刺史太轻，因而再贬为司马，但这种特别严苛的处罚，毋宁说应该是

1.《资治通鉴》卷二三六永贞元年十一月己卯条："朝议谓王叔文之党或自员外郎出为刺史，贬之太轻。己卯，再贬韩泰为虔州司马、韩晔为饶州司马、柳宗元为永州司马、刘禹锡为朗州司马，又贬河中少尹陈谏为台州司马，和州刺史凌准为连州司马，岳州刺史程异为郴州司马。"

朝议的要求。根据永泰年间诏敕，刘禹锡等人一开始被贬为刺史才应该是这一时期的惯例。

第二节　上佐——别驾、长史、司马

如上文表F−1所示，肃宗至顺宗时期，上佐取代刺史成为贬官最多的职位。所谓上佐，是指刺史之下负责辅佐的别驾、长史、司马。不过，提到唐后期的贬官职位时必定会引用《朱子语类》的下面这段话：

> 至唐中叶，而长史、司马、别驾皆为贬官，不事事。盖节度使既得自辟置官属（如节度、观察推、判官之属）。此既重，则彼皆轻矣。（《朱子语类》卷一二八《本朝·法制》）

这段话指出了唐后期贬官的主要趋势，应该加以重视。不过，检索正史、《通鉴》的实例可以发现，这一说法并不全面，如后文所述，别驾、长史、司马分别有其不同特征。

别驾、长史、司马的各自沿革本就不同。在进入正题之前，有必要先简要梳理这三者成为州上佐的原委及其在唐代的废置情况。

隋统一天下后，对以往的地方统治制度加以改革，改变州、郡、县三级地方组织，废郡而留州、县二级。在此前后，还改变了此前刺史拥有军府与州两个系统僚属的面貌，废除州系统的官吏，将原府系统的僚属任为新刺史的僚属（州官），又废止所谓"乡官"。因此原本军府的僚属长史、司马成为州官，而原刺史的僚属别驾从事史、治中被废。不过，炀帝废长史、司马而置赞治，接着又将其改为丞，置于郡守的通守之下，长史、司马之名也随之消失。唐初，隋末的太守改称刺史，郡丞改称别驾，又置治中，恢复了原本州官的名称。它们再度改称长史、司马，是在唐高宗即位后不久的永徽二年（651）。"治中"的官名因犯高宗名讳而改称司马，别驾之名亦随之改为长史。别驾一职一度消失，至上元二年（675）再度设置，景云元年（710）前一直专任宗室。天宝八载（749）又因省员而废止，此后的肃宗上元二年（761）复置，贞元十七年（801）以削减冗员的理由三度废止，在数经废置后，最终于大和元年（827）仅在六雄、十望、十紧及其余三十四州设置别驾，并将此前本因战功而补任东宫、王府官的武将改任为别驾[1]。

要之，唐朝别驾本承隋之郡丞而置，唐初作为刺史僚属发挥职能，但其名称随着高宗即位而改变，职掌亦为长史所继承。上元元年复置的别驾则不过是专任宗室、几无实务的闲职。至睿宗朝亦以庶姓任之，别驾之职遂带有了贬官职位的属性。此后又受削减冗员牵连而数遭改废，最终成为授予立功武将的官职。另一方面，正如《朱子语类》所言，以安史之乱为契机，内地设置节度使，节度使常兼任观察使，而长史和司马与其僚属职掌重叠，逐渐走向闲职化，进而在唐后期沦为贬官职位。

考虑到三者沿革的上述差异，我们再来分别讨论别驾、长史、司马的贬官情况。表 F - 8①至③分别表示不同朝代和地域贬为别驾、长史、司马的官员数量。表格体例与上文表 F - 2 相同。

首先是表 F - 8①别驾的情况。贬为别驾的例子集中于玄宗至德宗时期，特别是玄宗朝，顺宗朝以降的例子几乎没有。从地域上来说，贬至山南东、西道，江南东、西道，岭南道的例子较多，占总数的近八成。员外官的占比为 30%，比其他官高，大多为玄宗朝之例。未到任者的比例为 11%。

接着来看表 F - 8②长史的情况。贬为长史的官员，约六成集中在唐后期，但唐末的事例与别驾一样，几乎没有。从地域上来看，总数的八成集中于山南东、西道，江南东、西道，岭南道，未到任者比例为 22%，均与别驾类似。

表 F - 8③的司马贬官之例明显比前两者多，约占贬为上佐官员总数的六成。同长史一样，也是唐后期较多（占总数的 73%）。地域上来看，山南东、西道，江南东、西道，岭南道占 60% 以上。未到任者的占比为 15%，也跟其他上佐大体相当。

---

1. 《唐会要》卷六九《别驾》："大和元年正月，宰相韦处厚奏'请复置六雄、十望、十紧、三十四州别驾'。先是，贞元中，宰相齐抗奏减冗员，罢诸州别驾。其京百司合入别驾，多处之朝列。及元和已后，两河用兵，偏裨立功者，率以储窜王官杂补之，处厚乃复请置别驾以处焉。"另参《新唐书》卷一四二《韦处厚传》。

表 F－8① 被贬为别驾的官员数量

道＼朝代	京畿	关内	都畿	河南	河东	河北	山南东	山南西	陇右	淮南	江南东	江南西	黔中	剑南	岭南	合计	合计
高祖																0	0
太宗																0	
高宗																0	2
武后															2	2	
中宗																0	
睿宗					1											1	34 ⓫⑤
玄宗					2 ②	1	4 ❶	4 ❶①		4 ❸	3 ❶	10 ❹①			5 ❹①	33 ❹⑤	
肃宗							1	1			1				1	1	16 ❷
代宗							1 ❶						1 ❶	1		2 ❶	
德宗							1	1			4	4			1	13 ❶	
顺宗																0	

（续表）

道＼朝代	京畿	关内	都畿	河南	河东	河北	山南东	山南西	陇右	淮南	江南东	江南西	黔中	剑南	岭南	合计
宪宗															0	0
穆宗															0	0
敬宗															0	0
文宗				1 ①												1 ①
武宗															0	0
宣宗															0	0
懿宗僖宗昭宗哀帝															0	0
合计	0	0	0	1 ①	3 ③	1	6 ❷	6 ①❶	0	4 ❸	8 ❶	14 ④①	1 ❶	1	8 ④①	53 ⑩⑥

表 F-8② 被贬为长史的官员数量

朝代＼道	京畿	关内	都畿	河南	河东	河北	山南东	山南西	陇右	淮南	江南东	江南西	黔中	剑南	岭南	合计
高祖																0
太宗																0
高宗				1					1		1					2
武后				2 ①	1						1	● 1				● 3
中宗								4 ①			1	2 ①				6 ②
睿宗							● 1				2			1		2
玄宗			1	● 1			●① 1			1	1		1		1 ①	●① 7
肃宗				1	1		1			1	1	● 2				③② 10
代宗							2 ①									1
德宗											● 2	6			2	●① 12
顺宗								1								1

合计（分期）：高祖～太宗 0；高宗～武后 ●① 5；中宗～玄宗 ●③ 15；肃宗～顺宗 ●④③ 24

（续表）

道＼朝代	京畿	关内	都畿	河南	河东	河北	山南东	山南西	陇右	淮南	江南东	江南西	黔中	剑南	岭南	合计	小计
宪宗												1				1	14 ②
穆宗																0	
敬宗																0	
文宗							5				2①	1				8①	
武宗							1				1①	1			1	4①	
宣宗							1	1								1	
懿宗								1								1	1
僖宗																	
昭宗																0	
哀帝																	
合计	0	0	1	4❶①	2	0	11❷②②	6①	1	2	12❶②	14❷①	1	1	4①	59❻⑧	

表 F-8③　被贬为司马的官员数量

朝代＼道	京畿	关内	都畿	河南	河东	河北	山南东	山南西	陇右	淮南	江南东	江南西	黔中	剑南	岭南	合计
高祖																0
太宗												1				1
高宗				1				2 ①			1	1		2		7 ①
武后		❶				1			1	1		1	1	1	2	8 ❶
中宗							1	❶ 1 ①			1 ①	1	1	1	❺ 7 ⑥	❻ 13 ⑧
睿宗				2								❶		1		❶ 3
玄宗		1					2	1	1	1	2	3 ①	1 ①		2 ①	14 ③
肃宗							2		1	1			❶			❶ 4
代宗							❶ 2	❶ 1				❶ 6 ①			❶ 1	❹ 10 ①
德宗							3	1			3 ①	❺ 10 ①	1		❶ 7 ②	❻ 25 ④
顺宗																0

合计栏分组小计：
- 高宗、武后组：15（❶ ①）
- 中宗、睿宗、玄宗组：30（❼ ⑪）
- 肃宗、代宗、德宗组：39（❶⑪ ⑤）

（续表）

道＼朝代	京畿	关内	都畿	河南	河东	河北	山南东	山南西	陇右	淮南	江南东	江南西	黔中	剑南	岭南	合计
宪宗				1			①3	❶1			2	8		1	❷①4	❸②20
穆宗												❶1			1	❶2
敬宗												2			2	4
文宗				1	1		1	❶1			①1	❶①2		1	4	❷②12
武宗												2			1	❶3
宣宗	❶1						3					5			3	12
（宪宗—宣宗 小计）																❾④53
懿宗													1		❸12	❸13
僖宗							1					2	1		①1	①5
昭宗		❶2		①2			①1				1	3			1	③10
哀帝						1										1
（懿宗—哀帝 小计）																❸④29
合计	❶1	❶2	0	①8	1	2	❶②②17	❹②8	2	2	③11	❾④50	❶①7	7	⑭⑫49	㉛㉕167

要之，被贬为上佐的官员集中于唐后期，特别是肃宗至顺宗时期尤为多见。不过，贬官数量最多的时期各不相同，别驾是在玄宗朝，长史为肃宗至顺宗时期，司马为宪宗至宣宗时期，随着官品的降低，时代也逐渐后移。从地域上来看，三者均集中于山南东、西道，江南东、西道，岭南道，与之相对，京畿、都畿、关内、河南、河东、淮南、陇右、黔中、剑南诸道几无贬官之例。上佐之中，司马最常成为贬官职位，占贬官上佐者总数的近六成。员外官的占比中，别驾相对较高。未到任者的比例，三者均为百分之十几，大体相当。

再来看前任官的情况。表 F-9①至③与表 F-4 的体例相仿，以官品为纵轴、朝代为横轴分别显示贬为别驾、长史、司马官员的前任官。

表 F-9①别驾的主要特点是，从三省官、台官贬来的例子极少。这点与刺史的情况大不相同。就官品而言，三品以上官较多，53 例中有 39 例（74%）。特别是玄宗朝，三品以上官员占总数的 85%。此外，外官贬来的有 11 例（总数的 21%），武官贬来的有 7 例（13%），两者相加超过总数的三分之一。此外，在贬为刺史的情况中，外官与武官加起来占总数的 26%（117 例），其中表 F-4①的地域为 17%，表 F-4②的地域为 33%。值得注意的是，作为员外官被贬的官员均为三品以上，且大半为武官与外官。与表 F-9①别驾相比，表 F-9②的长史多为四品以下官员（60 例中有 37 例，占 62%）。且近六成（21 例）为三省官、台官贬来之例。相反，三品以上官员跟刚才的别驾一样，全是三省官、台官以外的京官和外官的贬官之例。从外官贬来的有 17 例（28%），大半为刺史。几无从武官贬来之例。

表 F-9③的司马与以上两者呈现出不同的特征。被贬为司马的官员前任官的官品分布情况为：三品以上官 44%（73 例），四品官 22%（37 例），五品官 15%（25 例），六品以下官 16%（26 例）。三品以上官员贬来的例子较多。不过，其中三省官、台官所占比重没有别驾、长史那么高。相反，引人注目的是，外官贬来者占总数的三分之一（56 例），其中绝大多数是从三品到正四品下，即刺史。不过，藩帅被贬的例子没有刺史多。与三品以上官员相比，四品以下官中，从三省官、台官贬来的例子占多数，这一点与别驾、长史迥异。可见别驾、

表 F-9① 左迁官的前任官官品（别驾）

官品	高祖	太宗	高宗	武后	中宗	睿宗	玄宗	肃宗	代宗	德宗	顺宗	宪宗	穆宗	敬宗	文宗	武宗	宣宗	懿宗	僖宗	昭宗	哀帝
正一品																					
从一品				○			○														
正二品							○○○○														
从二品				□																	
正三品							○○○ △		○	○○○ ● △					■						
从三品						○	○○○○○○ △△△△△ □□□□□□□ ○○○			□□ ○○○											
正四品上									○												
正四品下																					
从四品上								○													
从四品下																					
正五品上								○		○											
正五品下																					
从五品上							○														
从五品下																					

（续表）

官品	高祖	太宗	高宗	武后	中宗	睿宗	玄宗	肃宗	代宗	德宗	顺宗	宪宗	穆宗	敬宗	文宗	武宗	宣宗	懿宗	僖宗	昭宗	哀帝
正六上							○														
正六下																					
从六上																					
从六下																					
正七上																					
正七下																					
从七上																					
从七下																					
正八上																					
正八下																					
从八上																					
从八下																					
正九上																					
正九下																					
从九上																					
从九下																					
不明										□□ 不明1		□									

表 F–9② 左迁官的前任官品（长史）

官品	高祖	太宗	高宗	武后	中宗	睿宗	玄宗	肃宗	代宗	德宗	顺宗	宪宗	穆宗	敬宗	文宗	武宗	宣宗	懿宗	僖宗	昭宗	哀帝
正一品																					
从一品																					
正二品																					
从二品																					
正三品							○	□			○				○		△				
从三品					□		○	○○ □		○○○					○ □	□					
正四品上						●		●●													
正四品下				◎ □			◎ □	◎													
从四品上								○		◎						□					
从四品下						○						○									

（续表）

官品	高祖	太宗	高宗	武后	中宗	睿宗	玄宗	肃宗	代宗	德宗	顺宗	宪宗	穆宗	敬宗	文宗	武宗	宣宗	懿宗	僖宗	昭宗	哀帝
正五上			○○		◎		○			◎					○○○						
正五下				□																	
从五上					○○																
从五下																					
正六上					□																
正六下							□														
从六上					◎		◎		◎	○○○								◎			
从六下																					
正七上																					
正七下																					

（续表）

官品	高祖	太宗	高宗	武后	中宗	睿宗	玄宗	肃宗	代宗	德宗	顺宗	宪宗	穆宗	敬宗	文宗	武宗	宣宗	懿宗	僖宗	昭宗	哀帝
从七上															◎						
从七下																					
正八上																					
正八下										□											
从八上																					
从八下																					
正九上																					
正九下																					
从九上																					
从九下																					
不明							○			□					□						

表 F-9③ 左迁官的前任官官品（司马）

官品	高祖	太宗	高宗	武后	中宗	睿宗	玄宗	肃宗	代宗	德宗	顺宗	宪宗	穆宗	敬宗	文宗	武宗	宣宗	懿宗	僖宗	昭宗	哀帝
正一品																					
从一品					○		○														
正二品																	○				
从二品					○		○		○○	◎								△		◎	○
正三品				●□	○ □□□	◎	□□□	○○	○○	●		●	○		□			○○		○○○○	
从三品								□	■	○○○ △ □		○ △ ■	○		○○ △ □	○	○ △ □	■■■	■■	○	
正四品上				◎	●		○○		◎	○○		□□		◎	○	◎		○○	◎	○○	
正四品下			□		□□□		◎		■			□□□□			□	□					
从四品上			□					◎						○			○				

（续表）

官品	高祖	太宗	高宗	武后	中宗	睿宗	玄宗	肃宗	代宗	德宗	顺宗	宪宗	穆宗	敬宗	文宗	武宗	宣宗	懿宗	僖宗	昭宗	哀帝
从四下									○			□									
正五上		○	○○	○			○			○○		○			○		○	○		○	
正五下																					
从五上					○		○		○○	□		○		○			○	○○			
从五下										○											
正六上					○					□□		○									
正六下												□									
从六上			○○○	○□			○○			○					○			○			
从六下					○		○			○							□				

（续表）

官品	高祖	太宗	高宗	武后	中宗	睿宗	玄宗	肃宗	代宗	德宗	顺宗	宪宗	穆宗	敬宗	文宗	武宗	宣宗	懿宗	僖宗	昭宗	哀帝
正七上																					
正七下																	○				
从七上						○				○○				○			○		○		
从七下																					
正八上						○															
正八下																					
从八上																					
从八下																					
正九上																					
正九下																					
从九上																					
从九下																					
不明							□			□					□□		不明 1			○	

长史、司马之间在前任官上也有很大差异。上佐的官品情况是这样的，中都督府别驾为正四品下，下州别驾为从五品上；中都督府长史为正五品上，下州长史为正六品下；中都督府司马为正五品下，下州司马为从六品上。长史比别驾低两级，司马比长史又低一级。以三品、五品线来看，下州别驾也是五品官，而与之相对，长史、司马如果不在上州就只是六品官而已。但实际上，三品以上官贬为中下州长史、司马者比比皆是。从三品以上官贬为长史者，约半数被贬至中下州。司马的这一比例更高。因此，仅用三者官品的不同就想充分解释上述差异略显勉强。

这不禁让人回想起上文提到的别驾、长史、司马的不同沿革。三者作为贬官职位的性质差异，根源应该在于他们成为州上佐的不同进程。

先来看被贬为别驾的官员。武后朝的两例均为宗室，睿宗朝的一例是庶姓，是被贬为别驾的首见之例。玄宗朝以前的贬官之例极其稀少，这应当是因为高宗朝复置的别驾一开始是面向宗室的特殊官职。进入玄宗朝之后，宗室之例也有数人，但整体占比已无足轻重。相反，京官中的东宫官、寺监官、散官（15例），外官中的刺史（8例，基本是河南、河东、河北道）或武官（6例，均为员外官）占到贬官来源的大半。武官自不必说，东宫官、寺监官等也如孙国栋所研究的那样，基本算是脱离了官员出人头地路线的官职。此外，贬官地也集中于山南、江南、岭南等道，多为当时远离京师且政治上不那么重要的地域。综合来看，官品略高的别驾一职，玄宗朝对在中央政坛中地位不是很重要但已经担任相当高职位的官员来说，具有左迁僻壤时的接纳地的性质。

别驾的这种属性，到肃宗至顺宗时期有所改变。这一时期被贬为长史、司马的事例有所增加，同时被贬为别驾的事例却比玄宗朝减少了一半。而且来自四品、五品的三省官、台官的贬官占比有所增加，玄宗朝常见的东宫官、寺监官的贬官数量大幅减少。因此之故，肃宗至顺宗时期，别驾可以说成了官品略低的所谓"清要官"的被贬职位。不过，考虑到这一时期贬为其他上佐的官员急剧增加，别驾作为贬官职位的属性有所下降。宪宗朝以降的贬官仅有一例，这反映出别驾一职已如正史记载那样，不再是有一定官品的官员的贬官职位，已然成为面向立功武将的官职。

那么，长史的情况又如何呢？如前所述，与别驾相比，被贬为长史的官员多为四品以下者，且其中近六成为三省官、台官。不过单看三品以上官员，长史也跟别驾一样，来自东宫官、寺监官等高级闲职的贬官较多。那么，不同时代之间的差异又如何呢？唐前期几乎没有三品以上京官被贬为长史的例子。这正好跟别驾在玄宗朝成为三品以上京官的贬官职位形成鲜明对比。四品以下京官的贬官有几例，散见于三省官和台官中。前期被贬为刺史的京官最低为正五品，且以三品、四品的三省官和台官为中心，而与之相对，长史以及后文要讨论的司马则主要是更低级别的五品、六品京官的贬官职位。这种情况到肃宗至顺宗时期有所变化。来自三品京官的贬官事例比前期有所增加，但值得注意的是，基本都是三省官、台官以外的官员，特别是东宫官和寺监官。这与贬官别驾的情况变化形成呼应。也就是说，玄宗朝被贬为别驾的三品以上东宫官、寺监官，到肃宗至顺宗时期被左迁为长史。来自四品京官的贬官之例较前期略有增加，多为三省官和台官。从宰相贬来的也有三例。与之相反，五品京官的例子大大减少。综合考虑贬为刺史、司马的情况，唐前期的四五品京官主要被贬为中原地区的刺史，而到这一时期，则主要贬为山南、江南、岭南道的刺史或者长史（四品官）和司马（五品官）。而到了宪宗朝以后，贬为司马的例子陡增，唐末贬为长史的官员之例几乎消失。

最后来看贬为司马的官员。贬为司马的官员从中宗至玄宗朝开始有所增加，肃宗至顺宗朝以后占总数的约二成，总数为上佐中最多，但每个时期细目并不相同。通观全时段，三省官和台官以外的京官（三品以上）的被贬官员一直保持着一定的数量。但就各个时期来看，中宗至玄宗朝，从刺史（特别是上州）贬来的例子较多。到了肃宗至顺宗时期，此前多被贬为刺史的三省官、台官（五品以上）的贬官数有所增加。宪宗至宣宗时期，三省官、台官之例再度减少，从刺史（特别是中、下州）贬来的例子增多。从中、下州刺史贬为司马的官员中，大半是被贬两次以上的。而唐末三省官、台官之例再度增加，从刺史贬为司马的官员减少，取而代之的是从藩帅贬来的例子。

要之，被贬为别驾、长史、司马的官员情况可总结如下：

[别驾]

前期……三品以上的东宫官、寺监官

肃宗至顺宗时期……三省官、台官（四、五品）

宪宗朝以后……（几无贬官之例）

[长史]

前期……四品以下京官

肃宗至顺宗时期……东宫官、寺监官（三品以上），四品京官

宪宗至宣宗时期……（贬官之例减少）

懿宗至哀帝时期……（几无贬官之例）

[司马]

中宗至玄宗时期……刺史（上州），东宫官、寺监官（三品以上）

肃宗至顺宗时期……三省官、台官（五品以上），东宫官、寺监官（三品以上）

宪宗至宣宗时期……刺史（中、下州），东宫官、寺监官（三品以上）

懿宗至哀帝时期……三省官、台官（五品以上），藩帅，三省官、台官（五品以上）

由此可见，本节开头所引《朱子语类》的说明虽然大体不差，但难免有些不当指责。至少关于贬官问题，将别驾、长史、司马三者一概言之未免过于粗糙，应结合三者各自的历史背景分别讨论。据严耕望的研究，晚唐时期除部分州府置别驾、上州置司马外，中下州并未置上佐。其中别驾已如上文所言，宪宗朝以后不再作为贬官职位，而

成为专门授予立功武将的官职。而长史则在肃宗至顺宗时期起到补充贬官别驾的作用，但宪宗以后贬官之例减少，唐末也不再作为贬官职位使用。至于司马一职，则如白居易《江州司马厅记》（《白氏文集》卷二六）所言，随着安史之乱后节度使体制的形成而走向闲职化，即使在裁汰冗员时，也很少将其作为对象。因此，司马在宪宗至宣宗时期的上佐中贬官记录最多。唐后期上佐中的第一贬官职位正是司马。关于这一点，马端临只针对司马发出过"至唐而司马多以处迁谪，盖视为冗员"（《文献通考》卷六三《职官考·郡丞》）的论述，诚为慧眼。

第三节 司户参军与县尉

接下来考察唐末贬官之例明显增加的司户参军与县尉。两者虽然均为七品以下的极低官职，但唐末中央高官左迁此职者却并不少见。本节将基于统计结果分别探讨贬为这两种官职的官员情况，并分析出现这种趋势的原因。

一 司户参军

首先还是来看统计结果。表 F-10 显示的是各时期被贬为各道司户参军的官员数量，表 F-11 跟表 F-4 性质雷同，表示的是被贬为司户参军官员的前任官官品分布。

结合表 F-10 和上文表 F-1 可以明确，唐初几乎没有官员被贬为司户参军的事例，随着时代下移，其数量逐渐增加，至唐末达到最高峰，数字超过其他官员。从地域上来看，贬到岭南道的官员数量占据压倒性多数。不过如果进一步探讨可以发现，在贬官之例增加的唐后期，贬官数量多的地域也因时而变。具体来说，肃宗至顺宗时期贬至江南东、西道的例子在半数以上（24 例中有 14 例，58%）；与之相对，宪宗至昭宗时期被贬到岭南道的达到六成以上（70 例中有 44 例，63%）。而哀帝朝被贬到河南道的占总数的六成（25 例中有 15 例，60%），且可以确认到任的官员并无一例。

表 F–10　贬为司户参军的官员数量

道＼朝代	京畿	关内	都畿	河南	河东	河北	山南东	山南西	陇右	淮南	江南东	江南西	黔中	剑南	岭南	合计	合计
高祖		1														1	1
太宗																0	
高宗				1							1	1				3	3
武后																0	
中宗															1	1	
睿宗																0	6
玄宗				1							1		2	1		5	
肃宗							1				2	2				5	
代宗		❶1									1	❷3	1			6❸	24 ❸①
德宗								1			3	3	2		4①	13①	
顺宗																0	

294

(续表)

道\朝代	京畿	关内	都畿	河南	河东	河北	山南东	山南西	陇右	淮南	江南东	江南西	黔中	剑南	岭南	合计	合计
宪宗							2	1				2		1●	5①	11●①	
穆宗								1				1			1	2	38②③
敬宗																0	
文宗							1				2	1	1		9②	14②	
武宗											1				3	4	
宣宗															6●	7●	
懿宗							1			1		1	1		12①	16①	
僖宗							1						2①	1①	3	5①	57⑤㉜
昭宗							1			1①		1			5④	11⑥	
哀帝				15❷⑮		2❷①									7❹⑦	25❺㉔	
合计	0	2●	0	19❷⑯	0	2❷①	7	2	0	2①	11	16❷	9①	3●①	56❷⑯	129❿㉟	

表 F‑11　左迁官的前任官官品（司户参军）

官品	高祖	太宗	高宗	武后	中宗	睿宗	玄宗	肃宗	代宗	德宗	顺宗	宪宗	穆宗	敬宗	文宗	武宗	宣宗	懿宗	僖宗	昭宗	哀帝
正一品																					○○
从一品																					
正二品																					
从二品																					△△△
正三品								◎		○	□							△□■		◎	○○○
从三品											□				■■	□	△□	■	○■	■	○○ □□□
正四品上	◎									◎			●								
正四品下									□	◎□	◎				□			◎□	◎	□□	□
从四品上							○○			□			○								◎
从四品下										○							○				○

（续表）

官品	高祖	太宗	高宗	武后	中宗	睿宗	玄宗	肃宗	代宗	德宗	顺宗	宪宗	穆宗	敬宗	文宗	武宗	宣宗	懿宗	僖宗	昭宗	哀帝
正五上									○						○			○○○○			○
正五下																					
从五上												○						○		○	○○○
从五下															□					□	
正六上															□						
正六下					□		□		□	□					□		□				
从六上			□					○		○					○ □		□	○○○			○○○
从六下			○																	○	○
正七上																					
正七下										○											

（续表）

官品	高祖	太宗	高宗	武后	中宗	睿宗	玄宗	肃宗	代宗	德宗	顺宗	宪宗	穆宗	敬宗	文宗	武宗	宣宗	懿宗	僖宗	昭宗	哀帝
从七上			○					○		○					○○						
从七下																					
正八上							○		○○	○○		○○				○○○					
正八下																					
从八上										○		○						○	○	○	
从八下							○		□								□				
正九上															□						
正九下																					
从九上																					
从九下																					
不明								○○				○ □□			○		□	□		○ □	□

298

从表 F-11 可以明显看出，被贬为司户参军的官员前任官官品分布，与上节讨论的别驾和长史形成鲜明对比。唐前期全无三品以上之例，五品以上官员的贬官之例也很少（10 例中 3 例）。不过肃宗朝以降，五品以上官员被贬的例子数量有所增加，三品以上官员被贬为司户参军的事例也在增多。也就是说，随着时代的推移，左迁为司户参军的官员官品有增高趋势。进而言之，被贬为司户参军的官员开始增加的肃宗至顺宗时期，来自六品以下京官，特别是三省官、台官（员外郎、侍御史、殿中侍御史、监察御史）的官员居多（24 例中有 9 例，38%）。不过到宪宗至宣宗时期，情况为之一变。六品以下的三省官、台官被贬为司户参军者仅占总数的六分之一不到（37 例中有 7 例），取而代之的外官贬官之例超过半数（37 例中有 19 例，51%）。而且多数被贬到岭南道（19 例中有 12 例），其中更有约半数（8 例）是从藩帅或刺史贬来的。唐末懿宗至哀帝时期，三品以上京官被贬的例子从之前的 0 例大幅增至 9 例（不过三省官只有 3 例），五品及六品京官贬为司户参军的例子也分别从 6 例增至 14 例、1 例增至 8 例，其中大部分是三省官、台官。顺带一提，七品以下官员的贬官从 8 例减至 3 例。另外，藩帅、刺史的贬官例占总数的四分之一（14 例）。唐后期被贬为司户参军的官员官品分布随时代演进发生很大变化。各时期的官品分布用百分比表现可制成表 F-12（圆括号内为实际数量，以供参考）。

表 F-12　唐后期贬为司户参军官员的官品分布

官职·官品 时期	京 官				外 官	
	三品以上	四品、五品	六品	七品以下	藩帅、刺史	其 他
肃宗至顺宗时期	8 (2)	17 (4)	8 (2)	33 (8)	8 (2)	17 (4)
宪宗至宣宗时期	0 (0)	16 (6)	3 (1)	22 (8)	22 (8)	30 (11)
懿宗至哀帝时期	16 (9)	25 (14)	14 (8)	5 (3)	24 (14)	7 (4)

此外，就唐末诸例来看，司户参军往往被作为再贬以上的贬官职位。具体而言，在上文表 F-6 中，懿宗至哀帝时期被连续贬官的官员

共有 12 例，其中约七成（9 例）以司户参军作为再贬以上的贬官职位。
而在其他时期，例如宪宗至宣宗时期，这种现象在 26 例中只有 5 例
（19%）。就前任官而言，宪宗至宣宗朝多为上佐（长史、司马），懿宗
至哀帝时期几乎都是刺史，二者对比鲜明。

　　综合以上考察和上节结论，可将贬为司户参军的官员情况变化说
明如下。唐前期正史中被贬为司户参军的人物记载很少。到了安史之
乱后的肃宗至顺宗时期，司户参军开始成为七品以下台官的左迁职位。
该时期被贬的七品以下台官共有 11 例，其中 7 例被贬为司户参军。这
种趋势在接下来的宪宗至宣宗时期也得以延续——虽然不如上个时期
那么明显。但是该时期更显著的特征是，外官被贬为司户参军，尤其
是上州刺史被贬为司户参军。该时期藩帅之外的上州刺史左迁之例一
共有 17 例，其中有 5 例被贬为司户参军，占近三分之一。到唐末的懿
宗至哀帝时期，宪宗至宣宗时期还不太多见的中下州刺史贬官之例大
幅增加，刺史的贬官（22 例）中有 10 例被贬为司户参军。不过均为现
任或前任宰相再贬以上的事例，这点与以前不同。另外，唐末三品以
上京官（以三省官、台官以外京官为主）以及五六品京官（以三省官、
台官为中心）被贬为司户参军的例子较多。就三省官、台官以外的三
品以上京官而言，唐末的贬官之例共有 12 例，其中三分之一（4 例）
被贬为司户参军。而五品、六品的三省官台官被贬的分别有 16 例和
10 例，其中分别有 9 例和 7 例被贬为司户参军，占总数的六成到七
成。宪宗至宣宗时期，这些官员的贬官去向主要是山南道、江南道、
岭南道的刺史，被贬为司户参军的例子都是零，但唐末两者的情况完
全逆转（分别为 2 例和 0 例）。该时期被贬为司户参军的官员，未到
任的比例比其他时期高得多，特别是哀帝朝，有 95% 以上未赴任地。
换言之，唐末被贬官为司户参军不过是下个处罚前的过渡而已，而且
因为司户参军多数已是再贬或三贬，所以下个处罚往往就是配流或
赐死。

　　最后还要提一句，在数个诸曹、诸司参军事中，为何司户参军被
用作贬官职位的情况居多呢？宫崎市定、严耕望两位先生已经详细论
证，州府僚佐，特别是唐后期的州府僚佐，往往成为人事清理的对象。

因此下等州的判司是很难配齐的。例如，下州只置司仓、司户、司法三参军，并由他们兼任其他判司的职掌。即使在这种情况下，也只有司户参军没有成为省员的对象，甚至是在五代其他判司全部废置之时，也唯有此官得以保留。也就是说，在唐后期削减判司的潮流下，司户参军仍是任何州府都会设置的官职。随着刺史的军事化，刺史不再被用作贬官职位，而随着节度使体制的确立，佐官又逐渐走向淘汰，因此这类官职逐渐作为高级官员的贬官职位走上历史舞台，某种意义上可以说是再正常不过的了。

二 县尉

再来看作为贬官职位的县尉。表F-13表示的是各时期、各道贬为县尉的官员数量。据此表，贬为县尉的官员集中于玄宗朝和哀帝朝。贬官地点因时而异，玄宗朝的岭南道和哀帝朝的河南道比较突出。集中贬至岭南道的官员从高宗至武后时期到肃宗至顺宗时期一直很多，可以视作该时期的基本趋势。就到任情况而言，玄宗朝未到任的官员极少，而哀帝朝可以确认到任的官员为零。另外值得注意的是，哀帝朝员外官的比例比其他时期高得多。

表F-14是每个朝代被贬为县尉的官员前任官官品分布表。据此表，高宗至武后时期、玄宗朝、肃宗至顺宗时期、哀帝朝的分布特征都略有差异。首先高宗至武后时期，从宰相贬为县尉者明显多于其他时期（9例中有5例）。到玄宗朝，这一特点完全消失，取而代之的是从外官贬来的例子增加（29例中有15例），其中约半数是从刺史贬来的。先贬为其他外官再贬为县尉的官员也有4例。不过肃宗至顺宗时期从刺史贬来的例子几乎消失，外官贬来的只有上佐以下的例子。其他三品以上的京官（三省官、台官之外）贬来的例子有几个。到哀帝朝，三品以上官员直接左迁为县尉者消失，可确认的是四品京官（三省官、台官之外）、五品以下三省官台官以及上佐以下外官贬来的例子。

那么，上述变化意味着什么呢？我们将其与上文论及的刺史以下诸官的贬官进行对比考察。

表 F－13　贬为县尉的官员数量

朝代＼道	京畿	关内	都畿	河南	河东	河北	山南东	山南西	陇右	淮南	江南东	江南西	黔中	剑南	岭南	合计	合计
高祖																0	0
太宗																0	
高宗					1											1	9 ①
武后							1	1①				1	1①		4①②	8①	
中宗				1①									1①		4	6②	35 ❸④
睿宗																0	
玄宗							4				2	1	6		16❸②	29❸②	
肃宗											1	1	❶1		2	7①	17 ❷③
代宗							❶1				1	1	1①		2	6❷①	
德宗							1						1①		1	3①	
顺宗											1					1	

302

（续表）

朝代 \ 道	京畿	关内	都畿	河南	河东	河北	山南东	山南西	陇右	淮南	江南东	江南西	黔中	剑南	岭南	合计	合计
宪宗														1	❶ 2	❶ 3	❶ 6
穆宗																0	
敬宗																0	
文宗												1				1	
武宗																0	
宣宗							1								1	2	
懿宗							1								1	2	❽ ⑯ 20
僖宗															1	1	
昭宗													1			1	
哀帝				❽ ⑭ 14		② 2										❽ ⑯ 16	
合计	0	0	0	❽ ⑮ 15	1	② 2	❶ 10	① 1	0	0	5	5	❶ ④ 12	1	❹ ③ 35	❹ ⑭ 87	㉔

表 F-14　左迁官的前任官品（县尉）

官品	高祖	太宗	高宗	武后	中宗	睿宗	玄宗	肃宗	代宗	德宗	顺宗	宪宗	穆宗	敬宗	文宗	武宗	宣宗	懿宗	僖宗	昭宗	哀帝
正一品																					
从一品																					
正二品																					
从二品																					
正三品				●●●			□														
从三品			□	●			□□□□	○○	○ ■	□								■	○ ■□		○○
正四品上				●	●		□			□		○									
正四品下										□											
从四品上							○			○									○		○○
从四品下																					
正五品上				◎				○○													

304

官品	高祖	太宗	高宗	武后	中宗	睿宗	玄宗	肃宗	代宗	德宗	顺宗	宪宗	穆宗	敬宗	文宗	武宗	宣宗	懿宗	僖宗	昭宗	哀帝
正五下																					
从五上				◎			◎◎◎ □														◎
从五下																				□	
正六上					□		□	□	□												□□□
正六下							□□		□												
从六上					◎		◎◎					□					□				◎
从六下																					
正七上																					
正七下																					
从七上															◎		◎				◎◎

（续表）

官品	高祖	太宗	高宗	武后	中宗	睿宗	玄宗	肃宗	代宗	德宗	顺宗	宪宗	穆宗	敬宗	文宗	武宗	宣宗	懿宗	僖宗	昭宗	哀帝
从七下							◎														
正八上				◎	◎		◎◎ △														
正八下									□												
从八上																			◎		◎
从八下							○	○	○												○
正九上							○														□
正九下							□														
从九上																					□
从九下							□														
不明					○ 不明 1		○○ □ 庶人1	○			□	□						○ □			○

首先，高宗至武后朝宰相贬为县尉者比其他时期多。如上所述，该时期宰相的主要贬官职位是刺史，尤其是中原地区的刺史，贬为县尉的要少得多。因此，以此为这一时期的主要特征加以强调是不妥当的。不过上述每一例都是带有浓厚政治色彩的左迁。

其次，玄宗朝外官特别是从刺史贬为县尉者增加。中宗至玄宗朝刺史最主要的贬官职位是其他州的刺史，其次是司马、别驾。该时期从藩帅、刺史贬来的共有 50 例，其中从上州刺史贬来的有 23 例，占近半数。而贬官地也是山南、江南、岭南等所谓落后地区比中原地区多。不过如果仅限于玄宗朝（共计 31 例），被贬为刺史的只有 9 例，而被贬为别驾（8 例）、县尉（6 例）的官员数量也颇为可观。这都是中宗、睿宗朝所没有的。也就是说，从刺史贬为县尉是玄宗朝的独特现象。为何该时期刺史贬为县尉的官员较多呢？目前尚无明确答案。不过如前所述，该时期刺史左迁县尉时，其任地以岭南道居多，其中还包括几个再贬以上的例子，另外，再结合第一节提到的，玄宗朝的刺史一职，即便是上州刺史，在官场的地位也绝不算高，所以从刺史贬为县尉也并不算太过分。当然，这是就品级较低的县尉而言，即便同为县尉，赤县、畿县、望县、紧县等上等县的县尉应该区别看待，这是不言而喻的[1]。

最后，再谈一下哀帝朝四品京官（三省官、台官以外）、五品以下三省官台官以及上佐以下外官被集中贬为河南道县尉的原因。被贬为县尉的官员数量在玄宗朝达到高峰，此后呈减少趋势，但到了哀帝朝突然猛增。当时唐朝廷的实权为朱全忠掌握，而黄巢之乱以后，朝廷的势力范围限于华北的部分地区。从贬官原因也可以明确看出，该时期被贬为县尉的官员可以说无一例外都是对抗朱全忠专权的唐廷"旧臣"。朱全忠先将反对自己的官员贬为县尉，赶出京师，再在他们前往自己根据地河南任职的途中予以杀害。在朱全忠看来，他根本就没想让这些人实际到任县尉，所以也就不用考虑赴任地点的缺员情况，将其作为员外官的职位，也没有什么不妥之处。

---

1. 参见砺波护：《唐代的县尉》（唐代の県尉），1974 年初刊，后收入其著《唐代政治社会史研究》，同朋舍，1986 年。

小结

上述三节我们讨论了唐代的主要贬官职位。这里想按照时代变迁对唐代六类官职的主要贬官职位做一综述，即宰相、三省官台官、三省官台官以外的京官（东宫官、寺监官等）、藩帅、刺史、上佐以下的外官。

宰相的贬官职位在唐前期和后期截然不同。前期贬为刺史者占压倒性多数，贬官地集中于中原地区。只是高宗至武后时期山南、江南、岭南诸道也零星有贬官之例。到了后期，宰相直接贬为刺史者减少，一般是先作为荆南节度使、湖南观察使、鄂岳观察使、桂管观察使等藩帅出镇，或暂时就任东宫官（太子三师、太子三少，多为分司官）、寺监长官、仆射（不带同平章事）等闲职，然后再贬。

三省官、台官的贬官职位当然因官品而异。三品以上官员，整个唐代最常见的是贬为刺史，贬官地也跟宰相一样，前期多在中原地区，后期多为山南、江南、岭南诸道。排名第二的职位，中宗至玄宗时期为别驾，此后为司马。四品官的贬官职位也基本跟三品以上官员差不多。五品官的情况，高宗至武后时期相较于刺史，贬为上佐、县令、县尉者更多；中宗至玄宗时期刺史一度成为贬官最多的职位；肃宗至顺宗时期贬为上佐、县令、县尉者再度逆转占优。刺史作为五品官的主要贬官职位是在宪宗至宣宗时期。唐末的主要贬官职位则是司马、司户参军。六品官的贬官职位与五品官的变化基本同步，肃宗至顺宗时期上佐等职位较多，宪宗至宣宗时期以刺史为主，唐末贬为司户参军者最多。七品以下官员前期的主要贬官去向是县令、县尉，后期增加了司户参军。由此可见，四品以上（二至四品）、五六品、七品以下（七、八品）三省官、台官的贬官职位迥然有别。

除去三省官、台官的京官（具体为东宫官、寺监官、京兆尹等），其贬官职位与三省官、台官有明显差异。三品以上官员，虽也有被贬为刺史者（从中宗至玄宗时期到宪宗至宣宗时期），但没有三省官、台官数量多。更引人注目的贬为上佐的官员。中宗至玄宗时期的别驾、肃宗至顺宗时期的长史，以及以后到唐末的司马，是这些官员被贬的

308

主要职位。四品以下的情况也基本类似。

藩帅的主要贬官职位在玄宗朝以后一直到唐末都是刺史，而且是山南、江南、岭南诸道的刺史。只是在唐末懿宗至哀帝时期也有个别被贬为司马、司户参军者。

刺史的贬官职位在唐前期和后期大相径庭。前期特别是高宗至武后时期以前，刺史的主要贬官职位是其他州的刺史。就贬官地点而言，当然是山南、江南、岭南诸道比中原地区多一些，但数量相差不大。然而到了后期，以中宗至玄宗朝为过渡期，到宪宗至宣宗时期主要为上佐，唐末主要为司户参军。另外，宪宗朝以降，先贬为刺史再贬为上佐、司户参军的例子比较常见。

至于上佐以下的外官，因为贬官之例不多，所以未能呈现出明显的趋向。这里只能指出两点，一是有几个上佐迁至他州上佐、司户参军、县尉的例子，二是基本都是再贬以上的情况。

唐代官员贬官职位的这种时代变化，与唐朝地方统治状况的变化息息相关。唐前期围绕地方统治的议论中，常见的问题是地方官的人选，特别重视的是刺史的人选。反过来说这也表明，当时的州县官，即便是长官也会被中央官场轻视。而且当时被作为问题的还只是河南、河东、河北等所谓中原地区与剑南、淮南道，其他地区根本未被提及。针对这种状况，唐廷在开元年间反复颁布诏敕，旨在停止三品以上高级官员被贬为这些地区的刺史，而代以任命四品以下京官为刺史，从而将他们的官品提高到三品，这使得刺史拥有了某种附加值，进而提高刺史的相对地位。但是这并未从根本上消除唐初以来轻视外任的风气，最终大幅提升以中原地区为主的刺史的地位，是以安史之乱为契机的"州之军事化"。肃宗至顺宗时期，这些地区的刺史不再成为主要的贬官职位，取而代之的是上佐（特别是司马）或山南、江南、岭南道的刺史。上佐本为刺史的辅佐岗位，随着节度使体制的确立，其地位渐为使院的幕职官所取代，乃至完全沦为闲职。而山南、江南、岭南诸道等在前期不被视作问题而被忽视的地方，唐后期却成为左迁官员之地，中央的高级官员屡被任为此地刺史。一般来说，罢职宰相大多成为华中、华南的藩帅，其中有的明显是左迁。谁也不能反对地方长官须用优秀人才的大政方针，于是不断有人打着这个旗号展开政治斗争，以此为借口将反对派的高官赶出京师，流放远方。这种趋势到唐末愈发明显，即便不到任，仍然为了强调左迁之意而将中央高官贬为司户参军、县尉，赶出京师、夺去性命的情况屡见不鲜[1]。

　　本文考察了唐代官员的贬官情况，特别将对象限定为外官。正如前言部分所言，调查对象限定为两《唐书》与《通鉴》，因而小文的考察绝对无法覆盖唐代官员的整体世界，中下层官员的动向可以说几无涉及[2]。此外，在考察前任官与贬官职位间关系之际，这次没有基于贬官原因而展开分析。从二者相互关系的混乱，不难推测是由于贬官原因不同而造成的部分数量较多。贬官原因本身就是复杂而多重的，虽然文献中会写出贬官原因，但其背后往往有着错综复杂的权力斗争，这就要求在归纳分析时一定要非常细心。因此，本文暂不展开这个问题的讨论，将来再结合朝廷对罪臣除贬官之外的处罚进行考察。

附　唐代贬官一览

凡例

　　1. 本一览表搜罗《新唐书》《旧唐书》本纪、列传及《资治通鉴》中贬官之例，以官职与地域分别进行分类、排列，排列以年代为序。关于刺史部分，适当参考郁贤皓《唐刺史考全编》（安徽大学出版社，2000 年）。

　　2. 史料记载有异且无法判定何者为正时，姑存两说。

　　3. "未到任"栏有〇标记时，表示在到任该官前又受到后续处罚（赐死、再贬等），"再贬"栏有〇标记时，表示贬为该官为再贬以上的情况。另外，"出典"栏的数字表示文献所在卷数。

　　4. 本表使用如下简称："同三品"即同中书门下三品，"同平章事"即同中书门下平章事，"司法（兵、仓等）"即司法（兵、仓等）参军，"旧书"即《旧唐书》，"新书"即《新唐书》，"宰相表"即《新唐书·宰相表》。

　　5. 本表使用如下记号：△表示员外官，※表示藩帅，★表示宰相。

---

1. 小文没有提及唐代的贬官职位在五代至北宋的变化。关于宋代新官僚体制中，怎样吸收重组唐后期的贬官职位，可参见梅原郁《宋代官僚制度研究》（同朋舍，1985 年）第一章"宋代的文阶"。

2. 近年问世的弥补小文缺憾的综合成果主要有赖瑞和《唐代基层文官》（联经出版公司，2004年）和《唐代中层文官》（联经出版公司，2008 年）。

310

[刺史]

京畿道

州	姓名	朝代	贬官年	公元	前　任　官	未到任	再贬	出　　典 旧书	新书	宰相表	通鉴	其他
同州	王珪	太宗	贞观七年	633	侍中★			70	98	61	194	
商州	萧瑀		贞观二十年	646	太子太保★			63	101	61		
同州	褚遂良	高宗	永徽元年	650	中书令★			80	105	61	199	
岐州	苏珦	中宗			右台大夫				128			
华州	崔湜	睿宗	唐隆元年	710	吏部侍郎、同平章事★	○				61	209	
岐州	薛谦光		景云二年	711	御史大夫			101	112		210	
华州	杨瑒	玄宗	开元十二年	724	户部侍郎			185下	130		212	
同州	颜真卿	肃宗	至德二载	757	御史大夫			128	153			
邠州	房琯		乾元元年	758	太子少师			111	139		220	
华州	孔戣	宪宗	元和九年	814	左丞			154	163			
同州	元稹	穆宗	长庆二年	822	守工部侍郎、同平章事★			166	174	63	242	

（续表）

州	姓名	朝代	贬官年	公元	前任官	未到任	再贬	出典				
								旧书	新书	宰相表	通鉴	其他
京畿道												
华州	李固言	文宗	大和八年	829	左丞			173				
华州	张仲方		大和末		京兆尹			99				
商州	郑裔绰	宣宗	大中中		给事中				165·175			
商州	王凝	懿宗	咸通十年	869	礼部侍郎			190下	194			
※邠州	韦澳		咸通中		吏部侍郎			158				
关内道												
泾州	杨弘礼	太宗	贞观二十三年？	649	司牧卿			77	106			
陇州	冯元常	武后	文明元年	684	左丞			185下	112			
绥州	陆元方		证圣元年	695	鸾台侍郎、同平章事★			6·90	116	61	205	
鄜州	韦巨源		证圣元年	695	右丞、同平章事★			6·90	123	61	205	
坊州	苏味道		长安四年	704	凤阁侍郎、同三品★			94	114	61	207	

（续表）

州	姓名	朝代	贬官年	公元	前任官	未到任	再贬	出典				
								旧书	新书	宰相表	通鉴	其他
原州	宗楚客		长安四年	704	夏官侍郎、同平章事★			6	109	61	207	
坊州	于休烈	玄宗	天宝中		比部郎中			149	104			
潊鄜州	元义方	宪宗	元和七年	812	京兆尹				201			
都畿道												
谷州	杜正伦	太宗	贞观十七年?	643	中书侍郎			70	106		197	
汝州	宇文融	玄宗	开元十七年	729	黄门侍郎、同平章事★			8·105	134	62	213	
汝州	苏晋		开元十九年	731	吏部侍郎			100	128			
汝州	庾准	代宗	大历十二年	777	右丞			118	145			
汝州	张元夫	文宗	大和七年	833	中书舍人			17 下			244	
河南道												
魏州	李愔	太宗	贞观十八年	644	蜀王、岐州刺史			76				
郑州	许敬宗	高宗	永徽二年	651	礼部尚书			82	223 上			

（续表）

州	姓名	朝代	贬官年	公元	前任官	未到任	再贬	出典				其他
								旧书	新书	宰相表	通鉴	
汴州	房遗直		永徽三年	652	礼部尚书	○		66	96			
青州	刘仁轨		显庆四年	659	给事中				108		201	
濠州	武元爽		乾封元年	666	少府少监	○			76		201	
青州	骞味道	武后	垂拱元年	685	守内史、同三品★			6·87	117	61	203	
沂州	韦承庆		长寿中		凤阁舍人			88	116			
△濮州	李重福	中宗	神龙元年	705	谯王、左散骑常侍			7·86	81		208	
亳州	姚崇		神龙元年	705	大仆卿、同三品★			7		61	208	
豫州	李峤		神龙元年	705	地官尚书	○		94	123			
濠州	敬晖		神龙二年	706	特进、平阳王	○		7			208	
豫州	袁恕己		神龙二年	706	特进、南阳王	○		7			208	
亳州	桓彦范		神龙二年	706	洛州刺史	○					208	
青州	尹思贞		神龙二年	706	大理卿	○	○	100	128		208	

314

(续表)

州	姓名	朝代	贬官年	公元	前任官	未到任	再贬	出典				
								旧书	新书	宰相表	通鉴	其他
濠州	员半千		神龙中		棣州刺史→弘文馆学士				112			
陈州	卢粲		景龙元年	707	给事中			189 下	199		208	
许州	萧至忠	睿宗	唐隆元年	710	中书令★	○		7		61	209	
宋州	韦嗣立		唐隆元年	710	兵部尚书、同三品★	○		7		61	209	
许州	韦嗣立		景云元年	710	中书令★					61	209	
宋州	赵彦昭		景云元年	710	中书侍郎、同平章事★					61	209	
渭州	李朝隐	玄宗	开元四年	716	吏部侍郎			100	109		211	
豫州	卢从愿		开元四年	716	吏部侍郎			100	129		211	
曹州	韦凑		开元十年	722	河南尹				118			
登州	严挺之		开元十五年?	727	给事中			99	129			
曹州	李元纮		开元十七年	729	中书侍郎、同平章事★			8·98	126	62	213	
青州	萧嵩		开元二十七年	739	太子太师			9·99	101		214	

（续表）

州	姓名	朝代	贬官年	公元	前任官	未到任	再贬	出典				
								旧书	新书	宰相表	通鉴	其他
齐州	卢奂		天宝元年	742	兵部侍郎			103				
陈州	张倚		天宝二年	743	御史中丞			113	140		214	
宋州	裴宽		天宝三载	744	户部侍郎			100	130		215	
淄州	裴敦复		天宝四载	745	岭南五府经略等使						215	
濠州	韦陟		天宝五载？	746	汴州刺史、河南道采访使	○		92	122			
颍州	萧炅		天宝八载	749	刑部尚书						216	
宋州	李峘		天宝十二载	753	考功郎中			112				
陕州	杨慎矜		天宝中		谏议大夫				134			
郑州	于颀	代宗	大历十二年	777	京兆尹			146	149			
陕州	杜亚	德宗	大历十四年	779	江西观察使			146	172			
亳州	李繁	敬宗	宝历中		大理少卿			130	139			
郑州	萧浣	文宗	大和七年	833	给事中						244	

316

（续表）

州	姓名	朝代	贬官年	公元	前任官	未到任	再贬	出典				
								旧书	新书	宰相表	通鉴	其他
郑州	权璩		大和九年	835	中书舍人			17下				
郑州	柳仲郢	武宗	会昌六年	846	右散骑常侍			165	163			
郑州	刘潼	宣宗	大中十一年	857	灵武节度使			18下	149			
登州	裴枢	哀帝	天祐二年	905	左仆射	○			20下·113	140	265	
莱州	崔远		天祐二年	905	右仆射	○		20下			265	
棣州	独孤损		天祐二年	905	静海军节度使	○		20下			265	
登州	柳璨		天祐二年	905	门下侍郎、同平章事★	○		20下	223下	63	265	
河东道												
隰州	房遗直	高宗	永徽三年	652	礼部尚书	○					199	
岚州	紫令武	高宗	永徽四年	653	卫州刺史	○		58	90			
汾州	韦弘敏	武后	光宅元年	684	大府卿、同三品★					61		
井州	张知泰	中宗			右御史大夫			185下				

（续表）

州	姓名	朝代	贬官年	公元	前任官	未到任	再贬	出典				
								旧书	新书	宰相表	通鉴	其他
绛州	赵彦昭	睿宗	唐隆元年	710	中书侍郎、同平章事★	○		7			209	
沁州	李邕		唐隆元年	710	汴王、秘书监			64	79		209	
晋州	萧至忠		景云元年	710	中书令★						209	
绛州	张锡		景云元年	710	工部尚书、同平章事★					61	209	
蒲州	裴谈		景云元年	710	刑部尚书、同三品★					61	210	
汾州	裴谈		景云元年	710	刑部尚书、同平章事★				128	61		
蒲州	韦安石		景云二年	711	东都留守			92	122		211	
泽州	王琚	玄宗	开元二年	714	紫微侍郎			8·106				
绛州	卢从愿		开元十六年?	728	东都留守			100	129			
绛州	韦陟	肃宗	乾元元年	758	吏部尚书			92	122			
汾州	李勉				大常少卿			131	131			
汾州	李汉	文宗	大和九年	835	吏部侍郎			17下·171	78		245	

（续表）

州	姓名	朝代	贬官年	公元	前任官	未到任	再贬	旧书	新书	宰相表	通鉴	其他
汾州	魏謩	武宗	会昌元年	841	谏议大夫			170	97			
潞州	王镇		会昌六年	846	寿州刺史			18 上				
慈州	毕諴		会昌中		侍御史				183			
溪蒲州	夏侯孜	懿宗	咸通五年	864	司空				182			

河北道

州	姓名	朝代	贬官年	公元	前任官	未到任	再贬	旧书	新书	宰相表	通鉴	其他
邢州	李乾祐	高宗			御史大夫				117			
冀州	苏良嗣				洛州长史				103			
赵州	豆卢钦望	武后	证圣元年	695	守内史★			6·90	114	61	205	
洺州	桓彦范	中宗	神龙二年	706	特进、扶阳王	○		7			208	
贝州	宋璟		神龙二年	706	黄门侍郎						208	
沧州	解琬		神龙中		北庭都护			100	130			
贝州	韦凑	中宗	景龙中		司农少卿			101	118			

（续表）

州	姓名	朝代	贬官年	公元	前任官	未到任	再贬	出典				
								旧书	新书	宰相表	通鉴	其他
怀州	李峤	睿宗	景云元年	710	守兵部尚书，同三品★			7	123	61	209	
相州	张说	玄宗	开元元年	713	紫微令★			8·97	125	62	210	
幽州	张嘉贞		开元十一年	723	中书令★			8·99			212	
魏州	宇文融		开元十五年	727	户部侍郎			8·105			213	
洛州	严挺之		开元二十四年	736	左丞			99	129		214	
德州	韩思复		开元初		谏议大夫			101	118			
魏州	崔沔		开元中		中书侍郎				129			
恒州	杜希望		开元中		郑州都督				166			
德州	颜真卿		天宝中		武部员外郎			128	153			
磁州	毕诚	武宗	会昌中		侍御史			177				
山南东道												
襄州	尉迟敬德	太宗	贞观三年	629	右武侯大将军			68				

320

（续表）

州	姓名	朝代	贬官年	公元	前任官	未到任	再贬	出典 旧书	出典 新书	出典 宰相表	出典 通鉴	其他
房州	房遗爱	高宗	永徽三年	652	散骑常侍			85			199	
忠州	卢承业		永徽中		检校左丞			81				
房州	薛晖		麟德元年	664	左奉宸卫将军				83			
鄜州	李怀俨		乾封中		鸾台侍郎			59				
澧州	邓玄挺	武后	嗣圣元年	684	吏部侍郎			190 上				
复州	狄仁杰		垂拱四年	688	豫州刺史			89	115		204	
荆州	薛季昶	中宗	神龙元年	705	户部侍郎				120			
朗州	敬晖		神龙二年	706	渭州刺史	○	○				208	
均州	崔玄暐		神龙二年	706	（某州刺史）	○	○				208	
鄜州	袁恕己		神龙二年	706	豫州刺史	○	○				208	
涪州	朱敬则		神龙二年	706	郑州刺史	○			115			
襄州	崔湜		景龙三年	709	中书侍郎、同平章事★			7·24		61	208	

（续表）

州	姓名	朝代	贬官年	公元	前任官	未到任	再贬	出典				
								旧书	新书	宰相表	通鉴	其他
归州	赵彦昭	睿宗	景云元年	710	泸州刺史				123			册府元龟152
涪州	周利贞	玄宗	先天中		广州都督				205			
荆州	杜暹		开元十七年	729	检校黄门侍郎、同平章事★			98	126	62	213	
荆州	张九龄		开元二十五年	737	右丞相			9·99	126		214	
均州	宋遥		天宝二年	743	吏部侍郎			143	140		215	
金州	苗晋卿		天宝二年	743	吏部侍郎			113	140		215	
襄州	韦陟		天宝四载?	745	吏部侍郎			92	122			
复州	李齐物		天宝五载	746	河南尹			112	78		215	
澧州	周智光	代宗	大历二年	767	同华节度使	○		11	223 下		224	
峡州	薛珏		大历中		楚州刺史			185 下	143			
忠州	刘晏	德宗	建中元年	780	左仆射			12·123	149		226	
归州	邵说	德宗	建中三年	782	太子宾客			12·137	203			

322

（续表）

州	姓名	朝代	贬官年	公元	前任官	未到任	再贬	出典				
								旧书	新书	宰相表	通鉴	其他
夔州	齐映		贞元三年	787	中书舍人，同平章事★			12·136	150	62		
涪州	吴诜		贞元四年	788	福建观察使						233	
△万州	苗拯		贞元十五年	799	谏议大夫			13·117				
均州	吕温	宪宗	元和三年	808	侍御史	○		137	160			
金州	张仲方		元和三年	808	仓部员外郎			171				
归州	高霞寓		元和十一年	816	唐邓随节度使			15·162	141		239	
峡州	韦顗		元和十一年	816	吏部侍郎			15				
忠州	李宣		元和十一年	816	屯田郎中			15				
房州	薛公幹		元和十一年	816	度支郎中			15				
金州	李正辞		元和十一年	816	刑部郎中			15				
金州	窦易直		元和十二年	817	京兆尹			15·167	151			
峡州	王仲舒		元和中		职方郎中			190下	161			

（续表）

州	姓名	朝代	贬官年	公元	前任官	未到任	再贬	出典 旧书	新书	宰相表	通鉴	其他
澧州	李建		元和中		京兆少尹			155	162			
朗州	韦辞		元和中		侍御史	○		160				
朗州	李翔	穆宗	元和十五年	820	考功员外郎			16·160	177			
澧州	李肇		长庆元年	821	司勋员外郎			16				
朗州	温造		长庆元年	821	起居舍人			16·165	91			
郢州	王镒		长庆元年	821	刑部员外郎			16				
归州	杜叔良		长庆二年	822	横海节度使				211		242	
随州	李愿		长庆二年	822	宣武军节度使			16·133	154		242	
澧州	李续	文宗	大和元年	827	山南东道节度副使			17上·149	174			
夔州	张讽		大和九年	835	吏部郎中			17下				
忠州	苏滌		大和九年	835	考功郎中			17下				
澿襄州	殷侑		开成元年	836	刑部尚书			164				

324

州	姓名	朝代	贬官年	公元	前任官	未到任	再贬	出典				
								旧书	新书	宰相表	通鉴	其他
澧州	崔珙	武宗	会昌四年	844	右仆射、同平章事★	○		18上·177	182			
唐州	蒋系		会昌中		桂管观察使		○		132			
均州	韦正贯		会昌中		司农卿				158			
忠州	薛元赏	宣宗	会昌六年	846	工部尚书						248	
朗州	刘瀁		大中二年	848	给事中				149			
朗州	李讷		大中九年	855	浙东观察使				162		249	
※荆州	刘瞻	懿宗	咸通十一年	870	守中书侍郎、同平章事★	○		19上	177	63	252	
※荆州	路岩	僖宗	咸通十四年	873	四川节度使	○					252	
澧州	郑祥		乾符三年	876	扬州左司马			19下				
※荆州	孔纬	昭宗	大顺二年	891	门下侍郎、同平章事★	○		179	163	63	258	
均州	孔纬		大顺二年	891	荆南节度使		○	20上·179	163		258	
峡州	陆扆	昭宗	乾宁三年	896	中书侍郎、同平章事★			20上·179	183	63	260	

（续表）

州	姓名	朝代	贬官年	公元	前任官	未到任	再贬	出典					
								旧书	新书	宰相表	通鉴	其他	
山南西道													
通州	任瑰	太宗	武德九年	626	邢州都督			59	90				
梁州	李义琛	高宗	永淳元年	682	雍州长史			81					
壁州	李至远	武后	长寿元年？	692	天官侍郎			148·185 上	197				
集州	苏味道		证圣元年	695	凤阁侍郎、同平章事★			6	114	61	205		
利州	李元名				舒王、郑州刺史	○			79				
通州	李峤	中宗	神龙初		豫州刺史		○	94					
果州	李湛				右散骑常侍				110				
巴州	杨慎交	睿宗	唐隆元年	710	左散骑常侍						209		
通州	李朝隐				长安令				129				
果州	钟绍京	玄宗	开元二年	714	太子詹事				121		211		
洋州	贾会		开元五年？	717	中书舍人			190 中	119				

（续表）

州	姓名	朝代	贬官年	公元	前任官	未到任	再贬	出典				
								旧书	新书	宰相表	通鉴	其他
通州	王珺		开元二十四年	736	蒲州刺史						214	
果州	敬括	肃宗	天宝末		殿中侍御史			115	177			
阆州	刘秩		乾元元年	758	国子祭酒			111			220	
巴州	严武		乾元元年	758	京兆少尹			111	129		220	
通州	刘晏		上元二年	761	京兆尹			123	149		222	
开州	唐次	德宗	贞元八年	792	礼部员外郎			190 下	89			
果州	韦贯之	宪宗	元和三年	808	吏部员外郎	○		158	169		237	
巴州	韦贯之		元和三年	808	果州刺史		○	158	169			
开州	穆质		元和五年	810	太子左庶子			155	163			
开州	窦群		元和六年	811	黔中观察使			14·155	175		238	
通州	李进贤		元和九年	814	振武军节度使			15			239	
开州	韦处厚		元和十一年	816	考功员外郎			15·159	142			

（续表）

州	姓名	朝代	贬官年	公元	前任官	未到任	再贬	出典				
								旧书	新书	宰相表	通鉴	其他
果州	崔郢		元和十一年	816	礼部员外郎			15				
通州	张平叔	穆宗	长庆二年	822	户部侍郎			16				
洋州	张武均	敬宗	宝历元年	825	将作监			17 下				
阆州	权璩	文宗	大和九年	835	中书舍人	○			165			
洋州	崔僧		大和九年	835	工部侍郎			17 下				
阆州	高元裕		大和九年	835	中书舍人			17 下·171	177		245	
蓬州	薛逢	懿宗	咸通中		巴州刺史			190 下				
集州	王徽	僖宗	光启中		太子少师			178	185			
陇右道												
叠州	李勣	太宗	贞观二十三年	649	太子詹事、同三品★	○		3·67	93	61	199	
秦州	崔善为		贞观中		司衣卿			191	91			
叠州	丘神勣	武后	文明元年	684	（不明）	○		59·186 上	209		203	

（续表）

州	姓名	朝代	贬官年	公元	前任官	未到任	再贬	出典				其他
								旧书	新书	宰相表	通鉴	
					淮南道							
安州	高士廉	太宗	贞观元年	627	侍中★			65	95	61	192	
黄州	李愔	高宗	永徽元年	650	蜀王、号州刺史			76	80			
申州	李素节		永徽六年	655	郇王、岐州刺史			86	81		202	
庐州	李迥秀	武后	长安四年	704	夏官侍郎、同三品★			62	99	61	207	
庐州	武重规				郑州刺史				206			
申州	祝钦明	中宗	神龙二年	706	礼部尚书、知政事★			189下	109	61		
楚州	宋璟	睿宗	景云二年	711	检校吏部尚书、同三品★			7·96	124	61	210	
申州	姚崇		景云二年	711	中书令★			7·96	124	61	210	
蕲州	冉祖雍		景云初		刑部侍郎				202			
安州	韦抗	玄宗	开元十年?	722	御史大夫、京畿按察使			92	122			
蕲州	王大峻		开元十一年	723	兵部尚书、同三品★			8·93	111	62	212	

（续表）

州	姓名	朝代	贬官年	公元	前任官	未到任	再贬	出典			通鉴	其他
								旧书	新书	宰相表		
舒州	吴兢		开元中		洪州刺史				132			
沔州	张廷珪		开元中		黄门侍郎			101	118			
滁州	姚弈		天宝元年	742	右丞			103	124			
沔州	王忠嗣		天宝六载	747	河西·陇右节度使			103·106	133			
申州	韦陟	代宗	天宝中		钟离（濠州）太守		○	92				
楚州	李泌		大历中		江西观察判官	○		130	139			
安州	桂仲武	穆宗	元和十五年	820	安南都护	○					241	
楚州	李景俭		长庆元年	821	谏议大夫			16				
舒州	杨汉公	文宗	大和九年	835	司封郎中				175			
安州	张文规		开成三年	838	吏部员外郎			129	168			
蕲州	李贶	懿宗	咸通十三年	872	给事中			19上				
江南东道												
建州	张文琮	高宗	永徽四年	653	户部侍郎			85	113			

（续表）

州	姓名	朝代	贬官年	公元	前任官	未到任	再贬	出典				
								旧书	新书	宰相表	通鉴	其他
台州	来济		显庆二年	657	中书令★			4·80	105	61	200	
润州	卢承庆		显庆四年?	659	度支尚书、同三品★			81				
处州	赵瑰		上元二年	675	定州刺史				76·83		202	
睦州	高真行		永隆元年	680	右卫将军			65	95		202	
睦州	杨元亨	武后	久视元年	700	司府少卿			77	106		207	
润州	毕构	中宗	神龙元年	705	中书舍人			100	128		208	
睦州	刘幽求	玄宗	开元二年	714	太子少保			8·97	121		211	
常州	崔日用		开元二年?	714	吏部尚书				121			
睦州	宋璟	玄宗	开元三年	715	御史大夫			96	124		211	
衢州	李杰	玄宗	开元四年	716	御史大夫			70·100	128		211	
杭州	韦凑	玄宗	开元五年?	717	河南尹			101				
台州	张嘉贞		开元十二年	724	户部尚书			8·99	127		212	

（续表）

州	姓名	朝代	贬官年	公元	前任官	未到任	再贬	旧书	新书	宰相表	通鉴	其他
衢州	李祎		开元二十四年	736	信安郡王、朔方节度大使			76	80		214	
处州	王昱		开元二十六年	738	剑南节度使	○					214	
处州	张守珪		开元二十七年	739	幽州节度使			9·103	133		214	
处州	韦坚		天宝五载	746	刑部尚书			9·105	134		215	
建州	张均		天宝十三载	754	兵部尚书			9·97	125		217	
※杭州	崔涣	肃宗	至德二载	757	门下侍郎、同平章事★			108	120	62		
衢州	李岘	代宗	永泰元年	765	吏部尚书			11				
处州	第五琦		大历五年	770	户部侍郎			123	149		224	
杭州	杜济		大历八年	773	京兆尹			11				
处州	王缙		大历十二年	777	门下侍郎、同平章事			11·118	145	62		
睦州	杜亚	德宗	建中元年	780	河中晋绛观察使			12·146	172		225	
苏州	杜佑		建中三年	782	户部侍郎	○		12·147	166			

（续表）

州	姓名	朝代	贬官年	公元	前任官	未到任	再贬	出典 旧书	新书	宰相表	通鉴	其他
泉州	薛播		建中中		汝州刺史			146	159			
常州	韦夏卿		贞元八年	792	给事中			13				
杭州	于邵		贞元中		太子宾客				203			
黎州	柳冕		贞元中		吏部郎中			149	132			
常州	孟简	宪宗	元和中		谏议大夫			163				
建州	李景俭	穆宗	元和十五年	820	谏议大夫			16·171	81			
漳州	李景俭		长庆元年	821	谏议大夫	○		171	81			
台州	王仲周		长庆二年	822	太子右庶子			16				
常州	贾餗	敬宗	长庆四年	824	库部郎中			169				
汀州	蒋防		长庆四年	824	翰林学士，司封员外郎			17上·149	104			
汀州	张又新	文宗	大和元年	827	山南东道节度行军司马			17上·149	175		243	
苏州	刘禹锡		长庆五年	831	礼部郎中				168			

（续表）

州	姓名	朝代	贬官年	公元	前任官	未到任	再贬	出典旧书	新书	宰相表	通鉴	其他
常州	杨虞卿		长庆七年	833	给事中			17下·176	175		244	
越州	高铢		长庆九年	835	给事中			168				
明州	李宗闵		长庆九年	835	守中书侍郎、同平章事★	○		17下·176	174	63	245	
衡州	卢简辞		大和中	840	太仆卿			163	177			
杭州	裴夷直	武宗	开成五年	840	谏议大夫			18上	148		246	
婺州	李中敏		开成五年	840	给事中						246	
汀州	牛僧孺		会昌四年	844	太子少保分司东都	○	○				248	
漳州	李宗闵		会昌四年	844	湖州刺史	○					248	
常州	马植	宣宗	大中三年	849	天平军节度使				184			
睦州	李文举		大中五年	851	宗正卿			18上				
处州	唐枝	宣宗	大中九年	855	刑部郎中			18下				
婺州	杨发		大中十二年	858	岭南节度使			177	184			

（续表）

州	姓名	朝代	贬官年	公元	前任官	未到任	再贬	旧书	新书	宰相表	通鉴	其他
								出 典				
汀州	孙瑝	懿宗	咸通十一年	870	御史中丞			19上			252	
漳州	王讽		咸通十三年	872	吏部侍郎			19上				
建州	李仲章	僖宗	乾符三年	876	度支分巡院使			19下				

江南西道

州	姓名	朝代	贬官年	公元	前任官	未到任	再贬	旧书	新书	宰相表	通鉴	其他
郴州	颜师古	太宗	贞观七年?	633	秘书少监	○		73	198			
潭州	褚遂良	高宗	永徽六年	655	右仆射★			4·80	105	61	199	
洪州	高履行		显庆四年	659	益州长史	○		65	95		200	
永州	高履行		显庆四年	659	洪州都督		○	65	95		200	
虔州	许圉师		龙朔二年	662	左相（侍中）★			4·59		61	201	
抻州	李敬玄		永隆元年	680	中书令★			5·81	106	61		
岳州	郭待举	武后	光宅元年	684	太子左庶子			87			203	
袁州	崔融	中宗	神龙元年	705	司礼少卿（礼部侍郎）			94	114			

（续表）

州	姓名	朝代	贬官年	公元	前任官	未到任	再贬	旧书	新书	宰相表	通鉴	其他
饶州	祝钦明	睿宗	景云元年	710	国子祭酒			189 下	109		210	
洪州	韩朝宗	玄宗	开元二十四年	736	襄州刺史、兼山南东道采访使				118			
饶州	张均		开元二十六年	738	兵部侍郎			97	125			
岳州	张说		开元中		相州刺史、兼河北道按察使			97	125			
岳州	韦斌		天宝五载	746	太常少卿			92	122		215	
袁州	李适之		天宝五载	746	太子少保			9·99	131		215	
袁州	房琯		天宝六载	747	给事中			111	139		215	
永州	李岘		天宝十三载	754	京兆尹				131			
道州	李麑	肃宗	至德二载	757	给事中			10				
宣州	季广琛		乾元二年	759	青徐等五州节度使			10				
饶州	颜真卿				蒲州刺史			128	153			
道州	窦履信	代宗	宝应元年	762	鸿胪卿			52				

（续表）

州	姓名	朝代	贬官年	公元	前任官	未到任	再贬	出典				
								旧书	新书	宰相表	通鉴	其他
袁州	李遵		宝应元年	762	太子少傅			11				
道州	敬羽		宝应元年	762	宗正卿			11·186下	209			
道州	崔涣		大历三年	768	御史大夫			11·108	120			
饶州	裴士淹		大历五年	770	礼部尚书			11				
歙州	薛邕		大历八年	773	吏部侍郎			11·139	160		224	
永州	田承嗣		大历十年	775	魏博节度使	○		11·141	210			
洪州	杜亚		大历中		给事中			146	172			
虔州	裴谞		大历中		左司郎中			126	130			
袁州	萧定		大历中		左（右）司郎中			185下	101			
饶州	杜佑	德宗	建中三年	782	苏州刺史		○	135				
道州	阳城	德宗	贞元四年	788	国子司业			192	194			
信州	刘太真		贞元五年	789	礼部侍郎			13·137	203			

（续表）

州	姓名	朝代	贬官年	公元	前任官	未到任	再贬	旧书	新书	宰相表	通鉴	其他
郴州	穆赞	宪宗			侍御史分司东都			155	163			
池州	韩晔		永贞元年	805	司封郎中	○		14·135		236		
岳州	程异		永贞元年	805	盐铁转运扬子院留后	○		135				
抚州	韩泰		永贞元年	805	京西神策行营节度行事司马	○		14			236	
邵州	柳宗元		永贞元年	805	礼部员外郎	○		14·160	168		236	
吉州	袁滋		永贞元年	805	西川节度使			14·185 下	151		236	
道州	吕温		元和三年	808	均州刺史		○	137	160			
衡潭州	柳公绰		元和六年	811	御史中丞				163			
永州	崔能		元和八年	813	黔中观察使			177				
吉州	路恕		元和九年	814	鄜坊节度使			122	138			
郴州	杨於陵		元和十一年	816	兵部侍郎			15·164	163			
衡潭州	韦贯之		元和十一年	816	吏部侍郎			15·158	169		239	

338

州	姓名	朝代	贬官年	公元	前任官	未到任	再贬	出典				
								旧书	新书	宰相表	通鉴	其他
抚州	袁滋		元和十二年	817	唐邓随节度使			15·185下	151		240	
溱潭州	崔群		元和十四年	819	守中书侍郎、同平章事★			15·135	165·175	62	241	
歙州	冯宿		元和中		比部郎中			168				
虔州	韦绶		元和中		谏议大夫			162	160			
溱宣州	令狐楚	穆宗	元和十五年	820	中书侍郎、同平章事★	○		172			241	
衡州	令狐楚		元和十五年	820	宣歙观察使		○	16·172	166		241	
江州	钱徽		长庆元年	821	礼部侍郎			16·168	177		241	
虔州	李渤		长庆元年	821	考功员外郎			16				
吉州	张弘靖		长庆元年	821	太子宾客分司东都		○	16	127		242	
信州	庞严	敬宗	长庆四年	824	翰林学士、驾部郎中			17上·149	104		243	
邵州	杜元颖	文宗	大和三年	829	西川节度使				96	63	244	
永州	李有裕		大和四年	830	沧景节度使			17下				

（续表）

州	姓名	朝代	贬官年	公元	前　任　官	未到任	再贬	旧书	新书	宰相表	通鉴	其他
饶州	裴弘泰		大和五年	831	桂管观察使			17 下				
邠州	沈羲		大和九年	835	左金吾卫大将军	○					245	
江州	李珏		大和九年	835	翰林学士、司勋员外郎			17 下·173			245	
潭州	杨嗣复	武宗	开成五年	840	吏部尚书	○		18 上·176	174		246	
潭州	李回	宣宗	大中二年	848	西川节度使	○		18 下·173	131		248	
邠州	杨严	懿宗	咸通九年	868	浙东观察使			177	184			
袁州	于瑰		咸通十三年	872	湖南观察使			19 上			252	
道州	李当		咸通十三年	872	左丞			19 上				
郴州	严郢		咸通十三年	872	工部尚书			19 上				
歙州	裴枢	昭宗	龙纪初		太子右庶子				140			
鄂州	张濬	昭宗	大顺二年	891	河东节度使	○		20 上·179			258	
黔中道												
辰州	刘景先	武后	光宅元年	684	普州刺史	○	○			61	203	

（续表）

州	姓名	朝代	贬官年	公元	前任官	未到任	再贬	出典				
								旧书	新书	宰相表	通鉴	其他
施州	李孝逸		垂拱二年	686	左豹卫大将军	○		60	78		203	
珍州	邢文伟		天授元年	690	内史★	○		189下	106	61	204	
溱州	杜景俭		证圣元年	695	检校凤阁侍郎、同平章事★			90	116	61	205	
叙州	郑愔	睿宗	景云元年	710	秘书少监	○					209	
溱州	钟绍京	玄宗	开元二年	714	果州刺史						211	
锦州	皇甫恂		开元八年	720	殿中监			95	81		212	
播州	皇甫惟明		天宝五载	746	河西陇右节度使	○		9·105	134		215	
施州	裴冕	代宗	宝应元年	762	右仆射			11·113	140		222	
费州	严郢	德宗	建中三年	782	御史大夫			12	145		227	
播州	刘禹锡	宪宗	元和十年	815	朗州司马→还京			160				
南州	王建	昭宗	乾宁四年	897	西川节度使	○					261	
溪州	王抟		光化三年	900	工部侍郎	○		177	116		262	

（续表）

剑南道

州	姓名	朝代	贬官年	公元	前任官	未到任	再贬	出典 旧书	新书	宰相表	通鉴	其他
邛州	柳亨	高祖	武德中		左卫中郎将			77				
遂州	柳顗	高宗	永徽六年	655	吏部尚书	○		4			199	
荣州	柳顗		永徽六年	655	遂州刺史		○				199	
益州	卢承庆		永徽初		左丞			81				
普州	李义府		显庆三年	658	中书令★			4·82	223上	61	200	
荣州	于志宁		显庆四年	659	太子太师，同三品★			78	104		200	
简州	薛元超		龙朔三年	663	东台侍郎			73	98			
剑州	武惟良		乾封元年	666	司卫少卿				76		201	
龙州	武元庆		乾封元年	666	宗正少卿				76		201	
普州	张大安		永隆元年	680	太子左庶子，同三品★			5·68	81·89	61	201	
渝州	高审行		永隆元年	680	户部侍郎				95		202	

（续表）

州	姓名	朝代	贬官年	公元	前任官	未到任	再贬	出典 旧书	新书	宰相表	通鉴	其他
黎州	李义琰		永淳元年	682	雍州长史				105			
普州	刘景先	武后	光宅元年	684	侍中★	○		81	106		203	
益州	姚璹		神功元年	697	纳言★			89	102	61	206	
合州	张柬之		圣历元年	698	凤阁舍人			91	120		205	
资州	杨元禧		久视元年	700	尚食奉御				106		207	
眉州	苏味道	中宗	神龙元年	705	益州长史			94	114			
渝州	刘宪		神龙元年	705	吏部侍郎			190中	202			
陵州	杨务廉		神龙元年	705	将作少匠			91				
泸州	夏侯铦	中宗	神龙中		给事中				83			
绵州	钟绍京	玄宗	开元二年	714	太子詹事	○		97				
梓州	王晙		开元九年	721	兵部尚书			93	111			
绵州	崔涣		天宝十五载	756	司门员外郎				120			

（续表）

州	姓名	朝代	贬官年	公元	前任官	未到任	再贬	出典 旧书	新书	宰相表	通鉴	其他
剑州	崔涣		天宝十五载	756	司门员外郎			108				
遂州	李巨	肃宗	乾元二年	759	东都留守			10·112	79			
蜀州	李峘	肃宗	乾元二年	759	吏部尚书，同平章事★			10·112	131	62	221	
蜀州	韩洄	德宗	建中二年	781	户部侍郎			129	126			
资州	羊士谔	宪宗	元和二年	808	监察御史			137	160			
绵州	韦弘景		元和十年	815	度支郎中			157	116			
淡梓州	李逢吉		元和十二年	817	门下侍郎，同平章事★				174	62		
剑州	李宗闵	穆宗	长庆元年	821	中书舍人			16·176	174		241	
遂州	萧澣	文宗	大和九年	835	刑部侍郎	○		17下			245	
普州	冯彭	懿宗	咸通十三年	872	兴元少尹			19上				
昌州	阳珀		咸通十三年	872	大理正			19上				
泸州	柳玭	昭宗			御史大夫				163			

（续表）

岭南道

州	姓名	朝代	贬官年	公元	前任官	未到任	再贬	出典 旧书	新书	宰相表	通鉴	其他
康州	程知节	高祖	武德九年	626	左一马军总管			68	90		191	
交州	杜正伦	太宗	贞观十七年	643	谷州刺史	○	○	70	106		197	
象州	韦挺		贞观二十年?	646	太常卿			77·191	98			
循州	张叡册	高宗	永徽元年	650	大理少卿						199	
振州	韩瑗		显庆二年	657	侍中★			4·80	105	61	200	
象州	柳奭		显庆二年	657	荣州刺史			77·191	98		200	
爱州	褚遂良		显庆二年	657	桂州都督						200	
横州	杜正伦		显庆三年	658	中书令★			4·70	106	61	200	
潮州	唐临		显庆四年	659	吏部尚书			85				
交州	郎余庆				苏州刺史				199			
桂州	薛季昶	中宗	神龙元年	705	荆州长史			185 上				

（续表）

州	姓名	朝代	贬官年	公元	前任官	未到任	再贬	出典				
								旧书	新书	宰相表	通鉴	其他
桂州	李尚隐	玄宗	开元十三年	725	河南尹			185 下	130			
桂州	杨茂谦		开元中		相州刺史、兼河北道按察使			185 下	197			
桂州	黎幹	代宗	大历五年	770	刑部侍郎	○		118	145			
连州	王昂		大历十二年	777	刑部尚书	○		11·118				
潮州	李皋		大历十二年?	777	衡州刺史			131	80		226	
潮州	常衮	德宗	大历十四年	779	河南少尹		○	12	150		225	
驩州	严郢		建中三年	782	御史大夫			135				
连州	刘禹锡	宪宗	永贞元年	805	屯田员外郎	○		14·160	168		236	
韶州	浑镐		元和十一年	816	义武军节度使	○		134	155			
循州	浑镐	宪宗	元和十二年	817	韶州刺史		○	15·134	155			
潮州	韩愈		元和十四年	819	刑部侍郎			15·160	176		240	
柳州	王逯		元和中		大府卿			162	116			

（续表）

州	姓名	朝代	贬官年	公元	前任官	未到任	再贬	出典				
								旧书	新书	宰相表	通鉴	其他
韶州	独孤朗	穆宗	长庆元年	821	员外郎			16	162			
淹桂州	刘栖楚	文宗	大和元年	827	京兆尹				175			
韶州	杜元颖		大和三年	829	西川节度使	○		17 上				
连州	杨敬之		大和九年	835	户部郎中			17 下	160			
淹桂州	李珏	武宗	开成五年	840	太常卿	○		18 上			246	
潮州	杨嗣复		会昌元年	841	湖南观察使		○	176	174		246	
昭州	李珏		会昌元年	841	桂管观察使		○		182		246	
连州	苏涤		会昌六年	846	舒州刺史			18 上				
淹桂州	蒋系		会昌初		谏议大夫	○			132			
循州	郑亚	宣宗	大中二年	848	桂管观察使			18 下·178	185		248	
端州	崔嘏		大中二年	848	中书舍人				180		248	
贺州	李回		大中二年	848	湖南观察使		○		131		248	

（续表）

州	姓名	朝代	贬官年	公元	前任官	未到任	再贬	出典				
								旧书	新书	宰相表	通鉴	其他
雷州	柳仲郢		大中中		山南西道节度使				163			
韶州	杨严	懿宗	咸通九年	868	浙东观察使			19 上				
康州	刘瞻		咸通十一年	870	荆南节度使	○	○	19 上·177			252	
康州	刘瞻		咸通十一年	870	荆南节度使	○	○		181			
梧州	郑畋		咸通十一年	870	翰林学士、户部侍郎			19 上·178	185		252	
韶州	于琮		咸通十三年	872	普王傅分司东都		○		104		252	
藤州	张裼		咸通十三年	872	给事中			19 上				
贺州	李郁		咸通十三年	872	左散骑常侍			19 上				
新州	路严		咸通十四年	873	荆南节度使	○	○		184		252	
贺州	韦保衡	僖宗	咸通十四年	873	门下侍郎、同平章事★	○		19 下	184	63	252	
康州	崔沆		乾符三年	876	太常少卿			19 下				
端州	高浔		中和元年	882	昭义军节度使			19 下				

（续表）

州	姓名	朝代	贬官年	公元	前任官	未到任	再贬	出典 旧书	新书	宰相表	通鉴	其他
连州	张濬	昭宗	大顺二年	890	鄂岳观察使	○	○	20下·179			258	
梧州	杜让能		景福二年	893	门下侍郎、同平章事★	○				63	259	

[别驾]

河南道

州	姓名	朝代	贬官年	公元	前任官	未到任	再贬	旧书	新书	宰相表	通鉴	其他
蔡州	吴士矩	文宗	开成二年	837	江南观察使	○		89	115·159			

河东道

州	姓名	朝代	贬官年	公元	前任官	未到任	再贬	旧书	新书	宰相表	通鉴	其他
绛州	杨慎交	睿宗	景云元年	710	秘书监				83·160			
△晋州	薛伯阳	玄宗	先天二年	713	右千牛卫将军	○		73	98			
泽州	王守一	玄宗	开元十二年	724	太子少保	○		8				

河北道

州	姓名	朝代	贬官年	公元	前任官	未到任	再贬	旧书	新书	宰相表	通鉴	其他
莫州	李延年	玄宗	天宝初		嗣徐王、员外太子洗马			64	79			

（续表）

州	姓名	朝代	贬官年	公元	前任官	未到任	再贬	旧书	新书	宰相表	通鉴	其他
					山南东道							
涪州	宋庭瑜	玄宗	先天中		司农少卿			193				
澧州	薛自劝		开元二十四年	736	泾州刺史						214	
房州	李承宏		开元二十四年	736	广武王				81		214	
△峡州	李瑄		天宝五载	746	嗣薛王、鸿胪卿同正员			9·95	81		215	
△峡州	颜真卿	代宗	永泰二年	766	刑部尚书			11·128	153		224	
忠州	陆贽	德宗	贞元十一年	795	太子宾客			13·139	157		235	
					山南西道							
渠州	韦岳	玄宗	先天二年	713	殿中少监			185 上	100			
通州	阎朝隐		先天中		秘书少监			190 中	202			
兴州	麻察		开元十七年?	729	大理丞	○		190 中	128		213	
△壁州	万福顺		开元十九年	731	左领军卫大将军			106	121			

350

（续表）

州	姓名	朝代	贬官年	公元	前任官	未到任	再贬	旧书	新书	宰相表	通鉴	其他
通州	李季卿	肃宗			中书舍人			99	202			
通州	崔河图	德宗	贞元中					13				
淮南道												
△滁州	李峤	玄宗	开元二年	714	特进			8	123		211	
△沔州	韦安石		开元二年	714	青州刺史			8·92	122		211	
安州	刘知幾		开元九年	721	左散骑常侍			102	132			
△安州	裴宽		天宝五载	746	睢阳（宋州）太守			100	130		215	
江南东道												
陆州	扬承令	玄宗	开元十三年	725	汾州刺史						212	
温州	潘好礼		开元中		豫州刺史			185下	128			
△湖州	韩朝宗		天宝三载	744	高平（泽州）太守				118			
明州	徐浩	代宗	大历八年	770	吏部侍郎			11·136	160		224	

（续表）

州	姓名	朝代	贬官年	公元	前任官	未到任	再贬	出典 旧书	新书	宰相表	通鉴	其他
泉州	姜公辅	德宗	贞元八年	792	太子右庶子			13·152	138			
衢州	于邵		贞元八年?	792	杭州刺史			137	203			
泉州	马摠		贞元十六年	800	义成军节度从事			155·157	163		235	
衢州	令狐峘		贞元中		吉州刺史			149	102·150			
江南西道												
江州	赵彦昭	玄宗	开元二年	714	刑部尚书			92	123			
△袁州	赵彦昭		开元二年	714	刑部尚书						211	
△岳州	韦嗣立		开元二年	714	太子宾客			8·88	116		211	
郢州	李峤		开元十二年	724	嗣濮王、国子祭酒同正员			76				
潭州	王守一	玄宗	开元十二年	724	太子少保						212	
鄂州	李瓘		开元十二年	724	嗣许王、卫尉卿			8·86	81			
抚州	李令问		开元十五年	727	左散骑常侍			67	93·103		212	

(续表)

州	姓名	朝代	贬官年	公元	前任官	未到任	再贬	旧书	新书	宰相表	通鉴	其他
△道州	高广济		开元十九年	731	右威卫将军			106	121			
钦州	狄光嗣		开元中		扬州长史			89	115			
△鄂州	韦坚		天宝五载	746	缙云（处州）太守	○	○	105	134		215	
衡州	令狐峘	德宗	建中元年	780	礼部侍郎			149	102			
吉州	令狐峘		贞元五年	789	太子右庶子			149	102			
郴州	窦参		贞元八年	792	中书侍郎、同平章事★			13·136	145	62	234	
饶州	穆赞		贞元十年	794	御史中丞			155	163		235	
黔中道												
△施州	令狐建	德宗	贞元五年	789	右领军卫大将军			124	148			
剑南道												
遂州	崔位	德宗	贞元中		义成军节度使僚佐				162			
岭南道												
滕州	李文暕	武后	垂拱中		幽州都督				78			

（续表）

州	姓名	朝代	贬官年	公元	前　任　官	未到任	再贬	旧书	新书	宰相表	通鉴	其他
昭州	李欣				嗣濮王			76	80			
连州	契苾嵩	玄宗	开元十六年？	728	特进			103				
△襄州	王毛仲		开元十九年	731	殿中监、内外闲厩牧都使	○		8·106	121		213	
△严州	李守德		开元十九年	731	右武卫将军			106	121			
△党州	王景耀		开元十九年	731	右威卫将军			106	121			
△振州	唐地文		开元十九年	731	左监门卫将军			106	121			
罗州	李昇	德宗	贞元中		太子詹事				147			
[长史]												
都畿道												
汝州	王琳	玄宗	开元十四年？	726	驾部员外郎			190中				
河南道												
宋州	韦岊	武后			太原令			185上	100			
青州	刘允济	中宗	神龙初		凤阁舍人			190中	202			

（续表）

州	姓名	朝代	贬官年	公元	前任官	未到任	再贬	出典				
								旧书	新书	宰相表	通鉴	其他
汴州	宋之问		景龙中		考功员外郎	○						
△莱州	李揆	肃宗	上元二年	761	中书侍郎，同平章事★			126	202			

河东道

州	姓名	朝代	贬官年	公元	前任官	未到任	再贬	旧书	新书	宰相表	通鉴	其他
井州	陆璪	玄宗	开元二十一年	733	洛阳令				116			
晋州	崔伦	代宗			吏部员外郎				164			

山南东道

州	姓名	朝代	贬官年	公元	前任官	未到任	再贬	旧书	新书	宰相表	通鉴	其他
△澧州	吉温	玄宗	天宝十三载	754	武部侍郎	○		9·186下	209		217	
△忠州	第五琦	肃宗	乾元二年	759	户部侍郎，同平章事★	○		10·123	149		221	
涪州	李充	德宗	贞元十一年	795	京兆尹						235	
峡州	薛正伦		贞元十六年	800	山南东道节度判官	○		156			235	
郢州	纪干騪	文宗	大和三年	829	西川节度使僚佐			163				
荆州	王式		大和末		殿中侍御史			164				
峡州	孟皆		大和末		长安令			169				

（续表）

州	姓名	朝代	贬官年	公元	前任官	未到任	再贬	出典				
								旧书	新书	宰相表	通鉴	其他
朗州	姚中立		大和末		京兆府万年令			169				
澧州	韦让		开成四年	839	光禄卿			17 下				
隋州	李铁	武宗	会昌六年	846	彭州刺史			18 上				
夔州	康季荣	宣宗	大中九年	855	右威卫大将军						249	
					山南西道							
蓬州	李瑀	肃宗	乾元二年	759	汉中王、山南西道防御使				81			
渠州	魏少游		乾元二年	759	卫尉卿			115	141			
蓬州	颜真卿		上元元年	760	刑部侍郎			128	153		221	
巴州	韦伦				秦州刺史	○		138	143			
通州	李实	顺宗	贞元二十一年	805	道王、京兆尹			14·135	167		236	
梁州	张云	懿宗	咸通四年	863	起居郎			19 上·172	166			
					陇右道							
西州	裴行俭	高宗	永徽六年	655	长安令			84	108		199	

356

(续表)

州	姓名	朝代	贬官年	公元	前任官	未到任	再贬	旧书	新书	宰相表	通鉴	其他
淮南道												
庐州	卢铉	玄宗	天宝中		闲厩判官			186下	134			
庐州	徐浩	肃宗			国子祭酒			137	160			
江南东道												
越州	敬播	高宗			给事中			189上	198			
黎州	崔融	武后	久视元年	700	凤阁舍人			94				
润州	姜皎	中宗			尚衣奉御				91			
处州	郭山恽	睿宗	景云元年	710	国子司业						210	
黎州	崔日用		景云元年	710	黄门侍郎，参知机务★				121			
台州	宋尚	玄宗	天宝中		汉东（随州）太守				124			
温州	李皋	肃宗	上元年?	760	秘书少监同正			131	80			
汀州	张游	德宗	贞元十一年	795	卫尉卿			13			235	
△明州	李吉甫		贞元中		驾部员外郎			139·149	146		236	

（续表）

州	姓名	朝代	贬官年	公元	前任官	未到任	再贬	出典				
								旧书	新书	宰相表	通鉴	其他
处州	李宗闵	文宗	大和九年	835	明州刺史	○	○	17 下	176		245	
明州	韦瓘				中书舍人				162			
漳州	李宗闵	武宗	会昌四年	844	漳州刺史	○			174		258	
江南西道												
△吉州	刘景先	武后	光宅元年	684	辰州刺史		○	81·87	106		203	
衡州	李迥秀	中宗	神龙元年	705	庐州长史	○			99			
饶州	韦嗣立		神龙初		洺州刺史			88	116			
△袁州	李揆	肃宗	上元二年	761	中书侍郎、同平章事★			10·185 下	150	62	222	
抚州	刘秩				阆州刺史				132			
信州	崔造	德宗	建中元年	780	左司员外郎			130	150			
信州	卢徵		贞元二年	786	度支员外郎			146				
永州	郑叔则		贞元五年?	789	京兆尹			13·135				
信州	李充		贞元十一年	795	京兆尹			13				

（续表）

州	姓名	朝代	贬官年	公元	前任官	未到任	再贬	出典				其他
								旧书	新书	宰相表	通鉴	
邵州	李铦		贞元十一年	795	司农卿						235	
郴州	张正甫		贞元十四年?	798	襄阳从事、监察御史			162				
虔州	房启	宪宗	元和中		太仆少卿				139			
袁州	李德裕	文宗	大和九年	835	守太子宾客分司东都		○	17下·174	180			
信州	魏謩	武宗	会昌中		汾州刺史			176	97			
黔中道												
费州	宗晖	玄宗	天宝十一年	752	卫尉员外卿			86				
剑南道												
剑州	韩思复	中宗	神龙二年	706	礼部郎中				118			
岭南道												
桂州	姚璹	武后	光宅元年	684	夏官侍郎			89	102			
邕州	周利贞	玄宗	开元中		辰州长史	○			209			
韶州	袁高	德宗	建中元年	780	御史中丞、京畿道观察使			12·153	120			

（续表）

州	姓名	朝代	贬官年	公元	前任官	未到任	再贬	出典				
								旧书	新书	宰相表	通鉴	其他
桂州	于邵		建中元年	780	礼部侍郎			12·137	203		224	
循州	牛僧孺	武宗	会昌四年	844	汀州刺史		○		74			
[司马]												
京畿道												
△邠州	张直方	宣宗	大中中					18下				
关内道												
△原州	娄師德	武后	万岁通天元年	696	左肃政台御史大夫、知政事★			93	108	61	205	
坊州	韦见素	玄宗	开元末	711	大理寺丞			108				
河南道												
宋州	刘藏器	高宗			比部员外郎				201			
濠州	窦从一	睿宗	唐隆元年	710	左御史大夫			183	109		209	
密州	蔡容珣		景云二年	711	监察御史				83			
虔州	王涯	宪宗	元和三年	808	都官员外郎		○	14·169	179		237	

（续表）

州	姓名	朝代	贬官年	公元	前任官	未到任	再贬	出典				
								旧书	新书	宰相表	通鉴	其他
亳州	李从海	文宗	开成中		谭王府谘议设分司东都				78			
濮州	韩偓	昭宗	天复三年	903	翰林学士承旨	○					264	
棣州	韩仪		天祐元年	904	行御史中丞			20 上	183			
曹州	柳璨	哀帝	天祐二年	905	太子宾客		○	20 下			265	
河东道												
汾州	李汉	文宗	大和九年	835	汾州刺史		○	17 下·171	78		245	
河北道												
卫州	房先敏	武后	垂拱元年?	685	司门员外郎			87	117			
怀州	崔碣	僖宗	乾符四年	877	陕虢观察使			120	120		253	
山南东道												
郓州	裴光庭	中宗	景龙中		太常丞			84	108			
朗州	和逢尧	玄宗	先天二年	713	户部侍郎			185 下	123			
荆州	吴兢		开元中		太子左庶子				132			

（续表）

州	姓名	朝代	贬官年	公元	前任官	未到任	再贬	出典				
								旧书	新书	宰相表	通鉴	其他
峡州	张清	代宗	宝应元年	762	太常卿同正员			52				
△峡州	萧华		宝应元年	762	礼部尚书			99	101		222	
澧州	潘炎	德宗	建中元年?	780	礼部侍郎				160			
夔州	柳镇		贞元中		殿中侍御史				168			
朗州	卢景亮		贞元中		右补阙				164		236	
朗州	刘禹锡	宪宗	永贞元年	805	连州刺史		○	14·160	168		236	
房州	柳浑		元和中		华州华阴令	○		160	176			
房州	田缙		元和中		卫王傅		○		210			
唐州	卢并	文宗	大和三年	829	西川节度使僚佐			163				
澧州	蔡京	宣宗	大中二年	848	殿中侍御史			18下				
随州	裴让		大中五年	851	同州奉先令			18下				
复州	于延陵		大中十二年	858	建州刺史						249	
涪州	刘承雍	僖宗	咸通十四年	873	户部侍郎						252	

362

（续表）

<table>
<thead>
<tr><th rowspan="2">州</th><th rowspan="2">姓名</th><th rowspan="2">朝代</th><th rowspan="2">贬官年</th><th rowspan="2">公元</th><th rowspan="2">前任官</th><th rowspan="2">未到任</th><th rowspan="2">再贬</th><th colspan="5">出典</th></tr>
<tr><th>旧书</th><th>新书</th><th>宰相表</th><th>通鉴</th><th>其他</th></tr>
</thead>
<tbody>
<tr><td colspan="13">山南西道</td></tr>
<tr><td>夔州</td><td>朱朴</td><td>昭宗</td><td>乾宁四年</td><td>897</td><td>秘书监</td><td>○</td><td></td><td></td><td></td><td></td><td>261</td><td></td></tr>
<tr><td>壁州</td><td>李义府</td><td>高宗</td><td>永徽六年</td><td>655</td><td>中书舍人</td><td>○</td><td></td><td></td><td>223 上</td><td></td><td>199</td><td></td></tr>
<tr><td>开州</td><td>杜易简</td><td></td><td>咸亭中</td><td></td><td>考功员外郎</td><td></td><td></td><td>190 上</td><td>201</td><td></td><td></td><td></td></tr>
<tr><td>△渠州</td><td>魏元忠</td><td>中宗</td><td>景龙元年</td><td>707</td><td>特进</td><td>○</td><td></td><td>92</td><td>122</td><td></td><td>208</td><td></td></tr>
<tr><td>通州</td><td>张洽</td><td>玄宗</td><td>开元中</td><td></td><td>侍御史</td><td></td><td></td><td></td><td>118</td><td></td><td></td><td></td></tr>
<tr><td>△巴州</td><td>苏端</td><td>代宗</td><td>大历中</td><td></td><td>比部郎中</td><td></td><td></td><td></td><td>142</td><td></td><td></td><td></td></tr>
<tr><td>阆州</td><td>裴谞</td><td>德宗</td><td>建中中</td><td></td><td>左金吾卫将军</td><td></td><td></td><td>126</td><td>130</td><td></td><td></td><td></td></tr>
<tr><td>△开州</td><td>王伾</td><td>宪宗</td><td>永贞元年</td><td>805</td><td>左散骑常侍</td><td></td><td></td><td>14·135</td><td>168</td><td></td><td>236</td><td></td></tr>
<tr><td>△开州</td><td>宋申锡</td><td>文宗</td><td>大和五年</td><td>831</td><td>太子左庶子</td><td></td><td>○</td><td>17 下·167</td><td>152</td><td></td><td>244</td><td></td></tr>
<tr><td colspan="13">陇右道</td></tr>
<tr><td>渭州</td><td>刘秩</td><td>玄宗</td><td>天宝中</td><td></td><td>兵部员外郎</td><td></td><td></td><td></td><td>132</td><td></td><td></td><td></td></tr>
<tr><td>鄯州</td><td>李何忌</td><td>肃宗</td><td>至德二载?</td><td>757</td><td>谏议大夫</td><td></td><td></td><td>111</td><td>139</td><td></td><td></td><td></td></tr>
</tbody>
</table>

（续表）

州	姓名	朝代	贬官年	公元	前任官	未到任	再贬	旧书	新书	宰相表	通鉴	其他
					淮南道							
蕲州	徐齐聃	高宗	咸亨元年	670	西台舍人			190上	199			
申州	李巨	玄宗	天宝五载	746	嗣虢王、西河（汾州）太守			112	79		215	
					江南东道							
台州	孟诜	武后			凤阁舍人				196			
苏州	王无竞	中宗	神龙初		太子舍人	○		190中	107			
睦州	杜咸	玄宗	开元中		魏州刺史，兼河北按察使				106			
处州	李邕		开元中		户部郎中			190中	202			
汀州	裴胄	德宗	建中中		宣州刺史			122	130			
泉州	吴通玄		贞元八年	792	左谏议大夫	○		13·190下	145		234	
汀州	郑锋		贞元十四年	798	京兆府兴平令			129				
台州	陈谏	宪宗	永贞元年	805	河中少尹			14·135	168		236	
建州	李位		元和九年	814	信州刺史			154	163			

（续表）

州	姓名	朝代	贬官年	公元	前任官	未到任	再贬	出典				
								旧书	新书	宰相表	通鉴	其他
处州	杨虞卿	文宗	大和九年	835	京兆尹	○		176	174			
湖州	何迎	昭宗	乾宁四年	897	右谏议大夫						261	
江南西道												
洪州	许敬宗	太宗	贞观十年	636	中书舍人			82				
郎州	贾言忠	高宗	上元二年	675	吏部员外郎			190中	119			
歙州	崔神庆	武后	长寿中		井州长史			77	109			
江州	郑愔	中宗	景龙三年	709	守吏部侍郎、同平章事★			7·74		61	208	
道州	王翰	玄宗	开元中		仙州别驾			190中	202			
公道州	王琚		天宝五载	746	郢郡（相州）太守			106	121		215	
袁州	张椒		天宝十三载	754	给事中	○		97	125			
袁州	李峘	肃宗	乾元二年	759	御史大夫			112	80			
岳州	贾至				蒲州刺史				119			
郴州	张镐	代宗	宝应元年	762	鸿胪卿			52				

（续表）

州	姓名	朝代	贬官年	公元	前任官	未到任	再贬	出典				
								旧书	新书	宰相表	通鉴	其他
永州	李遵		大历二年	767	鸿胪卿			11				
△道州	杨炎		大历十二年	777	吏部侍郎			11·118	145			
虔州	穆宁		大历初		鄂岳沔都团练使	○		155				
饶州	归崇敬		大历中		国子司业			149	164			
信州	韦伦				韶连郴三州都团练使			138	143			
衡州	田晋	德宗	建中二年	781	大理正			118	145		227	
△郴州	卢慈	德宗	建中三年	782	京兆尹			12·126				
袁州	李景略		贞元六年	790	丰州刺史			152	170			
道州	窦申		贞元八年	792	给事中	○		13·136	145		234	
虔州	李週		贞元十二年	796	宣武军兵马使						235	
△郴州	韩皋		贞元十四年	798	京兆尹			13·129	126			
△郴州	郑余庆		贞元十六年	800	中书侍郎，同平章事★			13·158	165	62	235	
虔州	李众		贞元中		京兆府万年令			135	167			

366

（续表）

州	姓名	朝代	贬官年	公元	前任官	未到任	再贬	出典				
								旧书	新书	宰相表	通鉴	其他
△信州	卢南史		贞元中		侍御史			137				
△歙州	吕渭				司门员外郎				126·137	160		
饶州	韩晔	宪宗	永贞元年	805	池州刺史		○	14·135	168		236	
虔州	韩泰		永贞元年	805	抚州刺史		○	14·135	168		236	
永州	柳宗元		永贞元年	805	邵州刺史		○	14·160	168		236	
郴州	程异		永贞元年	805	岳州刺史			14·135	168		236	
江州	白居易		元和十年	815	太子左赞善大夫			166	119			
永州	张茂和		元和十二年	817	左神武卫将军						240	
江州	韦辞		元和中		朗州刺史		○	160				
抚州	令狐通		元和中		寿州刺史			15				
△吉州	孟简	穆宗	元和十五年	820	太子宾客分司东都		○	16·163	160			
吉州	李彤	敬宗	长庆四年	824	司农少卿			17 上				
道州	李仍叔		宝历元年	825	水部郎中			174			243	

（续表）

州	姓名	朝代	贬官年	公元	前任官	未到任	再贬	出典 旧书	出典 新书	宰相表	通鉴	其他
袁州	浑镶	文宗	大和四年	830	丰州刺史			17 下·134	155			
△虔州	杨虞卿		大和九年	835	京兆尹	○		17 下			245	
郴州	敬昕	武宗	开成五年	840	京兆尹						246	
信州	柳璟		会昌中		礼部侍郎				132			
岳州	吴阆	宣宗	大中五年	851	景陵台令			18 下				
永州	韦厪		大中十年	856	司农卿						249	
永州	李敱		大中十一年	857	入册回鹘判官、河南府士曹参军			18 下				
郴州	李浔		大中十一年	857	入册回鹘副使、国子礼记博士			18 下				
邵州	李业		大中十二年	858	蔡州刺史			18 下				
郴州	董禹	僖宗	乾符二年	875	右补阙						252	
郴州	杨知温		乾符五年	878	荆南节度使						253	
衡州	孙偓	昭宗	乾宁四年	897	礼部尚书				103			

（续表）

州	姓名	朝代	贬官年	公元	前任官	未到任	再贬	出　典				
								旧书	新书	宰相表	通鉴	其他
衡州	张祎		乾宁四年	897	刑部尚书			162			261	
抚州	钱翊		光化三年	900	中书舍人				177			
黔中道												
播州	宗楚客	武后	圣历二年	699	左丞				109		206	
南州	李瑾	中宗	神龙三年	707	宗正卿			76	80			
辰州	张均	玄宗	天宝十三载	754	大常卿	○		9·97	125		217	
公溱州	贺兰进明	肃宗	乾元二年	759	御史大夫			10			221	
播州	赵赞	德宗	建中四年	783	户部侍郎			12·135	167		229	
播州	萧遘	懿宗	咸通十一年	870	起居舍人			179	101			
南州	孙偓	昭宗	乾宁四年	897	礼部尚书						261	
剑南道												
简州	卢承庆	高宗	永徽中		益州长史			81	106			

（续表）

州	姓名	朝代	贬官年	公元	前任官	未到任	再贬	出典				
								旧书	新书	宰相表	通鉴	其他
襄州	长孙知仁		显庆四年	659	渝州刺史				105			
梓州	杨元祎	武后			河南府缑氏令			77	106			
嘉州	周利贞	中宗	神龙中		侍御史			186下			208	
邛州	崔隐甫	睿宗			殿中侍御史				130			
遂州	张仲方	宪宗	元和十二年	817	度支郎中			15·171	126			
遂州	萧澣	文宗	大和九年	835	遂州刺史						245	

岭南道

州	姓名	朝代	贬官年	公元	前任官	未到任	再贬	出典				
								旧书	新书	宰相表	通鉴	其他
柳州	徐敬业	武后	嗣圣元年?	684	眉州刺史	○		67	93		203	
罗州	窦孝谌		长寿二年	693	（不明）			183			205	
△泷州	桓彦范	中宗	神龙二年	706	亳州刺史	○	○	7·91	120	61	208	
△新州	张柬之		神龙二年	706	襄州刺史	○		7·91		61	208	
△崖州	敬晖		神龙二年	706	朗州刺史	○	○	7·91		61	208	

（续表）

州	姓名	朝代	贬官年	公元	前任官	未到任	再贬	出典 旧书	出典 新书	出典 宰相表	出典 通鉴	出典 其他
△白州	崔元暐		神龙二年	706	均州刺史	○	○	7·91		61	208	
△窦州	袁恕己		神龙二年	706	郓州刺史	○	○	7·91		61	208	
儋州	薛季昶		神龙二年	706	桂州都督	○		185 上	120		208	
春州	武攸望				太常卿			183				
春州	姜晦	玄宗	开元十年	722	吏部侍郎			59	91		212	
柳州	王守一		开元十一年	723	太子少保	○		183	206			
△广州	苏端	代宗	大历末		比部郎中			119				
△崖州	杨炎	德宗	建中二年	781	左仆射	○		12·118	145		227	
循州	赵纵		建中三年	782	太仆卿			125	152			
新州	卢杞		建中四年	783	门下侍郎、同平章事★			12·135	223 下	62	229	
恩州	白志贞		建中四年	783	神策军使、检校左散骑常侍			12·135	167		229	
昭州	李则之		贞元八年	792	嗣虢王、左金吾卫大将军			23·112	145		234	

（续表）

州	姓名	朝代	贬官年	公元	前 任 官	未到任	再贬	出 典				其他
								旧书	新书	宰相表	通鉴	
骢州	窦参		贞元九年	793	郴州别驾	○	○	13·136	145		234	
连州	房孺复		贞元中		杭州刺史			111	139			
△崖州	韦执谊	宪宗	永贞元年	805	中书侍郎、同平章事★			14·135	168	62	236	
△连州	凌准		永贞元年	805	和州刺史		○	14·135	168		236	
雷州	李康	宪宗	元和元年	806	东川节度使			14				
骢州	卢从史		元和五年	810	昭义军节度使	○		14·132	141		238	
循州	李道古	穆宗	元和十五年	820	宗正卿			16·131	80		241	
端州	李绅	敬宗	长庆四年	824	户部侍郎			17上·173	181		243	
昭州	王源植		宝历二年	826	殿中侍御史			17上				
循州	杜元颖	文宗	大和三年	829	邵（韶）州刺史		○	17上·163	96			
连州	崔璜		大和三年	829	西川节度判官			163				
封州	李甘		大和九年	835	侍御史			17下·171	118		245	

（续表）

州	姓名	朝代	贬官年	公元	前任官	未到任	再贬	出典				
								旧书	新书	宰相表	通鉴	其他
循州	段嶷		大和九年	835	右金吾卫大将军				153			
△恩州	崔珙	武宗	会昌四年	844	澧州刺史		○		18上·177	182		
△潮州	李德裕	宣宗	大中元年	847	太子少保分司东都		○	18下·174	180		248	
柳州	张直方		大中三年	849	金吾卫将军			180				
贺州	王端章		大中十一年	857	入回鹘册礼使、卫尉少卿			18下			249	
△端州	杨收	懿宗	咸通八年	867	宣歙观察使			19上·177	184		250	
端州	崔尧		咸通十年	869	陕虢观察使			117	144			
昭州	崔尧		咸通十年	869	陕虢观察使						251	
△恩州	康承训		咸通十一年	870	蜀王傅分司东都		○	19上	148			
春州	魏筜		咸通十一年	870	守礼部郎中			19上				
高州	高湘		咸通十一年	870	右谏议大夫			19上·168	177			
琼州	杨知至		咸通十一年	870	比部郎中			19上·176	175			

（续表）

州	姓名	朝代	贬官年	公元	前任官	未到任	再贬	出典				
								旧书	新书	宰相表	通鉴	其他
振州	温璋		咸通十一年	870	京兆尹	○		19上·165	91			
△康州	张直方		咸通十三年	872	羽林军统军			19上	212			
端州	杜裔休		咸通十三年	872	给事中			19上·166				
封州	张杨		咸通十三年	872	翰林学士承旨、兵部侍郎			19上·178				
连州	高湜		咸通十四年	873	昭义军节度使				177			
韶州	王镣	僖宗	乾符中		汝州刺史				185			
梧州	崔昭纬	昭宗	乾宁二年	895	右仆射	○		20上·179	223下		260	
昭州	刘崇望				太常卿			179	90			

[司户参军]

关内道

州	姓名	朝代	贬官年	公元	前任官	未到任	再贬	出典				
								旧书	新书	宰相表	通鉴	其他
泾州	李百药	高祖	武德中		吏部侍郎				102			
△丰州	赵什	代宗	大历十二年	777	监察御史?			129	126			

（续表）

河南道

州	姓名	朝代	贬官年	公元	前任官	未到任	再贬	出　典				
								旧书	新书	宰相表	通鉴	其他
莱州	王义方	高宗	显庆元年	656	侍御史			187上	112		200	
徐州	苗晋卿	玄宗	开元中		同州奉先尉			113				
濮州	韩偓	昭宗	天复三年	903	户部侍郎	○		177	183			
登州	归蔼		天祐元年	904	侍御史			20下	183			
郑州	李象	哀帝	天祐二年	905	兵部郎中	○		20下				
陈州	崔澄		天祐二年	905	国子祭酒	○		20下				
辉州	薛滴		天祐二年	905	司封员外郎	○		20下				
郓州	裴钵		天祐二年	905	秘书少监	○		20下				
△齐州	封渭		天祐二年	905	中书舍人	○		20下				
曹州	赵崇		天祐二年	905	守太保致仕	○		20下				
濮州	陆扆		天祐二年	905	吏部尚书	○		20下	183		265	

（续表）

州	姓名	朝代	贬官之年	公元	前 任 官	未到任	再贬	旧书	新书	宰相表	通鉴	其他
潍州	王赞		天祐二年	905	兵部侍郎	○		20下			265	
淄州	王溥		天祐二年	905	工部尚书	○		20下	182			
沂州	韦乾隆		天祐二年	905	兵部郎中	○		20下				
密州	崔仁鲁		天祐二年	905	秘书监	○		20下				
青州	裴赞		天祐二年	905	守司空致仕	○		20下	182		265	
莱州	李煦		天祐二年	905	刑部郎中	○		20下				
△莱州	张廷范		天祐二年	905	大常卿	○		20下	226下			
密州	柳璨		天祐二年	905	登州刺史	○	○	20下				
河北道												
△贝州	氏叔琮	哀帝	天祐元年	904	右龙武统军			20下				
△祁州	卢协		天祐二年	905	兵部员外郎	○		20下				
山南东道												
澧州	赵计	代宗	大历十二年	777	监察御史？						225	

（续表）

州	姓名	朝代	贬官年	公元	前任官	未到任	再贬	旧书	新书	宰相表	通鉴	其他
荆州	宇文籍	宪宗	元和中		监察御史			160				
荆州	李景俭		元和中		监察御史			171	81			
朗州	李从晦	文宗	大和九年	835	太常博士				78			
澧州	崔朗	懿宗	咸通十年	869	长安令			19上				
复州	张公素	僖宗	乾符二年	875	卢龙军节度使			180	212			
夔州	薛贻矩	昭宗	天复三年	903	翰林学士			177				

山南西道

州	姓名	朝代	贬官年	公元	前任官	未到任	再贬	旧书	新书	宰相表	通鉴	其他
巴州	柳冕	德宗	建中元年	780	左补阙			12	132			
梁州	独孤朗	宪宗	元和中		右拾遗			168	162			

淮南道

州	姓名	朝代	贬官年	公元	前任官	未到任	再贬	旧书	新书	宰相表	通鉴	其他
和州	杨墍	懿宗	咸通十三年	872	右谏议大夫			19上				
安州	卢仁炯	哀帝	天祐二年	905	起居舍人	○		20下				

（续表）

江南东道

州	姓名	朝代	贬官年	公元	前任官	未到任	再贬	出典				
								旧书	新书	宰相表	通鉴	其他
建州	贾言忠	高宗	上元二年？	675	邵州司马				119			
睦州	房琯	玄宗	开元二十二年	734	监察御史			111	139			
杭州	李华	肃宗			安禄山凤阁舍人				203			
台州	郑虔				安禄山水部郎中				202			
泉州	穆宁	代宗	大历中		和州刺史			155	163			
处州	沈既济	德宗	建中中		左拾遗			149	132			
汀州	苏弁		贞元十四年	798	太子詹事			13·189下	103			
泉州	于䅋		贞元十六年	800	户部侍郎			13			235	
漳州	熊望	文宗	大和元年	827	前乡贡进士			154	175			
处州	杨虞卿		大和九年	835	处州司马		○	176				
汀州	熊望	武宗	会昌五年	845	监察御史						248	

（续表）

江南西道

州	姓名	朝代	贬官年	公元	前任官	未到任	再贬	出典				其他
								旧书	新书	宰相表	通鉴	
吉州	杜审言	高宗			洛阳丞			190上	201			
衡州	韦伦	肃宗	至德中		屯田员外郎			138	143			
抚州	张镒		乾元初		殿中侍御史			125	152			
△吉州	陈珰	代宗	永泰中		岐州天兴尉			113				
△邵州	韩洄		大历十二年	777	谏议大夫			11·129	126			
虔州	韦伦				信州司马		○	138				
信州	苏冕	德宗	贞元十四年	798	京兆府士曹参军			13	103			
永州	苏弁		贞元十四年	798	太子赞善大夫			13·189下	103			
虔州	李夷简		贞元中		监察御史				131			
饶州	顾况	宪宗	元和中		著作郎			130				
道州	李将顺		元和中		虔州刺史			154				

（续表）

州	姓名	朝代	贬官年	公元	前任官	未到任	再贬	出典				
								旧书	新书	宰相表	通鉴	其他
郴州	田珀	穆宗	元和十五年	820	秘书少监						241	
虔州	杨虞卿	文宗	大和九年	835	虔州司马同正员		○	17下·176	175		245	
吉州	魏铏	宣宗	大中二年	848	淮南观察判官			18下				
衡州	崔序	懿宗	咸通十年	869	荆南观察支使			19上				
郴州	朱朴	昭宗	乾宁四年	897	嶺州司马		○	20上	183		261	

黔中道

州	姓名	朝代	贬官年	公元	前任官	未到任	再贬	出典				
								旧书	新书	宰相表	通鉴	其他
施州	王守贞	玄宗	开元十九年	731	太子仆			106				
溪州	王守廉		开元十九年	731	太子家令			106				
辰州	张镐	肃宗	上元二年	761	左散骑常侍			10·111	139		222	
珍州	卢徵	德宗	建中元年	780	殿中侍御史			146	149			
锦州	窦申		贞元八年	792	道州司马		○	190下			234	
叙州	董昌龄	文宗	大和中		邕管经略使			176	97			

（续表）

州	姓名	朝代	贬官年	公元	前任官	未到任	再贬	出典				
								旧书	新书	宰相表	通鉴	其他
播州	张颜	懿宗	咸通十一年	870	行兵部员外郎			19 上				
施州	张道古	昭宗	乾宁四年	897	右拾遗						261	
溱州	陈班	昭宗	天祐元年	904	威远军使	○					264	
剑南道												
雅州	刘庭琦	玄宗	开元八年	720	京兆府万年尉			95	81		212	
△渝州	王叔文	宪宗	永贞元年	805	户部侍郎			14·135	168			
嘉州	孟昭图	僖宗	中和元年	881	左拾遗	○			208		254	
岭南道												
富州	李邕	中宗	神龙二年	706	邢州南和令	○		190 中	202			
柳州	蔡廷玉	德宗	建中三年	782	大理少卿、卢龙军节度行军司马				193·223 下		227	
雷州	元琇	德宗	贞元二年	786	左丞			12·129	149		232	
贺州	马勋	德宗	贞元中		凤州刺史			117	144			

（续表）

州	姓名	朝代	贬官年	公元	前任官	未到任	再贬	出典 旧书	新书	宰相表	通鉴	其他
连州	王仲舒	宪宗	贞元中		考功员外郎							
雷州	清涣		元和元年	806	中书堂后主书	○			161		237	
昭州	令狐通		元和十年	815	寿州团练使			124	148		239	
春州	董重质		元和十二年	817	淮西节度使降将			161	214		240	
潘州	凌朝江		元和中		淮西节度使降将				214			
贺州	王士平		元和中		安州刺史			142	83			
崖州	皇甫镈	穆宗	元和十五年	820	门下侍郎,同平章事★			16	167	62	241	
循州	柏耆	文宗	大和三年	829	谏议大夫	○		17上·154	175			
潘州	苏特		大和九年	835	殿中侍御史			17下				
潮州	李宗闵		大和九年	835	处州长史		○	17下·176	174			
柳州	沈羲		大和九年	835	邵州刺史						245	
循州	窦纵		大和九年	835	京兆府渭南尉				151			

（续表）

州	姓名	朝代	贬官年	公元	前任官	未到任	再贬	出典				
								旧书	新书	宰相表	通鉴	其他
柳州	刘蕡		大和九年	835	秘书郎、山南东道节度使僚佐				178			
潘州	吴武陵		大和中		韶州刺史			173	181·203			
梧州	韩益		开成元年	836	金部员外郎			149	164		245	
康州	王晏平		开成中		灵武节度使	○			169			
嶲州	裴夷直	武宗	会昌元年	841	杭州刺史		○	18上	148		246	
端州	崔元藻		会昌五年	845	监察御史						248	
崖州	崔元藻		会昌五年	845	监察御史			173	181			
崖州	薛元电	宣宗	会昌六年	846	京兆少尹				197		248	
韶州	元寿		大中二年	848	河南府临涣令			18下				
潮州	李德裕		大中二年	848	潮州员外司马		○	174				
崖州	李德裕		大中二年	848	潮州司户参军		○	18下·174	180		248	
△恩州	张直方		大中六年	852	骁卫将军						249	

（续表）

州	姓名	朝代	贬官年	公元	前任官	未到任	再贬	出典				
								旧书	新书	宰相表	通鉴	其他
贺州	杜仓		大中十二年	858	利州刺史			18 下				
儋州	李鄠	懿宗	咸通二年	861	安南都护						250	
崖州	蔡京	懿宗	咸通三年	862	岭南西道节度使	○					250	
连州	崔庚		咸通十年	869	左拾遗			19 上				
柳州	崔原		咸通十年	869	司勋郎中			19 上				
昭州	崔福		咸通十年	869	比部员外郎			19 上				
康州	窦滂		咸通十一年	870	定边节度使						252	
雷州	崔颜融		咸通十一年	870	行刑部员外郎			19 上				
瀼州	刘瞻		咸通十一年	870	廉州刺史		○		181			
循州	崔沉		咸通十三年	872	中书舍人			19 上·163	160			
潮州	封彦卿		咸通十三年	872	中书舍人			19 上				
端州	杜裔休		咸通十三年	872	给事中						252	

384

(续表)

州	姓名	朝代	贬官年	公元	前 任 官	未到任	再贬	出 典				
								旧书	新书	宰相表	通鉴	其他
儋州	李敬伸		咸通十三年	872	左金吾卫大将军			19 上				
宾州	韦保乂	僖宗	咸通十四年	873	兵部侍郎				184		252	
象州	王承颜		乾符四年	877	盐州刺史						253	
贺州	萧廪		广明中		京兆尹				101			
绣州	张濬	昭宗	大顺二年	891	连州刺史	○	○	20 上	185		258	
雷州	杜让能		景福二年	893	梧州刺史	○	○	20 上·177	96	63		
崖州	刘崇鲁		乾宁二年	895	水部郎中		○	20 上·179	90			
崖州	王抟		光化三年	900	溪州刺史	○	○	20 上	116		262	
循州	郑元规		天复三年	903	守刑部尚书	○		20 上			264	
公崖州	朱友恭	哀帝	天祐元年	904	左龙武统军	○	○	20 下	223 下		265	
白州	氏叔琮		天祐元年	904	右龙武统军	○		20 下			265	
琼州	独孤损		天祐二年	905	棣州刺史	○	○	20 下			265	

（续表）

州	姓名	朝代	贬官年	公元	前任官	未到任	再贬	出典旧书	新书	宰相表	通鉴	其他
白州	崔远		天祐二年	905	莱州刺史	○	○	20 下	182		265	
泷州	裴枢		天祐二年	905	登州刺史	○	○	20 下·113	140		265	
崖州	郑贡		天祐三年	906	左谏议大夫	○		20 下				
崖州	孙乘		天祐三年	906	河阳节度副使	○		20 下				

[其他州官]

京畿道

州	官职	姓名	朝代	贬官年	公元	前任官	未到任	再贬	出典旧书	新书	宰相表	通鉴
同州	参军	来俊臣	武后	延载元年	694	殿中监			186 上	209		205

河内道

州	官职	姓名	朝代	贬官年	公元	前任官	未到任	再贬	出典旧书	新书	宰相表	通鉴
灵州	司兵	张孝嵩	玄宗	开元三年	715	监察御史						211

386

州	官职	姓名	朝代	贬官年	公元	前任官	未到任	再贬	旧书	新书	宰相表	通鉴
河南道												
汴州	司录	裴守真	武后	天授中		司府丞（大府寺丞）			188			
亳州	司法	王昫		天授中		长安尉				111		
陕州	司仓	李涉	宪宗	元和六年?	811	试太子通事舍人			154			
河北道												
莫州	录事参军	郑云逵	德宗	建中中		幽州节度掌书记			137			227
平州	参军	郑云逵		建中中		幽州节度掌书记				161		
莫州	参军	刘源				涿州刺史			143			
定州	司法	李惎	文宗			（不明）			133			
山南东道												
△万州	参军	严挺之	玄宗	先天二年?	713	右拾遗			99	129		

（续表）

州	官职	姓名	朝代	贬官年	公元	前任官	未到任	再贬	出典旧书	出典新书	出典宰相表	出典通鉴
涪州	参军	王守道		开元十九年	731	左监门长史			106			
涪州	参军	陆坚		开元中		汝州参军				200		
荆州	士曹	元稹	宪宗	元和五年	810	东台监察御史分司东都			14·166	174		
峡州	司仓	李涉		元和六年	811	太子通事舍人			184	163		238
山南西道												
梁州	从事	李汉	敬宗	宝历元年	825	左拾遗			171			
梁州	参军	康彦范	僖宗	光启三年	887	绛州刺史			190 下	89		
梁州	参军	李巨川	僖宗	光启三年	887	河中节度掌书记			190 下			
淮南道												
扬州	兵曹	元伯和	代宗	大历中		元载之子			118			
江南东道												
苏州	参军	武平一	玄宗	先天元年	712	考功员外郎				119		

388

（续表）

州	官职	姓名	朝代	贬官年	公元	前任官	未到任	再贬	出典			通鉴
									旧书	新书	宰相表	
江南西道												
郴州	司法	岑羲	武后	天授中		太常博士				102		
宣州	司士	郑愔	中宗	神龙元年	705	殿中侍御史						208
虔州	参军	刘伯刍	德宗	贞元十九年	803	主客员外郎			153	160		
黔中道												
叙州	司法	郭翰	武后	垂拱三年	687	麟台郎			87	117		204
播州	司仓	周思钧	武后	垂拱三年	687	太子文学			87	117		204
鹤州	司仓	王守庆	玄宗	开元十九年	731	太子率更令			106			
△播州	参军	李繁	德宗	贞元十五年	799	左拾遗			13·117			
剑南道												
梓州	司法	杨炯	武后	光宅元年	684	太子詹事司直			190上	201		
岭南道												
泷州	参军	宋之问	中宗	神龙初		尚方监丞			190中	202		

（续表）

州	县	姓名	朝代	贬官年	公元	前　任　官	未到任	再贬	出　典				
									旧书	新书	宰相表	通鉴
[县令]													
				京畿道									
华州	下邽	杜琎	玄宗	开元二十四年	736	补阙						214
华州	华阴	刘蜕	懿宗	咸通四年	863	左拾遗			19 上·172	166		
				都畿道									
河南府	阳翟	王谱	懿宗	咸通元年	860	右补阙						250
				河南道									
曹州	成武	孔祖舜	高宗			监察御史				196		
陕州	芮城	潘好礼	睿宗			监察御史				128		
				河东道									
绛州	闻喜	李朝隐	中宗	神龙二年	706	大理丞			91·100			
并州	晋阳	李橙	玄宗	开元中		监察御史				191		

（续表）

州	县	姓名	朝代	贬官年	公元	前任官	未到任	再贬	出典			
									旧书	新书	宰相表	通鉴
汾州	孝义	杨仲宣		开元中		监察御史				120		
蒲州	临晋	薛廷老	敬宗	宝历中		右拾遗			153	162		
河北道												
孟州	汜水	李玄植	高宗			太子文学			189上			
澶州	顿丘	邓玄挺				左史			190上			
邢州	南和	李邕	中宗	神龙二年	706	秘书监	○			202		
魏州	魏县	李怀让		景龙中		侍御史			185下			
孟州	温县	张交规	文宗	大和四年	830	右补阙				127		
山南东道												
峡州	夷陵	崔行礼	武后	天授三年	692	司礼卿（礼部尚书）						205
涪州	涪陵	魏元忠		天授三年	692	御史中丞						205
荆州	江陵	裴潾	宪宗	元和十四年	819	起居舍人						241
襄州	邓城	崔碣	武宗	会昌中		右拾遗				120		

（续表）

州	县	姓名	朝代	贬官年	公元	前任官	未到任	再贬	出典 旧书	出典 新书	出典 宰相表	出典 通鉴
山南西道												
洋州	西乡	卢献	武后	天授三年	692	左丞			193			205
渠州	邻水	刘宪	武后	天授中		左台监察御史			190中	202		
开州	开江	杨汝士	穆宗	长庆元年	821	右补阙			16·176			241
江南东道												
湖州	乌程	韦承庆	高宗	调露初		太子司议郎			88	116		
处州	括苍	唐之奇	武后	嗣圣元年？	684	给事中			67	93		203
杭州	余杭	咸廙业	玄宗	开元中		大理评事				200		
苏州	海盐	姚南仲	德宗	大历十四年	779	右补阙			153	162		
昇州	句容	王璠	宣宗	大中二年	848	礼院检讨官				77		
江南西道												
潭州	湘潭	谢偃	太宗	贞观十七年	643	魏王府功曹参军			190上			

（续表）

州	县	姓名	朝代	贬官年	公元	前任官	未到任	再贬	出典（旧书）	出典（新书）	出典（宰相表）	出典（通鉴）
歙州	黟县	杜求仁	武后	嗣圣元年?	684	詹事府司直			67	93·106		203
江州	彭泽	狄仁杰		天授二年	692	地官侍郎、同平章事★			89	115	61	205
鄂州	江夏	任知古		天授二年	692	凤阁侍郎、同平章事★					61	205
抚州	崇仁	孙承景		万岁通天二年	697	右肃政台中丞			93	111		
抚州	临川	王珣	中宗	神龙初		洛州河南丞				111		
						剑南道						
遂州	方义	杜承志	武后			监察御史			98	126		
						岭南道						
广州	浛洸	崔行功	高宗			吏部郎中			190 上	201		
交州	交趾	王福畤				雍州司户参军			190 上	201		
连州	阳山	韩愈	德宗	贞元中		监察御史			160	176		
崖州	澄迈	韦保衡	僖宗	咸通十四年	873	贺州刺史	○	○	184	184		252

（续表）

州	县	姓名	朝代	贬官年	公元	前任官	未到任	再贬	出典			
									旧书	新书	宰相表	通鉴
[县丞]												
京畿道												
岐州	岐山	张同休	武后	长安四年	704	司礼少卿（礼部侍郎）						207
同州	澄城	殷黄	玄宗	开元中		河南府承宁尉				199		
河南道												
齐州	山荏	张谔	玄宗	开元八年	720	太常寺太祝			95	81		212
河东道												
蒲州	猗氏	高郢	代宗	大历十三年	778	朔方节度掌书记			147	165		225
河北道												
殷州	博望	张昌仪	武后	长安四年	704	尚方少监						207
淮南道												
楚州	山阳	韩思彦	高宗			监察御史				112		

（续表）

州	县	姓名	朝代	贬官年	公元	前任官	未到任	再贬	出典			
									旧书	新书	宰相表	通鉴
江南东道												
台州	临海	骆宾王	武后	嗣圣元年?	684	长安主簿			67·190上	93		203
江南西道												
歙州	黟县	崔日知	玄宗	开元三年	715	京兆尹			99·185下	121		211
洪州	高安	东方颢	玄宗	开元中		集贤院校理				200		
抚州	南丰	郑章	玄宗	天宝五载	746	仓部员外郎			105			
郴州	郴县	张宿	宪宗	元和中		左拾遗			154	175		
岭南道												
儋州	吉安	王义方	太宗	贞观二十年	646	太子校书			187上	112		
交州	朱鸢	韩思彦	高宗	上元中		交州乾封丞				112		
端州	平兴	宁嘉勖	中宗	神龙三年	707	隰州永和丞			86	81		208
崖州	舍城	李邕	睿宗			户部员外郎			190中	202		

（续表）

州	县	姓名	朝代	贬官年	公元	前任官	未到任	再贬	出典			
									旧书	新书	宰相表	通鉴
△高州	良德	齐澣	玄宗	开元十七年	729	吏部侍郎			190 中	128		213
△连州	桂阳	杨护	代宗	大历八年	773	殿中侍御史			118			

[县尉]

河南道

州	县	姓名	朝代	贬官年	公元	前任官	未到任	再贬	旧书	新书	宰相表	通鉴
兖州	乾封	张昌仪	中宗	神龙初		（不明）	○			209		
宋州	宁陵	崔咸休	哀帝	天祐二年	905	左补阙	○		186 下			
宿州	符离	裴格		天祐二年	905	长安尉	○		20 下			
曹州	南华	裴纾		天祐二年	905	卫尉少卿	○		20 下			
濮州	范县	卢荛		天祐二年	905	刑部员外郎	○		20 下			
沂州	临沂	独孤宪		天祐二年	905	盐铁判官	○		20 下			
△密州	郑县	郑綮		天祐二年	905	右补阙	○		20 下			
徐州	萧县	敬沼		天祐二年	905	卫尉少卿	○		20 下			

（续表）

州	县	姓名	朝代	贬官年	公元	前任官	未到任	再贬	出典			
									旧书	新书	宰相表	通鉴
△濮州	范县	独孤韬		天祐二年	905	孟州汜水令	○		20下			
△淄州	高苑	崔仁略		天祐二年	905	河南府长水令	○		20下			
△登州	牟平	裴練		天祐二年	905	河南府密县令	○		20下			
△沂州	新泰	陆洵		天祐二年	905	河南府福昌主簿	○		20下			
△青州	北海	裴润		天祐二年	905	太常少卿	○		20下			
△青州	临淄	温鉴		天祐二年	905	太常少卿	○		20下			
△青州	博昌	张茂枢		天祐二年	905	祠部郎中	○		20下	127		
河东道												
汾州	平遥	薛季昶	武后			监察御史				120		
河北道												
沧州	东光	卢晏	哀帝	天祐二年	905	河南府寿安尉	○		20下			
洺州	鸡泽	柳璩		天祐三年	906	右拾遗	○		20下			

（续表）

州	县	姓名	朝代	贬官年	公元	前任官	未到任	再贬	出典			
									旧书	新书	宰相表	通鉴
山南东道												
涪州	涪陵	李昭德	武后	证圣元年	695	内史★			90			
万州	南浦	张志和	玄宗	开元中		左金吾卫录事参军				196		
唐州	比阳	赵晔		开元中		大理评事			187下			
归州	巴东	杨惠	玄宗	天宝五载	746	监察御史			105			
郢州	富水	豆卢友	玄宗	天宝五载	746	监察御史			105			
涪州	宾化	毛若虚	肃宗	上元元年	760	御史中丞			186下	209		
△万州	南浦	刘澥	代宗	大历十二年	777	京兆府渭南令			129	126		225
万州	南浦	朱体微	德宗	建中三年	782	检校大理少卿、卢龙军节度使要籍				193		227
邓州	南阳	丁柔立	宣宗	大中二年	848	右朴阙				180		248
唐州	方城	温庭筠	懿宗	咸通中		襄阳巡官				190下		

（续表）

州	县	姓名	朝代	贬官年	公元	前任官	未到任	再贬	出典			
									旧书	新书	宰相表	通鉴
山南西道												
集州	难江	严庄	肃宗	上元二年	761	司农卿	○			225上		222
江南东道												
衢州	盈川	皇甫憬	玄宗	开元十年?	722	河南府阳翟尉			105			
漳州	怀恩	钟绍京	玄宗	开元中		果州刺史				121		
泉州	晋江	赵晔	肃宗	乾元初		陈留采访支使→没于贼			187下	151		
睦州	桐庐	裴冑	代宗	大历中		监察御史、凤翔节度使僚佐			122	130		
汀州	宁化	羊士谔	顺宗	贞元二十一年	805	宣歙观察判官						236
江南西道												
虔州	大庾	刘允济	武后			著作郎			190中	202		
虔州	赣县	王同庆	玄宗	开元十一年	723	汾州平遥令						212
抚州	临川	李承	肃宗	至德二载	757	大理评事、河南采访官			115	143		
鄂州	江夏	窦参	代宗	大历中		京兆府万年尉			136	145		
虔州	南康	沈亚之	文宗	大和三年	829	殿中侍御史、沧德宣尉判官			17上·154	175		

（续表）

黔中道

州	县	姓名	朝代	贬官年	公元	前任官	未到任	再贬	旧书	新书	宰相表	通鉴
琰州	琰川	吉顼	武后	久视元年	700	天官侍郎、同平章事★	○		186 上	117	61	205
思州	务川	魏元忠	中宗	景龙元年	707	渠州司马	○	○	7·92	122		208
琰州	琰川	钟绍京	玄宗	开元初		绵州刺史			97			
播州	播川	卢僎清		开元中		秘书省校书郎				205		
溱州	夜郎	郑钦说		天宝五载	746	殿中侍御史			105	200		
溱州	夜郎	卫包		天宝十二载	753	司虞员外郎				201		216
叙州	龙标	王昌龄		天宝中		孟州氾水令				203		
贵州	涪川	阎伯玙		天宝中		起居舍人				201		
思州	务川	韦伦	肃宗			巴州长史		○	138			
△播州	播川	来瑱	代宗	宝应二年	763	山南东道节度使	○		114	144		
贵州	多田	赵惠伯	德宗	建中二年	781	河中尹	○		118	145		
溱州	荣懿	韩偓	昭宗	天复三年	903	濮州司马		○		183		227

（续表）

州	县	姓名	朝代	贬官年	公元	前任官	未到任	再贬	出典			
									旧书	新书	宰相表	通鉴
剑南道												
彭州	唐昌	林蕴	宪宗	元和元年	806	西川节度推官				200		237
岭南道												
勤州	铜陵	房遗直	高宗	永徽四年	653	汴州刺史				96		
振州	陵水	李昭德	武后	永昌元年	689	御史中丞				117		
钦州	遵化	宗秦客		天授元年	690	检校内史★					61	204
钦州	南宾	李昭德		延载元年	694	内史★	○		6·87	117		205
端州	高要	魏元忠		长安三年	703	御史大夫、兼知政事★			6·78	122	61	207
端州	高要	韦承庆	中宗	神龙元年	705	凤阁侍郎、同平章事★			7		61	208
禄州	乐单	刘景阳		神龙元年	705	（酷吏）			7			
藤州	感义	韦元旦		神龙初		左台监察御史				202		
琼州	琼山	姚绍之				左台侍御史			186 下	209		
康州	都城	孙平子	玄宗	开元六年	718	伊阙男子			25	200		

（续表）

州	县	姓名	朝代	贬官年	公元	前任官	未到任	再贬	出典			
									旧书	新书	宰相表	通鉴
钦州	遵化	李邕		开元十三年?	725	陈州刺史			190 中	202		
△浔州	皇化	麻察		开元十七年	729	兴州别驾		○	190 中	128		213
昭州	平乐	宇文融		开元十七年	729	汝州刺史	○	○	8・105	134		213
端州	高要	王昱		开元二十六年	738	处州刺史		○				214
循州	龙川	王旭		开元中		左司郎中			70	209		
富州	龙平	王旭		开元中		左司郎中			186 下			
康州	端溪	韦子春		天宝八载	749	著作郎			9			
陆州	乌雷	崔昌		天宝十二载	753	太子赞善大夫				201		216
贺州	桂岭	韦陟		天宝十三载	754	河东（蒲州）太守、兼河东采访使	○		9・92	122		217
昭州	平乐	韦陟		天宝十三载	754	贺州桂岭尉		○	92			
新州	新兴	员锡		天宝十三载	754	吉温之判官			186 下			
△康州	端溪	吉温		天宝十四载	755	澧阳（澧州）员外长史		○	186 下	209		
端州	高要	吉温		天宝十四载	755	澧阳（澧州）员外长史		○	186 下			

（续表）

州	县	姓名	朝代	贬官年	公元	前任官	未到任	再贬	出典			
									旧书	新书	宰相表	通鉴
△雷州	海康	罗希奭		天宝十四载	755	始安（桂州）太守			186 下			
端州	高要	许远		天宝中		剑南节度从事			187 下	192		
端州	高要	崔伯阳	肃宗	乾元二年	759	御史中丞			112	131		221
连州	桂阳	权皋		乾元二年	759	大理卿			112			221
新州	新兴	陈景倩	代宗	广德中		司农卿				207		
昭州	平集	穆宁		大历中		虔州司马		○	155	163		
连州	连山	薛宗	德宗	建中元年	780	左丞			12			226
△贺州	临贺	扬凭	宪宗	元和四年	809	京兆尹		○	14·146	160		238
峰州	封溪	柳润		元和中		房州司马			160	176		
象州	立山	李烨	宣宗	大中二年	848	检校祠部员外郎、汴宋观察判官			174·177	180		
爱州	崇平	韦君卿	懿宗	咸通十三年	872	河阴院官			19 上			
端州	高要	高湜	僖宗	乾符二年	875	泽潞节度使			165			

（续表）

[其他县官]

州	县	官职	姓名	朝代	贬官年	公元	前 任 官	未到任	再贬	出 典			
										旧书	新书	宰相表	通鉴
陇右道													
兰州	五泉	主簿	韦维	武后	光宅元年	684	京兆府武功主簿				118		
江南东道													
温州	永嘉	司士	李延年	玄宗	天宝中		嗣徐王、彭坡（徐州）长史			64			
剑南道													
遂州	长江	主簿	贾岛	文宗			（不明）				176		
岭南道													
交州	龙编	主簿	李巢	高宗			殿中侍御史				105		

附篇二

《天圣·狱官令》与宋初的司法制度

406

前言　《天圣令》的编纂及其在宋令中的地位

　　《天圣令》三十卷，是北宋天圣七年（1029）呈献给仁宗皇帝，后经过试行于天圣十年镂版、颁行的法典[1]。公布于 2006 年 11 月的天一阁藏《明钞本天圣令》是其末尾的十卷。其中，《狱官令》收录了"宋令"59 条、"不行唐令"12 条等诸条法律。

　　毋庸置疑，"不行唐令"是复原唐令的直接资料。至于宋令，据"因旧文，以新制参定"的记载可知，其文本基础也是唐令，则亦可以成为唐令复原的材料。实际上，雷闻《唐开元狱官令复原研究》（载《天一阁藏明钞本天圣令校证　附唐令复原研究》下册）一文中，就有 12 条原封不动地依据宋令来复原唐令的条文。此外，如果再加上将部分宋令语句改为唐令的条文（15 条），以及将部分语句删改为唐令的条文（10 条），那么大约有六成以上的宋令（59 条中的 37 条）被作为唐令复原的基础资料。此外，在雷闻的唐令复原研究中，依据宋令复原唐令时，似乎格外重视其与《养老狱令》对应条文的相似性。

　　另一方面，有 20 条宋令（占总数三分之一）与复原的唐令存在相当的差异。此外，还有 2 条宋令未被用作唐令复原的材料。

　　综上所述，《天圣·狱官令》中的宋令构成多样。因此，笔者认为有必要明确每条令文分别反映了哪个时期的制度。这篇论文拟首先列

1.《宋会要》刑法一之四："〔天圣七年〕正〔当作'五'〕月十八日，详定编敕所止〔当作'上'〕删修令三十卷，诏与将来新编敕一处颁行。先是诏参知政事吕夷简等参定令文，乃命大理寺丞庞籍、大理评事宋郊为修令官，判大理寺赵廓、权少卿董希颜充详定官。凡取唐令为本，先举见行者，因其旧文参以新制定之。其令不行者，亦随存焉。又取敕文内罪名轻简者五百余条，著于逐卷末，曰附令敕。至是上之。诏两制与法官，同再详看，各赐器币转阶勋有差。……九月二十二日，详定编敕所言：'准奏，新定编敕且未雕印，令写录，降下诸转运发运司看详行用。如内有未便事件，限一年内，逐旋具其实封闻奏。当所已写录到海行编敕并目录共三十卷、敕书德音十二卷，令文三十卷，并依奏敕一道上进。诏送大理寺收管，候将来一年内如有修正未便事件了日，令本寺申举下崇文院雕印施行。'〔天圣〕十年三月十六日，诏'以天圣编敕十三卷、敕书德音十二卷、令文三十卷，付崇文院镂版施行'。"

举宋42条、宋5条、宋15条、宋7条、宋11条这六条，对其中记载的各种制度沿革加以探讨。其后，根据由此得到的知识，尝试对《天圣·狱官令》宋令条文的构成进行初步考察。

第一节　《天圣·狱官令》所见宋令诸相——记录了什么时代的制度

一　反映单一制度变更的条文

（1）反映雍熙元年（984）制度变更的条文（宋42条）

宋42条是关于所谓虑囚制度的条文：

> 诸囚，当处长官十日一虑，无长官，次官虑。其囚延引久禁，不被推问，若事状可知，虽支证未尽，或告一人数事，及被告人有数事者，若重事得实，轻事未了，如此之徒，虑官并即断决。

"虑囚"（也称"录囚"）是由知州等行政长官视察监狱，对审判迟滞、蒙冤的囚犯加以施救的制度。唐令规定，虑囚的频率为五日一次：

> ［开七］诸若禁囚有推决未尽、留系未决者，五日一虑。若淹延久系，不被推诘，或其状可知，而推证未尽，或讼一人数事，及被讼人有数事，重事实，而轻事未决者，咸虑而决之。（复旧《狱官令》32条。《唐令拾遗》，第785页）

翻阅唐后半期至五代的史料，看不到虑囚制度本身变化的记载。毋宁说，当时的问题反而在于制度不能按规定执行。相关史料强调，从五代到宋初，虑囚制度一直没有改变，但因地方长官怠于检狱、胥吏暗中跋扈以及审判拖延，导致了种种弊端。五代后晋开运二年（945），著作郎边珝上书云：

> 臣窃见，诸道刑狱，前朝曾降敕文，凡是禁系罪人，五日一度录问。但以年月稍远，渐致因循。或长吏事烦，不暇躬亲点检，或胥徒启幸，妄要追领证明。虑有涉于淫刑，即恐伤于和气。伏乞特降诏敕，自今后诸道并委长吏五日一度，当面同共录问，所冀处法者无恨，衔冤者获伸，俾令四海九州，咸歌圣德；五风十雨，永致昌期。（《旧五代史》卷一四七《刑法志》，开运二年十月甲子）

对此上书，皇帝敕曰：

> 人之命无以复生，国之刑不可滥举。虽一成之典，务在公平，而三覆其词，所宜详审。凡居法吏，合究狱情。边圻近陟周行，俄陈说议，更彰钦恤，宜允申明。（《旧五代史》卷一四七《刑法志》，开运二年十月甲子）

又，北宋太宗于太平兴国六年（981）诏曰：

> 诸州大狱，长吏不亲决，吏缘为奸，逮捕证左滋蔓，或逾年而狱未具。自今宜令长吏每五日一亲临虑问，情得者即决遣之。（《宋大诏令集》卷二〇〇《政事五十三·刑法上》录《令诸州大狱长吏五日一亲临虑问诏》，太平兴国六年九月壬戌）

大致相同之事不断重复发生，说明事态没有任何进展。仅三年后，即雍熙元年（984），虑囚制度有所调整，官府虑囚的时间间隔放宽至原来的两倍。这应当理解为朝廷为了虑囚制度的实际可行度而做的尝试。

自此开始，各州每十天虑囚一次：

> 始令诸州十日一虑囚。（《长编》卷二五，雍熙元年六月庚子）

宋 42 条反映了这一制度的变更。

（2）反映淳化四年（993）制度变更的条文（宋2条）

宋2条规定了审判的基本程序。不过，唐令与宋令的内容有很大不同，因此这条很难说是"反映单一制度变更"的合适例子。尽管如此，这里还是想从宋初审判制度变更反映在宋令条文的意义上提及该法令：

> 诸犯罪，杖〔当补"罪"〕以下，县决之，徒以上，送州推断。若官人犯罪，具案录奏，下大理寺检断，审刑院详正其罪，议定奏闻，听敕处分。如有不当者，亦随事驳正。其应州断者，从别敕。（宋2条）
>
> ［开七］［开二五］诸犯罪者，杖罪以下县决之。徒以上县断定送州，覆审讫，徒罪及流应决杖，若应赎者，即决配征赎。其大理寺及京兆、河南府，断徒及官人罪，并后有雪减，并申省。省司覆审无失，速即下知，如有不当者，亦随事驳正。若大理寺及诸州，断流以上，若除免官当者，皆连写案状，申省。大理寺及京兆、河南府，即封案送。若驾行幸，即准诸州例。案覆理尽申奏。若按覆事有不尽，在外者遣使就覆，在京者追就刑部覆，以定之。（复旧《狱官令》第2条。《唐令拾遗》，第757页，据《唐令拾遗补》第817页补订）

对大理寺的审理结果进行复审——即重新调查的程序，唐令规定"刑部复审，无问题速下令，判决不当则驳正"，宋令则只限定于官员犯罪的情形，并同时规定"审刑院详正其罪，议定后奏闻敕处分"。审刑院设置于宋太宗淳化二年（991）[1]，两年后的淳化四年，负责覆审大理寺判决的官厅由刑部变更为审刑院：

> 诏："大理寺所详决案牍，即以送审刑院，勿复经刑部详

---

1. 《宋会要》职官十五之二十八："审刑院〈淳化二年置，在右掖门内。掌详谳大理寺系案牍而奏之。以朝官一人或二人知院事，有详议官六人，以朝官充。书令史十二人〉。先是，天下案牍先定于大理，覆之于刑部。太宗虑法吏舞文，因置审刑院于中书门之西。凡具狱案牍，先经大理断谳，既定，关报审刑，知院与详议官定成文草，奏讫，下丞相府承相，又以闻，始命论决。盖重慎之至也。"

覆。"(《长编》卷三四淳化四年三月条)

宋令第2条反映了该制度的变更。

二 反映多项制度变更的条文

（1）将宋初不同时期制定的制度归纳成一个条文（宋5条）

宋5条是与大辟即死刑执行程序相关的条文：

> a 诸决大辟罪，在京者，行决之司一覆奏，得旨乃决。在外者，决讫六十日录案奏，下刑部详覆，有不当者，得随事举驳。b 其京城及驾所在，决囚日，内教坊及太常并停音乐。外州决囚日，亦不举乐。

条文前半段（a）是关于死刑覆奏制度的规定，后半段（b）则是死刑执行日停止奏乐的规定。为便于比较，在此列出相应的唐令复原条文：

> ［开七］［开二五］c 诸决大辟罪，在京者，行决之司五覆奏，在外者，刑部三覆奏〈在京者，决前一日二覆奏，决日三覆奏，在外者，初日一覆奏，后日再覆奏。纵临时有敕，不许覆奏，亦准此覆奏〉。若犯恶逆以上及部曲、奴婢杀主者，唯一覆奏。d 其京城及驾在所，决囚日，尚食进蔬食，内教坊及太常寺，并停音乐。(复旧《狱官令》6条，《唐令拾遗》，第761页)

与宋令对比，唐令后半段（d）除了多出"尚食进蔬食"一句外，与宋令没有太大的不同。不过前半段（c）在覆奏次数上与宋令有很大差异，即唐令规定"在京者五覆奏，在外者刑部三覆奏"，而宋令规定"在京一覆奏，在外执行后录案闻奏，刑部详覆"。

上引唐令c规定的死刑覆奏次数，从唐代后半期到五代，其整体变化趋势为不断减少。唐德宗建中三年（782）改为"在京由行决司三次覆奏（决前两次，决日一次），在外由所司两次覆奏"[1]。五代的后唐天成二年（927）又改为"在京决前、决日各一次"，覆奏的次数从三次减为两次[2]。

宋令的次数则更少，规定"行决之司覆奏一次，得旨"，便可执行死刑，但这一变更是何时完成的，并不清楚。不过，天圣四年（1026）判刑部燕肃上奏"京师大辟，虽覆奏一次，但州郡之狱，有疑及情之怜悯者，至上请"[3]。由此可见，当时在京案件的死刑覆奏次数已规定为一次。

另一方面，宋令中关于地方执行死刑覆奏的规定，应当是基于北宋初建隆三年（963）的制度变更而产生的。

> 上谓宰臣曰："五代诸侯跋扈，多枉法杀人，朝廷置而不问，刑部之职几废。且人命至重，姑息藩镇，当如此耶？"乃令诸州，自今决大辟讫，录案闻奏，委刑部详覆之。"（《长编》卷三建隆三年三月条）

---

1. 《宋刑统》卷三〇《断狱律·决死罪》："准唐建中三年十一月十四日敕节文，应决大辟罪，自今以后，在京者，宜令行决之司三覆奏〔当补'决前两奏'〕决日一覆。在外者，所司两覆奏，仍每覆不得过三日，余依令式。"

2. 《册府元龟》卷六一三《刑法部·定律令》天成二年六月条："大理寺少卿王郁奏：'准贞观五年八月二十一日敕："极刑，虽令即决，仍三覆奏，在京五覆奏，决前三奏，决日两奏，惟犯恶逆者，一覆奏。著于格令。"'又准建中三年十一月十四日敕：'应决大辟罪，在京者宜令行决之司三覆奏，决前两奏，决日一奏。'又谨案断狱律：'诸死罪囚，不待覆奏报下而决者，流二千里，即奏报应决者听三日乃行刑，若限未满而行刑者，徒一年。'伏以，人命至重，死不再生，近年以来，全不覆奏，或蒙赦宥已被诛夷。伏乞，敕下所司，应在京有犯极刑者，令决前、决日各一覆奏，听进止，有凶逆犯军令者，亦许临时一覆奏，应诸州府，乞别降敕指挥。奉敕，宜依。"又，《五代会要》卷一〇《刑法杂录》天成二年六月十二日条中王郁作"王爵"。

3. 《长编》卷一〇四天圣四年五月条："判刑部燕肃上奏曰：'唐大理卿胡演进月囚帐，太宗曰："其间有可矜者，岂宜一以律断。"因诏，凡大辟罪，令尚书、九卿谳之。又诏，凡决死刑，京师五覆奏，诸州三覆奏。自是，全活甚众，贞观四年断死罪二十九，开元二十五年才五十八。今天下生齿未加于唐，而天圣三年断大辟二千四百三十六，视唐几至百倍。京师大辟虽一覆奏，而州郡之狱有疑及情可悯者，至上请，而法寺多举驳，官吏率得不应奏之罪，故皆增饰事状，移情就法，大失朝廷钦恤之意。望准唐故事，天下死罪皆得一覆奏。……'下其章中书，王曾以谓：'天下皆一覆奏，则必死之人，徒充满犴狴间而久不得决。请狱疑若情可矜者听上请。'壬午，诏曰：'朕念生齿之繁，抵冒者众，法有高下，情有重轻，而有司巧避微文，一切处之重辟，岂称朕好生之志哉。其令天下死罪情理可矜及刑名疑虑者，具案以闻，有司毋得举驳。'"

宋朝建立后不久，便规定各州执行的死刑案件必须向中央卷宗，然后由刑部覆审，这似乎多少改变了一些五代时期朝廷威令不下地方的遗风。上引诏令中虽然没有宋令所云"讫六十日"的期限，但显然是宋令产生的基础。

从宋 5 条 a 部分可以看出，《天圣令》在编纂时，将宋初不同时期的制度变更整合在了一条法令上。

（2）反映淳化四年（993）、天圣元年（1023）的制度变更，并与律外之刑对应的条文（宋 15 条）

宋 15 条是规定刑徒劳役的条文。劳役刑是唐宋刑罚制度史上变化最大的刑罚之一，唐令对徒刑犯的服刑场所作如下规定：

> ［开七］［开二五］a 诸犯徒应配居作者，在京送将作监，妇人送少府监缝作，b 在外州者，供当处官役，当处无官作者，听留当州修理城隍、仓库及公廨杂使。c 犯流应住居作者，亦准此。d 妇人亦留当州缝作及配舂。（复旧《狱官令》17条。《唐令拾遗》，第 773 页）

首先，关于徒刑犯的劳役，唐令规定京师男子在将作监服劳役，女子在少府监服役，做缝纫工作（a）。至于"外州"，也就是地方，原则上"当处官役"，没有官役的情况下"留当州修理城隍、仓库及公廨杂使"（b）。其次，条令还规定了流刑犯可以根据《留住法》[1]将流刑改为徒刑执行的情形（c）。适用《留住法》的女囚居作规定则位于最后（d）。

与之相对，宋令的内容为：

> e 诸犯徒[2]应配居作者，在京分送东西八作司，f 在外州

---

1. 唐《名例律》28 条："诸工、乐、杂户及太常音声人、犯流者，二千里决杖一百，一等加三十，留住、俱役三年〈犯加役流者，役四年〉。……其妇人犯流者，亦留住〈造畜蛊毒应流者，配流如法〉，流二千里决杖六十，一等加二十，俱役三年。若夫、子犯流配者，听随之至配所，免居作。"
2. 关于"徒"字，明抄本作"罪"，但根据《天圣令校证》的校订改为"徒"（下册，第 329 页）。可参照本书第五章，第 145 页。

者，供当处官役。当处无官作者，留当州修理城隍、仓库及
公廨杂使。g 犯流应住居作者，亦准此。h 若妇人待配者，为
针工。（宋15条）

关于在京师的男子劳役刑，宋令规定"诸犯罪应配居作者，分送东西
八作司"（e）。虽然居作地点不同，但开头语句与唐令完全相同。不
过，唐令中关于女囚居作场所的规定在宋令 e 部分中被删除。紧随其后
的 f、g 部分语句与唐令 b、c 部分完全相同，而末尾 h 部分的语句却与
唐令 d 有很大不同。

综上所述，宋15条虽然以唐令为蓝本，但对部分语句进行了修改
和删除，最终形成了与唐令截然不同的条文。那么，该条文究竟反映
了什么时候的制度呢？

在宋代，根据政权建立后不久建隆四年（963）制定的折杖法规
定，律法（刑统）中的徒刑代以脊杖执行，流刑以"杖刑+一年的配役
（加役流三年）"执行[1]。换言之，折杖法施行以后，徒刑犯实际上不
服劳役。宋15条的规定，所针对的应是服"配役"（居作）的流刑犯。

正如本书第五章所述，唐制掌管官营作坊、土木工程的机构将作
监，在北宋初年其执掌就有了根本性的改变，长官将作监以下的官职，
均成为全无实职的寄禄官。既然负责刑徒的将作监发生如此变化，那

1.《宋刑统》卷一《名例律·五刑》："□□□□□□□□□□□敕尚书都省□□□□□
□□□〔今〕月十六日，奉圣旨，〔其〕徒流笞杖刑名应合该除免当赎上请外，据法书轻重
等第，用常刑杖施行，令臣等详定可否奏闻，俾官吏之依凭，绝刑名之出入。立兹定制，始
自圣朝。臣等参详，伏请宣下法司，颁行天下者。奉敕，宜依，仍付所司遍下诸道州府者。
流刑。加役流，决脊杖二十，配役三年。流三千里，决脊杖二十，配役一年。流二千五百
里，决脊杖十八，配役一年。流二千里，决脊杖十七，配役一年。徒刑。徒三年，决脊杖二
十放。徒二年半，决脊杖十八放。徒二年，决脊杖十七放。徒一年半，决脊杖十五放。徒一
年，决脊杖十三放。杖刑。杖一百，决臀杖二十放。杖九十，决臀杖十八放。杖八十，决臀
杖十七放。杖七十，决臀杖十五放。杖六十，决臀杖十三放。笞刑。笞五十，决臀杖十下
放。笞四十、三十，决臀杖八下放。笞二十、一十，决臀杖七下放。"（〔〕内的文字根据明钞
本微缩胶卷补正）《长编》卷四乾德元年（963）三月癸酉条："吏部尚书张昭等上言：'准诏，
徒流笞杖刑名应合该除免当赎上请外，据法书轻重等第，用常刑杖施行，令臣等详定可否闻奏
者。伏以，五刑之制，百代所遵，虽沿革之不同，贵重轻之无挠，仰承睿旨，别定明文，俾官
吏之依凭，绝刑名之出入，请宣付有司颁行。凡流刑四，加役流，杖二十配役三年。'"

么就不难想象，当时也就不可能按唐令的规定令刑徒服役。事实上，宋初乾德五年（967）有如下史事：

> 御史台上言："伏见，大理寺断徒罪人，非官当赎铜之外，送将作监役者，其将作监旧兼充内作使，又有左校、右校、中校署，比来工役，并在此司，今虽有其名，无复役使。或遇祠祭供水火，则有本司供官。欲望令大理寺依格式断遣徒罪人后，并送付作坊应役。"从之。（《长编》卷八乾德五年二月癸酉条）

如上所述，劳役犯被暂时寄放在作坊即兵器制造工厂服刑。另外，所谓"大理寺断徒罪人"，实际是指根据《折杖法》的新规居作服刑的流刑犯。上引御史台的奏书中，其措辞虽然基于唐令条文，但同样的词语在《天圣令》中也可以看到。如宋15条中g部分"犯流应住居作者"一句，就原封不动地保留了折杖法实施前的唐令用语，未做修订。这也成了思考宋令特性的一条线索。

此后，史料中所见刑徒的劳役场所有忠靖指挥。这是设于京师开封的厢军，即劳役部队之一。在这支部队中，刺面——即额头刺青的犯人与未刺面的犯人混杂在一起，待遇各不相同。刺面是厢军士兵，作为佣兵，他们可以按例领取衣粮亦即军饷。而不刺面的劳役犯，只能每日领取规定口粮（参照本书第143—144页）。大中祥符三年（1010），朝廷曾颁布如下诏令取消这种差别：

> ［大中祥符］三年二月二十四日，诏："如闻，两京、诸路隶忠靖徒役人，刺配者即给衣粮，不刺配者止给囚人日食，各有家眷，或至匮乏，宜令依例给之。"（《宋会要》刑法四之五）

将刑徒编入忠靖指挥的做法，至仁宗天圣元年（1023）仍在实行：

> 天圣元年七月，侍卫步军司〔当补"言"〕："开封府勘断不刺面配忠靖徒役人，本司只是令本指挥收管，日支口食，

> 差节级监赴八作司徒役，至夜归营，欲乞今后直送八作司，
> 辖下司分收管。"从之。(《宋会要》刑法四之十)

不过，此时他们的劳役场所已改为八作司。八作司是宋初设置的掌管京城内外修缮的官署，拥有若干厢军部队作为劳力[1]。隶属忠靖指挥的刑徒，不属于侍卫步军司下辖的八作司部队，所以每天都要从军营到八作司上番。天圣元年的措施是，将刑徒直接送往八作司，改由八作司管理刑徒。宋 15 条 e 部分反映了该制度的变更。

不过，为何宋令中没有女囚居作的相关条令？其实很简单，因为宋太宗淳化四年（993）曾有诏敕，免除了女性"配役"：

> 诏："凡妇人有罪至流者，免配役。"(《宋会要》刑法四之三，
> 淳化四年七月六日)

从《条法事类》所载同样的条文中能够看出，上述规定绝非临时性措施：

> 诸犯流应配，及妇人犯流者，并决脊杖二十，免居作。
> 余依本法。(《条法事类》卷七五《刑狱门·编配流役·名例敕》)

那么，宋令末尾的 h "若妇人待配者，为针工"这句话究竟意味着什么？如果从形式层面比较唐令、宋令，很明显宋令 g、f 部分对应着唐令 c、d 部分。

换言之，宋令 g、f 部分是适用《留住法》相关情形的规定。律令中的流刑因折杖法而失去了强制迁徙的要素。但在这个时代，伴随强制迁徙的刑罚并未取消。如本书第六章第二节所论述的那样，作为"律外之刑"的"配流刑"，在宋代是施行的，并且与劳役刑相伴随。在这种情形下，女性不会被流配，而是依照《留住法》课以劳役，这种劳役即"针工"。兹举一例：

---

1. 参见本书第五章第 145 页注 2 所引《宋会要》职官三十之七。

> 太宗太平兴国元年五月，诏："敢与蕃客货易，计其直，满一百文以上，量科其罪。过十五千以上，黥面配海岛。过此数者，押送赴阙。妇人犯者，配充针工。"淳化五年二月，又申其禁，四贯以上徒一年，递加，二十贯以上，黥面配本地充役兵。(《宋会要》职官四十四之一)

上引史料是为了取缔与外国的走私贸易而制定的禁令，针对男性的刑罚是流刑，针对女性的刑罚则是"配充针工"。史料后半部分所见淳化五年的禁令，是对太平兴国元年诏令内容稍加修改后形成的条文。可以推测，其与太平兴国元年诏令同样，包含了"妇人犯者，配充针工"的语句。宋令所谓"妇女待配者"，是指犯了相当于"律外之刑"的流刑的女性，"针工"则是指她们被课以劳役，作为流刑的替代刑罚。

宋15条反映了淳化四年与天圣元年发生的制度变更，同时也包含了与律外之刑"配流刑"相对应的内容。

(3) 反映从五代到天圣年间制定的多种制度变更的条文（宋7条）

宋7条是将死刑执行时的监决规定与死刑不执行日的规定合在一起的条文：

> a 诸决大辟罪，在京及诸州，遣它官与掌狱官监决。b 春夏不行斩刑，十恶内恶逆以上四等罪，不拘此令。c 乾元、长宁、天庆、先天、降圣节各五日〈前后各二日〉，天贶、天祺及元正、冬至、寒食、立春、立夏、太岁、三元、大祠、国忌等日，及雨雪未晴，皆不决大辟〈长宁节，惟在京则禁〉。

为便于比较，这里也列举与此相应的唐令：

> [开七][开二五] d 诸决大辟罪，官爵五品以上，在京者，大理正监决，在外者，上佐监决，余并判官监决。e 从立春至秋分，不得奏决死刑，若犯恶逆以上，及奴婢、部曲杀主者，不拘此令。f 其大祭祀及致斋、朔望、上下弦、二十四

气、雨未晴、夜未明、断屠日月及假日，并不得奏决死刑。g
在京决死囚，皆令御史、金吾监决。h 若囚有冤枉灼然者，停
决闻奏。（复旧《狱官令》9 乙条。《唐令拾遗》，第 765 页）

① 死刑的监决制度（宋 7 条 a）

宋 7 条 a 是规定执行死刑时应当到场官员的条文。在唐令中，死刑
犯的官爵于处刑时的待遇中有所反映（d），但宋令规定得很简单，即
"遣它官与掌狱官监决"，看不出品阶高低之别。这种条文变化发生在
何时已经无从得知，但宋真宗咸平五年（1002）田锡上奏云：

> 国家断徒以上罪，皆须勘鞫子细，案牍圆备，断官录问，
> 然后行刑。其大辟罪，将决断，即给与酒食，命他官监决。
> （田锡《咸平集》卷一《上真宗论轻于用兵》）

由此可以判断，至迟在宋真宗初年，宋 7 条 a 的原型已经制定出来了。

② 春夏不行斩刑制的确立（宋 7 条 b）

宋 7 条 b 是禁止春夏两季执行斩刑的条文。为了保持阴阳二气平
衡，自古以来中国的执政者为此下了不少"功夫"，上述措施正是其中
一环。在生物繁衍的春夏两季，为不让妨碍万物生长的阴气增加，故
避免执行死刑。唐令规定，立春至秋分间禁止奏决死刑，也就是禁止
覆奏、执行死刑（e），以此达成与礼制的协调。

那么，宋令中的规定如何？唐令禁止覆奏与执行死刑，宋令则只禁
止执行死刑。这一变化在后晋天福七年（942）发布的诏令中可以看到：

> 晋天福七年十一月二十九日敕[1]节文："两京诸道州府应
> 决大辟罪，起今后，遇大祭祀、正冬、寒食、立春、立夏、
> 雨雪未晴，以上日，并不得行极刑。如有已断下文案，可取
> 次日及雨雪定后施行。"（《宋刑统》卷三〇《断狱律·决死罪》）

---

1. 据《册府元龟》卷六一三《刑法部·定律令》，该敕令发布于天福七年十二月。

从唐末到五代，要实行唐令所规定的死刑覆奏制度是极其困难的。但因此事与礼制相关，故而还是制定了最低限度的法令。宋朝建国后的很长一段时间内，也不得不接受这种状况。关于死刑可执行日期的讨论，要等到第三代皇帝宋真宗时才开始[1]。

宋令中规定"除恶逆以上大罪例外，春夏不行斩刑"。乍一看，虽没有唐令那么严格，但在执行死刑方面似乎也是相当克制的。然而，这一规定却留下了漏洞。

8世纪后半期以降，"重杖处死法"开始实行，即用远比笞刑、杖刑重得多的棍杖击打罪人数十次致其死亡，也就是所谓的"律外死刑"，这是刑罚从礼仪束缚、律令的烦琐程序中"解放"出来的一种结果[2]。宋令的条文，基于宋真宗天禧四年（1020）五月丙寅的诏书：

> 又诏："大辟有先准诏即行处斩者，自今，除恶逆四等准律用刑，自余斩刑，遇春夏，止决重杖处死，俟秋分如故。"
> （《长编》卷九五）

据此规定，对恶逆以上的罪人除了按律执行死刑之外，如在春、夏季节，则用重杖处死，代替斩刑。始于宋真宗时代的死刑可执行日期的相关讨论，是寻找礼制、刑法之间妥协点的一种探索。此外，该条文也可视为在遵循《礼记·月令》原则的基础上，避免因徒充斥监狱的一个结果。

③ 国忌日不执行死刑制度的确立（宋7条c）

宋7条c是关于不执行死刑日期的系列规定。首先对国忌日——宋朝皇帝、皇后忌日禁止执行死刑这部分内容进行讨论。

唐令中并没有禁止国忌日执行死刑的条文。至宋代，仁宗即位后不久的乾兴元年（1022），未决犯滞留狱中成为问题。作为解决方案之

---

1. 梅原郁：《宋代司法制度研究》，创文社，2006年，第407—409页。
2. 《宋刑统》卷一《名例律·五刑》："准唐建中三年八月二十七日敕节文：'其十恶中恶逆以上四等罪，请准律用刑。其余应合处绞、斩刑，自今以后，并决重杖一顿处死，以代极法。'〈释曰：'恶逆以上四等罪，谓谋反、谋大逆、谋叛、恶逆'〉"相关制度的详细考察，参见川村康：《建中三年重杖处死法考》，载池田温编：《中国礼法与日本律令》（中国礼法と日本律令制），东方书店，1992年。

一，朝廷就是否允许于国忌日行刑进行了讨论。从当时审刑院的上言可知，国忌日不行刑是"惯例"：

> 都官员外郎杨居简上言："昨知泗州，刑禁甚众，每国忌日，淹系百余人杖罪。望许忌日决罚。"下法官详议。审刑院上言："按唐大和七年敕，准令，国忌日，惟禁饮酒举乐，至于科罚人吏，都无明文。但缘其日不合厘务，官曹即不决断刑狱。其小笞责，在礼律无妨。众官恭详前件律条，但未有指定刑名，所以不敢决遣。欲望，自今后应杂犯杖罪，并许决遣。应入徒者，即次日。"从之。［《宋会要》礼四十二之六，天圣（当作"乾兴"[1]）元年七月十一日］

据上引史料，议论的开端似乎是与罪犯的数量相比，可行刑的日子太少，导致未决死囚滞留狱中。审刑院建议，因法律中并无禁止在国忌日行刑的规定，故杂犯的杖罪可以在国忌日行刑，徒罪则放在次日。毋庸赘言，按照折杖法的规定，杖刑施以臀杖，徒刑则施以脊杖。

在随即颁布的诏书中，"岁旦、四立、二分至及庚戌、己巳"这些日期禁止执行死刑[2]，这恐怕是当时朝廷讨论刑罚与礼制关系带来的结

---

1. 《长编》卷九九乾兴元年七月壬辰条："诏：'国忌日听决杖罪。从知泗州杨居简之请也。'"
2. 《长编》卷九九乾兴元年十二月庚申条："诏：'三司、开封府、殿前马步军司，自今岁旦、四立、二分，至及庚戌、己巳，毋得断极刑。'"李焘注云："《会要》乾兴元年十二月二十五日，诏开封府及三司、殿前马步军司，自今每遇国忌及庚戌、己巳、岁旦、天庆等五节，四立、二分、二至日，不得断极刑。实录不载国忌及天庆等五节，不知何故，当考。"据此，该诏令有可能规定了国忌日禁止执行死刑。此外，四立指立春、立夏、立秋、立冬，二分是指春分、秋分。庚戌是仁宗出生当年（大中祥符三年，1010）的干支。李埴《皇宋十朝纲要》卷四："仁宗，体天法道极功全德神文圣武浚哲明孝皇帝，讳祯，真宗第六子。……大中祥符三年庚戌四月十四日生。"仁宗的生日干支为癸亥。他曾使用过"本命日"的说法，但所谓"本命"是与出生年干支相同的日期。这一点从以下资料可知。《宋会要》礼四十一之十七皇祐元年正月十七日："幸太傅致仕邓国公张士逊第，临奠。翌日，帝顾谓辅臣曰：'昨日左右有言，庚戌是朕本命日，不宜临奠。朕以师臣之旧，何所避也。'文彦博曰：'陛下过于唐太宗辰日哭张公谨远矣。'"作为仁宗自己的"本命日"，皇祐元年正月十七日，其干支正是庚戌。己巳则是仁宗母亲章献刘太后刘氏出生年（开宝二年，969）的干支。《宋史》卷二四二《后妃传·章献明肃刘皇后》："明道二年崩，年六十五。"

果。杖刑是轻罪，允许执行，死刑则禁止于上述日期执行。

关于宋仁宗的"先帝"真宗忌日是否行刑。天圣三年（1025）仁宗下诏，禁止包括忌日在内的前后三日执行死刑[1]。此后的天圣六年，朝廷以禁止时间过长为由，将日期缩短为忌日前后两日[2]。至明道二年（1033），该规定成为"定式"[3]。《天圣令》的编纂正在这一时期，但没有任何条文提及此点，可见并非所有制度变更都反映在天圣令中。

又，国忌日以外的相关规定，宋令反映的是前述后晋天福七年（942）诏令所带来的制度变化[4]。

④ 不执行死刑的日期向圣节、诸庆节的扩大（宋 7 条 c）

最后是与圣节即宋朝历代皇帝诞生日禁止执行死刑的相关部分。关于唐宋时期节假日制度的变迁，丸山裕美子曾有研究[5]，在此，笔者想从禁止执行死刑这点上稍作一瞥。

宋初似乎没有圣节不执行死刑的禁令。此类禁令的制定，始于宋真宗大中祥符三年（1010）[6]。这项制度的前后变迁，如表 F‐15 所示

---

1. 《宋会要》礼四十二之六天圣三年二月十六日："太常礼院言：'二月十九日真宗忌，准礼例，前一日不坐，其日不视事，群臣诣西上阁门内东门进名奉慰，退赴佛寺行香。照先帝初忌，前后各三日不视事、不行刑罚，前后各五日禁止音乐，仍令百官赴景灵宫奉真殿行香，自后每真宗忌日，皆约此制，余如太宗忌日之例。'"

2. 《宋会要》礼四十二之六天圣六年二月六日条："宰臣王曾上言：'真宗忌辰，禁刑、不视事，日数太多，虑有妨阙。虽孝思追慕，而岁渐远，望差减其数。'诏：'自今前后各两日，不行刑、不视事，仍禁乐。'"

3. 《宋会要》礼四十二之七明道二年正月二十一日条："诏：'真宗忌辰，前后各两日，不行刑、不视事，禁乐前后各三日，著为定式。'"两年前的天圣九年（1031），朝廷曾下诏规定真宗忌日与天庆节同样，前后禁刑两天。《长编》卷一一〇天圣九年二月癸巳条："诏：'真宗忌，前后各禁刑二日，宜如天庆节，杖以下情理轻者，释之。'"

4. 太岁、三元、大祠具体所指不详。此外，唐令规定的日期（致斋、朔望、上下弦、二十四节气等）何时从禁止执行死刑的日期中被排除，也不清楚。这些问题留待将来探讨。

5. 丸山裕美子：《唐宋假节制度变迁》（唐宋假節制度の変遷），载池田温编：《日中律令的方方面面》（日中律令制の諸相），东方书店，2002 年。

6. 《宋会要》礼五十七之三十四景德三年二月九日条："三司使丁谓上言：'伏睹，国家以天庆节日不〔此字或衍〕禁刑罚、禁烹宰。窃惟诞庆之日，动植欢心，虽均宴集之私，未颁恻隐之令。伏见，唐武德、开元以来诏令，皆节日不行刑，禁屠钧〔当作"钓"〕，庆成、庆阳、寿昌等节，皆禁烹宰。欲望，承天节日，准天庆节例，前后禁屠宰、辍刑罚，著于甲令，用为常式。'从之。"庆成节是唐文宗诞辰（十月十日），庆阳节是唐武宗诞辰（六月十二日），寿昌节是唐宣宗诞辰（六月二十二日）。

表 F-15 圣节时期禁止死刑执行变迁一览表[1]

圣节、庆节等名称	承天节	天庆节	天贶节	先天节	降圣节	天祺节	乾元节	长宁节	开基节	丁卯日	戊子日	出典
说明	真宗诞节	天书降日	天书降泰山日	圣祖下降日	降延恩殿日	天书再降内中功德阁	仁宗诞节	章献皇太后（仁宗母）诞节	太宗登位日	光宗本命日	宁宗本命日	
月日	十二月二日	正月三日	六月六日	七月一日	十月二十四日	四月一日	四月十四日	正月八日	正月四日			
制定年	至道三年（997）	大中祥符元年（1008）	大中祥符四年（1011）	大中祥符五年（1012）		天禧元年（1017）	乾兴元年（1022）		宣和二年（1120）			
大中祥符二年（1009）五月		5日										《宋会要》礼五十七之二十八
大中祥符三年（1010）二月	5日											《宋会要》礼五十七之十四
大中祥符五年（1012）三月		7日										《宋会要》礼五十七之三十
大中祥符五年（1012）十月			1日	假内（5日）								《宋会要》礼五十七之三十
天禧元年（1017）正月						1日（参照天贶节）						《宋会要》礼五十七之二十九
乾兴元年（1022）四月							7日					《宋会要》礼五十七之三十四
乾兴元年（1022）十一月								7日（在京）				《宋会要》礼五十七之三十七
天圣二年（1024）六月		5日			5日		5日（前后各2日）					《宋会要》礼五十七之二十九
天圣六年（1028）二月		1日	1日	5日（前各2日）		1日	5日（前后各2日）	5日（前后各2日）				《宋会要》礼五十七之三十七
《天圣·狱官令》（宋7条）	3日（前后1日）	1日	1日	1日	1日	1日	1日	5日（前后各2日）				《天圣令校证》下，第45页
庆历元年（1041）正月				3日（前1日）				3日（前后各1日）				《宋会要》礼五十七之三十五
《庆元·断狱令》（卷七十三）	3日（前后各1日）		1日					5日（前后各2日）	3日（前后1日）	1日		《条法事类》卷七十三

（表格中黑色部分是《天圣令》所依据的规定）。总而言之，仅就宋令部分而言，其反映了仁宗天圣六年（1028）的制度变更。可知《天圣令》制定时，

---

1. 表 F15 所据史料如下：

【天庆节＝五日】《宋会要》礼五十七之二十八大中祥符二年五月二十二日："诏：'自今遇天庆节，五日内不得用刑。'"

【承天节＝五日】《宋会要》礼五十七之三十四景德三年二月九日条。

【天贶节＝一日（天庆节＝七日）】《宋会要》礼五十七之三十大中祥符五年三月二十六日："诏：'自今两京诸路，每遇天庆节七日、天贶节一日，毋得行刑。'"

【先天节、降诞节＝假内五日】《宋会要》礼五十七之三十大中祥符五年闰十月八日："诏：'以七月一日圣祖下降日为先天节，十月二十四日降筵恩殿日为降圣节，并休假五日。……假内不得行刑，仍禁屠宰。节日并听宴乐。著为定式。'"

【天祺节＝一日（据天贶节）】《宋会要》礼五十七之二十九天禧元年正月二十三日："诏曰：'大中祥符元年四月一日，天书再降内中功德阁，其建为天祺节，一如天贶之例。'"

【乾元节＝七日】《宋会要》礼五十七之三十四乾兴元年四月："诏：'乾元节前后各一日禁丧葬屠宰哭泣，权止行刑七日。杖罪已下情轻，特与免放。如情理重，并知在，候假开日施行。'"

【长宁节＝七日】《宋会要》礼五十七之三十七乾兴元年十一月九日："诏：'长宁节，中书枢密不得以金酒器为献，诸州亦罢贡奉，及不得奏请赐僧道紫衣师名，三京诸州比试童行，比乾元节与度三分之一。'中书门下上言：'请前一月，文武官各就大相国寺起道场，罢散日锡庆院赐会。前三日，内外命妇各进香，合至日入内上寿，在京禁刑罚屠宰共七日。'从之。"

【天庆节、先天节、降诞节＝五日】《宋会要》礼五十七之二十九天圣二年六月十六日："开封府言：'天庆、先天、降圣节，徒流笞杖罪，正节日权住行刑一日外，其大辟罪即仍旧权住五日。'从之。"

※《宋会要》礼五十七遗漏了"二年五月十四日诏""六月十六日开封府言"及"十月十八日知审刑院滕涉言"三条记事的系年，但同书职官十五之三十天圣二年十月条中记载了滕涉的上言。据此可判断上述三条当系于天圣二年。

【乾元节、长宁节＝五日（前后二日）】《宋会要》礼五十七之三十五天圣六年二月六日："诏：'乾元、长宁节，禁决大辟，前〔后〕各二日。余罪，唯正节日权停。'"

【《天圣·狱官令》宋7条】"诸决大辟罪，在京及诸州，遣它官与掌狱官监决。春夏不行斩刑，十恶内恶逆以上四等罪，不拘此令。乾元、长宁、天庆、先天、降圣节各五日〈前后各二日〉，天贶、天祺及元正、冬至、寒食、立春、立夏、太岁、三元、大祠、国忌等日，及雨雪未晴，皆不决大辟〈长宁节，惟在京则禁〉。"

【庆历元年的制度变更】《宋会要》礼五十七之三十五庆历元年正月十九日："诏：'乾元及天庆、天祺、天贶、先天、降圣节，自今惟正节日禁刑外，乾元节仍前后各一日停断大辟罪。'"

【庆元令】《条法事类》卷七三《刑狱门·决遣·断狱令》："诸决大辟不以时日。即遇圣节及天庆、开基、先天、降圣〈以上各三日，前后各一日〉、天贶、天祺节、丁卯、戊子日、元正、寒食、冬至、立春、立夏、太岁、三元、大祠、国忌〈以上各一日〉及雨雪未晴，皆不行决。其流以下罪，遇圣节、正节日及丁卯、戊子日，并准此〈令众，遇圣节，免〉。"

也吸纳了此前不久发生的制度变更[1]。另外值得注意的是，宋 7 条 c 还将五代后晋天福七年（942）、北宋真宗大中祥符五年（1012）、天禧元年（1017）、仁宗天圣二年（1024）、天圣六年（1028）的制度变更重叠地编入了其中。

此外，这部分规定在宋仁宗在位时期很快就发生变化。仁宗之母章献皇太后[2]生日长宁节的庆贺记载，最后一次出现于明道二年（1033）[3]，似乎以她的去世（明道二年三月）为界，这一项圣节的特殊待遇就被取消了。庆历元年（1041）又出现了新的制度变更，除乾元节前后各一日之外，圣节仅在当日禁止执行死刑[4]。

三　与唐令法意完全相同的条文

关于执行流刑之际强制移送的距离，宋 11 条规定依律法所定里数移送，如无合适地点作为配所，则流放至更远处：

> 诸流人应配者，各依所配里数，无要重城镇之处，仍逐要配之，唯得就远，不得就近。

对比一下即可知，该条文与下引唐令条文的法意完全相同。

> ［开二五］诸流人应配者，各依所配里数，无要重城镇之处，仍逐要配之，唯得就远，不得就近。（复旧《狱官令》13 条，《唐令拾遗》，第 770 页。据《唐令拾遗补》补订）

那么，天圣年间该条文是否仍属现行条文？换言之，该条文所记制度

---

1. 参见前引《宋会要》礼五十七之三十五天圣六年二月六日条。
2. 仁宗生母虽为李氏，但因由章献皇后刘氏养育，故奉刘氏为嫡母。《宋史》卷二四二《后妃传·章献明肃刘皇后》："李宸妃生仁宗，后以为己子，与杨淑妃抚视甚至。……太后保护帝既尽力，而仁宗所以奉太后亦甚备。上春秋长，犹不知为宸妃所出，终太后之世，无毫发间隙焉。"
3.《宋会要》礼五十七之十七明道二年正月八日条。
4. 参见前引《宋会要》礼五十七之三十五庆历元年正月十九日条。

在宋仁宗时代是否仍在实际执行？

如前所述，建隆四年制定折杖法后，流刑已丧失了强制迁徙刑的要素。刑罚中的笞刑、杖刑改为臀杖执行，徒刑改为脊杖执行，流刑则改为脊杖加原则上的一年配役（加役流则三年）执行。也就是说，在宋仁宗天圣年间，被判流刑的犯人实际并不会按律移送。如果条文开头所云"诸流人"是指被判流刑者，那么，这条法令就只能被视为具文了[1]。

第二节 《天圣·狱官令》的确立

一 《天圣令》的编纂方针

以上将《天圣·狱官令》中的宋令诸条与唐令进行了比较，并以其反映的时代为中心展开了一系列的探讨。就结果而言，这些条文的确立过程各不相同。从唐令的编撰时代到宋仁宗天圣年间，出现过多次制度变更，这些变更反映在《天圣令》中自在情理之中，但问题在于反映的方式。换言之，一方面，有些条文仅做些许修改（宋42条）[2]，很大程度上反映的是宋初司法制度的变更；另一方面，有些条文仍原样保留了唐令的内容（宋15条）。此外，既有重叠反映五代至《天圣令》编纂前夕制度变更的条文（宋7条），也有完全不改变唐令法意的条文（宋11条）。而制度变更在宋令中没有反映的例子也能够看到（真宗忌日前后禁止执行死刑的相关规定）。那么，应该如何理解上述条令

---

1. 不过，有一点值得注意，那就是配军刑的存在。所谓"配军"，即将犯人编入厢军。配军刑确立于宋初，并被编入刑罚体系之中。真宗朝则出现了带有强制移动要素的配军刑（参见本书第六章第三节）。也就是说，在编纂《天圣令》时，就已经存在因配军刑而强制移送的犯人。配军刑是与律法中的流刑完全不同的刑罚。该条文也有可能适用于远距离移送的罪犯。

2. 除虑囚的频度不同之外，宋42条与下引《养老狱令》46"当处长官"条几乎相同："凡囚，当处长官十五日一检行，无长官，次官检行。其囚延引久禁，不被推问，若事状可知，虽支证未尽，或告一人数事，及被告人有数事者，重事得实，轻事未毕，如此之徒，检行官司，并即断决。"雷闻考虑到《养老令》的条文多与唐令近似，故提出如下唐令复原方案（复原《狱官令》49条）："诸囚，当处长官五日一虑，无长官，次官虑。其囚延引久禁，不被推问，若事状可知，虽支证未尽，或告一人数事，及被告人有数事者，若重事得实，轻事未了，如此之徒，虑官并即断决。"

的多样性与重叠性？以下就尝试对此进行初步考察。

　　首先应当考虑的是《天圣令》的编纂方针。在度过纷繁险峻的草创期后，国家的情势终于安定下来，《天圣令》的编纂，正是此时为保持中华王朝的体面而毅然实施的一项事业。其编纂方针为："对于唐令中仍实用的部分，力求原文，但在此基础上进行些许细微修订，使之适应时代。已经成为具文的部分，则不加删除，保持原貌。"[1]《天圣令》的编纂，并非是作为更新唐令面貌的新时代行政法典。并且《天圣令》也并非单独颁行，而是合于《附令敕》后，于天圣七年上呈宋仁宗，又经过若干试行，于天圣十年与《天圣编敕》十三卷、《敕书德音》十二卷共同镂版颁行[2]。从一开始，《天圣令》就是作为与《刑统》并列的基本法典——"令"来编制的。根据编纂者的构想，应对现实社会需求的律法实际上是《天圣编敕》与《附令敕》。当然，这样的功能分工并没有能够顺利实现[3]，而《天圣令》本身不过是以唐令为蓝本，适当吸收五代、宋初的制度变更，稍加修订编纂而成之法令集。

　　从这个角度来看《天圣·狱官令》中的宋令，就会再次注意到，法典所罗列的条文非常符合上述编纂方针。例如，宋15条就是按照《天圣令》的编纂方针，以唐令为基础，适当吸纳后来制度的变更而形成的。与唐令条文完全相同的语句，尽管"已化为死文"，但这些语句并未被删除，而是原封不动地保留了下来，此可谓《天圣令》中宋令的一大特征。此外，五代到宋初制度变更的反映程度因条文而异，这也是《天圣令》宋令的特征之一。

　　综上所述，作为制度史的史料，《天圣令》中的宋令存在着一定的陷阱，要想利用它，就需要如本文的尝试那样，去追踪和分析制度变迁的轨迹。只有这样，才有可能通过《天圣令》所载条文，一窥在唐宋巨大社会变动中法律是如何追随现实而变迁的。

---

1. 滋贺秀三：《法典编纂的历史》（法典編纂の歴史），载其《中国法制史论集　法典与刑罚》（中國法制史論集　法典と刑罰），创文社，2003 年，第 111 页。
2. 参照第 402 页注 1 所引《宋会要》刑法一之四。
3. 梅原郁：《唐宋时期的法典编纂》（唐宋時代の法典編纂），载其前引《宋代司法制度研究》，第 781—804 页。

二 与折杖法的关系

本文讨论的《狱官令》，因其内容是刑罚制度，故较其他政治制度更容易与相关法律对应上。从这个意义上来说，《狱官令》或许是个特例，比方说其与折杖法的对应关系。出现于宋初、给行刑方式带来巨大变化的折杖法，是《天圣·狱官令》不得不应对的制度变化之一。从宋令的应对方式来看，一眼可知，其中呈现出"多样"之态。关于这一点，想在此做些考察，作为本文的总结。

前文已指出，《天圣·狱官令》的宋令中，某些条文并没有根据折杖法对语句进行修正（宋15条）。但其中也有某种程度上与折杖法对应的条文，如：

> 诸流配罪人居作者，不得着巾带。每旬给假一日，腊、寒食，各给假二日，不得出所居之院。患假者，不令陪日。役满则放。（宋16条）
> 诸配流囚决讫，二十日外居作，量以配所兵校防辖。（宋17条）

这些条目与《庆元条法事类》卷七五《刑狱门·编流放役》中所见《断狱令》的条文几乎相同：

> 诸流囚，决讫，髡发，去巾带，给口食，二十日外居作，量以兵级或将校防辖。假日，不得出所居之院。以病在假者，免陪日。役满或恩，则放。

这里再次提醒，依折杖法的规定，徒刑以脊杖替代执行，不课劳役。只有流刑犯在受脊杖之后课以有期劳役。与上引宋令对应的唐令条文为：

> ［开三］［开七］［开二五］诸流徒罪居作者，皆着钳，若无钳者，着盘枷。病及有保者听脱。不得着巾带。每旬给假一日，腊寒食各给二日。不得出所役之院。患假者，陪日。

役满，递送本属。（复旧《狱官令》18 条，《唐令拾遗》，第 774 页。据《唐令拾遗补》第 821 页补订）

上引唐令开头一句"诸流徒罪居作者"，宋 16 条改为"诸流配罪人居作者"，可视为是应对折杖法所进行的修订。

关于宋 17 条，《唐令拾遗》与《唐令拾遗补》中找不到相应的条文，不过，《养老狱令》20"徒流囚"条规定：

> 凡徒流囚在役者，囚一人，两人防援。在京者，取物部及卫士充〈一分物部，三分卫士〉，在外者，取当处兵士，分番防守。

则有对服役犯人进行监管的规定。对比两者开头一句，《养老狱令》是"凡徒流囚在役者"，而宋令则是"诸流囚"，将徒刑犯排除在了对象之外。考虑到《养老狱令》是在唐令的强烈影响下编纂而成的，那么就可以认为，宋 16 条也是为对应折杖法而修订的条文。

此外，雷闻在《养老狱令》的基础上，提出了与宋 17 条相当的唐令条文的复原方案（复原《狱官令》22 条）：

> 诸徒流囚在役者，囚一人，两人防援。在京者，取卫士充，在外者，取当处兵士，分番防守。

笔者认为上述复原方案存在一些问题。众所周知，唐朝府兵制下的折冲府分布在关中、河东、陇右等各道[1]。也就是说，有卫兵把守的京师暂且不论，"在外"各州并不一定都有折冲府。没有折冲府的州，也就应当没有"当处兵士"，从而这一部分条文的复原有必要重作考虑[2]。

---

1. 菊池英夫：《关于唐折冲府分布问题的一个考察》（唐折衝府の分布問題に関する一考察），《东洋史研究》27 - 2，1968 年。
2. 虽然尚未有确凿的证据，但笔者认为《仪凤三年度支奏抄、四年金部旨符》残卷中所见"所在兵防人夫等"这句话比"当处士兵"在表述上更为恰当。参见大津透：《日唐律令制的财政构造》（日唐律令制の財政構造），岩波书店，2006 年，第 41 页。

宋16条、17条都与折杖法规定的劳役执行密切相关。从这个意义上而言，它们应该是经常被参照的条文。关于宋15条，仅就在京城负责刑徒劳役的"东西八作司"而言，为了适应现实制度的变更，对唐令中的语句作了适当修订。结合上一节所考察的内容来看，《天圣令》"以新制参定"似乎仅限于这些紧迫事项。对于《天圣令》的编纂者而言，唐令实在是太伟大了，就像"经典"一般，难以轻易修改。

结语

本文从制度史的角度对《天圣·狱官令》中的宋令进展开了若干考察，并尝试对其中记载的各种制度沿革进行初步探讨。结果表明，就文中涉及的宋令而言，从五代宋初到《天圣令》制定前出现的各种制度变更，以多样、重叠的方式反映在了宋令条文之中。造成这种多样、重叠性的原因之一，是《天圣令》以"凡取唐令为本，先举见行者，因其旧文参以新制定之，其今不行者亦随存焉"[1]为编纂方针，希望尽快制定出与《刑统》（律）并肩的宋朝基本法典的"令"。《天圣令》是朝廷同时颁布的由《编敕》《附令敕》等组成的系列法典之一，我们应从这一点来理解它的性质。

作为本文考察对象的《狱官令》，很难单独作为充分了解宋仁宗天圣年间司法政策的史料。然而在《编敕》《附令敕》已经散佚不存的情况下，活用《天圣令》中的这些素材，像本文尝试的这样展开制度史考察是不可或缺的。此外，本文归纳出来的《狱官令》的几个特征，在《天圣令》所载宋令中是否具有普遍意义，则是今后应当继续探讨的课题。

---

1. 参照第402页注1所引《宋会要》刑法一之四。

附篇三

唐律流刑的本质
——以流刑与恩赦的关系为中心

前言

笔者曾就唐律中的流刑制度进行过一些考察，包括律令规定的刑罚内容、裁判手续、刑罚的执行、与隋制的比较、流放距离的起点、流配地流人的管理等诸多方面，提出了一些尚不充分的意见[1]。其中，关于流放距离的起点等几个论点，笔者虽提出了与众不同的见解，但作为这项研究的基础，不用说依据的大多是滋贺秀三等前辈学者的成果。

这次想提示的唐律条文——《名例律》24 条，笔者此前也是按照通常的说法进行解释的。但近年来，随着《天圣令》残卷的公布等新情况，唐代律令研究的氛围也发生了较大的变化，在其影响下，笔者对这条律文的解释也有了新的认识，经重新探讨，笔者意识到自己此前对学界的通说理解得并不充分，而通说的解释也未必准确。本文以唐律条文的释义和探讨为线索，尝试考察流刑与恩赦的关系，进而探讨唐律的刑罚原理，同时也想对唐律中流刑的本质再做探讨。思虑不周之处，敬请学界诸贤批评指正。

第一节　问题所在——对先行学说的探讨

一　对滋贺秀三说的探讨

唐律对流人到达配所后的"居作"规定如下[2]：

> 诸犯流应配者，三流俱役一年〈本条称加役流者，流三千里，役三年。役满及会赦免役者，即于配处从户口例〉。妻妾从之。父祖子孙欲随者，听之。移乡人家口，

---

1. 见本书第二章"唐律中的流刑制度"。
2. 唐律文本原则上遵循《律附音义》，上海古籍出版社，1979 年影印本。〈　〉内的文言为原注（下引史料亦同）。

亦准此。若流移人身丧，家口虽经附籍，三年内愿还者，
放还。即造畜蛊毒家口，不在听还之例〈下条准此〉。（唐
《名例律》24 条）

根据本条规定，居作期满及服役期间如遇恩赦，流人"即于配处
从户口例"。对此，滋贺秀三作如下解释：

　　所谓"流"，是指强制移居到偏远地区，并在移居地亦即
配所执行徒刑一年（加役流则为徒刑三年）的组合刑
罚。……在配所，本人及家人需在当地登记户籍，成为当地
居民。本人服役结束后，在颁给田地、负担课役等方面与一
般居民并无差别。只需受到六年以后（特殊情况是三年以后）
方可入仕的限制。[1]

此外，滋贺秀三还对流刑作为刑罚的形成背景进行了如下阐述：

　　这种强制移居的刑罚之所以能够实施，其背景是根据唐
朝的制度规定，人民通常来说需履行在户籍登记地居住的义
务，严禁无正当理由和未经官府许可的移居与流浪[2]。流人之
所以永远不能返回原籍，是基于户籍业已转移这一事实的普
遍性约束的原因，而非对罪行的继续责罚。因此，召回原籍

---

1. 律令研究会编，滋贺秀三译注：《译注 日本律令五 唐律疏议译注篇一》，东京堂，1979 年，
第 146 页（以下简称《译注日本律令》五）。
2. 唐《捕亡律》第 11 条："诸丁夫、杂匠在役，及工、乐、杂户亡者〈太常音声人亦同〉，一
日笞三十，十日加一等，罪止徒三年。主司不觉亡者，一人笞二十，五人加一等，罪止杖一
百。故纵者，各与同罪。即人有课役，全户亡者，亦如之。若有军名而亡者，加一等。其人
无课役及非全户亡者，减二等。即女户亡者，又减三等。其里正及监临主司故纵户口亡者，
各与同罪。不知情，不坐。"唐《捕亡律》12 条："诸非亡而浮浪佗所者，十日笞十，二十
日加一等，罪止杖一百。即有官事在佗所，事了留住不还者，亦如之。若营求资财及学宦
者，各勿论。阙赋役者，各依亡法。"以上两条史料参照《唐令拾遗》，第 237 页。《唐令拾
遗》复旧《户令》18 条："诸居狭乡者，听其从宽，居远者，听其从近，居轻役之地者，听
其从重〈畿内诸州，不得乐住畿外，京兆河南府，不得乐住余州，其京城县，不得住余县，
有军府州，不得住无军府州〉。"

432

或京师这一意义上的赦免观念，与唐朝的流刑原本无关。正
如本条第一款所规定的，如在配所遇到赦免，可免于服役，
"即于配处从户口例"，而非召回。就像被执行死刑者，即使
遇到恩赦也无法复活的道理一样。[1]

另外，关于流人本人死亡时对其家人的处理，滋贺秀三作出了如
下说明：

> 家人自到达配处之日起三年——无论是否是偶然相遇，
> 必须是登记在配所户籍期间，确定成为当地居民。如果在此
> 之前流人本人死亡，家人的去留就取决于其自由意志。[2]

滋贺秀三把条文中的"三年内"一词理解为"家人自达配所之日
起三年"，这种见解与之前理解为"流人死后三年内"的通常说法大不
相同[3]。滋贺秀三解释了其理由：

> "经附籍三年内（引者注：日本律为六年）"的含义是：第一
> 点，如果流人死亡，允许尚未附籍的家人还乡，是为基本的
> 立法旨意。但如此立法会引起不公平，造籍年份早的人比造
> 籍年份晚的人吃亏。因此出现了作为修正的第二点：无论运气
> 好坏，造籍早晚，谁都必须在完成附籍三年或六年后，改为
> 现实的附籍。在上述情况下，任何议论者都不会有异议了。
> 可问题在于，立法者所谓的"附籍"是指首次载入配所户籍
> 的意思呢？还是流人死后，作为户主的家属主动申报附籍的
> 最初时机呢？这其中存在分歧。这样看来，我不得不认为附

1.《译注日本律令》五，第146页。

2. 同上。

3. 滋贺秀三列举戴炎辉《唐律通论》（台湾：编译馆，1964年，第283页）及井上光贞等校注
《律令》（日本思想大系，岩波书店，1976年，第34页眉注、第493页补注24b）作为"现
在的通说"之代表。参见前引《译注日本律令》五，第144页注6。

籍这个词的一般含义是前者。单凭附籍这个简单的词汇，就
认为立法者考虑到后者那样的特殊内容，未免太牵强。何况
疏文中也有"流人若到配所，三年必经造籍"之说。[1]

那么，流刑的"强制移居是在何时结束执行，且造成了无法赦免
的既成事实呢？"[2]滋贺秀三在《名例律》25 条中找到了答案：

> 诸流配人，在道会赦，计行程过限者，不得以赦原〈谓
> 从上道日总计行程有违者〉。有故者，不用此律。若程内至配
> 所者，亦从赦原。逃亡者，虽在程内，亦不在免限。即逃者
> 身死，所随家口，仍准上法听还。

本条规定了流人在押送配所途中遇到赦免时的措施。其内容可概
括如下：
① 即使流人在被押送到配所的途中遇到赦免，如果超过了原本应
到达配所的日期，也不会被赦免。如有特殊理由，不在此限。
② 如在规定日期内到达配所的，根据恩赦可赦免其罪。
③ 对于中途逃跑的流人，即便在赦免"程限"内——即在本应抵
达配所的规定日期内，也不能被赦免。但是，如果逃犯死亡，随行家
属可依据规定②返还。
因此滋贺秀三就流刑与恩赦的关系表示，在本条中可以发现这一
原则："如果流人在到达配所之前遇到赦免，刑罚（强制移居）就会被
免除。"并论述如下：

> 作为流刑构成部分的强制移居……简而言之，到达配所
> 便执行完毕，但仅此而已的话，就会造成发配途中懒惰不进
> 者获利的不公平。因此按照法定速度计算……以应到日期为

1.《译注日本律令》五，第 144 页。
2. 同上书，第 146 页。

434

准，代替实际到达配所的日期，此即本条的宗旨。[1]

但是，对滋贺秀三这样的解释，笔者还是有不解之处，特别是对于《名例律》24 条注中的"于配处从户口例"，滋贺秀三解释为："在配所，本人及其家人将被登记在当地的户籍上，成为当地居民。"

户籍每三年才制作一次（参照后文提到的复旧《户令》22 乙条）。据《名例律》25 条疏中所见"流人若到配处三年，必经造籍"之语，滋贺秀三指出："家人自达配所之日起经三年——不管是否机缘巧合，一定要在登记到配所户籍之前的这段时间内——就可以确定被视为当地居民。"但同时这句话也暗示了流人抵达配所后不会立即入籍。另一方面，从《名例律》25 条的规定中还可以明确，即使流人到达配所后至其附籍前的期间内如遇恩赦也不许返回故乡。若如此，"流人之所以永远不能返回乡里，是基于户籍业已移走这一事实的普遍性约束的原因"这一解释岂不是太牵强了？

二 对冨谷至说的探讨

冨谷至在其近著《汉唐法制史研究》中特辟一章详论流刑形成的历史背景及其作为刑罚的意义。其论点涉及多个方面，在此笔者想就其"关于流刑的执行"一节中所讨论的问题加以探讨[2]。

针对上节所见滋贺秀三关于流刑执行完毕的看法，冨谷至提出了以下的疑问：

> 流刑是指将犯罪者强制移送到某个规定地点的刑罚，流人到达配所，即执行完毕。滋贺秀三如上解释，辻正博也同意这一说法。……流刑的执行，在到达配所后就该结束，这一观点所蕴含的法理是，一旦送至配所，犯人就不能因赦免而释放，《名例律》25 条规定，如果是在前往配所的途中，可

1.《译注日本律令》五，第 148 页。
2. 冨谷至：《汉唐法制史研究》（漢唐法制史研究），创文社，2016 年，第 284—287 页。

以适用赦免。现在，如果将赦免视作刑罚执行的中断，那么中断的对象就是在移送途中的犯人，而流人在抵达配所后就不再适用了。既然赦免不适用于执行后的刑罚，那么流刑执行完成就应以到达配所为准，这或许是理解到达配所即为流刑执行完成的原因吧。但这不是很奇怪吗？[1]

针对这一通说，冨谷至提出问题的逻辑可整理如下[2]：

① "到达配所即完成刑罚的执行"，意味着流刑 "实施处罚终结"。

② 如此一来，"流刑的目的是为了移送，换言之，移送到配所不是流放的手段，而是流放的目的"。因此，"如果完成了移送，那么刑罚也就完成了，移送后的强制居住不属于惩罚"。滋贺秀三指出唐制的特征（人民通常只能居住在户籍所在地，原则上禁止移居、流动）和配所中课役义务的存在（和普通百姓一样对待）也印证了这一点。

③ 但是，"如果认为强制移动到流放地便完成了刑罚的执行，那么其效果仅仅是移送到流放目的地而已，这又能给流犯带来多大的伤害呢？"

④ 此外，流刑还规定 "并科强制劳役一年。役或居役在律及疏议中并非正刑，只算是流刑的附加刑。现在，如果认为送达配所即完成了流刑的执行，那么，在此基础上附加的正刑就不存在了，必须将居役本身视作正刑，这就陷入了自相矛盾的局面"。

⑤ 综上所述，"流刑在到达配所后即完成刑罚执行"的看法是不合理的。

基于上述几点，冨谷至对流刑的理解是这样的：

> 我认为流刑是将罪人从京师驱逐出去，强制移居到某地。户籍登记是禁止移动的具体措施，流刑是将受刑者迁移到相隔一定距离的其他地方，并束缚于流配地的措施。此外，如果配所过于遥远，也会伴随有一种强制性的障碍。如此想来，

---

1. 冨谷至：《汉唐法制研究》，第284—285页。
2. 同上书，第285—287页。

与其说移送是执行刑罚的准备阶段，不如说到达配所后才开
始执行刑罚。[1]

接下来，笔者想就冨谷至的意见加以探讨。

首先是针对流刑执行的通行说法，冨谷至对"流放者到达配所后
即告完成刑法的执行"这一点的理解。滋贺秀三对唐律流刑的理解是
"强制移送到偏远的隔离地并在配所服役一年（加役流则三年）的刑
罚"，在前引《名例律》25 条"解说"中也将问题限定在"作为流刑
构成要素的强制迁移"中，讨论执行完成的时间点。然而，笔者未能
注意到滋贺秀三如此周密的讨论，简单地理解为"流刑的执行，是以
到达配所即告结束的"[2]。承蒙冨谷至的批评，笔者想在此纠正拙著中
的错误，申明遵循滋贺秀三观点的缘由。

冨谷至批评的是笔者对流刑的理解，那么，其对滋贺秀三的观点
又是如何认识的呢?

根据滋贺秀三的理解，流刑是"强制移住"到偏远的隔离地并在
配所服役一年（加役流则三年）的刑罚，"强制移住"只是流刑的一个
构成要素，其执行完毕并不意味着全部"流刑"已经执行完毕。到配
所后的居作也是流刑构成要素之一，因此将之视为"正刑"完全没有
问题，似无必要将其强行视作"附加刑"。

另外，冨谷至的意见认为，流刑是指"将罪人从京师驱逐出去，
强制移居到某地"的刑罚，是"将受刑者迁移到相隔一定距离的地方，
并固定于此的措施"，"与其说移送是刑罚执行的准备阶段，不如视作
抵达配所才开始执行"。他这样理解的背景，可能是考虑到了汉代的
"徙边刑"属于"终身刑"。冨谷至称，西汉文帝废除肉刑后，宫刑作
为赦免后减死一等的替代刑，但到了东汉，宫刑不再作为替代刑适用
（主要原因是自宫宦官的增加），取而代之的是从西汉后半期开始出现
的徙边刑。徙边刑有别于汉代正刑之一的髡钳城旦刑（五岁刑），是
"作为死刑的替代刑，为减死一等而特别设立的刑罚"，"并非律中规定

---

1. 冨谷至:《汉唐法制史研究》，第 286—287 页。
2. 本书第三章"流刑的理念与现实"第三、四节。

之刑罚"，且"迄今从未出现在正刑体系中"。这一新刑种以"强制移居边境，终生服军役"为内容，"终身监禁，被登记到徙边地点的户籍上，禁止迁徙，非皇帝诏令，不得返回本郡"[1]。

　　笔者在讨论流刑的渊源时，也涉及了汉代的"迁徙刑"[2]。尽管探讨的案例多涉及强制迁徙至边境，但笔者仍称其为"迁徙刑"。除了受大庭脩研究的影响外[3]，是想在汉律正刑髡钳城旦刑的框架内准确理解这种刑罚，另外还想强调汉代的迁徙刑与后世的流刑没有直接的关联。

　　现在，基于冨谷至提出的问题，我们有必要重新思考一下汉代的"迁徙刑"。冨谷至认为，作为减死一等的刑罚，有两种不同的迁徙，"一种是作为正刑的强制劳动刑，亦即向髡钳城旦的劳役场所迁移，二是作为死刑替代刑而新设的迁徙刑，两者在史料中比较混杂，均使用'徙'一词来表示"[4]。前者（髡钳城旦）是五年劳役刑，将罪人移送到髡钳城旦的服役场所，所以移送地点不必在边境。与此相对，后者（新设迁徙刑，即"徙边刑"）则是"必然伴随劳役（所谓戍边军役）的移动"[5]，犯人在边境所服之役为"无期（不定期）劳役刑"[6]。而这种徙边刑，在东汉前期取代了宫刑，成为死刑的替代刑。随后这种徙边刑在北魏时被律文列为"正刑"，后又以"流刑"之名，作为法定正刑列于律令之中，演变成唐律的流刑。

　　冨谷至的意见中值得注意的是，他指出，汉代的"迁徙"，五年刑的髡钳城旦刑和无期军役刑（终身刑）的徙边，这两种刑罚往往混杂在一起。冨谷至着眼于准许徙边者返回本郡的诏敕，发现其中存在长期（五年以上）在边境从事军务、服军役的事例。迁徙刑是终身刑，户籍一旦被登记在了徙边地点则禁止迁徙，无皇帝诏令，不许回归本

---

1. 冨谷至：《汉唐法制史研究》，第 293—299 页。

2. 见本书第 12—18 页。

3. 大庭脩：《汉代的迁徙刑》（漢の徒遷刑），1957 年初出，后载其著《秦汉法制史研究》（秦漢法制史の研究），创文社，1982 年。

4. 冨谷至：《汉唐法制史研究》，第 298 页。

5. 同上书，第 304 页。

6. 同上书，第 303 页。冨谷至亦将此称为"无期军役刑"（同书第 307 页）或"终身刑"（同书第 299 页等）。

郡，终生须在配所戍边服役[1]。迁徙刑也鲜有逐出京师或永久驱逐的立法思想，更多的是以迁移到边境从事军役为目的，这从一个侧面强调了这一刑罚的功利目的[2]。

冨谷至还讨论了终身刑即迁徙刑至北魏成为法定正刑的过程。首先，文成帝和平末年（465 年前后），根据源贺的上书，作为减死一等的迁徙刑开始施行。其次，孝文帝太和十六年（492 年）的律文中，流刑成了正刑之一。笔者曾指出过，流刑的实质是终身戍边，将其定位为"迁徙刑的常制化"，则是冨谷至意见的绝妙之处。

冨谷至对通行说法中流刑执行完毕的怀疑，不用说是源于他流刑乃"迁徙刑的常制化"的想法。不过，从北魏流刑到隋唐流刑的演变过程，还需更进一步深入观察，冨谷至在这一方面的研究略显不足。北周的流刑，一方面据流配距离设置了五个不同等级，但在配所并不科以劳役。然而，在隋《开皇律》中，流刑除据流配距离分为三个等级外，在配所还科以有期居作，这个规定为唐律流刑所继承。也就是说，唐律中的流刑，是将罪人强制移送到规定距离的某个地点后，在那里必须服规定年限的劳役。因此不得不说，这与北魏将罪人移送到边境从事终身军役的流刑之间有很大的不同。当然，冨谷至也注意到了这一点：

> 到了北魏，这（引者注：即流刑）成为常刑，"流"的名称也被记载在律、令之中。但是，流刑在这个阶段还不具备唐朝那样的强制移送刑性质，也没有按距京师的距离划分出几个流配等级，终身军役刑的性质依旧浓厚。到了北周，流刑在流配距离上设置了五个不同的等级，作为笞、杖、徒、流、死五刑之一被制度化，并在此后盛行于隋唐。[3]

尽管如此，唐律中的流刑是由强制迁送和居作两个阶段构成的刑罚，

---

1. 冨谷至：《汉唐法制史研究》，第 299 页。
2. 同上书，第 301 页。
3. 同上书，第 312 页。

这一点似乎并未受到特别重视。

　　这里再重复一遍，富谷至将流刑理解为将罪人"从京师迁出，强制移住"的刑罚，是"将受刑者强制迁移到相隔一定距离的其他地方，并固定于此"，"与其认为迁移是刑罚执行的准备阶段，不如说到达配所才开始执行刑罚"。但是，如果唐律中的流刑是强制迁移至配所与在配所有期劳役相结合的刑罚，那么，将迁移视作"刑罚执行的准备阶段"就不恰当了。

　　以上，笔者就滋贺秀三和富谷至围绕流刑执行完毕的意见展开了讨论。其中，关于富谷至的说法，我接受他对拙论的批评，但他对滋贺秀三的批判似乎并不恰当。关于滋贺秀三对《名例律》24 条注中"于配处从户口例"的理解，下文将进一步探讨。

第二节　"从户口例"的含义——对用例的探讨

　　《名例律》24 条注中所说"于配处从户口例"，具体意味着什么呢？笔者想通过其他史料中的例子来加以阐明。

一　"从户口例"的用例

　　在唐宋时期的法典资料中，除上述唐《名例律》24 条外，管见所限，仅能查出以下一例"从户口例"：

　　　　诸缘坐编管、羁管人永不放还者，编管、羁管处及六年，给公凭，从户口例附籍（原注省略）。愿于佗州附籍者，许牒送。仍责厢耆、邻人，常知所在，官司不得追扰呈集。（《庆元条法事类》卷七五《刑狱门·编配流役·户令》）

　　这是针对过了六年也不允许返回故乡的特殊编管、羁管人的规定（通常的编管是指六年有期徒刑）[1]。也就是说，该条文规定了这些特殊

1. 见本书第 218—220 页。

的编管、羁管人要按照户令中规定的"户口例"附籍。特意写作"从户口例附籍",表明"从户口例"并不是直接"附籍"。那么"户口例"具体又指什么呢?接下来,笔者将通过探讨唐律中的用例寻找线索。

二 唐律中用例的探讨

查找唐律条文中"从……例"的用例,发现有以下两例。

①《名例律》10 条

> 诸七品以上之官及官爵得请者之祖父母、父母、兄弟、姊妹、妻、子孙,犯流罪以下,<u>各从减一等之例</u>。

这里所说的"减一等之例",是指《名例律》9 条中文字加下画线的部分:

> 诸皇太子妃大功以上亲,应议者期以上亲及孙,若官爵五品以上,犯死罪者,上请 (原注省略),<u>流罪以下</u>,<u>减一等</u>。(下略)

②《名例律》22 条

> 诸以官当徒者,罪轻不尽其官,留官收赎,官少不尽其罪,余罪收赎。其犯除免者,罪虽轻,<u>从例除免</u>,罪若重,仍依当赎法。其除爵者,虽有余罪,不赎。

这种情况下,"例"包括以下几条规定:

〔《名例律》18 条〕
> 诸犯十恶、故杀人、反逆缘坐〈本应缘坐,老、疾免者亦同〉,狱成者,虽遇会赦,犹除名〈狱成,谓赃状露验及尚书省断讫未奏者〉。即监临主守,于所监守内犯奸、盗、略

人、若受财而枉法者，亦除名〈奸，谓犯良人。盗及枉法，
谓赃一匹者〉，狱成会赦者，免所居官〈会降者，同免官法〉。
其杂犯死罪，即在禁身死，若免死别配，及背死逃亡者，并
除名。

〔《名例律》19 条〕
　　诸犯奸、盗、略人及受财而不枉法者〈并谓断徒以上〉、若
犯流徒狱成逃走，祖父母、父母犯死罪被囚禁，而作乐及婚
娶者，免官〈谓二官并免。爵及降所不至者，听留〉。

〔《名例律》20 条〕
　　诸府号、官称犯父祖名，而冒荣居之，祖父母、父母老
疾无侍，委亲之官，在父母丧，生子及娶妾，兄弟别籍异财，
冒哀求仕，若奸监临内杂户、官户、部曲妻及婢者，免所居
官〈谓免所居之一官。若兼带勋官者，免其职事。即因冒荣
迁任者，并追所冒告身〉。

〔《名例律》21 条〕
　　诸除名者，官爵悉除，课役从本色。六载之后听叙，依
出身法。若本犯不至免官而特除名者，叙法同免官例〈妇人
因夫、子得邑号，犯除名者，年满之后，夫、子见在有官爵
者，听依式叙〉。免官者，三载之后，降先品二等叙。免所居
官及官当者，期年之后，降先品一等叙。

从这些讨论中可以看出，唐律中"从……之例"的情况，"例"是指某
个具体的法律规定。

三　律疏中"户口"的用例和含义

　　其次，笔者想对律疏中所见"户口"的用例及含义进行探讨（律
文中见不到"户口"一词）。"律疏"的文本原则上是根据《重详定刑

统》（即《宋刑统》，以下简称《刑统》）[1]。律疏中"户口"的用例如下：

《名例律》36条，《户婚律》第2条、第4条"脱漏户口"；

《卫禁律》33条、《职制律》第33条"以故陷败户口、军人、城戍"；

《捕亡律》1条"故纵户口亡"。

在这些例子中，"户口"都是指"户"（一家）和"口"（家庭成员）。《户婚律》1条中有：

> 诸脱户者，家长徒三年，无课役者，减二等，女户，又减三等〈谓一户俱不附贯。若不由家长，罪其所由。即见在役任者，虽脱户，及计口多者，各从漏口法〉。脱口及增减年状〈谓疾、老、中、小之类〉，以免课役者，一口徒一年，二口加一等，罪止徒三年。其增减非免课役，及漏无课役口者，四口为一口，罪止徒一年半。即不满四口，杖六十〈部曲、奴婢亦同〉。

另外，疏中有：

> 率土黔庶，皆有籍书。若一户之内，书〔当作"尽"〕脱漏不附籍者，所由家长合徒三年。身及户内并无课役者，减二等，徒二年。若户内并无男夫，直以女人为户而脱者，又减三等，合杖一百。（《刑统》卷一二《户婚律·脱漏增减户口》）

由此可以明显看出，王朝之所以努力掌握户口，首要目的是征收"课役"，即租、调、役（庸）。基于此，"从户口例"应该理解为"与王朝所掌握的（普通）民众一样，按同样的律条处理"。

---

1. 天一阁旧藏明抄本（美国国会图书馆藏缩微胶片）。但是对于《刑统》缺失部分，不得不依据《故唐律疏议》。

四　"于配处从户口例"的解释

那么，《名例律》24 条注"役满及会赦免役者，即于配处从户口例"又该如何妥当地解释呢？《名例律》24 条注的疏中写道：

> 　　役满一年及三年，或未满会赦，即于配所从户口例，课役同百姓。应选者，须满六年。故令云"流人至配所，六载以后听仕。反逆缘坐流及因反逆免死配流，不在此例。即本犯不应流而特配流者，三载以后亦听仕"。（《刑统》卷三《名例律·犯流徒罪》）

在"从户口例"后面附加了表示"与百姓（普通民众）承担同样课役"的语句。因为律的注文中有"役满及会赦免役者，即于配处从户口例"，因此"即于配处从户口例"可以理解为对"居作已满者及因赦免而免役者"的说明。

如此一来，"户口例"的所指，就应该是对普通民众课役负担的规定。关于这一点，后文中还会提及。

第三节　流人的课役负担和附籍

如果"从户口例"并不直接意味流人"在配所，本人及家属登录当地户籍成为当地居民"，那么，流人何时在配所附籍呢？还有，流人从何时开始承担课役呢？

一　流人的课役负担

据《天圣·赋役令》不行唐令 15 条的规定，很明显，在居作服役期间，徒刑囚犯是免除课役的：

> 　　诸正、义及常平仓督，县博士，州县助教，视流外九品以上，州县市令，品子任杂掌、亲事、帐内、国子、太学、四门、律、书、算等学生，俊士，无品直司人，卫士，庶士，

虞侯，牧长，内给使，散使，天文、医、卜、按摩、咒禁、药园等生，诸州医博士、助教，两京坊正，县录事，里正，州县佐、史、仓史、市史，外监录事、府、史，牧尉、史，杂职，驿长，烽帅，烽副，防阁，邑士，庶仆，传送马驴主，采药师，猎师，宰手，太常寺音声人，陵户，防人在防，及将防年非本州防者，徒人在役，流人充侍〈谓在配所充侍者，三年外依常式〉使〔疑是衍字〕，并免课役。其贡举人诚得第，并诸色人年劳已满，应合入流，有事故未叙者，皆准此。其流外长上三品以上及品子任杂掌并亲事、帐内，以理解者，亦依此例。应叙不赴者，即依无资法。[1]

此外，复旧《狱官令》18 条有：

> [开三、开七、开二五] 诸流徒罪居作者，皆著钳。若无钳者，著盘枷。病及有保者听脱。不得著巾带。每旬给假一日。腊、寒食各给二日。不得出所役之院。患假者陪日。役满递送本属。（《唐令拾遗》，第774页。据《唐令拾遗补》第821页补订）

据此可知，居作服役中的徒刑犯、流刑犯待遇是一样的[2]。居作服刑中的流人没有课役，这一点从前引《名例律》第24条疏的叙述中可以明显看出，《天圣·赋役令》不行唐令15条"徒人在役"中也包含了流人中的居作服役者。因此，流人从被移送至配所到负担课役的过程大致如下：① 送达配所。② 服役。③ 居作期满（送达后满一年）或会赦免除居作。④ 负担课役。

---

1. 《天圣令校证》，中华书局，2006年，下册第392页。〔 〕内的文字依据渡邊信一郎《北宋天聖令による唐開元二十五年賦役令の復原竝びに譯注（未定稿）》（《京都府立大學學術報告（人文·社會）》57，2005年，第106页注）。
2. 《刑统》卷三《名例律》"犯流徒罪条"引唐《狱官令》："诸犯徒应配居作者，在京送将作监，妇人送少府监缝作。在外者，共当处官役。当处无官作者，听留当州修理城隍、仓库及公廨杂使。配流应住居作者，亦准此。妇人亦留当州□□□配春。"亦可作为旁证。

二　计帐和户籍的制作

（a）计帐

为使民负担课役，王朝必须制作台账。据池田温的研究，其步骤如下：① 由户主制作手实（户口、田宅申报书）。② 由里正制作手实计帐。③ 由县府誊写里正提交的手实计帐（乡帐）[1]。

从复旧《户令》21 条的记述，可以知道每年计帐制作的日程：

> ［武·开七］诸造计账，每年三月三十日以前，里正责所部手实，具注家口、年纪。若全户不在乡者，即依旧籍转写，并显不在所由。收讫，依式造帐，连署，五月三十日以前，申送尚书省。（《唐令拾遗》，第 239 页。据《唐令拾遗补》第 532、1023 页补订）

（b）户籍

复旧《户令》22 乙条：

> ［开七］诸户籍三年一造。起正月上旬，县司责手实计帐，赴州依式勘造。乡别为卷，总写三通。其缝皆注某州某县某乡某年籍。州名用州印，县名用县印。三月三十日纳〔当作"内"〕讫。并装潢一通，送尚书省。州县各留一通。所须纸笔、装潢，并皆出当户内，口别一钱。（《唐令拾遗补》，第 533 页）

以及复旧《户令》23 条：

> ［开七、开二五］诸天下户，量其资产，定篇九等。每三年县司注定，州司覆之，然后注籍而申之于省。每定户以中年〈子、卯、午、酉〉。造籍以季年〈丑、辰、未、戌〉。

---

1. 池田温：《中国古代籍帐研究》（中國古代籍帳研究），东京大学出版会，1979 年，第 61—62 页。

446

（《唐令拾遗》，第 242 页。据《唐令拾遗补》第 534 页补订）

据此，户籍每三年造一次，根据里正每年提交的"手实计帐"，以上一年确定的户等为基准，由县府的负责人到州府填写，并接受州司的检查。纸缝上盖有州印和县印。户籍一式三份，一份送尚书省，另两份由州、县各自保管。

三 流人的课役负担

根据流人在一年中何时完成居作或遇赦免免予居作，来年的课役负担也会有所差别[1]。《天圣·赋役令》不行唐令 9 条：

> 诸春季附者，课役并理。夏季附者，免课从役。秋季以后附者，课役俱免。其诈冒隐避以免课役，不限附之早晚，皆理当发年课役。逃亡者附亦同。[2]

这一条规定了课役的对象，以及根据一年中附籍季节的不同，确定其所负担的课役。《名例律》24 条注中"役满及会赦免役者，即于配处从户口例"的规定，应就是要求按这样的程序来办理。此外，根据《天圣·赋役令》不行唐令 10 条的规定，侍丁所服侍的老人或病人死后，须在十日内向政府履行申报手续，有关免除或负担课役的手续则依"常式"办理：

> 诸户口中男以上及给侍老疾人死者，限十日内，里正与死家注死时日月，连署，经县申〔当作"印"〕记。应附除课役者，即依常式。

---

1. 关于唐律令制下的财政体系，参见大津透：《日唐律令制中的财政结构》（日唐律令制の财政構造），岩波书店，2006 年，第 70—74 页。
2.《天圣令校证》下册，第 392 页。条文中的"理"字，是为避宋仁宗（赵祯）名讳，改"征"为"理"。参见戴建国：《天一阁藏明抄本〈官品令〉考》，《历史研究》1999 年第 3 期。本文训读时改为"征"。

四　流人何时在配所附籍

那么，流人在何时在配所附籍呢？这里，我们再次整理一下上述造籍的程序及与流人的关系：

① 户主制作的手实、里正制作手实计帐，是王朝课役征收的基础。

② 流人在居作服刑期间，不负担课役。里正制作的手实计帐上应该没有居作服刑中的流人姓名。

③ 流人居作期满或会恩赦免居作后，开始与普通民众一样负担课役。下一年度的课役负担，则依据居作结束时间有所不同。但户主提交手实的时间仅限于年初。

④ 户籍据里正的手实计帐县府每三年制作一次。

综合考虑以上四点，流人在配所附籍的时间，是居作期满或会恩赦免居作后的三年以内。

结论

经以上考察得出的结论，否定了先前讨论的滋贺秀三的部分说法，即：

① 居作期满或会恩赦免居作时，流人及其家属不在配所附籍。因此，即使遇到恩赦流人也不被允许返乡，这并非滋贺秀三所说的"基于户籍已经迁移的事实"。

② 对于在配所服役的流人而言，赦免只涉及居作，因为作为流刑构成要素之一的强制迁移，是以"流人到达配所（实际是应到期限）"来完成执行的。这一点确如滋贺秀三所言，但问题在于，如何看待强制移送配所和居作之间的关系。居作中的流人，即使遇到恩赦，也不被允许返回故乡。这表明，流人留在配所并非是"对罪行的责罚"。但流人并未附籍，为什么不允许归乡呢？或许是因为强制移送配所的刑罚程序已经完成，对于已经执行完毕的刑罚，恩赦是不具影响力的。流刑是由强制移送配所和在配所居作这两个要素构成的，在构成流刑的要素已各自完成之时，赦免的效力也就无法企及了。唐律的法定刑罚中，只有流刑是由复数要素构成的刑罚，因此，流刑与恩赦的关系

略显复杂。

另外，关于流人的管理，有一则资料表明，除了由配所进行监视外，还有来自刑部文书上的管理：

> 往时读书，自以不至抵滞，今皆顽然无复省录。每读古人一传，数纸已后，则再三伸卷，复观姓氏，旋又废失。假令万一除刑部囚籍，复为士列，亦不堪当世用矣。（《柳宗元集》卷三〇《书·寄许京兆孟容书》）

这是柳宗元元和四年（809）因受王叔文等人牵连左迁永州司马时写给在京的许孟容的信件中的一节。值得注意的是，"刑部囚籍"这一表述，暗示了刑部通过"囚籍"对流囚进行管理。所谓"除刑部囚籍"，是指柳宗元以"左降官"身份自视在永州的境遇为流囚[1]后从那里解放出来之事。所谓"复为士列"，是指艰难地回归仕途。官员遭流放时按例除名，六年后允许再度叙任[2]。流人具体流放到哪个配所，判决时取决于刑部[3]，刑部自然也会通过"囚籍"来管理流人。基于上述资料，推测当流放官员再次叙任之前，都是以"刑部囚籍"来管理的。庶人的情况恐怕也是同样的。

---

1. 柳宗元任永州司马时所咏诗中，亦可散见以"囚人"比喻贬谪之境遇。参照下定雅弘编译：《柳宗元诗选》（柳宗元詩選），岩波文库，2011年，第41—42页。
2. 《天圣·狱官令》不行唐令6条："诸流移人〈移人，谓本犯除名者〉至配所，六载以后听仕〈其犯反逆缘坐流，及因反逆免死流配，不在此例〉。即本犯不应流而特配流者，三载以后听仕。有资荫者，各依本犯收叙法。其解见任及非除名移乡者，年限、叙法准考解例。"
3. 见本书第45—46页。

主要参考文献 （括号内为该文献在正文中的简称）

典籍史料

《尚书》《周礼》《礼记》《春秋左氏传》，均据《十三经注疏》本，艺文
　　印书馆，1965 年影印本。

二十四史，中华书局标点本。

《资治通鉴》（《通鉴》），中华书局，1976 年标点本。

《续资治通鉴长编》（《长编》），中华书局，2004 年标点本。

《宋史全文续资治通鉴》（《宋史全文》），文海出版社，1969 年影印本

《皇宋十朝纲要》，东方学会排印。

《建炎以来系年要录》（《系年要录》），中文出版社，1983 年影印本。

《太宗皇帝实录》（《太宗实录》），《四部丛刊续编》本。

《三朝北盟会编》，上海古籍出版社，1987 年影印本。

《唐大诏令集》，商务印书馆，1959 年排印本。据明抄本（广东省立中山
　　图书馆编：《中国古籍珍本丛刊·广东省立中山图书馆卷》，国家图
　　书馆出版社，2015 年影印本）等旧抄本适宜校订。

《宋大诏令集》，中华书局，1962 年排印本。

《元和郡县图志》，中华书局，1983 年标点本。

《大唐六典》（《六典》），广池学园事业部，1973 年影印本（近卫本）。适
　　宜参照宋本《大唐六典》（中华书局，1984 年影印本，古逸丛书三
　　编之三）。

《大唐开元礼》，汲古书院，1972 年影印本。

《通典》，十通本。适宜参照宫内厅藏北宋刻本（汲古书院，1980—1981
　　年影印本）等版本。

《文献通考》，十通本。适宜参照静嘉堂文库藏元刻明修本（京都大学文

450

学部影照本）等版本。

《唐会要》，上海古籍出版社，1991 年标点本。据中国国家图书馆藏明抄本（善本书号 10521）、台北故宫博物院图书馆藏旧抄本（书号 04459）等旧抄本适宜校订。

《五代会要》，上海古籍出版社，1978 年标点本。

《宋会要辑稿》（《宋会要》），新文丰出版公司，1976 年影印本。

《建炎以来朝野杂记》，中华书局，2000 年标点本。

《庆元条法事类》（《条法事类》），古典研究会，1968 年影印本。

《律　附音义》（《律音义》），上海古籍出版社，1979 年影印本。

《故唐律疏议》，律令研究会校订本（《译注日本律令》二、三律本文篇，东京堂出版，1975 年）。条文的释义适宜参照律令研究会编《译注日本律令》五至八《唐律疏议译注篇》（东京堂出版，五，1979 年；六，1984 年；七，1987 年；八，1996 年）。

《重详定刑统》（《宋刑统》《刑统》），中华书局，1984 年标点本。适宜参照天一阁旧藏明抄本（美国国会图书馆缩微胶卷）。

《天一阁藏明钞本天圣令》（《明钞本天圣令》），《天一阁藏明钞本天圣令校证　附唐令复原研究》（上下册）（《天圣令考证》），中华书局，2006 年。

《名公书判清明集》（《清明集》），中华书局，2002 年标点本。

《朱子语类》，中华书局，1986 年标点本。

《容斋随笔》，上海古籍出版社，1978 年标点本。

《太平御览》，中文出版社，1980 年影印本。

《册府元龟》，台湾中华书局，1972 年影印本（崇祯本）。使用时据《宋本册府元龟》（中华书局，1989 年影印本）及京都大学人文科学研究所藏明嘉靖钞本校勘（遇避讳字径改）。

《玉海》，中文出版社，1977 年影印本。

陈子昂《陈伯玉文集》、白居易《白氏文集》、楼钥《攻媿集》，《四部丛刊》所收本。

田锡《咸平集》、袁说友《东塘集》，《四库全书》所收本。

张方平《乐全集》，《四库全书》所收本。适宜参照《乐全先生全集》

（北京图书馆古籍珍本丛刊八十九，集部·宋别集类，书目文献出版社，1991年）。

黄榦：《勉斋先生黄文肃公文集》，北京图书馆古籍珍本丛刊九十，集部·宋别集类，书目文献出版社，1988年。

《文馆词林》，古典研究会，1969年影印本。适宜参照《日藏弘仁本文馆词林校证》（罗国威整理，中华书局，2001年）。

《文苑英华》，中华书局，1966年影印本。

《养老令》，日本思想大系《律令》，井上光贞、关晃、土田直镇、青木和夫校注，岩波书店，1976年。

《令义解》《令集解》《延喜式》，《新订增补国史大系》所收本，吉川弘文馆。

出土史料、石刻史料

云梦睡虎地秦简，睡虎地秦墓竹简整理小组编：《睡虎地秦墓竹简》，文物出版社，1990年。法令集、典籍的名称亦依据该著。

张家山二四七号汉墓出土二年律令、奏谳书，张家山二四七号汉墓竹简整理小组编：《张家山汉墓竹简》，文物出版社，2001年。另参彭浩、工藤元男：《二年律令与奏谳书——张家山二四七号汉墓出土法律文献释读》，上海古籍出版社，2007年。

敦煌悬泉置遗址出土汉简，胡平生、张德芳编撰：《敦煌悬泉汉简释粹》，上海古籍出版社，2001年。

吐鲁番出土文书，《吐鲁番出土文书〔叁〕》《吐鲁番出土文书〔肆〕》，文物出版社，1996年。参照《吐鲁番出土文书》第六册（文物出版社，1985年）、第八册（1987年）。

王昶《金石萃编》、陆耀遹《金石续编》，中国书店，1985年影印本。

陆增祥《八琼室金石补正》、翁聘之《山右石刻丛编》、罗振玉《山右冢墓遗文》《襄阳冢墓遗文》，《石刻史料新编》，新文丰出版公司，1977年。

后　记

　　本书选编了笔者十余年间发表的与唐宋刑罚制度相关的论文，并对其中的部分内容作了修订和改写。本书各章节与相应论文的原题、刊载书刊名及初刊时间等信息如下：

　　序论"问题所在与本书的构成"为本书出版所撰。

　　第一章"流刑的渊源与理念"，见《迁刑、"徙迁刑"、流刑——〈唐代流刑考〉补论》，载冨谷至编《江陵张家山二四七号墓出土汉代律令研究》〔论考篇〕（朋友书店，2006 年）前言、第一至第三节。

　　第二章"唐律中的流刑制度"第四节"与隋制的比较"见《流刑是什么——唐律流刑再考》，载《滋贺医科大学基础学研究》10（1999 年）第一节。第五节"流配距离与起点的算法"，见《流刑是什么——唐律流刑再考》第二节、第三节、代结语。其他内容为新撰。

　　第三章"流刑的理念与现实"第一节"律的理念与现实之间的乖离"，见《迁刑、"徙迁刑"、流刑——〈唐代流刑考〉补论》代结语。第二节"律外的流刑"，见《唐代流刑考》，载梅原郁编《中国近世的法制与社会》（京都大学人文科学研究所，1993 年）第三节第二项。第三节"恩赦与流人的放还"，见《流刑所见唐律理念与现实》，载辻正博编《唐宋变革期刑罚制度的综合研究》（科学研究费成果报告书，2003 年）。

　　第四章"北宋的'配隶'"，见《北宋"配隶"刍议》，载《滋贺医科大学基础学研究》5（1994 年）。

　　第五章"宋代的流刑与配役"，见《宋代的流刑与配役》，《史林》78-5（1995 年）。

　　第六章"宋代的配流与配军"第一节"唐代的残余——不刺面配流"、第二节"罪人的赴阙与刺面配流"，见《死刑与杖刑之间——宋代放逐刑与劳役刑的展开》，载梅原郁编《前近代中国的刑罚》（京都大学人文科学研究所，1996 年）。第三节"配军刑"，见《宋初的配流与配军》，《东洋史研究》52－3（1993 年）。第四节"刺配刑的序列化"为新撰。

第七章"宋代的编管制度"，见《宋代编管制度考》，载《东洋史研究》61－3（2002 年）。

结论"唐宋的放逐刑与劳役刑"，为新撰。

附篇一《唐代贬官考》，见《唐代贬官考》，载《东方学报》京都第63 册（1991 年）。

附篇二《〈天圣·狱官令〉与宋初的司法制度》，见《天圣〈狱官令〉与宋初的司法制度——围绕"宋令"的形成》，载大津透编《日唐律令比较研究的新阶段》（山川出版社，2008 年）。收入本书时得到了山川出版社及编者大津透的许可。

在本书出版后，收入本书的上述各篇，作为学术论文就此退出，相关论述请以本书为准。

成为本书"种子"的是《唐代流刑考》。该文是笔者博士课程在读期间有幸参与京都大学人文科学研究所"中国近世的法制与社会"共同研究班（梅原郁先生任班长）时的报告，当时为研读《故唐律疏议》和《唐令拾遗》，对相关文献进行了网罗性的收集。论文虽然被收进了共同研究班的成果报告，今天看来依然是一篇非常不成熟且粗杂的篇章。在该文的结语中，虽然对五代至宋代的流刑演变做了展望，但深感有进一步深入论述的必要。基于这个话题并带有修订前稿的目的，撰写了《宋初的配流与配军》，刊载于《东洋史研究》。此后，就宋代的"编配"发表了好几篇论文。与此同时，唐律流刑的渊源问题也一直萦绕在脑海之中。

京都大学大学院文学研究科夫马进教授鼓励我将迄今发表的研究成果整理上梓，记忆中是 2007 年初夏的事。事出有些突然，感激之余虽已承诺，但正遇前一年十一月宁波天一阁博物馆所藏《明钞本天圣令》正式公开，当时的我正埋头于《狱官令》的研读之中，结集出版既有成果因此延宕了时日。

本书可以视为笔者以流刑为中心推进的唐宋刑罚制度研究的阶段性成果。看到本书的主体内容，再次感受到了自己在最初《唐代流刑考》的内外已经徘徊了十余年。回忆起当年着手这一题目时，仁井田陞先生的《中国刑罚体系的变迁——特别是其"自由刑"的发达》（中国における刑罰体系の変遷——とくに"自由刑"の発達，1939 年初刊，1980 年东京大学出版会出版《补订 中国法制史研究 刑法》时补订再录）和滋贺秀三先生的《刑罚的历史—东洋》［载庄子邦雄、大塚仁、平松义郎编《刑罚的理论与现实》（刑罰の理論と現実），岩波书店，1972 年］是案头主要的启蒙书，《故唐律疏议》的译注也还没有全部完成。对以唐代政治史为题完成本科毕业论文和硕士学位论文的我来说，法制史是一片高深莫测的热带雨林，一直是我敬而远之的领域。

1985 年，高桥芳郎先生将上海图书馆藏明刊本《名公书判清明集》的照片版带回了日本，今天想来，这还是我选择刑罚史这个课题的远因。紧接着京都大学人文科学研究所梅原郁先生就主持了研究班，旨在通过班员轮读的形式，对新史料明版《清明集》和南宋法令集《庆元条法事类》进行对读，以期完成该书的译注。梅原先生允许我参加这个研究班，对我而言是多么地幸运。但是，对于一个刚进入博士课程的年轻人来说，想要完整地理解这类史料几乎是不可能的，每周一次的研究班，对我而言如坐针毡，辛苦难以言表。

迷茫之中，1987 年我期望的北京大学历史学系留学终于实现了。在唐史、敦煌学领域的硕学大家王永兴先生指导下研学的愿望也得以实现。与先生一对一地研读《大唐六典》，这个机会是天下万物都无法替代的。结束一年的留学生活，回国后受聘京都大学人文科学研究所东方部助教，当我再次踏进梅原研究班的时候，竟然对法制史产生了浓厚的兴趣。不用说，这就是留学的成果。上午的研究班结束后，下午还要参加并照应同好者们组织的宋代判牍学习班，在这样的氛围下，我自己的研究方向从政治史转向了制度史。

任助教后发表的第一篇论文，是本书附篇一的论文《唐代贬官考》。拿着工资还能继续读书，因此首先想到的是把新旧《唐书》、《通鉴》等基本史料全部认真地通读一遍，在这个过程中，意外地发现平时觉得很多重要的州，其刺史竟然是被左迁贬谪的官员，这个发现成了研究的动机。有关唐代官员的人事变动，孙国栋有过详细的研究（《唐代中央重要文官迁转途径研究》，龙门书店，1978 年），然而其关心的主要是精英官僚的晋升途径，因此觉得左迁官的研究尚留有余地。因为研究的对象是贬官，所以流刑的问题是无论如何都难以避开的。

完成《唐代贬官考》后，开始撰写与唐代流刑相关的论文，这时我有机会转任到了滋贺医科大学。在新的工作岗位上，面对今后有志成为医师和护士的学生们，总想让他们知道一些有趣的历史知识，为此，我设计了各种各样的课程内容。到底多大程度上给学生带来了有趣的话题，说实话自己心里是不安的，但这期间的经验对我来说无疑是宝贵的。各位同事也给予了我很大的帮助，尤其是同乡、前辈人文地理学的井户庄三先生，他的三言两语有时成为我的心灵支撑。正是有了各方的支持，教学之余继续参加京大人文研及其他单位的研究会，保持着一定的紧张感，继续展开自己的研究。其中，能参加冨谷至、井波陵一两位任班长的"三国时代出土文字史料研究"班，对扩展自己的研究领域起到了重要的作用。收入本书的论考，一半以上是在滋贺医科大学任教时期撰写和发表的，这是那一片优越环境的赐予。在职期间，有机会申请到了文部省在外研究员的资格，一年之间在伦敦和巴黎埋头于敦煌文书的调查，更是难得的经验。亲手捧起古文书实物的那种学问上的刺激，是看图录时无论如何都获得不了的。在与唐代法制相关的出土文献方面，之所以多少有些自信地发表自己的意见，英、法的学习经验给予了我充足的底气。

再次回到母校工作这件事，对我试图将迄今为止的研究成果进行整理所起到的作用，是无法估量的。再次深刻地感悟到，在自己的工作场所就能几乎遍阅研究中必需的史料、论文，这是多么地值得感谢。还有，现在奉职的人间·环境学研究科，其实拥有非常多样化的人才，时不时地就能感受到来自各种学问的刺激。如果不是这样的环境，那么，想把过去发表的各种论考整理成书则会遥遥无期。

回顾过去，感慨万千，正是那么多的老师、同学以及家庭的有力支持，自己的研究才得以进展。在犹豫本科毕业后是否要继续读研的当口，是萩原正平先生的鼓励让我下定了决心。本科、研究生在读阶段不断给

456

予我鼓励的谷川道雄先生、竺沙雅章先生、梅原郁先生、砺波护先生，还有甚至无缘拜谒但通过书信及书评对我进行鞭策的滋贺秀三先生，难以一一列数。正是在他们的鼓励和鞭策下，我的研究生活才得以继续至今。这本小书能够多大程度上回报各位先生的学恩，心中虽有不安，但也只能以此来回报一二了。

因夫马进教授的推荐，本书作为"东洋史研究<u>丛</u>刊"的一种得以刊行。先生时不时的一句鼓励，暖人心意，在这里表示衷心的感谢！本书在书稿校对过程中，山口正晃给予了很大的帮助，找出了许多错别字及史料引用上的问题。中文概要的撰写得到了金成爱的帮助（中译本省略了原著的"中文概要"。——译者）。负责编辑工作的京都大学学术出版会佐伯かおる女士，对复杂的注文逐一核对，令人感动！

本书刊行之际，得到了日本学术振兴会平成二十一年度科学研究费补助金的资助。最后，再次对相关各位表示诚挚的感谢！

2010 年 1 月

补记：本书译成中文之际，追加了附篇三《唐律流刑的本质——以流刑与恩赦的关系为中心》，原刊《东洋史研究》第 77 卷第 2 号，2018 年 9 月刊行。

译后记

京都大学辻正博教授著《唐宋時代刑罰制度の研究》，2010年2月由京都大学学术出版会出版。同年12月，武汉大学魏斌教授所撰书评即刊于《唐研究》第16卷，第一时间向国内学界介绍了该著。书评的开篇很有意思，以《水浒传》第八回"林教头刺配沧州道"中林冲在开封府接受审判发配沧州的描述为话题，引出"脊杖""刺面""量地方远近""配沧州牢城""防送公人"等看了似懂非懂的文字，直言"如果读过辻正博先生的专著《唐宋時代刑罰制度の研究》，这些疑问就会得到清晰的回答"。魏斌教授的书评对日文版原著的各篇章都做了详细的介绍，并给予了合理的评述，相关话题这里不再赘言，感兴趣的读者可在书评的基础上阅读汉译本《唐宋刑罚制度研究》，这里只想说几句家常话。

我与辻先生相识于1987年深秋。那时他作为京都大学的博士生在北京大学历史学系留学，我是南京大学历史学系的硕士研究生，舍友村尾进（后任职于天理大学）是其京大同学。当年，辻先生与同在北大留学的长部悦弘先生（后任职于琉球大学）南下，希望拜访我校卞孝萱先生，我从中安排，一起去陶谷新村公寓拜会了卞先生。第二次见面已经是1993年我到京都大学留学的时候了。算来至今已相识37年。

我在京都大学留学期间，因谷川道雄先生的六朝研究会，我们至少每月能见一次面，且持续了七八年，直到我2001年春季回国任教。《唐宋刑罚制度研究》收录的好几篇重要论文，都是基于当时六朝研究会上的口头发表逐步完成的。可以说，早在20多年前，在辻先生的影响下，我已经在"被动地"接触唐宋刑罚制度的话题了。数年前，复旦大学徐冲教授计划将《唐宋刑罚制度研究》列入由其主编的"日本学者古代中国研究丛刊"，辻先生同意并希望由我来承担该书的翻译工作。接到他的邮件后，我欣然同意，接受了这项任务。

欣然接受该著的汉译工作，并不仅仅是因为在京都那几年的学缘，其实与辻先生之间还有更深的私交。辻先生长我一岁，基本可算作同龄人。我在京都的那 8 年，与其交往颇繁。他曾邀我到他当时任职的滋贺医科大学上过课，也曾到他府上品尝过他夫人的亲炙美味，甚至还去过他滋贺县水口的岳父母家品饮多种美酒。同样，包括他们夫妇在内的多位友人亦不时到我修学院寓所来畅饮，也来过我南京的龙江寓所，甚至还到过我苏州老家。至于各种国际合作课题、国际学术会议、京都大学的客座访问等，都离不开辻先生的操持。

不仅如此，辻先生对南京大学的年轻学子亦青眼有加。由我推荐去京大深造的南大学子不下六七位，其中，陆帅（现任职于南京师范大学）、刘萃峰（现任职于安徽师范大学）、段彬（现任职于山西大学）、尚勤荃（现在读）都是辻先生的弟子。这次《唐宋刑罚制度研究》的汉译工作，全书的正文前后编七章由我承担，附篇一、二、三分别由刘萃峰、陆帅、段彬初译，由我校译，以期通过这种形式，赓续与京都大学、与辻先生的学缘。

张学锋

2025 年元旦于金陵龙江寓所

编后记

　　日本学者在古代中国研究领域的深厚传统与显赫成绩大概已经是学界常识。不过与之相比，译介到中文学界的相关论著仍然是远远不够的。为此，我们编选了这套"日本学者古代中国研究丛刊"，希望能够对促进中日学界的相互了解、深化相关研究起到积极作用。

　　丛刊目前的规模为专著十一种。在确定书目的过程中，主要考虑以下两个重点：其一，侧重于汉唐间的历史时段。这应该是在古代中国研究的各专门领域中日本学者的优势和特点最为明显的阶段，对于中国学界来说极具参考价值。其二，主要以二战后成长起来的学者为译介对象。经历了战后左翼思潮的风行，这一代学者大致于 1970 年代登上学术舞台，并引领了其后二十年的发展潮流。当然，丛刊也希望能够保持开放性，未来还将继续纳入更多优秀的作品。

　　对于日本学者书中提及的日文论著，丛刊采取了尽量保持文本原貌的处理原则。包括日文人名、书名、期刊名、论文名中的日文汉字，均未转为中文简体（部分转为中文简体的也括注其日文原名），以便利中国学者检索相关文献。由此给读者带来的不便，敬希谅解。

　　在中国当下的学界环境中，专门学术论著的翻译出版并非易事。丛刊最后能够落实出版，要归功于海内外诸多师友的大力支持和热忱帮助。诸位原著作者对我们的工作均给予了积极回应，并在著作权与版权方面提供了很多协助。日本汲古书院、青木书店和朋友书店，台湾稻禾出版社和台大出版中心，也慷慨赠予了中文简体版版权。对于各位译者来说，数十万字的翻译工作耗时费力，又几乎无法计入所谓"科研成果"，非有对学术本身所抱持的热情不足以成其事。北京大学历史系的阎步克先生和罗新先生对丛刊的策划工作勉励有加。复旦大学历史系时任领导金光耀先生和章清先生为丛刊出版提供了至为关键的经费支持。复旦大学出版社的陈军先生和史立丽编辑欣然接受丛刊出版,史编辑在编务方面的认真负责尤其让人感佩。日本中央大学名誉教授池田雄一先生,御茶水女子大学名誉教授窪添慶文先生,京都府立大学名誉教授渡辺信一郎先生,福冈大学紙屋正和先生,中央大学阿部幸信先生,大东文化大学小尾孝夫先生,阪南大学永田拓治先生,鹿儿岛大学福永善隆先生,台湾大学甘怀真先生,成功大学刘静贞先生,复旦大学韩昇先生、李晓杰先生、姜鹏先生,武汉大学魏斌先生,首都师范大学孙正军先生等诸位师友,在丛刊的策划、版权、翻译、出版等方面给予了诸多帮助。在此一并深致谢意。

徐　冲
2016 年元旦于东京阳境原

图书在版编目(CIP)数据

唐宋刑罚制度研究/(日)辻正博著;张学锋译.
上海:复旦大学出版社,2025.6.--(日本学者古代中
国研究丛刊/徐冲主编).--ISBN 978-7-309-17911-8

Ⅰ.D924.124

中国国家版本馆 CIP 数据核字第 2025TA1988 号

原书名"唐宋時代刑罰制度の研究",日本:京都大学学术出版会,2010 年。
本书中文简体字版由京都大学学术出版会授权复旦大学出版社有限公司
在中国境内(包括香港、澳门和台湾地区)独家出版。

上海市版权局著作权合同登记号:09-2025-0012

唐宋刑罚制度研究

[日]辻正博　著
张学锋　译
责任编辑/史立丽

复旦大学出版社有限公司出版发行
上海市国权路 579 号　邮编:200433
网址:fupnet@fudanpress.com　http://www.fudanpress.com
门市零售:86-21-65102580　团体订购:86-21-65104505
出版部电话:86-21-65642845
常熟市华顺印刷有限公司

开本 787 毫米×960 毫米　1/16　印张 30　字数 432 千字
2025 年 6 月第 1 版
2025 年 6 月第 1 版第 1 次印刷

ISBN 978-7-309-17911-8/D·1215
定价:98.00 元